06

农行之道

——大型商业银行支农战略与创新

王曙光 高连水 著

中国发展出版社

图书在版编目（CIP）数据

农行之道——大型商业银行支农战略与创新 / 王曙光，高连水著.
北京：中国发展出版社，2014.5
ISBN 978-7-5177-0150-7

I.①农… Ⅱ.①王… ②高… Ⅲ.①商业银行—农业政策—政策支持—
研究—中国 Ⅳ.①F832.33

中国版本图书馆 CIP 数据核字（2014）第 074084 号

书　　　名：农行之道——大型商业银行支农战略与创新
著作责任者：王曙光　高连水
出 版 发 行：中国发展出版社
　　　　　　（北京市西城区百万庄大街 16 号 8 层　100037）
标 准 书 号：ISBN 978-7-5177-0150-7
经 销 者：各地新华书店
印 刷 者：三河市东方印刷有限公司
开　　　本：700mm×1000mm　1/16
印　　　张：24.5
字　　　数：350 千字
版　　　次：2014 年 5 月第 1 版
印　　　次：2014 年 5 月第 1 次印刷
定　　　价：55.00 元

联 系 电 话：(010) 68990630　68990692
购 书 热 线：(010) 68990682　68990686
网 络 订 购：http://zgfzcbs.tmall.com//
网 购 电 话：(010) 88333349　68990639
本 社 网 址：http://www.develpress.com.cn
电 子 邮 件：bianjibu16@vip.sohu.com

序言

普惠金融构建中的大行角色：优势匹配与要素对接

　　本书是两位作者三年以来基于田野调查所作的一项独立研究成果，力图以第一手的数据资料、严谨深入的学术探讨、多学科融合的开阔的学术视角，集中研究大型商业银行在构建普惠型金融体系中的角色定位与机制创新。无疑地，这项研究所触及的研究课题是极其具有挑战性的，无论在国际学术界还是在国内学术界，关于大型商业银行如何参与普惠金融构建，如何支持农业与农村发展，如何在可持续前提下实现对微型客户的金融支持，均没有形成共识。虽然在世界一些地方，诸如学术界所熟知的孟加拉、印度尼西亚等，在大型商业银行支持农村微型客户方面进行了有价值的机制探索，并在一定程度上获得了成功，但是对于世界上绝大多数大型商业银行来说，巨大的挑战与困惑依然存在。对于很多大型商业银行而言，支持农村与农业发展仍然属于履行企业社会责任的范畴，它们将支持农村微型客户作为一项能够为金融机构带来社会认同度与美誉的义务性行为，但并不将其视为能够为金融机构带来盈利机会并实现财务可持续的商业性行为。出于这样的理解，大多数大型商业银行在支持农村与农业发展过程中尽管付出了巨大的努力，也进行了大量的探索和创新，但是农村与农业业务在其业务结构中始终处于陪衬性、补充性的地位。这里要讨论的关键问题，并非主观意愿问题，而是涉及大型商业银行支持农村与农业能否实现财务可持续以及如何以创新性机制实现盈利的问题。

　　信息经济学、交易成本理论以及规模匹配理论为大型商业银行能否为农业与农村的微型客户提供金融支持提供了传统的经典答案。这些理论一致认为，大型商业银行在服务农业与农村的微型客户方面存在严重的信息不对称，大型商业银行在搜寻与处理微型客户信息方面不具备优势，它们甄别微型客户信用并防范风险的交易成本较高。因此这些理论认为，从成本—收益的角度考虑，大型商业银行天然地不具备为微型客户服务的能力。这种传统的理论解释似乎与生物界中的生物链理论不谋而合：大型商业银行如同生物圈中的大型肉食动物，它们要掠食那些大型食草动物，而小型商业银行如同小型肉食动物，它们只能掠食那些小型动物。这就是规模匹配学说所说的全部故事。但是问题在于，大型商业银行难道不能为农村与农业领域的微型客户服务吗？全球已经有若干成功案例为这个问题提供了答案，其中的关键在于机制、体制的创新。通过系统的产品创新、机制创新与制度创新，大型商业银行不仅可以为农村与农业领域的微型客户服务，而且可以大幅度地降低成本、有效地控制风险，并从农村与农业领域获得较为丰厚的商业回报。

　　本书的研究试图对传统的信息不对称理论、交易成本理论与规模匹配理论提供补充性的解释框架，这一解释框架概括来说，就是优势匹配与要素对接理论。所谓优势匹配理论，即每一个商业银行因其发展历史、规模、人才结构、内部治理等原因而具备不同的优势，每一个商业银行在选择服务对象时均须考虑其各自的比较优势，按其比较优势确定自己的战略定位、服务产业的结构以及服务客户的结构。所谓要素对接或要素整合的理论，是指每一个商业银行在服务微型客户时均应从整个金融体系的客观视角去考察，以期实现商业银行与其他金融机构以及其他市场主体的要素对接。要素对接与要素整合理论的意义在于，要从整个金融体系甚至从整个经济系统角度来考虑问题，如此则商业银行服务微型客户的所有机制障碍与瓶颈均可能得到缓解。而要素对接与要素整合的全部目的，在于降低商业银行服务于农村微型客户的信息搜寻成本、信用甄别成本，有效控制信贷风险、客户道德风险以及系统性风险。因此，若从单个商业银行来看，则很多障碍与瓶颈均将极大地提升其服务微型客户的成本，导致其服务微型客户的医院与绩效均极低；但若从金融体系以至其他市场主体的系统视角来看，假若商业银行与保险机构、微型金融机构、担保机构、农村合作组织进行有效的要素整合，则其服务于微型客户的绩效与意愿就会大为提高。因此，从宏观决策的角度来说，重点在于为商业银行服务微型客户提供机制支持，要从"大金融"的视角来看问题，所谓"功夫在诗外"也。

本书从优势匹配与要素对接理论出发，以大量田野调查与实证研究证明，大型商业银行的比较优势在于支持产业化农村市场主体，并以此为契机，引领农业的现代化、产业化与结构提升；同时大型商业银行应通过机制创新、产品创新与体制创新，通过与其他金融机构和市场主体的有效对接，降低其运营成本与风险。本书所探讨的主体中国农业银行，作为大型商业银行的代表，在上述方面均进行了大量极有价值、极为艰苦的尝试，积累了丰富的经验，这些经验对于全球商业银行均具有重要的借鉴意义。

但是从另一方面来说，这些尝试与探索仍具有试错的性质，在不同的市场环境、文化环境、法律环境下，商业银行应该因地制宜、因时制宜、因需制宜，根据自己的比较优势，探索属于自己的服务农村与农业微型客户之路。特别应该强调指出的是，商业银行在整个金融体系乃至于市场体系中并不是孤立存在的，商业银行能否为农村与农业微型客户提供有效的信贷支持，当然一方面取决于其自身运营能力（包括甄别信用、控制风险、产品创新、有效的内部治理等），但另一方面也在极大程度上受制于整个市场体系的发育程度以及市场机制的完善性与有效性，其中也包括政府的有效运作。无论是抵押担保机制的创新，还是农业保险与农产品期货市场的发展，无论是农民合作组织的发育，还是现代农业企业的成长，无论是信用产品提供商的有效运作，还是整个社会征信体系的完善，无论是政府行政管理与协调服务能力的塑造，还是司法体系的有效性与公正性的提升，乃至于土地制度变迁、产权保护的严格执行等等，都会对商业银行服务农村与农业微型客户的方式与绩效造成极大的影响。因此，本书提出的优势匹配与要素对接理论，不仅考虑到商业银行自身的比较优势与禀赋特征，而且更要考虑到整个市场体系中的要素整合，这是读者在阅读本书中需要特别加以注意的。

　　大型商业银行在构建现代农村普惠金融体系中有着特殊重要的作用，但是它只是现代农村普惠金融体系中的一个要素。构建现代农村普惠金融体系必须既要有科学系统的顶层设计，又要有扎实的基础设施建设。现代农村普惠金融体系的主要特征是多元化（包含多种产权主体）、多层次（包括大、中、小、微各层次金融机构）、多市场主体（包括信贷市场、保险市场、农产品期货市场、资本市场等）、广覆盖（能惠及最广大地区、最广大人群，尤其是边远地区、弱势群体）、可持续（实现财务可持续）。要建立这样一个现代农村普惠金融体系，需要付出极大的努力，也需要有相当的耐心。倒 U 型的库茨涅茨曲线效应告诉我们，金融体系对经济发展和收入分配的影响在不同历史阶段呈现不同的效果，在经济发展初期，金融体系的扩张不仅不会缩小，反而会显著扩大收入分配差距，尤其是金融体系的集聚效应极强，大银行的不断涌现使其逐步脱离中小客户，因而极易造成贫富差距的拉大。只有在经济发展到了一定阶段，金融体系的扩张才通过所谓的"滴落效应"惠及中小客户与弱势群体，从而使收入分配差距逐步缩小。在这个历史过程中积极探索大型商业银行服务中小客户与弱势群体的创新模式，并大力鼓励微型机构的发展，无疑是解决经济发展初期收入差距扩大问题的两把钥匙。从这个意义来说，我国构建现代农村普惠金融体系可谓任重道远，这必将是一个极需要智慧，极需要耐心，也极需要胆魄的系统性的制度创新过程。

王曙光

2013 年 6 月

于北京大学经济学院

目录

第一篇　战略定位篇

第一章　以史为鉴：中国农业银行服务"三农"60年历程
第一节　农村金融改革发展60年一览 …………………… 4
第二节　农业银行改革发展60年一览 …………………… 14
第三节　小结 …………………………………………………… 18

第二章　他山之石：世界大型银行涉农金融服务镜鉴
第一节　发达国家视角 ………………………………………… 22
第二节　发展中国家视角 …………………………………… 29
第三节　小结 …………………………………………………… 38

第三章　比较优势：SWOT分析框架与理论假说
第一节　农业银行比较优势的SWOT分析 ……………… 40
第二节　战略定位的理论根基：比较优势决定基本战略 …… 46
第三节　小结 …………………………………………………… 47

第四章 战略论衡：五论

第一节 资金回归县域战略 …………………………… 52

第二节 农业银行服务"三农"要超越三大误区 …… 57

第三节 农业银行服务"三农"的战略定位、客户分层和
流程再造 …………………………………………… 59

第四节 服务"三农"的有效途径之一是银政合作 …… 63

第五节 农业银行改革发展的十大关系 …………… 68

第六节 小结 …………………………………………… 73

第二篇 制度创新篇

第五章 三农金融事业部改革：机构设置跟随基本战略

第一节 事业部制结构演变历程探析 …………… 78

第二节 三农金融事业部制改革：运作模式与风险控制 …… 80

第三节 小结 …………………………………………… 83

第六章 服务模式创新：控风险与降成本

第一节 范围经济和规模经济服务路径 …………… 86

第二节 农业银行"三农"服务模式的创新路径 …… 89

第三节 小结 …………………………………………… 101

第七章 县域支行竞争力、风险控制与信贷管理

第一节 提升县域支行竞争力的基本对策 …………… 104

第二节 农村金融机构的风险控制 ………………… 106

第三节 大型商业银行服务"三农"与信贷管理 …… 109

第四节 风险控制：以小微企业信用风险管控为例 …… 111

第五节　探索适应县域金融发展的风险补偿机制 ············· 113

第六节　小结 ·· 116

第八章　锻铸优秀上市银行：品牌建设、战略转型与要素对接

第一节　品牌建设的内涵与层次 ································· 118

第二节　公司治理结构变革和战略优势定位 ·············· 120

第三节　重视战略转型、盈利模式转变与去行政化 ······· 123

第四节　参与村镇银行组建具有重要战略意义 ············ 127

第五节　要素对接：农行服务"三农"要构建五大合作机制 ·· 131

第六节　价值观与文化行为模式转型 ························· 141

第七节　小结 ·· 144

第三篇　实践探索篇

第九章　农村金融难题的形成与破解

第一节　发展中国家农村金融问题的形成 ·················· 152

第二节　破解农村金融难题的方法演进 ····················· 154

第三节　破解农村金融难题不能泛泛而谈 ·················· 158

第四节　欠发达地区农村金融服务：文献考察 ············ 162

第五节　小结 ·· 179

第十章　农户金融服务

第一节　小额信贷发展历程 ······································· 190

第二节　小额信贷的两种代表性技术辨析 ·················· 194

第三节　农业银行农户金融服务 60 年历程 ··············· 200

第四节　农户联保贷款和农户小额信贷产品 ·············· 203

第五节　大型商业银行参与普惠金融服务重在模式创新 ····· 206

第六节　围绕增加农民非农收入创新农金服务 ·············· 209

第七节　小结 ······························· 212

第十一章　农业产业化龙头企业金融服务

第一节　文献综述 ····························· 216

第二节　农业银行支持农业产业化龙头企业的举措与成效 ··· 231

第三节　完善中小企业金融服务需诉诸三部曲 ·············· 237

第四节　小结 ······························· 242

第十二章　农民专业生产合作社金融服务

第一节　农民专业合作社发展历程 ··················· 244

第二节　金融支持农民专业合作社综述 ················· 252

第三节　小结 ······························· 258

第十三章　城镇化金融服务

第一节　我国城镇化发展趋势和特点 ··················· 262

第二节　城镇化投融资的比较分析 ··················· 269

第三节　商业银行如何助力城镇化 ··················· 271

第四节　小结 ······························· 274

第十四章　案例剖析：六论

第一节　农行支持农业产业化龙头企业——以中澳集团
　　　　为例 ····························· 276

第二节　农行"惠农"金融服务——以陕西省 Y 市农行
　　　　"惠农通"工程为例 ······················ 289

第三节　农行"富农"金融服务——以甘肃省 Z 市农行
　　　　小额农户贷款为例 ⋯⋯⋯⋯⋯⋯⋯⋯⋯⋯⋯⋯ 298

第四节　农行支持农业产业化龙头企业——以四川峨眉金丰
　　　　公司和甘肃定西清吉公司为例 ⋯⋯⋯⋯⋯⋯⋯ 317

第五节　农行支持农民专业合作社——以甘肃张掖前进奶牛
　　　　合作社和四川资阳养猪合作社为例 ⋯⋯⋯⋯⋯ 330

第六节　农业银行支持特色农业产业发展模式创新
　　　　——以生猪产业为例 ⋯⋯⋯⋯⋯⋯⋯⋯⋯⋯⋯ 339

附录　答客问五篇

之一：打造优秀上市银行
　　　——答《中国城乡金融报》 ⋯⋯⋯⋯⋯⋯⋯⋯ 350

之二：优秀上市银行与经营机制变革
　　　——答《中国城乡金融报》 ⋯⋯⋯⋯⋯⋯⋯⋯ 353

之三：中国农业银行改制、盈利模式与去行政化
　　　——答《中国城乡金融报》 ⋯⋯⋯⋯⋯⋯⋯⋯ 356

之四：解析中国农业银行"三农金融事业部制改革"
　　　——答《中国城乡金融报》 ⋯⋯⋯⋯⋯⋯⋯⋯ 361

之五：中国农业银行回归"三农"战略与制度创新
　　　——答《中国城乡金融报》 ⋯⋯⋯⋯⋯⋯⋯⋯ 366

参考文献 ⋯⋯⋯⋯⋯⋯⋯⋯⋯⋯⋯⋯⋯⋯⋯⋯⋯⋯⋯⋯ 372

后记 ⋯⋯⋯⋯⋯⋯⋯⋯⋯⋯⋯⋯⋯⋯⋯⋯⋯⋯⋯⋯⋯⋯ 378

第一篇

战略定位篇

| 第一章 |

以史为鉴：中国农业银行服务 "三农" 60 年历程

本书主要是探讨大型商业银行支持"三农"的制度创新与战略选择问题。"以史为鉴，可以知兴替"，在集中探讨该问题之前，我们有必要对我国农村金融改革的进程进行一番系统梳理，以期为我们的研究提供一个大的宏观背景。

▊ 第一节　农村金融改革发展60年一览

新中国成立以来，我国农村金融改革发展走过了60多年的历程，时间跨度涵盖了改革开放前后两个大的时期，共约五个历史阶段。

第一阶段：农村金融体系初步搭建阶段（1949～1957年）

新中国成立之初，农村金融问题就得到了国家的重视。1950年3月，中国人民银行总行召开了第一届全国金融工作会议，研究创建金融机构的问题，提出金融机构的建设应本着集中统一、城乡兼顾、减少层次、提高效率、力求精简的原则，并率先在山西、河北等地试办农信社。同年12月，第二届全国金融工作会议要求将银行机构向基层和农村推广，积极支持农村信用合作事业发展，通过了《筹建农业合作银行的提案》。农业合作银行（中国农业银行的前身）于1951年7月正式成立。由于机构精简的原因，农业合作银行于1952年7月撤销，农村金融工作归中国人民银行统一领导和管理。中国人民银行快速下延分支机构，农村营业所数量从1950年的457个迅猛增加到1953年的12561个，覆盖全国行政区域的66.4%。

1954年2月，人民银行召开全国第一次农村信用合作会议，在总结前阶段农村信用合作工作经验基础上，提出遵照"积极领导、稳步推进"的方针，发展农村信用合作事业。1955年，为了支持蓬勃发展的农业合作社，中国农业银行第二次被批准设立。同年，针对农信社在前一阶段出现的问题，国家开始大力整顿，提出要在信用社领导机构中树立贫农优势，要积极帮助贫困农民解决生产生活困难，对信用社治理结构要进行规范、健全规章制度等。通过这些整顿措施，农信社社务和业务均得到明显提升。两年之后的1957年，遵照精简节约原则，中国农业银行与中国人民银行合并，农村金融服务工作由设在人民银行内部的农村信贷工作部开展。

可以看出，这一时期农村金融机构的设立、撤销和整顿，都是在国家高度集权体制下，目的在于推动农村合作运动以及调动农民参与合作经济积极性。除了国家主导的正规农村金融体系外，这一时期民间借贷经历了从短暂地获得支持到受到强制性限制的变迁，农业保险服务更是经历了从特定地区的探索性试办到全国范围停办的转变。

第二阶段：停滞阶段（1958~1977年）

1958年，中央在农村组织制度上又做出了一次重大决策，即用农村人民公社替代农业生产合作社，因为当时的领导人认为，"一大二公"的人民公社是解决"三农"问题的理想组织模式①。

为了配合人民公社运动和"大跃进"，农村信用社和人民银行营业所被下放到生产队和人民公社管理。不久就出现公社相关人员随便动用流动资金和信贷资金的现象，造成金融机构管理上的混乱。尽管国家后来对农村金融机构的管理权力归属问题进行了调整，但混乱的管理体制加之"左"倾思想主导的"大跃进"运动，导致农民对农村金融机构信任程度下降。以农信社为例，尽管当时普遍强调农信社要加大吸收存款的力度，但仍旧出现了1962年农信社存款余额急剧下降的现象。虽然1963年国家对农信社的乱象进行整顿，但由于搞"无贷县"、"无贷乡"等农村金融"大跃进"

---

① 陈锡文：《中国农村制度变迁60年》，人民出版社2009年版。

运动，农信社的服务能力在政治运动中严重受挫。

为了巩固和发展农村人民公社集体经济，中国农业银行于 1963 年再次成立，统一管理支农资金并领导开展农村信用合作工作。但由于与人民银行在基层机构设置上存在矛盾，中国农业银行于 1965 年第三次被取消。

在"文革"十年中，农村金融工作是沿着发挥银行"无产阶级专政工具"作用的路径开展的，农村金融体制机制遭到严重破坏。1978 年信用社实行"所社合一"①，改由贫下中农管理，后来又演变为人民银行的基层机构。至此，农信社走向"官办"，其合作性质不复存在。这一阶段，因国家限制，加之正规金融服务能力不高，民间高利贷盛行。例如，1964 年，中国农业银行总行对河北、山西等 10 个省 36200 个公社进行调查，发现大部分公社都有不同程度的私人借贷问题②。例如，对山西、吉林等省的调查显示，"借高利贷的一般占总农户的 10% 到 20%，放高利贷则占 3% 到 6%"，"在灾区，借高利贷者达到总农户的 40% 到 60%"。由此可见，由于正规金融的缺失，导致这一时期"高利贷"行为发生地域广、范围宽，并且影响大。

综上所述，改革开放前的 30 年，由于计划经济体制下"赶超战略"的实施，包括农村金融政策在内的所有"三农"政策，均是围绕着为工业化特别是重工业化提供剩余的思路制定和落实的，农村金融成为推进工业化与赶超战略的工具，农民正常的金融需求没有得到有效满足。前期，涉农贷款的发放，主要用于支持贫困农民改善生活并激发其参加合作化运动的热情，信贷支持农民增收的作用则在一定程度上被抑制了。后期，由于政治运动的冲击，农村金融工作基本处于停滞或半停滞状态，对实体经济的促进作用微乎其微。

第三阶段：崭新起步阶段（1978~1996 年）

十一届三中全会之后，改革率先在农村开展并释放出巨大制度能量，

---

① 即将集体所有制的农信社资产与全民所有的国家银行资产合二为一，直接后果是造成了双方在财产资金和财务管理上的混乱。

② 卢汉川：《中国农村金融历史资料（1949-1985）》，湖南出版事业管理局 1986 年版。

使得农村经济在改革开放初的一段时间内增长迅猛①。随之而来的是农村金融服务需求的快速增长。为此，必须革新原有的高度集中的国家银行体系，成立专门为农村地区提供信贷服务的专业银行。在此背景下，中国农业银行于1979年第四次恢复成立并领导农村营业所和农村信用社。1986年以来，中国农业银行开始发放农业贴息贷款，政策性业务占到一定比例。中国农业银行恢复成立后，在服务"三农"方面起到了举足轻重的作用。但是，中国农业银行商业性贷款和政策性贷款集于一身的做法，常带来资金运行机制的混乱。为了规避这一问题，1994年国家组建了中国农业发展银行，专业开展政策性农村金融业务，而中国农业银行则开始加速商业化改革。

针对农村信用社官办体制色彩较浓的弊端，1982年12月，国家重申信用合作社应坚持合作金融组织的性质。1984年8月，国务院批转《中国农业银行关于改革信用社管理体制的报告》，提出恢复和加强信用社的"三性"，即组织上的群众性、管理上的民主性、经营上的灵活性。但报告同时指出，不宜改变中国农业银行和信用社的隶属关系，这实际上使农信社"三性"改革流于形式。直至1996年8月出台《关于印发农村信用社与中国农业银行脱离行政隶属关系实施方案的通知》后，"行社脱钩"才得以实现，农村信用社开始进入独立发展的轨道。

1996年起，以农信社为基础的合作制金融、以中国农业银行为主体的商业性金融以及以中国农业发展银行为主的政策性金融的"三足鼎立"农村金融组织架构初步形成。另外，在1986年，国务院批准邮政部门恢复办理储蓄业务，邮储在农村存款市场上与农信社形成了一定竞争。

这一阶段，对于非正规金融而言，政府一直保持宽松的政策。例如，1984年和1985年的中央"一号文件"均提倡适当发展民间信用。农村合作基金会这种非正规金融组织的发展受到决策者的肯定，加之它适应了日

---

① 据统计（按不变价格计算），1978～1984年农业总产出增长率和年均增长率分别为42.2%和7.5%，是历史上农业增长最快的时期。参见陈宗胜、高连水、周云波："基本建成中国特色市场经济体制——中国经济体制改革三十年回顾与展望"，《天津社会科学》2009年第2期，第73～80页。

益增长和多样化的农村金融需求，发展十分迅速①。但是，合作基金会存在内部管理不规范以及产权结构不明晰、治理结构不完善等弊端，这注定了其最终被整顿和取缔的命运②。

1982 年 2 月，国务院批转的中国人民银行《关于国内保险业务恢复情况和今后发展意见的报告》中指出，要从各地实际情况出发，逐步试办农村财产保险、牲畜保险等业务。1985 年和 1986 年中央"一号文件"中，均提到要积极发展农村各项保险事业。在 1992 年以前，得益于政策的支持，农业保险的发展态势良好。从 1993 年开始，中国人民保险公司开始了公司制改革，同时开始削减农业保险业务。1996 年 12 月出台的《中共中央、国务院关于切实作好减轻农民负担工作的决定》，将农业保险保费项目作为乱收费而予以取缔，农业保险业务发展受到严重影响，供需缺口开始拉大。

第四阶段：调整转型阶段（1997~2002 年）

"行社脱钩"之后，农信社改革开始逐渐成为这一阶段农村金融体制改革的重点。这一阶段的前期（2000 年以前），农信社的改革仍然重点强调坚持合作制原则，后期（2000 年以后）的改革则更加务实，提出改革不能一刀切采用一种模式，而是要坚持因地制宜、分类指导等原则，并重点关注产权明晰等问题。例如，1997 年 6 月，国务院办公厅转发《中国人民银行关于进一步做好农村信用社管理体制改革工作意见》，要求按合作制原则改革农村信用社管理体制。2002 年 3 月颁布的《关于进一步加强金融监管，深化金融企业改革，促进金融业健康发展的若干意见》中则首次指出，农信社改革重点是明确产权关系和管理责任，强化内部管理和自我约束机制，改革要因地制宜、分类指导。

1997 年中央金融工作会议进一步确定了"各国有商业银行收缩县（及县以下）机构，发展中小金融机构，支持地方经济发展"的基本策略。中

---

① 王曙光：《农村金融与新农村建设》，华夏出版社 2006 年版。

② 胡必亮、刘强、李晖：《农村金融与村庄发展——基本理论、国际经验与实证分析》，商务印书馆 2006 年版。

国农业银行积极调整发展战略，收缩乡镇网点并积极拓展城区业务。但是1998年中国人民银行、中国农业银行、中国农业发展银行和财政部联合出台了《关于把农业发展银行扶贫、开发等专项贷款业务划归农业银行的通知》，中国农业银行的发展受到一定制约。而这一阶段的农发行，其业务职能快速收缩，开始专一履行粮食收购资金的封闭管理职能。

这一时期非正规金融发展迎来政策的冬季。早在1996年8月国务院便提出要清理整顿农村合作基金会，1997年爆发的亚洲金融危机又客观上加速了治理整顿的步伐。1999年1月全国性的清理整顿工作开始。农村合作基金会从1984年开始出现到1999年退出中国农村金融市场，前后历时16年。

2002年以前的这一时期中，国家基本没有出台支持农业保险发展的相关政策，农业保险持续萎缩。2002年我国保费收入仅5亿元，较之1992年历史最高值的8.17亿元，下降比例高达38.8%。2002年12月，修订后的《中华人民共和国农业法》中，首次确立了要建立国家政策性农业保险制度的目标。

第五阶段：深入推进阶段（2003年至今）

存量金融机构改革方面，农信社改革仍是重点。2003年6月颁布的《国务院关于印发深化农村信用社改革试点方案的通知》中明确提出，农信社改革的总体要求是明晰产权关系、强化约束机制、增强服务功能、国家适当支持、地方政府负责。2003年以后，新一轮农信社改革拉开帷幕。先是在山东省等8省（市）开展试点改革，并在各试点省份相继成立省联社，随后各地纷纷组建农村商业银行和农村合作银行。到2004年8月以后，农信社改革推广至全国除海南和西藏以外的全部21个省区（汪小亚，2009）①。

中国农业银行完成股份制改革后，于2010年7月15日和16日在上海和香港两地上市，并坚持"股改不改支农方向，上市不减支农力度"，继

---

① 汪小亚：《农村金融体制改革研究》，中国金融出版社2009年版。

续服务"三农"。农业发展银行以及 2006 年新成立的邮储银行则逐步扩大支农业务范围。2005 年以来，政府再次重启增量改革，出台政策鼓励设立新型农村金融组织。2005 年底，人民银行在陕西、四川、贵州、山西和内蒙古等 5 省（区）各选一个县开展了"只贷不存"的小额贷款公司试点。2006 年 12 月银监会发文允许新设村镇银行、农民资金互助组织、专营贷款业务的全资子公司三类新型机构。这被誉为改革开放以来农村金融领域最具开创性的金融新政。2008 年 5 月银监会和人民银行出台的《关于小额贷款公司试点的指导意见》，规定允许成立"只贷不存"的小额贷款公司。此后，各地方政府纷纷出台政策，响应国家改革新举措。得益于政策的鼎力支持，新型金融组织发展较快。截至 2011 年末，全国已组建新型农村金融机构 786 家，其中村镇银行 726 家，占比 92.4%。

这一时期的农业保险走出低迷状态，发展稳健。2003 年十六届三中全会和 2004 年中央"一号文件"，均明确提出要探索建立政策性农业保险制度。此后，农业保险开始步入稳步发展阶段。2005～2012 年的中央"一号文件"都无一例外地强调要积极发展农业保险。据《中国统计年鉴》的数据，2005～2012 年的农业保险保费收入分别是 7 亿元、8.5 亿元、53.3 亿元、110.7 亿元、133.9 亿元、173.8 亿元和 240.6 亿元，七年内实现了跳跃式快速增长。

这一时期国家出台的政策，已经开始明确注重相关配套机制的建设，而不是仅仅局限于涉农金融机构本身的分合、增减和改革。例如，2005～2012 年的中央"一号文件"中，提出要探索创新对农户和农村中小企业实行多种抵押担保形式，要探索建立政府支持、企业和银行多方参与的农村信贷担保机制，要探索建立农村信贷与农业保险相结合的银保互动机制，要搞好农村信用环境建设，加强和改进农村金融监管，建立农业产业发展基金，等等。

可以看出，新中国成立 60 多年以来，尤其是改革开放 30 多年来，国家围绕着改革和发展农村金融而出台的政策很多。纵观之，1978～2002 年间，政策的制定和推出总体上体现的是"摸着石头过河"的改革思路，2002 年以来的后半段特别是"十一五"时期，政策的制定则具有明显的

"理性推进"特征。故而，从农村金融政策制定的整个历程来看，其中虽不乏推陈出新的重要创举，但出现一些停滞甚至倒退的迹象，亦在所难免。概略来看，农村金融改革的力度和进度虽不及农村经济改革，却也大致吻合。表1.1粗略显示，国家重视推进农村金融改革的时期，往往是农民收入快速增长和城乡收入差距下降的时期。诚然，这里我们不能武断地下结论，认为农民收入增长和城乡差距下降主要是由农村金融改革推动的，但是仍然可以说，农村金融改革和发展与农民收入增长以及城乡差距下降之间，存在显著的共生共荣关系。

表1.1　　　农村金融改革与相关主题的关系（1978～2012年）

	1978～1996年		1997～2002年	2003～2012年
	1978～1984年	1985～1996年		
		1985～2002年		
农村经济改革	经济体制改革的重心	不再是改革的重心（改革重心转入城市）		重新成为经济发展和改革关注的重点
农村金融改革	不温不火		逐渐趋冷	由冷转热
农民收入增长	年均增长8%		缓慢增长（年均4%）	快速上升（年均8%左右）
	高速增长（年均16%）	缓慢增长（年均4%）		
城乡差距变动	趋于缩小（从2.6下降到1.8）	趋于上升（从1.9上升到2.5）	持续扩大（从2.5上升到3.2）	高位徘徊（在3.2附近）

注释：农民收入年均增长率为实际增长率（1978年为基年）；城乡差距为城乡收入比。
数据来源：Wind数据库。

经过30多年的努力，我国目前已初步形成了大、中、小型农村金融机构共生，政策性、商业性和合作性金融并存的农村金融组织体系，相关配套机制建设逐步跟进，农村贷款难问题得到初步缓解。通过农村金融改革的三阶段回顾不难发现，我国农村金融改革发展虽渐趋理性，但现代农村金融制度远未建立，具体表现出五个方面的明显不足。

第一，过分重视从改善供给的角度推动存量金融机构改革，对农村金融需求的关注不够。在政府办金融的发展路径依赖下，从改善金融供给的角度推动农村金融改革，对政府而言是一种相对节省交易成本的改革模式。但是，这种自上而下推动且模式单一的国家农贷制度，不能有效对接日益多样化的农村金融需求。这起码有两点原因：其一，我国地区发展不平衡，各地区的农村金融需求差异巨大，影响因素也各有不同，因此不存在"一刀切"的金融供给模式；其二，农村金融需求的对象涵盖农户、新型农村经营主体、农村中小企业、龙头企业等，其金融服务需求的类型、规模各不相同，并非简单的改革金融供给就能奏效。

第二，在存量金融机构改革层面，一方面忽视了金融机构彼此间的合作机制建设，另一方面，则存在过分强调银行信贷而忽视保险、证券和期货等其他农村金融范畴的弊端。长期以来，我国农村金融组织体系之间交叉竞争有余而合作不足。比如，中国农业银行商业化改革后收缩农村地区网点，政策性银行却没有及时通过有效拓展业务边界而发挥应有的作用。当前，在中国农业银行重心再次倾向于县域之际，又与合作性金融机构存在各种非合作竞争，并且这种竞争在利率市场化背景下表现得更为激烈，如农信社或农商行通过"存款利率一浮到顶、贷款利率一降到底"的价格战方式，与中国农业银行拼抢客户资源。可以说，农村金融体制改革总体上还处在头痛医头、脚痛医脚的状态，缺乏全盘考虑一揽子问题的视野。另外，还必须明确，信贷体系从来就不是农村金融的唯一组成部分。通过保险机制规避自然风险、利用资本市场改善融资渠道、借助期货市场规避市场风险，这些范畴，均是一个完善的农村金融市场不可或缺的部分。

第三，在增量金融机构改革方面，脚步过慢，力度偏小。增量改革本质上具有节省交易成本的功效[1]，故而被看成我国经济体制改革的主要经验之一。但是，这种经验智慧在我国农村金融领域却没有连续性地发挥作用。增量改革最初被运用于农村合作基金会这种非正规金融形式上，并对优化农村金融市场竞争环境起到积极作用，但是农村合作基金会后来被彻底取缔。增量改革的第二次推行是允许设立新型农村金融机构，但是严格地讲，新型农村金融机构是一种介于"三分天下"的正规涉农金融机构和民间金融之间的一种"过渡型"组织，或者说，增量改革未被运用于民间

---

[1] 王曙光、王丹莉："边际改革、制度创新与现代农村金融制度构建"，《财贸经济》2008年第12期，第5～10页。

金融规范发展。即使对发展新型农村金融机构，也存在准入限制问题，比如对村镇银行而言，要求发起人至少有一家境内银行，而且股份占比不得低于20%。农民资金互助组织在现阶段更是寥若晨星。结果是我国新型农村金融机构发展缓慢，盆景效应明显。

第四，政府强制性行政干预的色彩浓厚。虽然市场化改革是我国农村金融改革的大方向，但是受计划经济思维影响，长期以来，政府的不适当干预十分明显，典型表现是行政取缔农村合作基金会，削弱了农村金融市场的竞争程度。实际上，研究显示，对正规金融机构而言，由于过多的行政干预造成的不良贷款占比约为30%，明显高于由于银行自身经营管理不善带来的约20%的不良贷款比例[1]。另外，笔者在中西部地区实地调查中也发现，由于市场化水平低，地方政府强拉当地金融机构支持部分不具盈利前景的企业或产业的现象，仍旧普遍存在。

第五，强调金融对经济的单向支持，相对忽视二者之间共生共荣的关系。市场化改革进程中的金融机构特别是商业性金融机构，逐步成长为追求利润最大化的理性经济主体，强制要求其服务农村经济却不考虑其盈利性，结果往往适得其反：一方面，影响了金融机构自身的可持续发展；另一方面，有可能导致金融风险过度积聚而最终阻碍经济发展。金融支持农民增收的着力点应瞄准创造就业机会和改善农民经济地位，而就业机会的增加又离不开当地经济发展，特别是基于资源禀赋的特色产业的发展，农民经济地位的提高本质上也是经济发展的表现。所以说欲实现金融主动支农，设法发展当地经济需先行，而这其中，金融只是其一而非唯一的支持因素。走产业化经营道路是现代农业发展的方向，现代农业由于具有规模经济效应和良好的盈利前景，更易受到金融机构特别是商业银行的青睐。

令人欣慰的是，政策部门逐步认识到农村金融改革的上述部分弊端，近年来出台的政策已渐趋理性，行政干预越来越少，配套机制越来越多，改革力度越来越大。加之我国经济发展整体而言已进入"工业反补农业、城市带动农村"新阶段，县域经济的增长潜力正在释放，这决定了农村县

---

① 周小川："中国银行体系的不良资产"，《资本市场》1998 年第 12 期，第 6 ~ 15 页。

域市场将充满机遇，并会吸引越来越多的金融机构主动下乡。未来，政策部门只要对症下药、因势利导，农村金融改革发展就一定能获得较大进展。

第二节 农业银行改革发展 60 年一览

通过上述分析可以看出，中国农业银行在改革开放前经历的三起三落，乃至第四次设立并最终成功上市，皆与国家经济发展命脉特别是"三农"问题关联密切。中国农业银行的诞生、发展、调整和股改上市历程，可谓曲折多变，并且处处烙有我国农村金融改革发展的印记。在这一过程中，农行既积累了丰富的经验，同时也存在很多值得反思的地方。下文将分四个阶段，回顾中国农业银行 60 多年来不平凡的发展历程。

第一阶段：计划银行时期（1951～1978 年）

如上文所言，中国农业银行的前身农业合作银行成立于 1951 年 7 月，主要是为了适应当时土地改革和农村经济不断发展的现实需要。农业合作银行成立后充分发挥服务职能，积极开展农村金融工作，为支援和促进农村经济与农业互助合作运动发展起到了积极作用。据中国人民银行总行统计①，1950～1952 年三年中，累计发放农业贷款 163907 亿元，累计收回 116191 亿元，收回率 70.89%。但"三反"运动后期，中国人民银行开始精简机构，并于 1952 年 7 月撤销农业合作银行。

撤销农业合作银行之后，中国人民银行统一领导和管理农村金融工作，通过完善基层农村金融组织体系支持农业生产和农业合作化。1953 年中央出台了《关于发展农业生产合作化的决议》，农业合作化运动随之蓬

---

① 除特殊说明外，本节数据均引自伍成基：《中国农业银行史》，经济科学出版社 2000 年版。

勃发展。为了支持合作运动，中国农业银行于1955年第二次成立。新成立的中国农业银行，主要是按照国家规定，办理贫农合作基金贷款、极贫户贷款和农田水利、国营农业、牧业和生产救灾贷款等，支持农业生产发展。但受制于当时政治运动式合作经济发展的氛围，农业贷款呈现"冒进"式增长特征。加之当时财政资金和信贷资金界限模糊，许多干部和农民把银行贷款看做财政的无偿支援，存在不要白不要的思想，即使拿到贷款，低效使用的现象亦十分普遍。据统计，1956年中国人民银行年初制定的农业信贷计划是增加11.2亿元，结果实际增加了20.2亿元，加上农信社贷款增加6.8亿元，实际增加额度高达27亿元。这些贷款为帮助社员解决生产生活困难发挥了积极作用，但其中大部分资金逾期并形成不良贷款。与此同时，由于人、农两行机构并存，工作很难有效划分，人员和费用却不断膨胀。针对这些问题，1957年4月12日国务院发出了《关于撤销中国农业银行的通知》，中国农业银行第二次被撤销。正如前文讲到的，农村信贷工作再次由人民银行统一负责办理，各级人民银行内部相应增设管理农村信贷工作的部门。

1963年10月，在国民经济贯彻"调整、巩固、充实、提高"方针的背景下，中共中央、国务院做出《关于建立中国农业银行统一管理国家支援农业资金的决定》，中国农业银行于1963年11月第三次成立，并通过全面安排支农资金、建立贫下中农无息专项贷款、对农贷资金实行基金制等方式，全面开展农村金融工作。但人民银行、农业银行两行分设以后，基层机构重复、管理机构重叠、管理人员增加等问题再次暴露。因此，中国农业银行于1965年11月3日第三次被撤销。随后的十年，我国经历了史无前例的文革动荡，农村金融工作是在发挥银行"无产阶级专政"工具作用前提下缓慢推进的，新中国成立以来所建立和完善的一些有效金融制度遭到严重破坏。

第二阶段：专业银行时期（1979～1994年）

从1979年开始，全党工作重心重新回到经济建设上来，并从农村入手启动新一轮经济体制改革。为顺应经济发展新趋势，中国农业银行第四次恢复成立。

中国农业银行甫一成立，便开始清理"左"的影响，明确提出农业贷款的重点是支持商品生产。按照当时专业银行的业务分工，农业银行遵循"以粮为纲、农林牧副渔并举，提高经济效益，活跃农村经济"的指导方针，围绕发展农村生产力这个中心，将贷款的98%以上集中投向了农村。同时，围绕农村信贷资金需求特点，对农村信贷资金配置方式进行了很多变革。例如，先对社队贷款实行"小包干"，后来对所有农村信贷实行"大包干"，这些举措既提高了资金使用效率，又弥补了资金供需缺口，对农业生产起到明显促进作用。

80年代中期至90年代初，为解决农产品销售困难，满足乡镇企业发展需要，农业银行将每年涉农信贷计划的60%以及2500亿~3200亿元的累放信贷额度用于支持供销社、农副产品收购和乡镇企业发展。对乡镇企业确立了"量力而行、讲求实效、区别对待、择优扶持"的十六字支持方针，并颁布了《中国农业银行乡村工业贷款暂行办法》。但针对当时乡镇企业盲目铺摊子、上项目等过热现象，农业银行按照监管要求，全力改善贷款管理，严格控制乡镇企业固定资产投资贷款，并加大贷款清收力度，严防系统性信用风险。统计显示，1985年农业银行和农信社累计收回各项农业贷款和乡镇企业贷款910.6亿元，比上年多收归274.2亿元。与此同时，农业银行推动财务管理由行政管理型向企业化经营型过渡，逐步打破经营中的"大锅饭"和分配上的平均主义，进一步激发经营活力。

第三阶段：建设国有商业银行时期（1995~2006年）

如前文说言，1994年，国家通过组建农业发展银行分离政策性业务与商业性业务后，中国农业银行开始向现代化商业银行转轨。1997年的中央金融工作会议后，农业银行积极调整发展战略，开始收缩乡镇网点，巩固县域优势并积极拓展城区业务。但是，1998年国家又把一些专项贷款业务划归农业银行，使农业银行商业改革发展受到一定限制。

农业银行在向国有商业银行转轨过程中，面临的突出问题是，还要不要继续把支农作为全行工作的重点？当时中国农业银行旗帜鲜明地提出

"转轨不转支农方向"的工作方针和集中支持"优质产业、优质客户"的"双优战略"，推行资产负债比例管理，信贷资源逐步向优质、高效的产业、行业和产品倾斜①，例如，优先支持"两高一优"农业、产粮大县等。另外，值得一提的是，早在1997年，农业银行便在郑州召开了农业产业化信贷工作会议，交流各地支持农业产业化经营的经验，研究相关信贷扶持政策，并明确提出，要把支持农业产业化经营作为全行信贷工作的重点。

进入21世纪后，农业银行确定了"积极巩固、调整和提高农村业务，重点发展中小城市业务，大力拓展大城市业务"的经营战略。改进了资金计划管理方式，按照市场效益原则，约束贷款投向，引导资源配置。以推行信贷"新规则"为契机，明确了贷款准入标准，规范了信贷决策行为。全面推行了授权、授信管理，实行了审贷分离、责任追究等一系列规章制度。制定了《信贷结构调整纲要》，明确了信贷进入与退出的重点。例如，在农村市场，按照中央指示，为支持农信社改革发展，农业银行逐步从农户个人等小额、分散的贷款领域中退出，让出一块市场给农信社。农业银行还较大幅收缩低效网点，裁减部分冗余人员。通过上述改革发展举措，农业银行的业务经营层次、业务运作效率、金融资源密集度和核心竞争力得到明显提升。

第四阶段：建设现代股份制商业银行时期（2007年以来）

2007年，全国金融工作会议对农村金融的改革发展作出了明确的部署，提出了中国农业银行股份制改革要和我国农村金融体制改革相结合，坚持"面向三农、整体改制、商业运作、择机上市"的总体原则。按照"十六字"方针，中国农业银行重新确定了自身服务"三农"的市场定位，改革信贷政策制度，建立健全体制机制，深入探索面向"三农"与商业运

---

① 农业银行认为，"农行作为国有商业银行既不能放弃农业和农村，也不能局限于农业和农村。不放弃农村，就是要继续支持农业这个基础产业的发展，但支农的范围和方式要按照商业银行的经营原则进行重大调整，主要集中力量支持商品化、高效益的规模农业及其相关产业，立足于大农业和大市场，做好信贷支农工作"。笔者认为，这种见解颇为深刻，即使放到十多年后的今天，对农业银行如何商业可持续服务"三农"，仍具有重要指导意义。参见伍成基：《中国农业银行史》，经济科学出版社2000年版，第335页。

作有机统一的服务模式。

农业银行围绕如何做好新时期服务"三农"工作，积极推进三农金融事业部改革和"三农"金融服务创新，全行"三农"金融服务工作迈上了新台阶，取得了新成果。一是三农信贷投入持续增大。截至 2012 年 12 月末，涉农贷款余额近 2 万亿元，共支持国家级农业产业化龙头企业 773 家，贷款余额 573 亿元；支持省级产业化龙头企业 3175 家，贷款余额 560 亿元。二是三农事业部改革深入推进。试点行基本搭建了"三级督导、一级经营"的管理体制和"六个单独"的运行机制，并获得国家差别存款准备金率、财税减免、监管费减免三项扶持政策。三是各地在服务三农方面初步探索出一些可复制推广的有效做法。例如，龙头企业带动模式、商业渠道带动模式、产业园区带动模式等。四是信贷基础管理得到夯实。农业银行以股改上市和推进三农金融事业部改革为契机，积极开展基础管理提升活动，切实加强县域支行风险管理、运营管理、信息科技、人力资源建设等基础管理，加大了对重点县域支行的政策倾斜力度，县域支行经营活力得到极大释放，"三农"业务价值创造能力和风险防控能力不断提升。当前，在国家明确提出新型城镇化是未来拉动我国经济增长的最大内需的情况下，农业银行正积极探索，一方面，从出台信贷指引、组建产品工具箱等方面做好顶层设计，另一方面，积极鼓励各分支行探索创新服务城镇化的特色模式。

第三节　小结

"以史为鉴，可以知兴替。"农村金融体制改革的历程说明，要真正破解农村金融难题，必须处理好三个关系：一是供给与需求的关系。要以满足农村金融有效需求为目的，在存量改革的基础上更加注重从增量改革的角度推动正规金融体系建设和完善，并合理疏导非正规金融的发展。二是市场与政府的关系。农村金融改革应继续走市场化路线，但是以"弥补市场不足"为目的的政府介入不可或缺，介入的方式应该包括运用多种宏观政策进行激励和引导以及借助政策性银行发挥基础性服务作用等。三是经济与金融的关系。农村金融的改革发展与农民增收、农业增产、农村繁荣之间不是线性的支持和被支持关系，而是具有多途径联系的共生共荣关系，故而国家应该树立"大三农"的决策思维，将金融、经济、社会等涉农领域统筹起来，打政策组合拳。在破解农村金融难题中，作为一家与"三农"问题息息相关的大型国有商业银行，农业银行关键在于找准服务着力点，坚持有所为有所不为，在体现国家资本意志的同时，通过体制机制创新，探索出一条成本较低、风险可控的商业化服务模式。

| 第二章 |

他山之石：世界大型银行
涉农金融服务镜鉴

"他山之石，可以攻玉。"本章拟分别选取三个发达国家和三个发展中国家的六家代表性大型银行，着重从服务对象与业务模式、组织架构、风险管理策略、政府政策支持等维度，分析其服务"三农"的经验模式，以期对中国农业银行可持续地做好农村金融服务工作提供借鉴。

第一节　发达国家视角

一、法国农业信贷银行

法国农村金融体系由四家银行组成，即互助信贷联合银行、大众银行、法国土地信贷银行和法农贷。这些银行均带有国有性质，其中法农贷在四家农村金融机构中处于主导地位，其存款和贷款均占四家银行总额的一半以上。法农贷在金融支农方面特征鲜明。

1. 服务对象方面：逐步拓宽领域并走综合化经营路线，在业务发展上兼顾城乡

成立初期，法农贷的服务对象主要是个体农户，通过发放短期小额贷款帮助农户解决农业生产设备和原料融资问题。后来，针对农业高风险特征，逐步拓宽农户金融服务内涵，为农作物、农业机械、农户家居生活等多个层面，提供全方位保险解决方案。例如，针对环境保护和水处理问题，法农贷的地区银行推出了特定的价格保险产品，针对农户规避恶劣天气影响的需求，研发了丰收保护类的创新型保险产品。除了在涉农领域探索"信贷＋保险"综合化服务方案外，法农贷还为城市法人客户乃至国际客户提供金融服务，通过并购和设立子公司等多种形式将业务范围逐步拓展到消费金融、金融租赁、投资银行领域。可以说，走综合化经营道路，

坚持"以非农养农"，努力实现规模经济和范围经济效应，是法农贷实现商业可持续经营的关键点①。

2. 组织架构方面：以业务条线为利润中心，实行事业部制管理

法农贷部门设置分为三块，即业务系统、管理系统和支持系统，并实行事业部制管理，从而有效解决大银行链条长、层级多、信息不对称问题，降低委托代理成本，提高决策效率低，有效防控道德风险，为高效率、低成本地满足客户金融需求提供制度保障②。

3. 政策支持方面：法国政府的政策支持贯穿在法农贷成长的全过程

法国政府除了及时出台法律法规政策，为法农贷发展扫清障碍之外，还加大对法农贷的补贴和资金支持力度③。例如，法国政府长期向新的农业经营单位和年轻农民提供贷款贴息，用于防止自然灾害、推动农场结构调整、加快农场现代化等。因为法农贷占据了政府贴息贷款业务的绝大部分，因此其贷款收益率得到保障，业务竞争能力明显提升。另外，直到1966 年，法国政府一直向法农贷提供国家贷款，为其业务发展提供资金支持。在法农贷向商业银行转变过程中，法国政府还不断放松管制并减少行政化干预，为法农贷按市场规律运作资金保驾护航。

二、荷兰拉博银行

荷兰农业发展呈现出典型的现代化和集约化特征。在荷兰农业的现代化发展道路中，农村金融扮演着重要角色，这其中，拉博银行的作用至关重要。拉博银行农村金融服务的主要特色有如下。

1. 服务领域方面：专注于食品和农业产业，并着眼于为整个农业产业链提供信贷支持

拉博银行在将服务对象从国内涉农客户逐步拓宽到非农客户乃至国际客户的过程中，始终专注于服务农业和食品领域。坚持专业化服务方向并

---

① 项俊波：《国际大型涉农金融机构成功之路》，中国金融出版社 2010 年版。

② 中国人民银行代表团："论合作金融的混合治理结构"，《金融研究》2002 年第 7 期，第 1～9 页。

③ 马居歇：《法国农业信贷银行》，端木华译，农业出版社 1988 年版。

持续深入耕耘，为拉博银行积累了不可模仿和替代的差异化竞争优势，这既使拉博拥有农业产业相关行业领域的话语权，也奠定了其在农村金融服务方面的主力军地位。另外，尤为重要的是，自拉博成立开始，整个银行便积极参与到食品和农业生产领域的整个链条中，并将链式金融服务打造成自身的最大服务特色。拉博银行虽将整个农业产业链看作一个整体进行服务，但并不一刀切，而是十分注重根据每个阶段的不同特点提供差异化服务产品①，做到服务因地制宜。拉博银行的这些做法，对大型商业银行可持续服务"三农"而言颇具启发性。

2. 组织架构方面：机构层级之间联动效应明显，信息反馈机制健全

除了一些专业的子公司以及负责国际业务的拉博国际外，拉博银行由两级法人组织构成，即处于顶层的拉博银行（荷兰）和处于底层的地方拉博银行（共 143 家，拥有 950 多个分支机构）。两级组织均为独立法人，不存在自上而下的隶属关系。地方拉博银行因出资成立拉博银行（荷兰），故而成为其上层组织的股东，并形成一种自下而上的所有权结构。这种所有权关系使得上下层组织之间，不是传统的上下级管理关系，而是一种地位平等的分工协作关系。这确保了拉博银行长期稳健的运转和规模优势的发挥。与此同时，143 家地方合作银行在上层组织的统一协调下，运转高效协同，集成优势十分明显。通过彼此之间的联系和合作，地方合作银行的规模经济效应得以发挥，创新能力和应对市场变化的能力均得到明显提升。另外，拉博的内部信息反馈机制十分健全，通过召开高效民主会议等方式，基层业务发展方面存在的问题可以有效反映出来并得到快速纠正。这种行之有效的内部反馈机制，是拉博银行保证及时捕获其会员，特别是来自基层涉农会员的新融资需求信息，从而更好地服务会员并实现银行自身可持续发展的一大成功制度安排。

3. 风险防控方面：出色风险防控能力为涉农金融服务保驾护航

多年来，拉博银行凭借稳健的经营，一直受到各大信用评级机构的青睐。标准普尔和穆迪分别从 1984 年和 1985 年开始，连续 20 多年将拉博银

---

① 项俊波：《国际大型涉农金融机构成功之路》，中国金融出版社 2010 年版。

行评定为 AAA 级，这一评价水平远远高于世界上其他金融同业者所获得的信用评级。拉博银行因此被誉为"最安全银行"[①]。拉博银行防控风险的独特之处在于搭建了一种双层担保机制来化解风险。即既有各分行之间的互相担保，也有总分行之间的互相担保，这样就从分行和总行两个层面保证了集团整体的稳定性和持续性。这样的担保机制有利于帮助拉博银行树立稳健的经营形象。总而言之，拉博银行独特的双层担保机制，使得拉博银行的两个组织层次之间共生共荣，有利于协调一致地提高应对风险的水平。这种机制虽然不一定适用于我国大型商业银行的体制机制特点，但其创新的思维却颇有启发。

4. 政策支持方面：政府围绕现代农业建设做的外围辅助工作，间接但有效地促进了农村金融生态环境改善

实际上，对于拉博银行的发展，荷兰政府更多的是提供间接支持，而这种间接支持大多通过提高拉博银行客户质量的方式实现。例如，对于荷兰农业，政府一贯重视加大农业科技研发的投入，对于荷兰农民，政府坚持尽全力为农民提供技术推广服务和职业培训。对农业和农民的重视，使得荷兰农业生产更加现代化、规模化和集约化，从而为拉博银行开展农村金融服务提供了更有利的对接基础。另外，针对荷兰农业合作经济发达的国情，政府频繁出台相关法律法规，保护和支持合作组织发展，由于合作组织是拉博银行最主要的涉农客户之一，这意味着政府政策间接地支持了拉博银行的发展。

三、日本农林中央金库

日本农村金融体系由合作性金融、政策性金融和一般商业性金融构成，其中，合作性金融居于主要地位。1923 年根据《农林中央金库法》成立的日本农林中央金库，是日本合作农村金融体系的最高机构。经过 90 年的发展，日本农林中央金库已经由一家专业从事农村金融服务的专门银行，逐步转变为一家大型国际化商业银行，并在服务农村经济方面形成了

---

① 王艳、王芳、程志勇："荷兰合作银行：最安全的银行"，《金融时报》，2004 – 08 – 14。

明显特色。

1. 组织架构方面：逐级持股的股权结构为资金"取之于民、用之于民"打下了坚实基础

日本农村金融合作体系并非独立的，而是依附于日本农协组织之上，可分为自下而上的三个层次：基层农协的信用组织为最基础层次（对应于日本的市、町、村等基层农协组织）、县级信农联为中间层次（对应于日本的都、道、府、县等中间层农协组织）、日本农林中央金库以及全国信用联合会为最高层次。三个层次合称为日本农协银行即 JA 银行。JA 银行的三个层次，自下而上逐级持股，即农户入股参加农协并成为会员，依附于农协的基层农协信用组织入股参加都、道、府、县的信用联合会，都、道、府、县的信用联合会则入股组成农林中央金库。JA 银行自下而上逐级持股的股权结构，对于服务农村经济具有独特的优势。通过三个层次的逐级持股，使得作为农协会员的农户成为整个 JA 银行体系的股东，为股东服务成为 JA 银行的天然责任。所以，以农户存款为主要收入来源的 JA 银行，资金"取之于民、用之于民"成为必然。另外，JA 银行的产生基本遵循了由下到上的内生成长路径，这使得与农户联系最为紧密的基层农协信用部门能够有效规避信息不对称等因素造成的负面影响，从而成为有效的金融服务提供商。三个层次的各个组织均为自主经营、独立核算的实体，上下层级之间没有领导与被领导的关系，有的只是上层组织为下层组织提供管理、服务和必要的信息，以及在下层组织发生资金困难时上层组织予以必要支持。这种相对独立的运转机制，有利于资金高效地用于支持农业经济发展和农民增收。

2. 公司治理方面：独具特色的公司治理结构确保了服务农村经济的高效率[1]

日本农林中央金库的公司治理结构别具特色，其股东大部分都是日本农协成员，因此，他们既是股东也是日本农林中央金库的服务对象。农协成员的双重身份决定了日本农林中央金库能够始终坚持服务农村经济的初

---

[1] 瞿振元、大多和严：《中日农村金融发展研究》，中国农业出版社 2007 年版。

衰不变。农协成员中的部分代表组成代表大会，这是日本农林中央金库的最高权力机构。代表大会指定提名委员会的成员，而提名委员会则就审计师、监事会以及董事会的人选提出意见。在日本农林中央金库的整个公司治理结构中，监事会发挥着重要的作用，其对董事会所实施的经营策略享有审查的权力。这其中包括有权要求董事会成员参加会议，并就经营活动进行解释，有权要求代表大会对董事会成员进行免职。目前，日本农林中央金库监事会由 18 名成员组成。当日本农协在组织层面发现重要问题时，日本农林中央金库监事会也要参与讨论和决策。日本农林中央金库董事会有权根据业务开展情况做出相应决策，这其中也包括一些隶属于监事会的事务，并对各位董事所实施的各项决策进行交叉检查。日本农林中央金库董事会由 13 名全职董事组成，其中 2 名作为代表同时成为监事会成员。在这种情况下，监事会和董事会所做出的决策往往是相当接近的。总而言之，独具特色的公司治理结构保证了农协成员即农户的利益，为农林中央金库高效率服务农村经济提供了必要的制度保障。

3. 政策支持方面：政府政策支持对农林中央金库农村金融服务的商业可持续性起到关键作用

日本农林中央金库 1923 年成立之初即为主要靠政府出资成立的国有银行，发挥着支持农村经济发展的政策性银行作用。随着经济社会环境发生变化，政府相应修改补充了《农林渔业金融公库法》、《农林中央金库法》、《农业协同组合法》等多部法律，允许日本农林中央金库与信农联进行合并，以支持农林中央金库的发展，并自此拉开了日本农协信用系统改革的序幕。在日本农林中央金库的业务开展过程中，政府屡次提供低息的中长期贷款，并通过债务担保、提供利息补贴、给予税收优惠等形式为其提供资金支持，以充分发挥其政策性金融机构的作用。例如，日本法律允许基层农协存款利率高于普通银行利率 0.1 个百分点，以支持其吸储。对于农林金库的放贷则实行补贴，例如，在 1977 年，日本政府对农协农业现代化资金贷款的贴息就占到当年农协所收利息的 45%。在税收方面，在农林金库设立初期，免征其营业税、所得税和固定资产税。经过各种制度修改，目前日本农协享受22%的税率优惠，而普通法人的税率为30%①。除了上述直接的政策支持外，日本政府还通过建立相应的担保和保险制度等方式，对农林中央金库发展提供了很多间接支持。日本的农业信用担保系统主要由农业信用基金协会、金融机构和贷款农民等构成。农业信用基金协会于1961年设立了信用担保制度，用来为农民的现代化农贷提供担保。日本的农业保险系统涵盖了农林渔业信用基金和全国农协保证中心等，主要功能是为农贷提供保险和再保险。在商业保险之外，日本政府还于1947年制定和推行了适用于各种农业经营项目的农业共济保险制度，政府还对保户的保费给予部分补贴。可以看出，完善的农业担保和保险制度，有效分散了农林中央金库提供涉农金融服务时的风险。总之，在农林中央金库的成长过程中，政府有针对性地提供了形式多样的政策和法律支持，并努力构建良好的金融生态环境，这构成农林中央金库充分发挥支农作用并保证商业可持续经营的重要条件。

综上所述，发达国家的经验证实，大型商业银行完全可以探索出一条服务"三农"的商业可持续发展道路。诚然，发达国家的农业现代化、集约化程度高，它的发展更多依赖机械化设备，规模经济效应更突出，且对市场信息的敏感性也更强，这些都是上述几家银行能成功服务"三农"的决定性条件。但即便如此，上述几家银行的发展历程，对我国大型商业银行特别是中国农业银行支持"三农"，仍具有重要启发意义。归纳起来，至少有如下几点。

第一，现代农业应是农业银行探索商业可持续服务模式的主战场。我国仍处于从传统农业向现代农业转变的进程中，小农经济仍占主体。但是，在一些粮食主产区等利于实现规模经营的地区，以及其他一些特色资源禀赋突出的地区，现代农业已经不是什么新鲜话题。农业银行作为一家追求股东回报最大化的大型商业银行，应借鉴国际经验，重点瞄准现代农业，做该领域"第一品牌"银行，通过主动服务好农业产业化，带动农民致富并实现自身可持续发展。

---

① 李景波、闫云仙："政策支持农村金融发展：日本的经验与启示"，《世界农业》2011年第11期，第36~39页。

第二，要努力做好总分行间、板块间、城乡间业务的协调和联动。由于三农客户分散广，信贷需求"短、小、频、急"，科层较多、链条较长的大型商业银行，只有做出更快、更有效率的反应，才能提高客户服务的针对性和有效性。为此，需要总分行之间、各板块部门之间努力做好协调联动，国际经验表明，搭建事业部体制是一项提高效率的重要举措。另外，横跨城乡是任何一家大型涉农金融机构的基本特点，关键在于设法做好城乡联动，让城乡两块业务真正发挥互补作用而非相互掣肘。

第三，要大力争取政府的政策支持。农村经济的弱质性决定了农村金融服务不是也不可能是农村信贷单维度这么简单的事情，需要打"保险＋财政＋税收＋法律"等政策组合拳，而保险的对接、财税优惠政策的出台和相关法律法规（如土地确权）的出台，都需要政府积极作为。

▌ 第二节　发展中国家视角

一、孟加拉格莱珉银行

基于对"穷人诚实可信"的判断，孟加拉格莱珉银行成功打开了小额信贷的大门，并取得了举世公认的扶贫成绩[1]。格莱珉银行的运作经验有如下几点启发。

1. 目标定位方面：始终以服务穷人为企业宗旨

为实现"创造一个没有贫困的世界"的愿景，格莱珉银行始终坚持以穷人为服务对象，并取得显著成绩。服务穷人的信条自格莱珉银行的前身即孟加拉国乡村项目的实施阶段开始，便得以确立，其服务的穷人以国内的妇女为主，同时为穷人子女的教育办理贷款服务，并开展了专门针对乞丐的信贷服务。在格莱珉银行成立和发展的整个过程中，"想穷人之所想、急穷人之所急"的信念体现在银行的管理制度、服务产品和风险控制等方

---

[1] 穆罕默德·尤努斯：《穷人的银行家》，三联书店 2006 年版。

方面面。例如，在坚信每一个穷人都是企业家以及穷人是讲信用的前提下，当穷人不能按时还款时，格莱珉银行首先做的是从自身管理制度层面找原因，力求通过更加适宜的制度安排来更好地服务穷人。所有涉及穷人信贷的产品，都以最大限度培育穷人脱贫能力为目标，在服务产品的贷款利率、品种设计和具体的信贷流程等方面，都表现出贴近穷人独特信贷需求的特点，并针对信贷实践过程中表现出来的新情况，不断地对服务产品进行再设计和边际调整。在风险控制方面，所推出的风控工具和手段，目的都是为了克服穷人天然具有的信贷高风险性，以求更安全地为穷人提供高效的服务产品。总而言之，格莱珉银行以打造穷人的银行为己任，是小额信贷服务的成功实践者，也是商业可持续发展的典范。

2. 服务创新方面：格莱珉银行是通过创新规避小额信贷信息不对称难题的典范

在产品层面，围绕穷人多样化的需求，格莱珉银行创新性开发了许多产品，主要有基本贷款、灵活贷款和特色贷款等[①]。其中，基本贷款被誉为"格莱珉小额贷款高速公路"，只要借款人遵守日程安排还款，就可以循环贷款，甚至可以按照自身的可承受力提升贷款规模。所谓灵活贷款主要指的是，在借款人遭遇灾害无法按期还款时，可以与银行重新协商确定一个新的借款合同，并制定一个符合他们当时还款能力的新计划。除此之外，格莱珉银行还根据穷人需要推出了住房贷款、乞丐贷款、教育贷款等特色贷款。多样化的贷款品种有利于满足不同层次、不同收入水平的穷人的多种信贷需求，对于增强穷人脱贫致富能力十分重要。另外，格莱珉银行开创的小组贷款模式确保了贷款的高效率。但是，这种小组贷款的核心技术，后来遭遇了挑战。比如，1998 年爆发的洪灾，使得小组贷款不良率大幅上升[②]。为此，格莱珉银行对其经营模式进行了重大改革，实现了从第一代向第二代的转变。在第二代格莱珉银行模式中，最为显著的就是取消了小组基金制度，小组成员的作用不再是承担连带偿付责任，这减少了

---

① 项俊波：《国际大型涉农金融机构成功之路》，中国金融出版社 2010 年版。

② 陈军、曹远征：《农村金融深化与发展评析》，中国人民大学出版社 2008 年版。

小组内部冲突，并采用正面奖励手段发挥小组的作用①。另外，由于服务穷人成本高、风险大且收益低，如何设法调动员工工作积极性是另一个十分重要的问题。格莱珉银行的主要创新做法是，通过创建五星分支机构理念和产品个性化设计制度，激发员工创新力②。第二代格莱珉银行创建了五星分支机构的理念。分支机构取得一项特定的成就，就可以赢得一种特定颜色的星标，而每一个为自己负责的中心获得星级做出贡献的员工同样会获得自己的星标，看到星标的色彩，就可以知道他所取得的成就。这极大地激励了员工的积极性。第二代格莱珉银行模式创造了产品个性化设计制度，允许员工发挥创造力，通过自行设计信贷产品，使其在期限、时机、分期还款安排等方面匹配最适合于他的客户，从而为具有创造力的员工提供成长空间。

3. 政策支持方面：从格莱珉银行组建开始，格莱珉银行的每一步成长，都伴随着孟加拉国政府的支持

格莱珉银行的成立，是通过整合重组当初参与孟加拉乡村贷款项目的各银行分支机构实现的，而这种整合的难度可想而知，没有政府的强制性行政命令是难以推进的。自格莱珉银行成立之日起，政府便占有处于绝对支配地位的股权份额，这种官方背景为格莱珉银行服务穷人提供了重要保障。随着格莱珉银行的成长，去国有化改革在同步进行，股份的绝大部分逐渐地由借款的穷人所拥有。目前，穷人拥有的格莱珉银行股权占到95%。在格莱珉银行成长为穷人自己的银行的过程中，政府虽然逐步退出，但是仍旧坚持为格莱珉银行的发展创造宽松得力的政策环境，比如对某些存款品种给予利息免税，等等。总之，涉农金融机构的成长离不开政府政策的支持，这种支持既体现在直接的资金扶持方面上，也体现在财税政策优惠等方面，更体现在政府为银行发展营造一种有效、公平的竞争环境等诸多方面。

---

① 阿西夫·道拉、迪帕尔·巴鲁阿，《穷人的诚信——第二代格莱珉银行的故事》，中信出版社 2007 年版。

② Stuart Rutherford , "Grameen II at the End of 2003 : A Grounded View of How Grameen's New Initiative Is Progressing in the Villages", 2004.

二、泰国农业和农业合作社银行

泰国农业和农业合作社银行（BAAC）是商业可持续服务农户的典范。它在从政策性银行向商业银行转型过程中，在网点网络建设、风险防控和服务创新等方面，积累了大量成功经验。

1. 网点网络方面：靠物理网点扩张实现规模经济，借助电子化手段提升经营效率

在成立之初，BAAC 仅在全国 76 个府设立了相应的分行，每个分行下辖 7 ~ 9 个农村办事处。办事处只负责筛查和选择借款人、评估贷款和监控还款，而不涉及现金交易，农户需要到府所在地的 BAAC 分行领取和偿还贷款，交易成本很高[①]。因此，如何设法实现网点广覆盖，是 BAAC 面临的重要难题。BAAC 的应对举措是，通过下沉经营重心，每年将一定数量的农村办事处升级为支行，并最终升级到分行。经过一系列的调整，BAAC 的服务覆盖面迅速扩大，规模经济效应明显提升。在 2000 年的时候 BAAC 的分行达 586 个，农村办事处 887 个。但是，机构的快速扩张也带来了经营成本的上涨。接下来的问题便是，如何在保证物理网点运营和降低成本收益比之间，找到一个合理的平衡点。BAAC 利用电子化手段来克服这一难题。主要做法是，通过大量的科技投入，将所有的分行和绝大多数农村办事处进行电脑化改造，实现了电脑化办公，结果是服务效率大幅改善，每位信贷员服务的农户客户数量以及管理的贷款组合规模都得到显著提高。

2. 风险防控方面：通过合理的利差确保收益覆盖风险成本，高度重视贷款回收工作，以期规避风险

世界银行的研究表明，低息或无息的倾斜政策对解决贫困地区金融抑制问题效果不佳。相反，按照严格的成本收益测算，构建合理的利率定价机制，是有效提高农村金融机构服务效率的关键。在定价方面，BAAC 设定和调整利率时，尽量做到从资金成本和经营成本等经济因素出发，努力

---

① 张海峰："从 BAAC 的改革转型看农村金融机构的可持续发展"，《农村金融研究》2008 年第 7 期，第 54 ~ 58 页。

通过贷款利率覆盖经营成本。特别是在1999年，通过之前与政府的多次沟通，BAAC获准对利率政策进行重大调整。具体做法是，将客户信用分为四个等级，贷款利率与客户信用等级挂钩，客户信用等级越高，适用的利率越优惠。另外，BAAC还高度重视贷款回收工作，以期降低资产损失并规避风险。首先，通过明确的量化标准使风险控制易于操作和考核。BAAC设定年度归还率和逾期率两个指标作为分行绩效评价的关键指标，使得各级分行对重视风险的未来收益有个明确的预期。其次，千方百计清收逾期贷款。BAAC将所有逾期贷款都进行备案并长期跟踪。在过去很长时间里，贷款损失率都在0.1%左右，只有1998年金融危机的时候才上升到0.7%①。

3. 服务创新方面：坚持围绕客户需求变化创新产品和服务模式

BAAC在服务方面始终坚持"以客户为中心"。针对不同的客户研发了差异化服务产品。以存款产品为例，针对小额客户，重点推出了高存款利率且存款利息收入免税的储蓄产品；针对低收入客户，推出可以定期参加抽奖活动的储蓄产品，奖品为农村地区十分流行的商品；针对长期储蓄客户，则推出了"储蓄债券"，债券持有人可以参加全国性抽奖活动。另外，BAAC还坚持因地制宜地构建贷款经营模式。在成立初期，BAAC采用当时商业银行主流的批发业务模式，向农业合作社、农民协会等大客户发放贷款。但农业合作社贷款的不良率很高，贷款偿款率长期低于70%，该模式面临挑战。加之当时BAAC已在小组贷款方面取得成功，于是BAAC将经营重心由批发转为零售，农户取代农业合作组织成为BAAC服务的主要对象。在对农户发放贷款时，BAAC直接面向小组成员，小组成员之间没有任何资金关系，小组的主要作用是协助BAAC筛查借款人，评估贷款，确认贷款申请人信息，这与第二代格莱珉银行对小组的定位比较类似。

三、印度工业信贷投资银行

印度工业信贷投资银行（ICICI）从本国二元经济现实出发，主动进军

---

① 项俊波：《国际大型涉农金融机构成功之路》，中国金融出版社2010年版。

农村市场，不断改进服务模式，持续创新产品、渠道和手段，初步实现了商业可持续发展。

1. 市场战略方面：主动进军农村市场

根据印度的相关政策规定，所有商业银行必须将一部分贷款投入到包括农村在内的优先发展部门，因此 ICICI 银行以前也有部分农村金融业务，但这并非主动行为。随着城市领域同业竞争日趋白热化，ICICI 银行城市板块业务盈利能力受到极大制约，加之农村地区的经济金融发展释放出巨大潜力，于是 ICICI 银行决定主动开拓农村金融市场这片蓝海，明确提出将服务农村穷人作为自己的长期增长战略①。为配合战略的实施，ICICI 银行将原来的农村业务独立成一个的单独的业务部门。ICICI 银行的首席执行官卡马斯曾说："要跻身世界顶尖银行的行列，ICICI 必须走一条其他银行几乎从未走过的道路，那就是利用农村经济带来的机遇。这是一件大部分银行不会去做的事情，因为它是需要下苦功的。"

2. 服务模式方面：不断推陈出新，经历了"互助小组——银行联结模式"、"MFI（微型金融组织）中介模式"和"合作伙伴模式"等三个阶段

"互助小组——银行联结模式"指的是互助小组以集体的名义向当地 ICICI 银行分支机构申请贷款，然后按照一定的制度安排在内部成员之间分配使用，互助小组的成立主要依赖于非政府组织的帮助。这种模式的缺点有二：一是该模式的扩张严重依赖于 ICICI 银行分支机构的存在；二是社会中介组织不承担任何风险。这两个缺陷限制了 ICICI 银行涉农金融服务覆盖面的进一步扩大，也不利于分散风险。为此，ICICI 推出了"MFI（微型金融组织）中介模式"。在"MFI 中介模式"下，银行根据 MFI 的资本向其发放贷款，然后 MFI 或者通过互助小组放贷或者干脆直接向穷人贷款。MFI 作为资金供给者，有动力承担一切风险，并且不需要借助银行分支机构。但是这种模式同样存在缺陷，即 MFI 资产负债规模限制了其从银行的贷款额度，同时它自身也承担了过大的风险。为解决此类问题，ICICI 的"合作伙伴模式"应运而生。在这种模式下，所有贷款由 ICICI 直接发

---

① 张海峰："ICICI 银行农村业务的商业模式演进"，《农村金融研究》2009 年第 3 期，第 76～80 页。

放给客户，MFI 承担客户调查和贷后管理等日常工作，MFI 向客户收取服务费并承担一定比例的贷款风险。合作伙伴模式推出后，与 ICICI 合作的 MFI 数量快速增加，贷款余额也加速增长，合作的协同效应十分明显。

3. 服务创新方面：ICICI 银行在服务渠道、服务产品和服务手段上进行了大胆创新

首先，服务渠道多种多样。ICICI 银行规划的涉农金融服务渠道有四类：自身分支机构、微型金融机构、信贷特许经营店和信息站。只有在交易规模足够大的地方，ICICI 才考虑增设分支机构，其他地方则主要借助"无分行"服务模式开展农村金融服务。ICICI 银行充分利用了在印度农村地区广泛存在的微型金融机构、小业主的店铺和农村信息站，最大限度地发挥了这些中介组织相对了解农村地区实际情况的优势，较好地克服了涉农金融服务惯常碰到的信息不对称问题。其次，服务产品推陈出新。例如，为农民提供了六种零售贷款产品：流动资金贷款、农业设备贷款、小额信用贷款、作物贷款、珠宝贷款和商品融资；为小型涉农企业提供基于项目的直接信贷，为零售和中等规模涉农企业提供交易商/供货商融资、仓库接收融资产品，为涉农大企业提供直接信贷产品。近年来，ICICI 银行还在不断开发新的产品，满足农村地区各类客户的需求。而且，ICICI 银行注重因地制宜性地扩大抵押、质押的范围，农民可以用预期农作物收成或者家中珍藏的珠宝作贷款的抵押品。此外，ICICI 银行提供的涉农金融服务还包括投资、保险、养老金、微型投资等一般农村金融机构难以提供的新兴金融产品，极大地扩大了农村客户的选择面。最后，服务手段与时俱进。ICICI 银行有针对性地引入现代信息技术，开发和推广各种适用于农村地区的金融产品和服务手段。例如，开发出简易自助取款机，以适应农民受教育水平普遍较低的现状，充分利用印度的互联网资源开展网络银行服务，推出集身份证明和电子存折功能于一身的智能卡，以降低与现金交易相关联的成本，通过开发仓库保障系统来满足农民希望用贷款来抵御产品库存风险的金融需求。实践证明，这些服务手段的创新的确发挥了较好的作用。

综上所述，由于国情各异，上述发展中国家涉农大型商业银行的发展

路径各不相同，但基本都遵循了坚持商业运作、坚守风险底线的基本原则，并且依靠特色金融产品和服务模式创新，以及政府的大力支持，在较好地促进农村经济发展、农民增收的同时，实现了自身的可持续发展。上述银行都在服务"三农"过程中一步步发展壮大为具有地区乃至国际影响力的大型商业银行。同样作为发展中国家，我国农村经济现状与上述发展中国家有颇多相似之处，最明显的就是都以传统小农经济为主，但又都呈现出逐步向现代化、集约化农业转型的趋势。因此，这些发展中国家商业银行的经验，对我国涉农大型商业银行服务"三农"颇具镜鉴意义。

第一，要树立服务"三农"、面向县域的企业目标和愿景并扎根经营。例如，为实现"创造一个没有贫困的世界"的愿景，格莱珉银行始终坚持以穷人为服务对象，而 ICICI 银行则主动将服务农村穷人作为自己的长期增长战略，进入被外资银行和其他商业银行所忽视的农村市场。显然，他们都明确树立了"服务农村"的企业愿景和目标。中国农业银行服务"三农"，既是现实需要也是自身差异化的优势所在。因此，农业银行要将面向"三农"的战略目标融入企业发展的各个方面，形成深厚的服务"三农"企业文化，建立激励相容的体制机制，让员工在服务"三农"的过程中得到物质和精神的双重收获。

第二，用产品和服务模式创新的办法来满足多样的农村金融需求。创新是解决农村金融难题的根本出路①，这在上述几家银行的服务历程中表现得十分明显。这对我国农村金融服务尤为具有启发意义。从横向来看，我国农村经济发展多元化特征明显，既有发达地区现代化农业的集约化生产，也有西部落后地区传统农业的手工化作业；从纵向来看，我国农村经济处在从小农经济向现代化、规模化农业转变的过程之中，很多新需求、新特点、新情况都在随时发生，农村金融服务难说有一个标准化的模式，因此，整个农村生产生活金融需求处于一个多元化和持续变动的状态。要适应这种特殊国情，像中国农业银行这样的肩负服务"三农"社会责任的大型商业银行，必须树立强烈的创新理念，以顾客为中心，坚持因地制宜、灵活地

---

① 联合国开发计划署：《建设普惠金融体系》，焦瑾璞、白澄宇等人译，内部资料。

设计金融产品，特别是要通过适当放权等方式，鼓励基层行加大产品创新力度，总行则在对成熟做法进行总结的基础上，分步骤在全行范围推广，以期通过总分行联动，满足多元化和不断变化的农村金融需求。

第三，借助电子化手段延伸服务触角，提高服务效率。服务"三农"不能走靠大规模铺设物理网点扩大服务半径的老路，相反，国际经验证实，顺应金融服务电子化发展趋势，才是赢得未来的关键。上述涉农大型商业银行均在最大化发挥物理网点作用的同时，充分利用现代电子金融技术，通过提高渠道的电子化率降低成本并提高效率。从这个意义上讲，中国农业银行推出的金穗"惠农通工程"可以说意义重大，它既让农民在家门口就能享受到便捷的小额取现、转账、结算等现代化基础金融服务，又节约了服务成本并提高了服务效率。未来，应该通过丰富服务内涵等举措，进一步推动"惠农通"工程向纵深发展①。

第四，科学构建能有效覆盖成本和风险的涉农贷款定价机制。涉农贷款的定价应有一套严格的程序，不能笼统地采用同业定价跟进模式。上述几家银行并没有回避农村金融业务高风险难题，而是通过合理的利差来弥补贷款风险造成的损失，以追求发展的可持续。如格莱珉银行的存贷利差一般保持在12%，这就能够较好地覆盖成本和风险。BAAC采用了统一的基准利率，并与客户信用等级挂钩，贷款定价较为有效。农业银行应借鉴国际经验，应加大科学论证力度，精细化核算成本收益，开发科学合理的贷款定价模型，为涉农贷款利率上浮幅度给出严格区间规定和浮动准则，力争既做到收益覆盖风险和成本，又不过重加大农民负担。

---

① 这里引申出一个基本但很严肃的问题，即随着网络金融的发展，农行的物理网点优势会不会演变成劣势？对此，我们的基本判断是，随着客户消费习惯变化以及银行对低成本收入比的追求，采取一种传统物理网点与新兴电子银行渠道相融合的多渠道经营战略（Multi‐Channel Strategy），逐渐成为基本共识。但是，物理网点在满足客户个性化、差异化需求方面，仍然具有不可替代的作用。普华永道的调查显示，美国市场的客户在搜集有关信用卡、贷款、按揭等业务信息时更多通过网上银行来进行，而在按揭及其他贷款申请等需要面对面交流的业务中，物理网点仍是最主要的业务渠道。特别的，零售商和其他本地小企业主仍将银行网点作为日常存取款的主要途径。对农行而言，其在县域的网点更多的是面向小微企业等小客户，因此，未来的物理网点优势仍可维系，当务之急是加快物理网点转型，通过改善客户服务体验来提升服务质量，并加快与网络金融的有效对接，而非盲目缩减物理网点数量。

第三节　小结

国际经验证实，大型商业银行服务"三农"是大有可为的，但各国经济金融生态环境的差异，决定了服务模式不尽相同。可以说，大到一个国家，小到一个县，产业基础、金融基础设施、市场化水平和政府作为等方面，都存在很大不同，要有效开展金融服务，既离不开商业银行的创新，更离不开利益相关者如政府的政策支持。概言之，六家国际银行的成功经验启发如下。

第一，必须坚持因地制宜。对大型商业银行如中国农业银行而言，要支持基层行因地制宜进行服务创新，并鼓励其对已有的成熟经验进行提炼后上报总行，总行对一些好的做法，要认真解剖，从营销方式、服务渠道、产品组合、风险控制等各个环节给予指导和扶持。

第二，必须坚持向改革创新要市场、要客户、要发展。创新的重点既在于坚持以客户为中心，以市场为导向，改革创新专业化的产品服务体系、业务运作体系、风险管控体系、组织管理体系和支持保障体系，更在于基于大银行的大数据（big data）进行深度分析，以期发现新市场、新客户，实现业务发展新突破。

第三，必须力争政府政策支持。相比城市业务，三农业务的风险大、成本高特征是常态。因此，单靠金融机构自身的改革创新，难以持续保证商业化模式的有效运转，政府等利益相关者的大力支持是必要条件。由于在发展中国家，农村金融的"政治经济学特征"更为明显，政府在其中发挥的作用更复杂、更关键，因此，政府的财税、保险乃至法律层面的支持也更为重要。商业银行应通过做好银政合作等方式，争取政府从资产负债两端同时加大扶持力度。

第三章

比较优势：SWOT 分析框架
与理论假说

农业银行在60多年的农村金融服务历程中，积累了宝贵的经验，赢得了品牌美誉度，建立了较之其他大行明显的比较优势。国际大型涉农金融机构的经验也证实，因地制宜地走差异化服务路线，是探索商业可持续服务模式的关键。本章将在对农业银行比较优势进行系统分析的前提下，探讨农业银行服务"三农"和县域的战略定位问题。

▣ 第一节　农业银行比较优势的 SWOT 分析

SWOT 分析是一种被广泛运用的决策分析方法，它用来确定企业本身的竞争优势（Strength）、劣势（Weakness）、机遇（Opportunities）和威胁（Threat），将企业战略与内部资源、外部环境有机结合，对其竞争态势和市场地位进行分析。

一、农业银行"三农"县域服务优势

1. 网点渠道和科技网络优势明显

农业银行通过持续加大物理网点和电子渠道建设，打造了贯通城乡的金融服务网络，为农业生产、农村发展和农民进城务工、创业和生活提供了一整套现代化的金融服务。特别是在农村，农业银行通过实施金穗"惠农通"工程，将服务半径进一步扩大。截至2012年底，农业银行在农村电子机具行政村覆盖率达63.9%。随着县域零售业务提升工程的启动，农业银行的渠道布局会进一步趋于完善和合理。

2. 具有稳定的低成本负债能力和强大的资金实力

依托广泛的网点和领先的科技网络，以及不断提升的服务质量和60多年来在县域的品牌美誉度，农业银行与同业相比，在负债方面具有更低的成本和更稳定的表现。年报披露数据显示，近年来农业银行县域存款增速一直高于全行平均水平，并且县域存款增量对全行的存款增量的贡献度有所提升。在贷款方面，农业银行近年来持续加大县域资金投放力度，在为现代农业发展、新农村建设和县域经济发展做出积极贡献的同时，也为自身赢得了资金规模优势。

3. 制度保障作用明显

在国务院中国农业银行改革工作小组的指导下，农业银行不断推进和深化三农金融部改革试点，基本搭建了"三级督导、一级经营"的管理体制和"六个单独"的运行机制，国家对试点行实施了差别存款准备金率、财税减免、监管费减免三项扶持政策，为实现面向"三农"和商业运作提供了最重要的制度和组织保障。

4. 城乡联动的协调效应明显

做好农村金融服务离不开城乡统筹发展的大背景。加强城乡联动，是农业银行在适应城乡一体化发展过程中打造的独特比较优势。特别是随着产业从东部向中西部、从大城市向中小城市特别是县域转移力度的加大，一些横跨城乡的骨干企业和项目、产业转移项目、产业园区建设项目和优势产业集群客户，释放出强烈的金融需求，这无疑有利于农业银行城乡联动经营优势的进一步发挥。

二、农业银行"三农"县域服务劣势

1. 经营转型压力较大

从客户结构看，基础仍然薄弱，与其他几家大行比较，农业银行在县域的客户机构呈现法人客户个头小、分布较散、产业链中位置偏低端等问题，这种客户基础不利于一家大型商业银行的金融服务实现规模经济和范围经济效应。从发展方式看，农业银行在县域利润增长仍然主要靠规模驱动，业务结构以传统的存贷款为主，中间业务、新型业务占比较低，内涵式、集约式的发展模式还没有形成。

2. 基础管理仍待夯实

这主要表现在四个方面。一是县域员工队伍建设仍显滞后。一方面，由于缺乏好的平台和方式，广大员工特别是中年员工人力资源潜力并未得到充分有效发挥；另一方面，县域人才流失问题严重，很多网点新入行的大学生难以长期安心在网点工作，要么向上级行和城市行流动，要么干脆选择辞职。二是县域网点改造进程滞后。网点布局结构不合理问题没有根本改观，并且部分网点几乎变成储蓄所，没有对公服务功能，与当地县域经济重心不相称。三是县域支行管理机制有待完善。作为最基本的经营单元，条线的和板块的考核指标最终都传导到县支行和网点进行落地，但因为考核指标过多、过细甚至不同指标之间的导向和内容标准不一，常使得基层行感觉无所适从。四是县域风控体系建设也相对滞后。风险管控能力与县域业务发展并未同步提高，在风险管理的组织、制度、工具、手段等方面均相对滞后。这四个方面的问题相互叠加，在很大程度上制约着农业银行"三农"业务的有效发展。

三、农业银行"三农"县域服务机遇

1. 新型城镇化建设引致了巨大的金融需求

对农业银行来说，当前和今后一段时间最主要的机遇来自城镇化。一是"以人为本"的新型城镇化，有利于促进农业转移人口市民化，衍生出的就业、创业、居住和消费等综合化金融需求，为农业银行大力发展零售业务提供了广阔空间；二是在以产业为支撑的新型城镇化背景下，县域特色、支柱产业将迎来新一轮大发展，农业银行借助网点网络优势，完全可以抓住这一机遇，在县域高端市场拓展取得新突破；三是新型城镇化将带动新一轮城乡交通、通信、电网等基础设施建设，为农业银行优质项目营销储备和客户结构调整优化提供了难得机遇。

2. 县域经济和中西部地区发展速度加快，有利于发挥农业银行比较优势

近几年，我国经济增长呈现明显的区域差异性，即县域经济增速快于

城市、中西部地区经济增速快于东部。未来，随着产业梯度转移的加快和国家相关政策的倾斜，县域和中西部地区还将加快发展。例如，为应对资源和劳动力价格上升难题，富士康等大企业纷纷在成都、重庆、郑州、太原等中西部地区投资设厂。另外，各地在郊县建立各种类型开发区或集中工业区的速度也在加快。区域经济发展的这种大趋势，与农业银行在中西部和县域的网点网络优势是高度吻合的。

3. 农业生产形态发生改变，更利于农村金融服务的规模效应发挥

总的看，小农经济形态虽在全国仍占主流，但规模化、集约化、现代化的农业格局正在加速形成。2010 年，国家出台了全国主体功能区规划，明确了人口、经济和资源环境相协调的国土空间开发格局。国家"十二五"规划进一步提出要加快构建"七区二十三带"农业战略格局。农业生产布局日益呈现功能化、特色化特征。与此同时，农业产业化在加速发展，农业产业化龙头企业和农业生产合作社数量逐年增多。土地流转速度也在加快，种养大户、农业合作组织、家庭农场正逐步代替传统农户成为农业生产的主体。随着新型生产主体的出现和土地规模的扩大，农业生产机械化水平也在提高。截至 2012 年底，全国农作物耕种收综合机械化水平达 57%[①]，比 2002 年提高 14.7 个百分点。农业生产形态的这些积极变化，为农业银行商业可持续地开展农村金融服务，提供了更扎实的对接基础。

4. 农村居民消费升级提速，县域个人金融服务空间进一步扩大

随着县域居民收入水平的增长，消费水平不断提高，消费结构逐渐从生存型消费向享受型和发展型消费转变，从以实物产品消费为主向以精神文化产品消费为主转变。以农村居民为例，1978～2011 年，人均生活消费支出从 116 元提高到 13736 元，增长 118.4 倍。2012 年，农村居民消费中家庭设备用品及服务、教育娱乐文化服务、居住、医疗保健、交通通信等方面支出的比重分别达到了 5.7%、6.0%、16.3%、6.4% 和 10.9%[②]。未来随着收入倍增计划的实施以及人口结构的改变，县域消费前景将更加广

---

① 参见中国机经网 http://www.mci.net.cn/news/2013/02/480746.html。

② 参见《中国统计年鉴 2012》。

阔。这无疑有利于农业银行进一步拓展服务空间。

四、农业银行"三农"县域服务威胁

1. 来自同业的竞争日益激烈

一是表现为竞争主体越来越多。既面临工行、建行和中行等大型商业银行纷纷在东部沿海等发达县域加快速度布局设点的竞争,又遭受其他中小银行以及新型金融机构加快拼抢县域市场份额的挑战,由于"腹背受敌",农业银行的存贷款市场份额、点均存贷款效率和客户基础等方面,面临全方位竞争压力。二是表现为竞争领域越来越广。县域各类金融机构都在不断寻找新的业务突破口,以期赢得竞争优势。例如,工行、中行、建行和交行以及各股份制银行,纷纷采取"掐尖"策略,重点营销大型优质客户,农发行开始在县域大力拓展对公存款和财务咨询等业务,农信社正在凭借信息更对称的优势,加大对县域中高端市场的拓展力度,邮储银行则加入了银联在线支付系统,网点网络优势带动业务范围不断扩大。三是表现为竞争层次越来越高。县域金融市场的竞争手段已从简单的价格竞争、网点战术、人海战术,转变为对市场营销、产品管理、制度流程、服务质量、运营效率、科技网络等综合服务能力的竞争。比如,在争抢大客户、优质客户、系统性客户背后,各家银行更多的是采取产品、服务、制度、流程、效率的竞争方式。随着竞争层次的提升,农业银行县支行综合竞争力的提升面临巨大压力。

2. 政策环境的约束越来越强

一方面,利率市场化进程加快的影响正逐步显现。农村信用社、邮政储蓄银行和中小金融机构普遍采取存款利率一浮到顶、贷款利率一降到底的做法,而工行、建行、中行等大型银行为了应对利率市场化挑战特别是为了稳定存款来源,在县域纷纷加大了高收益理财产品的发售力度。另一方面,监管约束越来越强。在日趋严格的资本约束下,农业银行县域传统的规模扩张型发展方式面临越来越严峻的考验,本着服务好"三农"的初衷,涉农贷款在连续多年快速增长后,增量持续达到监管要求的压力很大。另外,越来越多的地方政府采取新政府干预主义,即对包括农业银行在内的县域金融机构的存贷比进行考核，将考核结果与财政存款等公共资源的分配相挂钩。

3. 县域金融生态环境没有明显改善

良好的金融环境是金融机构能力建设和提高的关键因素①。但是，由于长期以来二元经济格局的影响，农村地区的经济、社会、文化全面滞后于城市，信用环境、法律环境、抵押、担保、保险等配套机制建设长期缺位。如果没有上述配套环境或机制的嵌入，单纯的资本下乡并不能有效帮助农民脱贫致富。因此，在我国农村金融生态环境未发生根本改观的情况下，"三农"金融业务成本高、风险大的问题仍然是困扰农业银行的最大难题。

表 3.1	中国农业银行服务"三农"的 SWOT 分析
优势	S1 网点渠道和科技网络优势明显 S2 具有稳定的低成本负债能力和强大的资金实力 S3 制度保障作用明显 S4 城乡联动的协调效应明显
劣势	W1 经营转型压力较大 W2 基础管理仍待夯实
机遇	O1 新型城镇化建设引致了巨大金融需求 O2 县域经济和中西部地区发展速度加快 O3 农业生产形态发生改变 O4 农村居民消费升级提速
威胁	T1 来自同业的竞争日益激烈 T2 政策环境的约束越来越强 T3 县域金融生态环境没有明显改善

---

① 雅荣、本杰明、皮普雷克：《农村金融：问题、设计和最佳做法》，2002 年 9 月"中国农村金融研讨会"材料。

第二节　战略定位的理论根基：
比较优势决定基本战略

　　上一节基于 SWOT 分析框架，对农业银行的优势、劣势、机遇和威胁进行了阐释。本节中，按照"优势决定战略"的基本逻辑①，谈谈农业银行服务"三农"的战略问题。

　　所谓战略，是企业根据内外环境及可获取资源的情况，为求得企业生存和长期而稳定的发展，对企业发展目标以及达成目标的途径和手段的总体谋划，它是企业经营思想和价值取向的集中体现，同时又是制定企业规划和计划的基础。

　　从理论层面讲，服务"三农"的战略定位包括三个层面：第一，是否面向"三农"；第二，面向什么类型的"三农"；第三，如何面向"三农"。

　　由于承载着国有资本意志并肩负着重要的社会责任，农业银行在股改上市期间，按照商业化运作原则，坚持面向"三农"的市场定位，并进行了卓有成效的探索和创新。上市之后，农业银行通过创新组织制度和产品、夯实服务基础、加大人财物投入等方式，在服务"三农"方面取得了显著成绩，初步探索出了一套有别于城市业务的体制机制和制度安排。毫无疑问，面向"三农"是农业银行坚定不移的发展方向。

　　面向什么类型的"三农"，是农业银行开展农村金融服务的另一个战略定位问题。"优势决定战略"，因此，要对农业银行面向什么类型的"三农"这一战略定位问题给出回答，首先要明晰农业银行在农村金融市场中的竞争优势何在，并清醒认识竞争劣势。根据前文的 SWOT 分析，农业银行的战略定位应该是适应县域工业化、城镇化、农业现代化发展提速的现

_____

　　① "优势决定战略"是以彭罗斯（Penrose E. T.）为代表的以资源为基础的企业理论中反复强调一个观点。

实，服务具有产业化、规模化、标准化和组织化特点的"大农"，而不宜将居住空间分散、信息透明度差、金融需求额度小的"小农"作为主要战略目标。惟有如此，才能"扬长避短"，探索出一条可持续的农村金融服务道路。从这一点讲，农业银行明确提出，"将把农业产业化、特色资源开发、优质中小企业、城镇化项目、县域机构客户等，作为下一阶段深化'三农'金融服务的重点"，是颇有远识和见地的。这一战略定位既高度吻合了金融学中的客户分层理论，也高度契合了农村经济发展将渐趋产业化和规模化的大趋势。未来，农业银行则宜进一步将这一战略定位制度化，并切实体现在农业银行自上而下的政策推行中。

如何服务"三农"是农业银行需要考虑的第三个战略问题。既然明确了农业银行应以"大农"（如农业产业化龙头企业、合作组织、种养殖大户和家庭农场）为战略服务重点，那么，便应积极通过服务渠道创新、功能创新和风险管理创新等举措，为"大农"提供贴身式金融服务，以期适应和推动我国农业产业化、规模化、组织化和市场化的大进程。特别需要明晰三点：①农村金融服务不等于农村信贷服务；②"客户啄序"中以"大农"为金融服务战略重点不等于放弃小农户金融服务；③服务"三农"不一定意味着直接服务。为此，需要做好三点工作：①对不同规模和成长阶段的"大农"客户提供差异化金融服务，既包括信贷服务，也包括理财、电子银行和票据结算等现代金融服务；②对小农户的金融服务要稳健推进，既包括创新农户贷款服务，也包括提供存款、汇款、查询、转账等基础金融服务；③努力探索间接开展农村金融服务的创新形式，如与其他金融机构建立批发贷款机制、组建村镇银行等。

▌第三节　小结

综上所述，从城乡板块方面看，农业银行最大的优势在于县域，而从农村板块看，农业银行的优势则在于网点网络、负债能力、资金实力、制度体系和城乡联动等方面。因此，农业银行应该将服务"三农"作为战略基点，并按照"规模匹配"的观点对涉农客户进行"啄序"，重点围绕现代农业产业体系和县域中高端客户，以农村产业金融"千百工程"为抓手，加大对"三农"和县域经济发展的关键领域和重点环节的支持力度。在此基础上，通过"惠农通"工程建设大力拓展服务半径，使基础金融服务惠及更多农民，并积极创新农户贷款产品，对这种社会、国家和监管部门都最为关注的农村金融服务工作，尽快探索出一种商业可持续的服务模式。

农业银行的劣势更多的是过去计划经济体制遗留下来的，通过股改上市，农业银行的现代商业银行经营体制机制已经初步建立起来，但未来仍需要做好"补短板"的工作。第一，要加速实现由粗放经营向集约经营转变。重点是通过实施集中化作业、集群式管理和专业化经营等方式，释放县域支行人力资源潜力，推动网点转型，提高网点人均工作效率。第二，要由单一式营销向综合化服务转变。客户的金融需求不仅仅局限于存贷款，特别是随着县域经济发展和新生产形态的出现，客户的金融服务需求日益丰富，需求层次也在不断提高，为客户提供全方位的金融服务越来越成为商业银行竞争力的重要体现。农业银行必须顺应大势，深入挖掘客户的多元化需求，研究制定分行业、分客户的综合金融服务方案，大力推行"三农"和县域业务产品的交叉销售和综合营销，努力为县域高价值客户提供包括融资、理财、结算、投行在内的一揽子服务，提高客户的综合贡献和忠诚度。第三，农业银行应结合"三农"业务的特点，建设和完善好客户营销、价值管理、考评激励、业务联动和风险防控管理体系，推动"三农"和县域业务的管理转型。

资本的逐利性决定了县域经济迸发的活力和显现的潜力一定会吸引更多的市场竞争者进入。农业银行的应对之策在于创新，即通过市场营销、产品管理、制度流程、服务质量、运营效率、科技网络等方面的创新，力争做到以最少的资本消耗锁定最有价值的客户群体并创造最大的价值。同时，要通过做好银政合作等方式，争取政府财政、税收、法律甚至保险等方面的支持，以最大程度弱化信用环境不健全带来的负面影响。

机遇意味着未来，抓住机遇，就抓住了明天。农业银行应积极抢抓"四化同步"特别是城镇化发展带来的重大机遇。城镇化的发展方向与农业银行的比较优势是高度契合的。为此，农业银行要努力把国家改革发展红利转变为全行业务发展的动力，进一步做强、做优自身的长期竞争优势。据悉，农业银行已从信贷政策指引、产品箱和配套政策等方面做好了顶层设计，并鼓励基层行积极探索城镇化有效服务模式。但必须明晰，在服务城镇化过程中，要把防控风险放在第一位。为此，农业银行在本轮城镇化建设中，既不能盲目冒进，要"固本培元"，围绕支持实体经济发展和农民安居乐业，把既有的城镇化服务产品和模式进一步做精、做亮，又要做到积极作为，在推动大中小城市、东中西部地区、城乡间协调发展过程中，找寻商业可持续的城镇化服务新重点、新机遇。

第四章

战略论衡：五论

在本篇前三章中，我们分别从历史演进、国际比较和理论层面，结合农业银行的案例，探讨了大型商业银行服务"三农"的战略定位问题。本章中，我们将从与战略抉择高度相关的几个重点侧面切入，进一步辨析银行下乡的战略问题。

第一节　资金回归县域战略

十年河东，十年河西。十几年前，国有商业银行纷纷收缩农村网点，开始一场对未来农村金融生态影响极大的"集体大出走"；而十几年后，包括政策性银行、城市商业银行、股份制银行和国有商业银行在内的商业银行家族又开始一场"集体回归运动"，重新在农村这片广阔的天地排兵布阵。一走一归，颇堪寻味。

大型商业银行从1999年开始纷纷撤出县域，到今天逐渐回归县域，实际上首先反映了中国经济增长和经济结构的巨大变化。在20世纪末期，由于亚洲金融危机的影响，我国大型商业银行纷纷从县域撤出，仅有少数大型商业银行在县域保留了网点，这种撤出首先是出于控制金融风险的考虑，其次是这些金融机构在农村金融市场上绩效欠佳，包括中国农业银行在内的国有商业银行，感受到在农村地区开展信贷业务，不仅客户分散、信贷额度小，而且风险大、成本高。对于这些国有商业银行而言，农村地区的客户性质显然与一个巨型银行的运作理念和方法极为不协调，因此，长时间以来，这些大银行在县域以下农村地区都累积了大量的不良贷款。

亚洲金融危机后，我国政府对国有商业银行的监管更为严格，为了降低不良贷款率，提高银行的资产质量和核心竞争力，这些银行"航空母舰"不得不驶出农村这片海域。学术界有很多人指责国有商业银行的"集体逃亡"行为，但是，从一个巨型银行的竞争比较优势来说，农村领域确实不是其最佳的市场领域。这些大银行在几十年的运作中所积累的管理理念和经营哲学，都是基于与大客户交易的经验；而在农村，他们要面对信贷规模只有几千到几万元的小型农民客户，这导致他们的信息处理成本极高，信息不对称的概率大大增加，使得这些巨型银行在经营上不具备规模效应。可以说，与那些灵活的小型金融机构（如农村信用社）和民间金融机构（如互助会和钱庄）相比而言，大型银行并不具备竞争比较优势。他们最终撤出，是竞争使然。

从中国经济发展的长远趋势来讲，未来县域经济是中国经济的主要增长点，也是中国经济最活跃的领域。从这个角度来说，县域经济发展可能最有潜力，尤其是中小企业的发展和创新性企业的发展以及中国农业的转型，将给县域经济注入很大的活力，但是由于这些年的商业银行撤出县域，导致县域经济的金融支撑严重不足。在这种情况下，县域经济的贷款需求很旺盛，但是常常得不到满足，而县域主要的金融机构就是农信社，这些年又加了一些村镇银行和小额贷款公司。因此，县域经济中有很多信贷的空白需要填补。这是大型商业银行重新回到县域的关键因素。所以，现在很多金融机构重新在县域经济这样一个平台上来布置自己的战略格局，并不是没有道理的非理性之举。这是一个好的趋势，说明商业银行在大城市的竞争基本饱和、大城市产业增长缺乏潜力之后，终于看到了县域经济可能带来的巨大的机会。各类商业银行（包括城市商业银行、国有商业银行、农村商业银行、外资银行、股份制银行等五类）悄然回归农村，其背后的动因，恐怕至少有以下几点。

一是低成本扩张网点动因。有些城市商业银行在本区域中网点的设置比较少，因此，通过发起设立村镇银行可以以较低成本扩张经营网点。同时，由于在地域上的临近性，出于沟通成本的考虑，地方金融主管部门也容易寻找这样的商业银行来作为发起行。但是寻找本区域内的商业银行作为发起行也有其弊端，主要是容易产生内部治理结构的扭曲。

二是跨区域竞争动因。有些区域性的股份制商业银行在目前情况下还难以在全国范围内设立分支机构，因此可以借发起设立村镇银行的机会实现在外地设立分支机构的愿望，从而实现金融资源的跨区域整合和金融机构的跨区域竞争。北京农村商业银行到湖北设立独资的村镇银行，就属于这种类型。

三是市场占领动因。外资银行即是出于这种动因。外资银行之所以积极挺进农村市场，其本意不在于通过村镇银行获取利润，而在于通过独资发起设立村镇银行来对目标市场进行占领，从而具备先占优势。

四是文化隔离动因。有些银行如中国农业银行，是有进入农村金融市场的意愿的。但是为什么不直接设立分支机构，而是借助村镇银行这个平台呢？发起设立村镇银行有个好处，就是可以把原有的大银行文化与新的乡村银行文化隔离，使乡村银行文化独立地发挥作用，从而避免以前的银行文化和经营管理模式对新的农村金融机构的运行模式产生传染效应。而直接设立分支机构，就有可能把中国农业银行以前的那套经营理念直接带到新的村镇银行里来，结果造成穿新鞋走老路。因此，中国农业银行设立村镇银行不能理解为简单的作秀，而是可以起到文化隔离的作用。

五是社会责任动机。不可否认，有些银行参与设立村镇银行，重返县域，除了以上的动因之外，还包含着构建本行社会责任体系、树立本行社会责任形象的动因。设立村镇银行，意味着这些商业银行关注民生、关注弱势群体、关注中国农村发展，可以使商业银行尽到自己的社会责任，从而赢得监管者和社会大众的道德认可，从而获得更高的社会美誉度。

尽管现在商业银行已经有回归农村市场的某些迹象，但是那种一窝蜂式的扎堆县域模式不可持续。大型商业银行回归县域尽管从我国经济增长角度来说是个好事情，但是从客户分层、业务结构和竞争优势角度而言，不同规模的商业银行和金融机构有不同的比较优势。大银行更多地瞄准大客户，而小的金融机构更多地瞄准小客户，正所谓大鱼吃小鱼，小鱼吃虾米，虾米吃水草，每个人都要发挥自己的比较优势。考虑好自己面对的风险，考虑好县域经济的主要特点，考虑好自己的人才资源储备，为进军县域做好充分的机制准备和人才准备，切忌盲目行事。期望中国农业银行这样的金融机构大面积回到农村，普遍通过设立村镇银行来恢复农村网点，是十分不现实的想法。由于农村的实际情况，如果巨型商业银行大规模回归，必将导致重新陷入不良贷款的泥潭不能自拔。所以，基于这种考虑，商业银行也不可能在全国大规模设立村镇银行。现在不会，将来也不会。当然金融机构都是理性的，他们会在进行大量的调查研究的基础上制定自己的回归县域的策略。

大型商业银行服务"三农"和进军县域金融领域，需要在体制机制上有所创新。不管如何创新，我们认为都要结合县域经济的特征来分析，要把握好县域经济的优点和缺陷来有针对性地进行金融创新。县域经济的优点是比较活跃，中小企业的创新能力很强，同时又是我国农业经济转型和劳动力转移的主要平台，因此，县域经济发展的潜力大，成本较低，收益性较强。但是县域经济也存在很多问题，比如中小企业的信用机制普遍不完善，信用记录不全，其道德风险比较高，这给金融机构造成很大不确定性；县域中小企业的财务制度不完善，信息不完备，这对金融机构有效判断其信用和偿还能力设置了不少障碍；县域经济中担保机制不完善，很少有比较有资质的担保机构，所以商业银行贷款很难找到合适的担保，这带来一定的风险；同时，县域经济中与农业相关的产业是比较脆弱的，我国农业保险不发达，农业的自然风险较高，这也为金融机构回归"三农"和县域造成了障碍。所以，如果这些问题不解决，单讲金融创新是不行的。

为了降低商业银行挺进农村金融市场的风险和运行成本，一个比较可行的方法是通过各种间接的方法实现资金回归，而不是仅仅通过机构重设来回归。资金回归是实质上的回归。大的商业银行可以通过某种资金纽带与村镇银行、资金互助组织、小额贷款机构等对接，比如通过批发贷款、委托贷款等方式，为这些小型金融机构注入资金，既解决了这些小型金融机构的资金短缺问题，又可以通过这些小型金融机构来作为自己的"腿"，使自己间接地走进农村市场。大银行有资金优势，小型金融机构有深入基层、深入农户、信息充分、网点众多、成本低等优势，大小金融机构各自发挥其比较优势，事情就好办了。根据我们在各地对村镇、农民资金互助组织和小额贷款公司的实地调研，发现这些小型农村金融机构都有很好的经营绩效，他们的资产质量很高，几乎没有不良贷款，在当地农户中有较高的信誉度和认可度，但唯一的欠缺就是资金约束太强，导致他们的业务不能扩张。如果大的金融机构可以通过批发贷款和委托贷款等向他们注入资金，则会实现双赢效果，一举两得。

同时，已经通过发起村镇银行进入农村金融市场的商业银行，也要充分认识到农村金融市场的特殊性和复杂性，要不断调整自己的经营理念和运行机制，使之适应于农村金融市场的特殊情况。大的商业银行如中国农业银行，以往在长期的经营中习惯于面对大的客户，其工作流程的设计也是针对一般的大企业，员工的行为方式也与处理大客户信息相适应。但是，在组建了村镇银行以后，最致命的莫过于把以前的经营理念和行为模式直接带到村镇银行里来，而不是针对农村市场的特殊性来制定新的经营模式和调整自己的行为方式。农村金融市场有自己独特的乡土文化，其客户群体与城市有极大不同，农村微观经济主体正在发生崭新的变化，一些新型的农村经济体（如农民专业合作经济组织、农村种养殖大户、农村中小企业）正在崛起。基于这些情况，村镇银行就不能简单延续以前大银行的传统做法，而是要改造自己的工作流程，调整自己的经营机制，在客户信息档案的设计、贷款风险的甄别体系、客户经营状况的追踪方式、抵押担保品的设计、客户沟通方式、贷款合同文本样式等细节方面，要作切实的"转型"工作。只有这样，发起设立村镇银行的商业银行才不会重蹈坏账泥沼，才会走上可持续发展之路。

对于大型商业银行而言，回归乡村之路不是那么简单。机构回归是容易的，但是资金的实质性回归不容易，而在资金的实质性回归的同时做到财务上的可持续则是一切行动之最终目的。大的商业银行参与村镇银行组建，核心的问题在于文化转型，使之真正适应于乡土、适应于农民的需求，从而真正起到扶贫惠农的作用，方不违组建村镇银行之初衷。

对地方政府而言，在把县域打造成"对金融机构有吸引力的佳地、汇集金融资金的洼地"的过程中，有很多事情可以做。地方政府应该在担保机制的完善、农业保险机制的完善、地方信用体系的建设和金融生态的改善等方面，多做实事，为金融机构回归县域提供机制和体制保障，减少他们的系统性风险。

第二节 农业银行服务"三农"
要超越三大误区

农业银行要为新农村建设服务，要为农民增收和农业发展贡献力量，这个战略定位本身没有任何问题。实际上，所有在农村地区开办分支机构的商业银行，都应当承担这个职责，这不是农业银行一家的职责。现在，农业银行已经明确了自己的定位，但是在如何服务"三农"方面却存在一些认识误区，亟须澄清。

第一个认识误区是对农民的理解还存在很多偏差。什么是农民？有些人一谈到农民，就会想到诸如日出而作、日落而息的画面，就会想到面朝黄土背朝天的传统农民形象，从而就会联想到一大堆的道德压力，感到为农民服务必然纯粹是一种道义上的责任，而谈不到任何回报和真正的内在动力。实际上，农民群体已经发生了巨大的变化与分化，传统意义上的小农虽然仍大量存在，但是我们也同时必须认识到，随着经济的发展、时代的进步和社会结构的变化，很多农民已经不再是传统意义上的小农，而是演化为更复杂的社会群体。这也就意味着，农村的微观经济主体已经发生了深刻的变化，由原有的单一的小农，演化为各类更高层次的农村经济组织，如农村中小企业、农民家庭工业、农村合作组织等。而农业银行所面对的，更多的是组织化了的"大农民"，是农民兴办的各类企业（农村主要是中小企业，当然也有大型企业）以及各种农民专业合作社等。因此，我们的观念一定要改变，一定要与时俱进，一定要认识到农村微观经济主体的深刻变化，不要犯刻舟求剑的低级错误。这样，农业银行的服务对象的定位才会更准确。

第二个认识误区是对农业的理解还很不全面。一谈到支持农业发展，我们的脑海立刻浮现出传统的种植业和养殖业的"古典形象"，殊不知，现代农业的产业结构已经发生了巨大的变迁，产业链条已经被极大地延长。刘永好的饲料加工业已经不再是一个单一的农业产业，而是将各类涉农产业有机整合在一起的大农业产业；牛根生的牛奶业，也早已成为庞大的产业集团，其产业辐射度与渗透力已经与传统养殖业大相径庭，其产业的现代化和自动化程度更是令人惊叹。农业银行要支持农业发展，这个总的方向并没有错，但是其着力的关键点并不在传统的分散的种植业与养殖业，而是要大力支持现代农业，支持农业的产业化、规模化、现代化与集约化，促进农业的产业升级与产业链的延伸，促进技术在农业发展中的应用与传播，推动农业的转型。以上这些使命的完成，都需要较大规模的资金支持，而农业银行与其他农村金融机构相比，完全具备此种资金优势，有能力在农业产业化和现代化中扮演重要角色。

第三个需要突破的认识误区是农业银行既然定位在服务"三农"，就应当对农村所有类型的业务提供全方位的金融服务。这当然是一个极其美好的愿望，但是却忽视了基本的金融学定律，置经济学常识于不顾。一个最普通的常识是，每个金融机构都有自己擅长的业务领域与比较优势，其业务对象与客户群体的锁定既与自己的信息优势和历史传统有关，也与自己的规模特征有密切关联。一个银行的客户群体的确定必须考虑与规模相关的信息成本、操作成本和开设分支机构的费用。像农业银行这样的超大银行，在服务于小农户和微小型企业方面并不具备比较优势。因此，硬性规定农业银行必须向小农户发放额度极小的贷款是不符合最基本的金融原则的，因而是注定不具备可持续性的。我国农村金融体系应该形成一个多元化的系统，在这个系统中形成自然的合理的业务分层，这是建立在每个金融机构自身成本收益计算和比较优势基础上自然形成的一种竞争结构。在这个层级结构中，农村大型客户由农业银行或具备较大资金实力的邮政储蓄银行等提供资金服务，中型客户由农村信用社等中等规模的金融机构来负责，小客户由村镇银行和农民资金互助合作组织等来负责。这个分层是自然形成的，不是哪个人规定的；同时，这个分层结构也并没有严格的不可逾越的界限，究竟怎样分层，要由一个区域的具体的金融竞争结构来确定，但是业务分层的基本原则是永远适用的。农业银行在业务对象的选择方面应该具备充分的理性，应尊重金融规律和经济常识，完全没有必要背负与自己的比较优势不相符的道德义务，以免作茧自缚。

以上所有认识误区的探讨与澄清，都旨在说明，农业银行对自己未来的任何战略定位，都要实事求是地、冷静地分析自己的比较优势，同时要对中国农业、农村和农民的发展现状与未来趋势有一个清晰、准确、全面的把握，只有这样，才能踏上发展通途，才不会走弯路。

第三节 农业银行服务"三农"的战略定位、客户分层和流程再造

生物界在食物链上的分层确定了每个物种特有的食物结构，而这种食物链分层取决于每个物种特有的生理结构和活动区域。正如前文所言，所谓"大鱼吃小鱼，小鱼吃虾米，虾米吃水草"，在每一层生物链上，猎食者都发挥自己的比较优势，让鲸鱼捕食虾米，是不符合鲸鱼的比较优势和成本—收益原则的。同样，让虾米捕食小鱼，更是力不能逮，几乎没有可操作性。

在金融领域，客户分层理论也秉承了同样的逻辑。近两年来，农业银行全面确定了服务"三农"的战略，强调"服务三农是农业银行承载的历史责任"，农业银行领导也一再指出"面向三农是农业银行股份制改革的首要原则，也是农业银行区别于其他商业银行股改最大不同之处"。在农业银行作出服务"三农"的战略选择时，需要明确两件事情：第一是明确农业银行服务"三农"的最终战略目标，第二是明确实现这一最终目标所需要锁定的客户群体与相应业务流程的构建。

我国农业发展当前面临着一个重要的转折，这就是由高度分散、高经营风险、低规模收益的小农经济，转型为具有一定组织化、规模化、产业化的新型农业产业，这是一个必然的趋势，也是小平同志指出的实现中国农业和农村发展的"第二次飞跃"。而这个飞跃，需要农村金融机构的机制支撑，尤其需要大型商业银行和农村政策性金融机构的融资扶持。在这个历史使命面前，农业银行自然是责无旁贷。如果说"服务三农是农业银行承载的历史责任"，那么这种历史责任更多在于通过农业银行的金融服务，使我国农业尽快实现产业化、规模化、组织化、市场化。这一最终战略目标必须在农业银行高层决策者和普通员工中间确立起来。

那么，在这一最终战略目标下，农业银行应该锁定何种客户群体，并构造何种业务流程？从金融学的基本逻辑来说，按照银行业的"食物链"理论，农业银行作为一个大型商业银行，其支农金融服务的着力点在于扶持规模化和产业化的新型农业。这些新型农业产业，具有规模大、辐射面大、带动能力强的特征，对我国农业产业的转型有着重要意义，决定着我国未来"三农"的基本面貌和国际竞争力。一个龙头农业产业，可以辐射和带动成千上万个分散的农户，使分散农户抵御农业风险的能力增强，使其从农业中获取的规模收益大幅提高。

农业银行服务"三农"的模式，一定与那些微型金融机构有所区别，这是由其各自的比较优势所决定的。农业银行服务于那些具有一定规模效益的、有竞争力和高科技含量的龙头农业产业，可以带动的农户将更多，这比农业银行直接服务于农户要有效率得多。对于一个基层网点非常缺乏、基层人力资源代价高昂的农业银行来说，微型金融业务并不是农业银行的强项，与农信社、村镇银行、小额贷款公司等微型金融机构相比，农业银行在服务于分散农户方面必然遭遇更严重的信息不对称，也必然面临更大的操作成本和贷款风险。这是毋庸置疑的。

除了龙头农业产业，县域范围内的农业银行支行还应将一批中小型农业产业化经营组织和规模较大效益较高的农民专业合作社锁定为自己的客户群体。现在全国各类农业产业化经营组织已超过10万个，固定资产总额超过8000亿元；农民专业合作组织已超过15万个，农产品批发市场已超过 4000 家；同时一批种养殖大户和订单农户也成长起来，他们的贷款意愿和还款能力也显著增强。我们曾经在内蒙古考察一个农牧民信用互助协会，当地养牛大户的单户最高贷款额度已经达到 500 万元左右。这表明我国农业产业形态和产业结构已经在悄然发生着深刻变化。农业银行县域支行应该成为这种转型的引领者和导航者。

因此，针对产业化龙头企业、中小型产业化经营组织、农民专业合作组织以及具备一定规模的种养殖大户和订单农户这四类不同组织，农业银行应该制定不同的业务操作流程，应该在前后台建设、网点扩建、人力资源培训、客户信用甄别的信息体系建设等方面作出创新，使之适合于这些农村新型贷款需求主体的实际情况。只要找准了战略定位，只要明确自己的比较优势并锁定相应的客户群体，只要因地制宜设计出有效的业务流程，农业银行服务"三农"可谓潜力巨大、前景广阔。

当前，农业银行处于一个机制转型和变革的关键阶段，其核心在于客户再定位。在前一个时期，农业银行为了实现改制上市，进行了长期的艰苦努力，内部治理结构、运行机制有了长足的改善，发生了深刻的变化，这些变化是积极的、值得肯定的。农业银行大规模回归"三农"、回归县域，这个大方向也是值得肯定的，这对中国农业现代化和城镇化的积极影响不可低估。同时，我们也应该看到，随着农业银行大规模迅速回归"三农"和回归县域，也出现了一些问题，这些问题如果不及时得到梳理、廓清和解决，会对以后的经营带来很多负面的影响。一个核心的问题是客户再定位问题。

农业银行大规模回归"三农"以及惠农卡等机制的快速实施，使得农业银行虽然在支农的范围上有所扩大，但是也累积了一定的风险，同时又在一定程度上增加了农业银行的经营成本，而农业银行县域以下物理网点的匮乏和人力资源的局限又加大了信息不对称的程度。随着时间的推移，这些微型客户的问题开始逐步暴露出来。在这个关键阶段，农业银行决策层适时提出"有利于控制风险、有利于降低成本、有利于商业可持续"的"三个有利于"原则，这对于指导农业银行的机制转型有着非常重要的意义，十分及时，也十分到位。根据这"三个有利于"的原则，笔者认为农业银行应该适度调整县域以下的客户结构，将自己服务的群体定位于有一定规模、一定技术水平、一定盈利能力、能够产生较强收益扩散效应的客户群，这些客户群包括种养殖大户、专业技术推广组织、农民专业合作组织、农业龙头企业等，从而为我国的农业现代化重塑具有竞争力的微观主体。我国农业现代化的进程就是逐步改造小农的进程，农业银行根据自己的比较优势，要锁定那些具有竞争力的有规模的客户群体，从而促进农村微观经营体制的变革。

2011 年 8 月，笔者在农业银行有关领导的支持下，带领北京大学调研组进行了农业银行服务"三农"的田野调查，考察区域跨甘肃和新疆两个省区，广泛考察了兰州、张掖、肃南裕固族自治县、临泽县、酒泉市、敦煌，新疆乌鲁木齐、吐鲁番、石河子、鄯善县等地的农业银行网点、农业龙头企业、农民专业合作社、地方政府。我们发现，农业银行对农民的支持力度在明显增加，同时我们也发现，农业银行县域以下的定位存在一定的问题，农业银行人力资源有限，县域以下物理网点很少，很多地方的农业银行信贷员都是每人负担几百个农民客户，这些规模小的零散农户分布在广阔的地域中，十分难以监管，信息搜集变得十分困难，同时农业银行的信贷员的工作负荷也达到了极限。我们在很多地方考察，所得到的信息大体上都是一致的。我们认为当务之急就是改变农业银行的客户定位，要逐步实现客户的规模化和优质化，这样既降低了成本，又降低了农业银行的经营风险，同时也发挥了农业银行的比较优势，使农业银行在中国农业现代化过程中发挥了更大的作用。农业银行的比较优势不在小农，而在于规模化的现代农业经营主体。

不久前，农业银行出台了粮食生产核心区、畜牧业养殖优势区、烟叶种植基地等三个涉农区域信贷政策，针对种养农户、农机专业户、农村经纪人、专业合作社和农业产业化龙头企业等基础客户群体制订了具体的客户准入条件和相应的信贷支持政策。这是农业银行机制转型的关键一步。这个政策的出台，必将使农业银行获得规模经济和范围经济效应，从而极大地改善农业银行在县域金融市场中的竞争力。所谓规模经济，是指在一个给定的技术水平上，随着规模扩大、产出增加，则平均成本（单位产出成本）逐步下降。农业银行根据自己资金规模优势明显、金融技术能力强、人力资源水平高等比较优势，将自己的客户定位于规模化优质化客户，其规模经济效应将非常明显，这将极大地降低基层信贷员的工作负荷，降低成本，提高边际收益。所谓范围经济，是由厂商的范围而非规模带来的经济效应，只要把两种或更多的产品合并在一起生产比分开来生产的成本要低，就会存在范围经济。农业银行在一个较大的区域当中，选择有规模的不同客户群体，支持具有一定地域优势的农业产业，将会极大地改善当地各产业之间的产业链关系，使这些产业之间产生明显的耦合效应，从而使农业银行的服务获得范围经济效应。

第四节　服务"三农"的有效途径之一是银政合作

我国的农村金融具有典型的政治经济学特征，即在农村金融的改革发展过程中，始终能看到政府的影子。很长一段时间，政府特别是地方政府对农村金融的介入更多表现为行政干预，市场化改革只是一个大致方向。但是，无论从纵向深度还是从横向水平来看，我国农村金融市场机制发育并不成熟，期待市场自身缓慢的自我调整，将是个成本高昂的过程。或者说，在未来，农村金融的市场化改革离不开政府的合理介入。作为农村金融供给主体的银行机构在提供涉农贷款时，与各层级地方政府乃至村支两委开展"银政合作"，是一种提供金融服务的有效方式。归纳起来，"银政合作"的途径大致有三种。

一是基于农业产业链视角的"银政合作"。产业化经营是未来农业发展的大方向，农业产业化经营涉及龙头企业、上下游相关中小企业和农户等多个主体。在银行信贷支持农业产业化发展的整个链条中，均离不开地方政府的参与和支持。而出于政绩考核等原因的考虑，地方政府往往具有支持农业产业化特别是龙头企业发展的内在冲动，并倾向于与银行合作。现有的"银政合作"基本做法如下。

第一，地方政府积极招商引资，发展适合本地资源禀赋特点的农业产业化龙头企业，并在财税政策、基础设施、土地流转等方面提供便利，从而为银行信贷下乡提供必要的对接基础。对于缺乏抵押品的龙头企业，部分地方政府出资成立担保公司，为龙头企业的融资进行担保。同时，银行在开展金融服务的过程中，按照"一企一策"的办法，积极主动创新抵押担保方式，并争取地方政府的政策支持。地方政府还与银行通过签署备忘录等方式建立合作与沟通协调机制，发挥服务合力，并支持和帮助龙头企业与金融机构建立良好的信贷关系。对于积极服务龙头企业的银行机构，政府倾向于在税收等方面给予政策倾斜。

第二，"银政合作"还体现在农业产业化链条的其他结点上。例如，在服务农户方面，针对农户信贷的高风险性，部分地方政府通过出资成立风险担保基金的方式为农户担保，分散银行信贷风险。同时，政府还通过政策补贴等方式，引导保险机构的介入，通过开展农业保险的方式分散风险。在应对由于农户道德风险而导致的信贷风险方面，政府一方面以法律等手段及时介入，另一方面积极营造良好的信用环境。在服务产业链条中的上下游客户方面，地方政府积极支持银行建立批发集散市场，并通过为下游中小企业提供担保等方式，稳定产品的销售。

但是，基于农业产业链视角的"银政合作"模式仍存在如下问题：首先，政府的支持政策仍停留在支持具体的龙头企业或某一类技术的层面，与银行逐渐清晰的全产业链金融服务模式并不匹配。而且，政府出台的政策对产业链中关乎国家产业安全的高端环节重视不够。第二，政府对农村金融机构的政策补贴往往缺乏效率，并且财税政策远没有与金融政策实现良性互动。第三，在中西部地区仍部分存在政府要求银行与企业或农户强行联姻的现象，商业化信贷模式受到挑战。第四，地方政府的外围服务工作仍有待完善，例如，及时为龙头企业发展提供必要的生产和销售信息，组织开展企业管理人员的金融知识培训，建立和完善对中小企业的信用评价体系等。

二是基于信用村、信用镇视角的"银政合作"。开展农村金融服务的一个重要途径是，把握农村熟人社会的特征，利用好农村的社会资本。所谓社会资本，可以简单理解为信用、规范和人际关系网络等。社会资本强调集体行动的重要性，任何失信的机会主义行为都将背负较高的"背德成本"。银行提出建设信用村、信用镇，便是通过发挥社会资本的作用以降低农村金融服务成本的有效方式，而地方政府则越来越认识到构建良好的信用环境对于发展经济至关重要。

当前，这方面"银政合作"的主要做法是：选取具有明显产业优势因而有较强信贷需求的村镇，通过地方政府主导、银行参与的方式，按照具体的评定细则，开展信用村镇的评定，各街道和村支两委则予以积极配合。在信用村镇评定之后，银行采取两种方式对农户予以信贷支持：一方面通过发贷款证的方式开展小额信用贷款，另一方面通过多户联保的方式开展小额农户贷款。在信用村镇评定的整个过程中，基层各级政府和银行联手加大宣传，尽量做到使信用评级的作用和意义家喻户晓。银行还对基层政府人员进行必要的金融知识培训，以求达到以点带面的宣传效果。

但是上述做法依然存在不足：第一，无论农户信用贷款还是联保贷款，都有风险大规模爆发的可能性。部分农户联保贷款虽然有相关龙头企业予以担保，但其余大部分联保贷款和几乎所有的信用贷款，都缺少第三方经济实体担保。第二，地方政府往往更重视贷款的发放，对贷款的回收和信用户的规范，以及整个信用环境的改善和持久建设上，政策力度不够。例如，在调研中就发现，部分未被评为信用村镇的单位认为主要原因是乡镇政府不够重视。第三，对信用村中部分违约农户，银行和政府未能考虑生产经营的实际情况，而"一刀切"地停止相关贷款，打击了农户的积极性。第四，当前尚缺乏专门的信用评级机构，政府和银行主导的信用评定过程有较大主观性，加之不同银行的信用评定标准并不统一，且形成的信用信息也难以共享，这均影响了农户参与信用村镇建设的积极性。

三是基于政府惠农政策视角的"银政合作"。随着我国正式进入"工业反哺农业"的发展阶段，经济体系内相对充裕的资金开始逐步回流农村。特别是取消农业税后，我国的农业补贴项目和金额以及农村社会保障投入与日俱增。据统计，2012 年我国粮食直补、综合直补、良种补贴、农机购置补贴，"四补贴"的资金总额已达 1653 亿元①。2011 年，参加新型农村合作医疗人数为 8.32 亿人，参合率超过 97%，全年受益 13.15 亿人次，各级财政对新农合的补助标准从每人每年 120 元人民币提高到 200 元人民币②。如何将各种惠农补贴足额发放到农民手中，确保资金下发、使用、回笼环节顺畅无阻，需要建立良好的资金划拨网络和便利的支付结算渠道。目前来看，依托金融机构的技术和渠道优势代替行政机构层层下拨是最节约交易成本的选择。

从普惠金融的角度来看，农村地区 70% ~ 80% 的金融需求表现在农民日常生产、生活的支付、结算、代理等方面，而生产经营性需求只占 20% 左右。因此，实现普惠价值，就应该使农民享受到金融对生活提供的便利。由于支付、结算、代理等服务涉及多个部门间的协调，仅靠金融机构的努力是无法完成的，而且这些服务在提高农民金融意识、优化农村金融环境方面具有较大的正外部性，因此，政府的介入和支持是不可缺少的。在小额支付、结算、代理等普惠农村金融供给方面，银行和政府具有广阔的合作空间。目前，基于政府普惠政策的"银政合作"主要有如下方式。

第一，金融机构通过基层网点，在有条件的行政村布放转账电话等服务平台，依靠县、乡、村三级政府，收集农户资料，发放银行卡。同时，金融机构与政府金融办、人民银行、银监局沟通，与社保和卫生部门签订新农合、新农保代理协议。利用金融机构横跨城乡的网络体系和技术优势，保证惠农补贴资金及时迅速地发放到农民手中，杜绝各种形式的挪用、截留、迟滞问题。最后，金融机构通过与村两委合作，对大学生村官、青年骨干进行相关培训，共同推动各类农民惠农资金的归集和发放工作。

第二，金融机构利用布放到各村的电子服务平台，以代理服务为支撑，满足农户对转账汇款、查询缴费、存取款等基础性金融服务的需求。同时，在政府部门的支持下，金融机构与商务部"万村千乡"商品配送工

---

① 参见农业部网站 http：//www.moa.gov.cn/ztzl/nyfzhjsn/nyhy/201209/t20120906_2922987.htm。
② 参见中国新闻网 http：//www.chinanews.com/jk/2012/02 – 27/3702053.shtml。

程、供销社"新网工程"相结合，一方面，将服务网络延伸到物流企业和各级配送站，实现对广大农村超市等消费终端的服务覆盖；另一方面，与农村生产资料配送相结合，实现对农资供应企业等生产上游组织的服务覆盖。最终实现银行卡、服务渠道、金融功能和业务的有机统一。

由于基于政府普惠政策的"银政合作"尚处于探索阶段，在运行过程遇到问题也是不可避免的。由于农户数量庞大，流动性强，在信息采集方面工作量巨大，目前尚未有明确的组织承担这项工作。而且，由于代理业务的资金收缴和发放集中进行，而农民对现金具有较高的偏好，因此，如果不能及时满足农户的兑现要求，则有可能导致农民对这种金融服务的"信任"危机。此外，由于发放惠农补贴的部门数量较多，而农民金融机构间的过度竞争则可能会导致重复投入和服务分割的问题，如果协调不够，就必然会增加金融机构的服务成本和农民的使用成本，影响"银政合作"的可持续性。

因此，为了进一步促进金融机构与政府部门之间实现协调、有效、可持续的合作，应该从以下四方面加强合作。第一，政府和金融机构应该在优化农村金融环境方面做进一步的努力，特别是在农户信息共享、农村征信体系建立以及完善法律制度体系方面急需深度合作。第二，在搭建金融机构服务"三农"的桥梁方面，当务之急是政府应该从全产业链的视角，为金融机构介入农业产业链提供担保或协助其构筑市场化的担保机制。对于市场失灵的领域，政府则应该运用适当的补贴或者差异化的监管等手段撬动金融机构提供服务的积极性。第三，"银政合作"模式需要进一步创新，应该通过更多样化的合作渠道，推动农村金融产品创新和业务流程改进。比如，努力发展仓单融资就是一个重要方向。第四，政府自身建设还有待进一步完善。一方面，对于银政合作应该杜绝通过"一刀切"式的行政推动，注重政策制定的连续性；另一方面，协调政府部门间关系，防止多头管理等问题发生。

第五节　农业银行改革发展的十大关系

当前农业银行制度变迁正进入关键时段。从农业银行 60 多年曲折发展的历史来审视，今天的制度变迁与以往大不相同。一方面，农业银行通过公开上市发行股票，已成为一个真正的产权明晰的股份制公众公司；另一方面，农业银行重新提出服务"三农"的战略定位，提出富有前瞻眼光的"县域蓝海战略"，对于农业银行而言，实属里程碑式的战略转型，其对于自身发展和我国金融业发展的重大意义自不待言。未来农业银行应着重处理好改革发展中的十大关系，从而奠定其建设世界一流上市商业银行的根基。

第一，农业银行在未来战略定位中应平衡好国家战略、企业社会责任与农业银行企业发展战略之间的关系。就其特殊性而言，农业银行在所有国有商业银行中被赋予特殊的历史使命，那就是从国家战略的角度，担负起助力农业产业化转型、农民增收和农村经济可持续增长之义务和社会责任。这是国家战略，在此次改制上市过程中，农业银行履行服务"三农"的社会责任，是所有行动之前提。但就其一般性而言，农业银行与其他所有银行一样，都是商业性股份制的金融机构，在它上市之后，要为股东负责，为所有者负责，它既要承担其社会责任，又要实现商业上的可持续发展，要为股东带来相应的收益与回报。这是农业银行作为一个公众公司的题中应有之义。农业银行在改制中应将这两者进行巧妙的平衡，不能顾此而失彼。强调农业银行服务于国家战略、履行企业社会责任当然是应当的，但是还要同时强调农业银行作为一个独立的企业的自身发展，强调其作为一个股份制商业化银行的可持续发展。

第二，在农业银行改革与发展过程中，应对自身的比较优势有清晰的认识，处理好保持传统竞争优势和开拓新的竞争优势的关系。农业银行经过半个多世纪的发展，尤其是近十年的突飞猛进，已经成长为中国县域金融的主力军，在县域经济这样一个层次上，农业银行占据无可争议的竞争优势。农业银行在县域经济中，对极具成长潜力的中小企业非常熟悉，彼此构建起相当牢固的合作关系，信息充分，网络健全，金融产品丰富，其他金融机构罕有匹敌。近年农业银行提出"县域蓝海战略"，也是将未来农业银行战略中心置于县域，着力打造中国县域金融服务的核心军团。同时，我认为从农业银行的长远发展角度出发，农业银行还要开拓新的竞争优势，以动态的眼光看待自己的比较优势，将自身的竞争优势向其他领域拓展，在一些产业中占据战略优势地位。深入挖掘并稳健保持传统竞争优势，谨慎拓展并创造新的竞争优势，农业银行才能在未来的发展中立于不败之地。

第三，在农业银行服务"三农"的过程中，应处理好"三农"业务与其他业务的平衡关系。既要强调服务"三农"的重要性，在资金、人力资源、机构设置等方面对"三农"业务有一定的倾斜，又要强调"三农"业务与其他领域业务的平衡发展。现在农业银行已经在全国推广三农事业部制，这种独立的三农事业部制在世界其他国家已有成功之先例，其优势在于保持"三农"业务在组织架构、人力资源和财务上的独立性，使其能够按照自身的产业特点来运作，不受其他领域的影响。但其缺陷在于容易将三农事业部的运作与农业银行其他部门的运作割裂开来，不注意其中的有机联系，不注意其中的优势互补，不注意其中的战略合作和信息共享。因此，应把握好三农事业部与其他部门的平衡关系，在保持三农事业部独立性的前提下，充分关注部门之间的信息共享和战略合作，这样既保证了农业银行运作的整体性，又有可能极大地降低运作成本，提高运作效率。

第四，农业银行在为农村提供信贷服务的过程中，应处理好"三农"业务覆盖面与风险控制的关系。农业银行在近两年的改革过程中，以高姿态大规模回归农村金融市场，在比较短的时间内就极大地提高了对农户信贷的覆盖面，很多地区通过惠农卡的发放，已经覆盖了大部分的农户，这是非常值得肯定的积极行动。但是，根据笔者在各地调研的感受，某些地区在发放惠农卡的过程中着眼于速度、规模与覆盖面，而相对忽略农户的信用评估和风险控制，这一点值得农业银行高层关注。农业银行改制是一次实实在在的以提升农业银行效率、改善农业银行治理为最终目标的行动，而不是一场轰轰烈烈的"运动"，农业银行回归"三农"业务应本着"稳健推进、把握风险、找准优势、决不冒进"的原则，应控制好回归农村金融市场的速度、节奏与规模，稳中求胜，否则欲速则不达。地方分支机构急于求成，以完成指标为目的，而不对农户的信用进行谨慎甄别，其后患无穷，徒为未来的"三农"业务埋下风险伏笔。

第五，农业银行开展"三农"业务，应处理好服务农户与扶持农业产业化的关系。笔者认为，很多人将农业银行服务"三农"简单地等同于服务农户，这是一个认知误区，对农业银行未来服务"三农"将有极大负面影响。不同金融机构进入农村金融市场，其比较优势不同，决定了其客户对象有所差异，这是金融学中简单的"客户分层原则"，并无深奥之处。农业银行作为一个巨型银行，其自身资金实力雄厚，拥有较为先进的技术与高层次人才资源，因此农业银行服务"三农"的比较优势应定位于为农村中小企业、产业化龙头企业、具有一定规模的农民专业合作组织以及种养殖大户提供信贷支持，以发挥其在资金、技术与人才上的比较优势。如果把服务"三农"的战略重点放在服务于小规模的分散农户，那么农业银行将很难有可持续的发展，因为在服务于小农户方面，农业银行与农信社、村镇银行、小额贷款公司和农民资金互助组织这些微型金融机构相比，并没有比较优势。农业银行服务于"三农"，应致力于农业的产业化和规模化，致力于农业产业的转型，而不是强调其为小农户发放了几千元的信贷。若农业银行高层以覆盖多少小农户来衡量基层机构服务"三农"的绩效，则农业银行未来"三农"战略必破产无疑。

第六，农业银行开展"三农"业务，应处理好与区域内其他农村金融机构的竞争与合作关系。前已述及，农村金融市场中还存在着多种层次的金融机构，包括农信社、村镇银行、小额贷款公司和农民资金互助组织等小型金融机构。在一个区域中，农业银行与这些小型金融机构并存，有可能产生某种程度的竞争，但是更重要的应强调合作，即农业银行应该从自身发展战略出发，与这些机构形成某种合作关系。农业银行作为巨型商业银行，它的分支机构一般仅限于县域，在乡镇以及村落这些层次上基本没有服务网点，而开设新的服务网点的初置成本极高，从成本收益角度考虑不甚可行。因此，若农业银行欲开展基层农户业务，可考虑与这些小型金融机构构建一种委托代理关系，对这些小型金融机构进行批发贷款和委托贷款，这样就可以充分发挥各自的比较优势。此种方法，交通银行等大型银行已经在尝试。

第七，在未来改革发展中，农业银行应处理好发展战略的整体统一性与区域创新的关系。各地经济发展水平不一，区域差异很大，农村地区的发展差异尤其明显。一些适用于东部发达地区（如浙江和江苏）的农村金融产品和运作模式，可能根本不适用于西部欠发达地区（如贵州、青海）。因此，农业银行在推行"三农"金融的过程中，必须注意各地不同的发展水平，因地制宜，鼓励各地区的创新。比如河南作为农业大省，应该进一步研究仓单银行、农产品期货等适用于大宗农产品供销的新机制，以便将农业银行业务与这些新型业务结合起来；贵州作为经济不发达省份，农业银行的基层分行应该着重研究如何消除农村金融服务盲点，并鼓励农民的互助担保；浙江作为经济发达省份，很多地区根本不存在农民业务，应将重点放在高附加值中小企业的信贷支持上；东北等林业大省，在开展"三农"金融业务中应该大力拓展林权抵押等新的抵押方式。处理好"一盘棋"与地方创新的关系，农业银行的改革才能真正落实到每一个基层机构，使每一个基层机构都能充满活力。

第八，在开展"三农"业务中，要处理好"三农"金融业务拓展和金融机制创新的关系。"三农"信贷一方面需要研究农民的信贷需求，从而创造新的适于农民的金融产品，但另一方面，"三农"信贷更重要的却在于金融机制的创新。"三农"金融的主要缺陷在于机制缺陷，这里面包括农业保险机制、抵押机制、担保机制、农民信用评估机制和激励—约束机制等。农业银行应该在业务拓展的同时，着重于机制建设，从而能够最大限度为"三农"业务的开展和"三农"信贷的风险控制提供一个坚实的基础。

第九，在参与村镇银行的组建过程中，要处理好原有的农业银行企业文化与新的企业文化的衔接与协调关系。现在农业银行正在通过设立村镇银行这种有效的方式参与新型农村金融体系的构建。笔者实地考察了农业银行在内蒙古建立的最早的村镇银行。农业银行建立村镇银行的好处和优势在此无须赘述，但农业银行建立村镇银行过程中的弊端也显而易见，那就是来自农业银行的高层管理者容易将大型商业银行的企业文化、运作流程和工作习惯带到村镇银行中。相比于农业银行这样的巨型银行，村镇银行注册资本2000多万元，属于极小型农村金融机构，因此农业银行设立村镇银行，必须注重企业文化的调整与适应性变迁，从而使这些来自农业银行的高层管理者能够适应基层农村的产业特点和社会组织特点，创造属于微型金融机构的独特的企业文化、运作流程和风险防控手段。不注重新旧企业文化的协调、转型与再造，农业银行设立村镇银行的功效将大打折扣。

第十，将来农业银行作为一个公众公司，必须把握和处理好农业银行自身战略定位和企业外部形象塑造的关系。也就是说，企业的外部形象，一定要准确而全面地反映农业银行的自身战略，而不能给公众造成偏颇的印象，引起误导。试举一例。农业银行在改制初期，在中央电视台的广告中，其广告语是"联结城乡，服务三农"，传递给公众的印象是农业银行主要以"三农"业务为主，以服务农民为主。这个广告语不能全面而准确地传达农业银行真正的战略定位。"三农"业务是农业银行业务的重要组成部分，但现在和将来都不可能在规模上成为农业银行的主导性业务和核心性业务。广告语中过于强调服务"三农"，当然有适应当时形势的需要，但却容易误导广大公众、投资者和客户，使农业银行在开展业务方面遭遇困境，也不利于农业银行内部的准确定位。后来，广告语改变为"大行德广，伴您成长"，用比较虚化的手段描述农业银行的经营理念，不再片面地强调"三农"信贷，笔者觉得这种改变是非常必要的，对于农业银行塑造自身的企业形象、宣传农业银行的企业哲学非常重要。

▊ 第六节　小结

本章从战略层面，着重探讨了大型商业银行下乡的几个关键问题。

第一，银行下乡的关键是资金下乡，但实现资金下乡必须诉诸模式创新，其中一种可行的模式是通过为中小金融机构注入资金来间接开展服务。对农户等小客户的金融服务，间接服务可能是一种更有效率的方式。对于大型商业银行通过发起设立村镇银行的方式进入农村金融市场的做法，我们认为值得推崇。但这种做法要获得可持续发展，首先必须做到文化转型，即避免将大银行的经营理念和行为模式简单复制到村镇银行；相反，应该鼓励村镇银行针对农村市场的特殊乡土文化来制定符合自身的新的经营模式，惟有如此，方能克服"水土不服"问题。

第二，服务"三农"要澄清一些基本认识。比如，什么是农民？实质上我国农村微观主体已经发生了深刻变迁，"日出而作、日落而息"的小农并不是农民的全部，诸如农村中小企业、种养大户、家庭农场和各类合作组织，都属于农民的范畴之内，并且应该是大型商业银行重点锁定的"草尖"客户。相应的，农业也不再仅指分散耕作的种植业和养殖业，而更应包含现代农业。即便农民、农业的范畴有所扩大，农业银行也不应该更不可能"包打天下"，为所有类型客户提供全能金融服务；相反，根据比较优势、坚持客户分层、重建业务流程，做到有所为有所不为，才是农业银行正确的战略选择。

第三，农业银行改革发展要处理好一系列关系。比如，如何做到在体现国有资本意志、服务国家战略、服务"三农"的同时，较好地践行自身的发展战略？要找到这样一个平衡点，考验着农业银行的经营智慧。在把传统比较优势进一步做强做大的前提下，如何因变而变，开拓新的竞争优势？这是农业银行发展壮大的关键命题。在资本充足率偏低、信贷规模偏紧的情况下，如何处理好"三农"板块与其他板块的资源配置问题？这是农业银行城乡"两条腿"走路绕不开的难题。可持续的农村金融服务模式的评判标准有三条，即服务覆盖面扩大、客户福利得到改善、金融机构自身实现商业可持续①，按照这个评判标准，农业银行必须处理好"三农"业务覆盖面和风险管控的关系，合理把握服务边界。破解农村金融抑制难题，不是农业银行一家金融机构所能解决的，必须诉诸利益相关者之间合作关系的构建，这其中包括银政合作以及银微合作等等。大型银行的科层制决定了其市场反应速度要慢于小银行，如何在做好顶层设计的同时，鼓励基层行因地制宜的创新，是农业银行需要处理好的另一个关键问题。除此之外，农业银行服务"三农"过程中，要努力做好企业形象的塑造和宣传工作，把打造农村金融领域"第一品牌"银行作为基本目标。

① Zeller and Meyer, 2002: "The triangle of microfinance: financial sustainability, outreach and impact", The Johns Hopkins University Press.

第二篇

制度创新篇

　　本篇的宗旨是研究在既定战略方针下，农行如何通过调整优化组织架构、创新服务模式、提高竞争力与管控风险等方式，实现商业可持续服务"三农"。

第五章

三农金融事业部改革：
机构设置跟随基本战略

在第一篇中，我们探讨了农业银行服务"三农"的战略定位问题。根据"结构跟随战略"的理论①，企业所采用的特定组织结构是为适应所制定战略需要而设计的，组织结构的变化受战略变化的驱动，因而，企业在决定实行什么样的发展战略后，就需要设计出相应的组织结构，使之与战略相匹配。基于这种逻辑，本篇第一章将重点研究农业银行为服务"三农"而搭建的三农事业部问题。

第一节　事业部制结构演变历程探析

事业部制结构又称 M 型结构（Multidivisional Structure）或多部门结构。钱德勒教授在《战略与结构》一书中追溯了事业部结构的起源。1890年美国实施《谢尔曼反托拉斯法》，遏制了卡特尔的扩展。随后，美国发生了历史上第二次企业兼并浪潮，造就了许多居统治地位的大型工业企业。他们有的采取集中管理的 U 型结构组织形式，有的则采用控股公司制的 H 型结构组织形式，实行非集中管理。第一次世界大战后的经济衰退迫使这些大企业对原有组织架构锐意创新，以阻止效益滑坡。在这一背景下，美国通用汽车公司、杜邦公司、西尔斯商品邮购公司和新泽西标准石油公司创新了事业部制结构。

新制度经济学派的代表人物威廉姆森认为，事业部制结构的基本特征

---

① 这一理论论断是哈佛大学商学院钱德勒教授在其经典著作《战略与结构》一书中率先提出的。

是战略决策和经营决策的分离①。为此，首先按产品、技术、销售、地域等设立半自主性的经营事业部利润中心，然后，公司的战略决策和经营决策由不同的部门和人员负责，这样就可以让负责公司命运的最高经理人员从日常经营活动中解放出来，专门从事长期战略计划的制订和对各事业部的工作进行评价、监控。

事业部制结构问世后，大企业充分发挥出了这一体制的优势，逐步实现了产品前后向一体化和交易内部化，并把越来越多的业务活动置于一个企业之中，从而扩大了生产线的规模和产品组合的范围。工业企业的事业部制在60年代随着巨型联合企业的问世而达到巅峰。从70年代开始，事业部制的组织管理模式开始从工商业界向金融业界渗透，国际上先进的商业银行陆续开始推进事业部制改革。

20世纪70年代以前，由于信息技术限制和金融管制等原因，西方商业银行一般实行的是传统总分行制的组织结构模式，总分行间实行层级管理，各级行内部按照职能进行分工。进入20世纪70年代中后期，随着银行经营产品的增多以及科技水平的发展，西方商业银行传统的职能型的总分行制逐步为事业部制的组织结构所替代。20世纪90年代全球范围内的跨行业金融机构兼并重组浪潮进一步推动了这一趋势的发展。IT技术的迅速发展和管理会计手段的日趋成熟，也为这种趋势的发展提供了坚实的基础。到20世纪90年代末，专业化的事业部制已经成为全球银行业组织架构的主流模式。进入21世纪，顺应内外部形势变化，一些跨国银行依据"客户导向"原则，对事业部制结构进行了调整和重新设计，开始了新一轮组织体系创新，在垂直条线架构的基础上加强中后台管理并注重横向协调，事业部制度开始走向矩阵化。

近年来，随着我国金融体制改革不断向前推进，金融市场环境日渐成熟，国内商业银行普遍开始对传统的垂直型组织结构进行改造，创建"集中决策、授权经营"的扁平式经营模式，以进一步增强总行控制能力，提高分支机构管理效率。目前，我国已经有多家商业银行尝试了在系统内部

---

① 威廉姆森：《市场与层级制》，上海财经大学出版社2011年版。

进行事业部制改革。以中国建设银行为例，该行在全国范围内进行了"数据大集中"，并逐步把后台业务处理以及运钞、金库管理、档案管理等支持保障职能向上集中运作。同时，开始在宁夏分行开展事业部制试点，所辖8个直管行全部成立个人银行事业部和公司业务事业部，实行横向以直管行经营管理为主，纵向以分行两大事业部适度参与、系统指导为辅的矩阵式经营管理；另外，分行还派驻风险管理团队，对事业部在计划预算、资源配置、信贷审批、产品定价等方面进行授权管理。民生银行则于2004年开始探索进行较大规模的事业部制改造。目前，已经设立了信用卡、房地产、能源、交通、冶金、工商企业、贸易金融、投资银行、电子银行、私人银行、金融市场、零售等12个事业部。分行层面也重新进行了功能定位，从过去什么都做，到只做零售业务和特色公司业务，同时还负责公共关系和公共平台的管理与维护，以及对事业部的业务代理和服务。

第二节　三农金融事业部制改革：运作模式与风险控制

大型商业银行进行农业信贷服务的机制瓶颈一直是制约农村金融发展的重要因素，农业产业的天然脆弱性和农业居民在地理上的分散性都加大了农业信贷本身的系统性风险和信息不对称程度，加大了商业银行进入农村金融领域的难度，因此建立良好的组织架构和经营机制是涉农金融机构健康发展的关键。

农业银行近年来一直有效推行三农金融事业部制改革，试图通过体制机制创新重新回归"三农"。利用事业部制组织架构可以给予"三农"业务部门更独立的运营权和管理权，三农金融事业部对全国县域农村金融服务进行统筹纵向管理，对于防范风险、提高效率，都有重要的创新意义。从国内外事业部的管理模式看，大概有两种模式：其一是总分行管理为主、事业部管理为辅，其二是条线管理为主、总分行管理为辅。农业银行的三农事业部制是以条线管理为主、总分行管理为辅的运行体制和管理模式。事业部的组织体系建设是把总分支行各级的"三农"业务部门予以条线化，形成"三农金融总部＋省级分部＋地市分部＋2048个县域经营单元"的组织架构。在这样的模式中，强调三农金融事业部在运营中的相对独立性，总行将具体的管理权力大部分下放，赋予三农金融事业部很大的决策权和管理权，总行的地位显得比较超脱，可以在一些宏观的战略导向、风险的掌控、人力资源的配置方面给予更多的关注，而把具体的经营权力充分地授予三农事业部。三农金融事业部将实行单独配置经营资源，单独下达综合经营计划，单独统计、单独核算、单独考核，构成一个完整的"三农"专业化经营管理体系。三农金融事业部与总行之间，既有独立性，又有整合性。独立性和整合性，这两方面都要强调，既充分地尊重三农事业部的独立性，赋予其独立运营权，又要强调与总行优势资源的整合。单独核算是事业部改革核心中的核心，也是一个非常复杂的问题。事业部核算，不仅要能够真实反映事业部整体经营绩效，还要能够准确反映不同发展水平的地域之间的差异性、反映不同行业、产品、客户的成本收益状况。单独核算体制要求三农金融部各个县域经营单元作为独立的会计核算主体而存在，因此完善县域三农金融事业部的信息处理系统、提升数据统计和核算人员的信息处理能力、增强县以下基层农村金融服务网点的统计核算功能，是提高三农事业部独立核算精度和准度的前提。同时，推行三农金融事业部也要正确处理好总行和县域基层行之间的关系。县域信贷政策的制定要充分考虑各地的经济发展水平差异、农业生产形态差异以及客户群体结构差异。总行对基层行（尤其是县域及县域以下分支机构）的信贷政策应该给予更大的自由空间，允许基层行根据本地情况选择适合于本地的金融产品，确定适合于本地经济发展水平的信贷规模，探索适合于本地情况的风险控制方法和信贷模式。鼓励基层行的创新，充分尊重差异性，县域农村金融服务才能活起来。

从国外银行业实践看，在遵循事业部制精髓的前提下，商业银行基本都根据自身业务发展的特点、客户特征、管理水平、技术条件以及当地监管要求等设计具体模式，主要以业务或服务、客户、产品、经营区域等为维度单独设立事业部，或以业务、客户、产品和区域为维度混合设立事业部。农业银行的三农金融事业部以县域为维度来设立事业部，是一个比较理性的选择。这可以从两个方面来说明。第一，县域金融以农村金融为主，以县域为维度设立事业部，可以充分辐射县域内的各类农村经济主体（包括微型企业、经济合作组织和农户），符合设立三农金融事业部的初衷。第二，农业银行在县域的网点比较完善，在县域金融服务领域拥有相对的比较优势，与其他银行比，农业银行在县域金融服务领域的人力资源、网点建设、客户资源、历史积淀都好一些，能够获得竞争优势，所以以县域为维度设立事业部，不失为一个明智的选择。

构建三农金融事业部的风险防护墙是一个核心要务。在风险管理方面，农业银行的基层网点应该把自己视为一个主要为当地社区服务的"社区银行"，与社区内的中小企业形成一种良性的、紧密的、基于各种"软信息"的互动关系。"软信息"的利用，意味着农业银行在评价社区内的中小企业的信用风险和业绩的时候，主要不是依靠企业报送的各种硬性的财务指标，不是以各种冷冰冰的数据为导向，而是以客户为导向来评价企业，通过各种紧密型的信息搜集手段，来印证客户的财务指标。这样，在客户的信用评估和风险评价方面，就会减少信息失真的概率。农业银行基层网点的风险管理的有效性还有赖于制定比较合理有效的员工激励和约束机制。要建立一整套公开、透明、直接量化考核到个人的薪酬激励方法。比如在农业银行的一个客户经理的收入中，绩效薪酬应占主要部分，绩效薪酬要与贷款质量、清收不良贷款的规模等直接挂钩，上不封顶，按月考核。还应该在农业银行内部形成"资产质量风险一票否决"的传统，营造一种"自觉维护信贷资产质量安全"的氛围。这样，作为一个客户经理，他就会时刻把信贷质量控制作为自己的核心职责，注意搜集各种与企业运营和贷款回收相关的"软信息"，并对这些信息进行动态管理，时刻关注中小企业出现的新问题、新动向，从而最大限度地控制信贷风险。农业银行基层网点的信贷风险控制中还要注重对客户的激励和约束机制的设计。对于优秀的客户，尤其是那些在农业产业化和农业现代化中起到积极作用、未来发展前景看好、当前绩效优良的中小企业，应该着意加以激励和扶持。这些激励措施主要有利率优惠、信贷额度适当增长、担保条件适当放宽、提供其他延伸金融服务等，总之，要为中小企业创造最好的信贷服务的环境，甚至为企业提供一些与信贷没有直接关系的延伸性的其他服务，这对于吸引优秀客户是非常重要的。

第三节　小结

组织架构犹如商业银行的"经络"。银行发展史有多长，其组织架构的演变史就有多久。组织架构科学合理与否，事关商业银行业务运作和经营管理成功与否，事关商业银行竞争效能与运营效率的高低。国内外农村金融服务实践经验告诉我们，只有真正贴近农民、扎根农村、深入农业的金融机构才能真切地了解农村地区的金融需求，只有全方位、渗透式的服务模式才能破解农村金融所固有的弱质性难题。农业银行的三农金融事业部改革改变了我国一直以来自上而下的传统农村金融服务架构，将服务的重心沉向基层，拉近了大银行与小农民之间的距离，管理机制更为高效灵活，为开展精耕细作服务奠定了坚实牢靠的基础。应该说，三农金融事业部改革，为农业银行开创了一个新的纪元。未来，农业银行应按照监管部门要求，继续深化三农金融事业部制改革。既要继续完善"三级督导、一级经营"的组织架构，以强化板块合力，强化业务转型的组织保障，又要深化"六个单独"为核心的事业部管理运行机制，强化转型的资源和政策保障，同时还要适应转型的发展要求，推动事业部改革由服务股改上市，真正向服务基层、服务业务转变。这个过程中，农业银行各试点行要吃透国家扶持政策精神，努力把政策用足、用好，并主动对接有关部门，积极争取更多的扶持政策和更大的扶持力度，以期把三农事业部改革进一步推向成功。

第六章

服务模式创新：
控风险与降成本

可以说，农业银行服务"三农"最大的难点在于，既要低成本、低风险地做好服务，体现国有资本意志，履行大型银行社会责任，同时又要彰显商业银行追求盈利的本质，努力实现市值最大化和股东回报最大化。设法在二者间找到一种平衡点，便是所谓的服务模式创新。应该说，农业的弱质性特别是我国以小农经济为主体的特殊国情，决定了探索构建这种商业可持续的服务模式，具有相当大的难度。对农业银行而言，目前可以说，这一问题并没有得到实质性破解，但经过多年的努力，的确找到了一些可行的机制和办法。

第一节　范围经济和规模经济服务路径

一、范围经济服务路径："链式金融"

所谓"链式金融"，是将产业链上下游利益相关主体统一纳入到金融机构服务范围内，并提供一揽子金融服务方案。"链式金融"是伴随农业产业化进程同步出现的产物，由于上下游相关主体整体抗风险能力远大于单个主体，因此大大降低了"三农"信贷业务风险。同时，"链式金融"由于实行规模化作业，金融机构可以提高服务效率并降低服务成本。因此可以说，在商业可持续方面，"链式金融"初步找到了农村金融服务中效益与风险的平衡点。农业银行各地分行已经通过"链式金融"服务手段，初步实现了范围经济效应。

例如，重庆农行在营销对象上，以农业产业链为重点，开展上下游的"基地＋农户"、"公司＋农户"、"专业合作社＋农户"、"担保公司＋农户"等多方合作，依托产业、集约经营、强化合作，通过分行集中客户准入、支行营销调查客户，分行集中审查审批、支行提供客户服务，分行集中创新产品、支行实施客户维护管理，实现农户贷款零售业务批发做。山西农行一头抓产业化龙头企业和供应链核心企业信贷服务，一头抓产业链上下游客户的结算服务和农村经纪人、农业合作社、富裕农户的信贷服务，并开展集中连片作业，以区别于信用社的分散作业模式。山东农行围绕山东新希望六和集团探索出"八位一体"（六和集团＋政府＋商业银行＋担保公司＋保险公司＋优秀龙头企业＋养殖合作社＋养殖户）产业化运营新模式，实现金融服务一体化，带动了上下游农户和经销商致富，扩大了该行集团授用信、电子商务、农户贷款等业务空间。湖南农行批量经营模式采取"公司＋农户"（如唐人神集团）和"饲料公司＋经销商客户"（如汉寿支行）等形式，发放的贷款额度至 2011 年末占比已超 10%，但不良率仅 1%。黑龙江农行加大对农业资源丰富、信用环境良好、与产业链密切关联的优质农户的信贷投入力度。陕西农行则制定实施了对城市周边的成熟工业园区和大型企业上下游产业链中的小企业的整体服务方案，以促进城乡产业融合。新疆兵团农行以农业产业链为重点，开展上下游的"基地＋农户"等多方合作。安徽农行依托产业链、产业群，借助社会经济组织力量，实行多元化的担保，积极推广"公司＋农户"、"整村推进"等十余种较成熟的贷款运作模式。上述各行因地制宜地探索"链式金融"服务模式的做法，既带来了明显的经济效益，同时又提高了农业银行的社会美誉度，可以说收效良好。

二、规模经济服务路径："集中连片"金融服务

"集中连片"并不一个新创的名词，这一提法很早便出现在相关的国家政策文件中，例如，1993 年国务院下发的《国务院关于加快发展中西部地区乡镇企业的决定》（国发〔1993〕10 号）中明确提出，发展乡镇企业应该走因地制宜、合理布局、集中连片的路子。后来，"集中连片"的提法在我国耕地规划和治理的相关文件中也多次出现。2011 年出台的《中国农村扶贫开发纲要（2011～2020）》，再次提出"集中连片"这一名词，并将集中连片扶贫开发上升到国家战略层面。除了中央文件之外，"集中连

片"也经常在地方产业发展规划中出现。但无论怎样，"集中连片"的政策目标基本上都集中在县域和"三农"方面。这充分说明相对于城镇地区人口、土地、产业集中的特点，县域和"三农"领域各种资源分散所导致的经营成本高、效率低等问题，早已被认为是制约农村发展的重要因素。因此，通过"集中连片"方式，把稀缺并分散的各种资源集中起来，实现集约化管理和规模化利用，成为很多管理部门的重要政策选择路径。

农业银行的大行比较优势决定了服务"三农"小客户如农户必须走"集中连片"服务道路。所谓集中连片服务"三农"，就是要根据各地资源禀赋和农业银行自身实际，以区域为纬度，以产业为依托，以客户为基础，实现分类指导、突出重点、整合资源和集约经营，从而提升农业银行对"三农"重点业务和重点客户的服务水平。或者可以将集中连片简单理解为，通过特定的手段或途径，把小客户集中或连片成具有规模经济效应的客户群，从而为大银行下乡提供规模上对等的对接平台。

目前，农业银行在集中连片服务"三农"方面，已经有一些行之有效的做法。比如，黑龙江农行按照"因地制宜、率先发展"的原则，以省行营业部、牡丹江农行、直属支行 3 个特色产业集中度高、业务重点突出、有发展潜力的片区作为试点，及时部署了三大集中连片服务工作区，并加大资源配置力度、优化业务流程、强化金融产品创新、建立目标考核机制，保障了集中连片服务顺利开展。笔者曾亲赴黑龙江农垦进行实地调研，作为我国规模最大的国有农场群，黑龙江农垦下辖 9 个分局 112 个国有农牧场，总人口 167.3 万，人均耕地面积 23 亩，2011 年垦区粮食总产量 407.6 亿斤，商品化率达 94%，是我国现代化程度最高、综合生产能力最强的商品粮基地和粮食战略后备基地，也是最适合集中连片开展农村金融服务的区域。农业银行的农垦支行在集中连片服务农户方面采取了"精细化管理"模式：①对客户采取名单制管理。将其分为目标类客户、支持类客户、维持类客户、压缩类客户和退出类客户 5 类，重点支持目标类客户和支持类客户，结合客户种植作物的品种和规模特点，进行有针对性的政策和资源倾斜。②以各作业站为单位绘制图谱。垦区支行、基层网点通过与分局管理部门以及各地区作业站合作，制作了所服务管理区、作业站的贷款金融档案，并以地界、不同颜色标注各地号的面积和水旱田类型，便于客户经理在受理业务、贷款前检查、贷后管理时集中核实客户的经营情况，并对客户的稳定性和盈利能力进行相关分析。③实行信贷全流程的精细化管理。一是在关键环节实行影像资料管理。二是加强客户经理培训，提高从业人员的素质和能力。三是依靠垦区的行政力量，约束农户行为。例如，农户贷款投放前，必须由辖区内的队管人员进行确认和担保，贷款发放后由队管人员进行协助管理，利用农场统一管理粮食生产以及收购的优势，通过转账电话等资金管理服务平台检测农户粮食收购款项的使用流向和利用情况。另外，垦区支行还创新保险机制，以此防范各种非生产性风险可能带来的损失。例如，垦区支行积极利用垦区行政管理部门提供的农业互助保险，来防止农业系统性风险的发生。从实际效果来看，近年来，保险措施不仅有效分担转移了信贷风险，也在一定程度上保护了农户利益，受到越来越广泛的认可。综上，农业银行农垦支行精细化管理的集中连片服务三农方式，成效明显。2009～2011年，农垦支行累计发放惠农卡17万张，农户覆盖率99%，投放农户贷款54.3亿元，惠及农户3万户，而不良率始终控制在0.2%以下。

第二节 农业银行"三农"服务模式的创新路径

从前文内容可看出，近几年中，农业银行在服务"三农"工作中，总结探索了很多好的做法。但正如农业银行相关资料所言，客观地讲，一个完整的"三农"业务模式应当有明确的目标客户指向，有专门的产品和服务方案，有切实可行的营销拓展方案，有严密的风险管控预案，有专业化的客户经理、产品经理服务团队，有简明有效的流程设计，有明晰的成本投入和效益分析，有宣传推广方案和品牌包装。农业银行上述"模式"创新，只是其中一些要素的创新组合，距离完整的、具有广泛应用推广价值的模式还有很大距离。设法探索出一条可复制的商业可持续服务模式，仍是农业银行面临的最为紧迫的任务。

我们认为，对农业银行而言，商业可持续的服务"三农"模式应包含五个关键维度：一是做到因地制宜、分类指导；二是做到顶层设计与基层创新兼容；三是做到对大数据深度挖掘分析；四是实现经济、金融、社会多方联动；五是做到前瞻研究先行。

一、因地制宜与分类指导

成为一家优秀的大型商业化银行要符合许多的条件和标准，最基本的一条是银行要具备独特的竞争优势，有良好的金融创新能力，有独特的运营模式和盈利模式。从农业银行整体来说，自身的比较优势无疑在县域；而将"三农"业务发展成为支柱业务，占据农村金融市场领先地位恰是其正确的战略目标，也是改制后面临的最大挑战。为此，农业银行必须在县域经济找准自己定位和优势，努力在县域金融市场中成为领军者。

众所周知，县域经济起点较低，整体信用环境不够理想，而且不同县域在经济发展水平、产业特色、客户结构以及金融生态上千差万别，这就要求在发展县域支行的过程中，必须依据县域的特色，有的放矢，走差异化、特色化发展的新路子，做到因行施策、因地制策，走好服务"三农"之路。

具体说来，如何实现因地制宜、分类指导，走好服务"三农"之路呢？

第一，根据县域经济发展水平，因地制宜，采取不同的运作模式和战略。

各地县域经济发展水平不一，区域差异很大，农村地区的发展差异尤其明显。在推动县域支行的过程中，对于不同县域支行不能采取"一刀切"，而是要根据当地不同的情况，采取不同的运作模式和战略：一些适用于东部经济相对发达地区的农村金融产品和运作模式，可能根本不适用于西部相对欠发达地区。因此，农业银行在推行"三农"金融的过程中，必须根据不同地区的"三农"发展水平和特点，采取不同的"三农"服务模式，鼓励金融产品的创新；针对"三农"客户贷款金额小、时间急、期限短、频率高、季节性强等特点，在有效防范和控制风险的前提下，简化贷款审批程序，提高信贷投放效率。

比如，河南作为农业大省，在促进县域支行的发展过程中，应该进一步研究仓单银行、农产品期货等适用于大宗农产品供销的新机制，以便将农业银行业务与这些新型业务结合起来；贵州作为经济不发达省份，农业银行的基层分行应该着重研究如何消除农村金融服务盲点，并鼓励农民的互助担保；浙江作为经济发达省份，很多地区根本不存在农民业务，应将重点放在高附加值中小企业的信贷支持上；东北等林业大省，在开展"三农"金融业务中应该大力拓展林权抵押等新的抵押方式。

第二，在信贷管理方面，也需要对县域支行因地制宜、实现分类指导。

在保证风险可控的前提下，总行对县域支行的信贷政策可以给予更大的自由空间，允许县域支行确定适合于本地经济发展水平的信贷规模，探索适合于本地的风险控制方法和信贷模式。比如：对于风险控制水平高、信贷业务广阔的支行，应扩大信贷授权；适当下放优质中小企业短期流动资金贷款审批权，精简业务流程，提高工作效率和服务质量。

此外，还要根据不同支行的经营状况来实施信贷管理。不同地区经济发展、产业结构和客户群体的不同可能带来经营状况的重大区别（高营利支行、微利支行和亏损型支行）。需要实施不同的政策和战略：对于经营状况良好的支行，在信贷政策方面和资源配置方面适当倾斜，进一步提高营利能力，形成区域的支柱银行；对于经营状况不佳，甚至亏损的支行，严格进行成本控制，适当控制信贷规模，调整经营策略，实现扭亏为盈。

第三，针对不同的客户群体，实现分类指导。

不同县域面对的是不同的客户群体，必须要找准县域主要的客户，把农民专业合作社、农业产业化龙头企业、农村商业、农村服务业以及农村种植、养殖专业大户和农产品经纪人等作为金融服务"三农"的重要对象，研发适合县域经济发展特点的新产品，以不断满足县域企业和个人客户的实际需要，更好地服务"三农"。比如对于那些县域中小企业比较发达的江浙一带，农业银行就应该更多地在中小企业担保、中小企业信用评估、中小企业风险测定等方面多做创新；对于那些种植业和养殖业比较发达的传统农业区域，就要多开发适应大规模种植业和养殖业发展的金融产品，使银行业务与农业保险、林权抵押等相结合，重点支持规模化的农民专业合作组织；对于那些小农经济占重要地位的不发达地区，就要重点研究无抵押无担保的信用放款方式，在农户联保方面有所创新。

农业银行要在县域经济中发挥主导性作用并占据竞争优势，必须鼓励各个地区尝试自己的经营管理模式，鼓励各地分支机构的创新，其中的关键点在于各地农业银行对本地优势产业以及产业形态的判断是否准确。

需要特别指出的是，通过服务于那些具有一定规模效益的、有竞争力和高科技含量的龙头农业产业，可以带动的农户将更多，这比农业银行直接服务于农户要有效率得多。除了龙头农业产业，县域范围内的农业银行支行还应将一批中小型农业产业化经营组织和规模较大效益较高的农民专业合作社锁定为自己的客户群体。因此，针对产业化龙头企业、中小型产业化经营组织、农民专业合作组织以及具备一定规模的养殖大户和订单农户这四类不同组织，农业银行应该制定不同的业务操作流程，在前后台建设、网点扩建、人力资源培训、客户信用甄别的信息体系建设等方面做出创新，使之适合于这些农村新型贷款需求主体的实际情况。

总之，只有通过分类指导，实现县域支行发展与区域经济发展特点和自身发展能力的有效结合，才能更好地突出自身优势，走好服务"三农"之路，在"县域蓝海市场"中成为无可争议的领军银行。

二、顶层设计与基层创新兼容

"十二五"规划中明确提出了"顶层设计"的理念。简言之，顶层设计指的是，决策者把握好未来改革发展的大方向，对制约改革发展的各种问题作出提纲挈领的判断，并制定有针对性的总体方案，避免各相关领域相互掣肘，以圆满实现既定的战略目标。

显而易见，顶层设计科学与否，对改革的成败起到根本作用。但是，顶层设计所规划的只是改革的大方向和基本路线图，不可能给改革提供巨细无遗的解决方案，并且顶层设计本身也要接受实践的检验，在实践中不断调适和完善。改革发展的实践多次证实，就破除体制惰性、扫除改革阻力而言，最直接的动力往往不是来自顶层设计，而是来自基层创新。只有顶层设计与基层创新实现兼容，才能切实推动改革，达到既定目标。

农村金融改革也存在"顶层设计与基层创新兼容"问题。对农业银行而言，要发挥好农村金融服务的骨干和支柱作用，同样要在"顶层设计与基层创新兼容"层面做好文章，这种兼容性主要体现在以下几个方面。

第一，政策制度的统一性与各地创新的多样性之间的兼容问题。我国县域经济几乎"一县一特色"，一些适用于东部发达地区（如浙江、江苏和山东）的农村金融产品和运作模式，可能根本不适用于西部欠发达地区（如贵州、青海和西藏）。因此，农业银行总行在制定统一的农村金融规章制度时，宜最大限度为各地农村金融创新留出政策空间，并通过"流程上做减法、效率上做乘法"的方式对"自下而上"产生的创新产品及时批复和支持。比如，对河南省这种欠发达农业大省，应允许和鼓励当地农业银行研究和探索仓单银行、农产品期货等适用于大宗农产品供销的农村金融产品的创新；对贵州和四川等劳动力流动较大的欠发达省份，则应充分尊重当地农户已不再是传统意义上的家庭生产经营单位而是劳动力供给者的现实，农村金融服务工作宜侧重于存款、汇款和取款等基础金融服务并积极开展消费性农户贷款，而非继续"自上而下"下达生产性农户贷款增长目标；对西部旅游资源丰富的县域，则应对当地基于资源优势开发出来的"农家乐"、"新农居"等贷款产品给予支持，以增加农民非农收入；对浙江、江苏和山东等发达省份以及部分欠发达省份的发达县域，则应鼓励其把工作重点放在服务好当地的龙头企业、合作组织和种养殖大户等"大农"。概言之，只有努力做到"政策制度的统一性与各地创新的多样性之间的兼容"，才能激发基层人员的工作热情。

第二，激励约束机制设计与员工工作积极性激发之间的兼容问题。目前，基于控制风险的考虑，农业银行对"三农"客户经理制定并实施了"三包一挂"的激励约束机制，即"包放、包收、包效益，绩效与收入挂钩"。这种激励约束机制能有效降低客户经理的道德风险问题，但对客户经理发放出去的由于自然风险和市场风险造成的不良贷款，存在明显的负向激励，这实际上是打击而非激发了客户经理的工作积极性。恰如本书反复申明的，农业产业弱质性的一个重要表现是对自然灾害等不可抗力缺乏免疫力，这在我国抵押、担保和保险机制不健全的现实条件下，表现得更为明显。加之小农经济生产仍然是常态，"小农户"对抗"大市场"仍然缺乏保障，市场价格风险广泛存在。在这种约束条件下，将自然风险和市场风险叠加到信用风险之上全部由客户经理负担，显然有失公平并会影响效率。为此，农业银行宜在建立一套更加公开、透明、直接量化考核到个人的薪酬激励方法上，做出进一步探索，其中，"尽职免责"原则应该被重点考虑。

第三，权限下放与风险防控之间的兼容问题。长期以来，农业银行采取上收贷款权限的方式防控信贷风险，但随着三农金融事业部制改革的推进，农业银行通过了贷款审批权限下放的决议。对县支行加大了差异化授权力度，向信贷业务量较大的县域支行派驻了独立审批人，最大限度地下沉了经营决策重心。但是，信贷审批权从上收改为下放虽然有利于增加县域支行的活力，但也放大了信贷风险，这主要是由于很多县支行在剥离不良资产后面临着资产空心化问题，因此有加大信贷投放力度的冲动，加之农业银行基础管理相对薄弱和基层行人员老化严重，出现操作风险的可能性大增。由于防控风险是银行的经营根本，为此，农业银行需要在放权与控风险之间找到合理平衡：首先，要完善总分行之间的授权、转授权和特别授权方式，建立分工合理、职责明确、平衡制约、报告关系清晰的内控组织架构，构建健全的内控评价机制，确保内部控制的有效运行；其次，要大力推进全面风险管理体系建设，改变过去那种风险管理部门只管"贷后风险"的做法，要进一步提高风险管控的精细度，加快引入新的风险管理工具，提高风险管理的针对性和有效性，严守风险控制底线。

第四，成本控制与基层行人、财、物短缺之间的兼容问题。农业银行服务"三农"不可能再走过去那种大规模铺设物理网点和增加人员的粗放式发展道路，控制成本是实现农村金融服务商业持续性的必要条件之一，但是基层行在相关考核指标的压力下，又普遍面临人、财、物短缺的问题。要破解这一难题，需做好以下工作：①关于物理网点少的问题。一方面可以通过存量调整的方式进行网点的合理布局，如统筹调配城乡网点布局，适当调减竞争成本大的城市网点，调增金融资源多的农村网点，并可以通过全面提升网点服务能力的方式，扩大既有网点的服务半径和质量；另一方面可以通过增量调整的方式适度调增部分乡镇物理网点，前提是对这些乡镇的存款、贷款和盈利水平进行科学测算，确保覆盖风险没有问题；最后还可以通过电子银行、POS 机、转账电话、ATM 机等电子手段拓展服务渠道，延伸服务触角。②关于人员老龄化和人才流失问题，一方面要通过存量调整的方式促进劳动的重新组合，尽量把后台占用的人力释放出来，用以充实前台营销力量，另一方面则要在优化增量方面做新的探索，比如，可以在招聘程序上创新，尝试"由基层行申报用人计划、上级行批准后由基层行组织报名，基层行审核报考条件合格后由分行统一进行考试、面试，报总行审批"的招聘程序，还可以考虑对毕业生打破专业限制进行招聘，对学历要求适当放宽，对回原籍地工作和属于内退员工子女的毕业生给予一定优惠，提高劳务派遣工的待遇以及晋升机会，等等。③关于财务资源配置问题，要通过进一步加大三农事业部制改革力度的方式予以解决。

三、深度挖掘大数据①

农业银行要探索服务"三农"新模式，不能仅仅立足于现有资源的整合这一层面，相反，应该充分利用大行的大样本数据库，发挥信息技术集成处理分析能力，找到一条差异化、可持续的服务"三农"新道路。

据英国金融时报报道，国外银行在利用大数据方面，已经有了一定的探索。

---

① 大数据（big data）的提法，源自 2012 年美国奥巴马政府公布的大数据计划。美国上一个重大科技发展部署还是 1993 年的信息高速公路计划，该计划改变了全世界信息的生产和传输方式，引发了互联网革命。统计显示，ATM、网上银行、手机银行这类主要依靠网络的电子银行对我国银行传统渠道的替代率超过 60%，普遍的看法是，即将到来的大数据革命可能对银行的一些观念和经营模式再次加以颠覆。参阅"大数据时代的银行应对之道"，《英国金融时报》，2013 - 01 - 21。

①通过增加一些传感装置，来增强感知客观世界的能力。这方面有代表性的是美国的 ZestCash，它使用数千个信息线索挑选出一些客户，这些客户被那些传统银行认为是信用较低的，而其实只是他们一时受到环境限制而已，其实际信用状况良好。ZestCash 使用这么多传感装置达到了了解真实世界差异性的目的，并且取得了差异化筛选优质客户的效果。

②提供深度数据分析服务，打造成为消费信息中心，并致力于提高客户认可度。这方面的代表案例是新加坡花旗银行，它基于消费者的信用卡交易记录，捕捉到了有价值的信息，并有针对性地给他们提供商家和餐馆优惠信息服务。这种行为本质上是一种信息中心的争夺和显示，虽然它只是从经济信息中心转变为消费信息中心，但对客户而言，他们感受到的是银行信息获取和处理能力的强大，进而提高客户对银行的忠诚度。

③使用大数据进行非传统的、非财务性质的可能性线索排查。传统业务和财务报表以外的信息往往很有用，但却没有被充分挖掘。以反洗钱为例，嫌疑犯虽然与银行发生直接业务关系，但疑犯会千方百计地不暴露真实意图，对这种行为的判断并非传统银行的强项。Watson 这位曾经在电视智力竞赛节目《危机边缘》中击败人类对手的计算机明星，由于擅长分析与客观世界关系更相符的非结构大数据，因此被花旗银行用来应对反洗钱的挑战。故而，可以说大数据是处理银行常规业务之外的有效工具，同时，也有利于银行发现新的业务增长点。

④使用大数据找到那些适合自己企业模式的客户群体，打造并强化企业特有的商业模式。ING Direct 的经营理念是：简单并且对追求高回报的客户具有吸引力。其网上银行敢于向支票账户支付平均 4% 的高额利息，为什么？主要因为他们通过对大数据信息进行分析，认为节省下来的材料费和人工费完全可以支付这些利息。因此，ING Direct 通过更高的价格抓住了一批追求高回报的客户。另外，ING Direct 还主动解雇了那些浪费他们成本的客户，例如给呼叫中心打太多电话的客户，从而可以节省上百万美元的成本。大道至简的 ING Direct 和化腐朽为神奇的 ZestCash 看似是两个极端，但他们都取得了成功，原因其实很简单：不管经营模式有多么不同，他们的共同点是具备分析真实社会关系（这种关系由于当今社会变得

复杂往往通过大数据展现出来）的能力，能够通过大数据分析出与他们的经营模式最匹配的社会关系，从而有针对性地筛选客户，最终锻铸出差异化竞争模式。

上述经验做法，对农业银行探索服务"三农"新模式，颇具启发意义。

①农业银行应该加强对最广泛网点网络基础上形成的大数据的深度分析。一方面，这有利于农业银行找寻到新的但有潜力的服务客户。未来，农业银行在县域的发展方向在于，通过加强分析能力向市场找资源，而不仅仅是既有资源的简单重组。另一方面，加强对大数据的分析，是农业银行在县域构建差异化竞争能力的根基。农业银行在县域的网点网络资源远胜于其他国有大行和农信社，通过发挥农业银行数据分析能力，向数据的背后要客户、要资源，就能找到一种独特的但却极富竞争力的经营模式。在树立自己独特经营模式的时候还必须坚持差异化，认识到不是所有的主体都是自己的服务对象，相反，只有其中的一部分客户才是与银行选择的经营模式相匹配的。但必须明确的是，这些最值得服务的客户并不是摆在桌面上供挑选的，相反，他们往往掩盖在不同的数据下面，需要善用数据来分析找寻他们。

②农业银行应充分发挥客户经理感知现实社会的能力，并为"自下而上"反馈真实信息提供有效通道。大数据分析的实质就是将客户放到更大的社会背景下加以曝光，并准确定位环境中客户所处的位置符合何种商业模式。到现在为止没有任何技术能超越人（对银行来说就是客户经理），人更能对活生生的客户加以把握分析。客户经理是最好的社会感知装置，他们同时又肩负将银行预定的熟悉的关系模式导入到现实社会网络中去，并扩大关系网络的重任，这种独特的非技术感知装置是银行最大的优势。对农业银行而言，要在资源配置和绩效考核等方面，对客户经理服务"三农"积极性做出新的激励，并通过流程优化等方式，确保基层的真实声音能及时高效传导到决策层，并引起决策层对有价值的意见进行快速整合和反馈。

四、经济、金融、社会多方联动

农业银行探索商业可持续服务"三农"新模式，必须跳出银行看"三农"，加强与利益相关者的合作，实现经济、金融、社会多方的良性联动。

1. 在竞争中加强与其他金融机构的合作与联动

目前我国已经初步形成了大、中、小型农村金融机构共生共荣，政策性、商业性和合作性金融并存的农村金融组织体系。这也意味着，农村金融市场的竞争异常激烈。但是，我国农村金融市场中的各类农村金融机构之间的竞争并非有序，合作机制也远没有建立起来，这不利于形成农村金融服务的供给合力。

从国际经验来看，凡是农村金融工作富有成效的国家，一般都有一个共性，即形成了职责明确、分工协作的多层次农村金融体系，这保证了不同性质的农村金融机构有序地面向不同类型的客户和项目，以确保农村金融服务能高效率地覆盖到农村经济社会活动的各个领域。农业银行在县域金融市场竞争中，要做好两方面工作：一是吸取专业银行时期大包大揽、战略定位不明确的教训，重点服务具有产业化、规模化、标准化和组织化特点的"大农"。由于其他大型商业银行布局县域的主要策略也是重点服务属于"大农"的高端客户，因此农业银行应主要根据前文所言的比较优势的原则，重点服务具有规模经济效应和范围经济效应的"大农"，以树立和巩固县域领军银行的地位。对于农户等"小农"的金融服务，则应走"以大带小"的发展道路。二是农业银行要呼吁国家相关部门进一步引导和规范不同类型的农村金融机构树立明确合理的客户和项目定位，尽量改变目前农村金融市场中无序竞争甚至恶性竞争的态势。特别是政策性银行，应在公共产品等具有正外部性特征的农村金融服务供给中发挥更大的作用，而合作性金融机构则应在农户等"小农"金融服务上承担更主要的责任。

农业银行做好与县域其他金融机构的合作工作，同样意义重大。为此，首先，要积极与国家政策性银行合作，组织涉农和县域大型项目银团贷款，携手推进农村小额信贷业务开发，提供政策性业务代理服务。其次，要积极与农村中小金融机构合作，开放支付结算平台和网络，提供代签银票等代理服务，开展批发性融资服务，以发挥各自的比较优势。还要与农村金融机构联合打造农村金融服务标准，编制农村金融服务指数等，共建农村违约信息共享平台和失信惩戒机制。最后，积极与非银行金融机构合作，代理各类金融产品销售，推出投资理财和风险管理产品，为广大农民和农村企业提供新型金融服务，并努力探索"银保"（银行与保险公司）、"银担"（银行与担保公司）、"银证"（银行与证券市场）、"银期"（银行与期货市场）等合作机制建设。

2. 处理好金融与经济社会政策之间的关系

正如在农村金融改革发展篇章中分析的，金融从来不是化解"三农"问题唯一重要的因素（陈雨露、马勇，2010)[1]，农村金融的改革发展与农民增收、农业增产、农村繁荣之间，也不应简单地理解为线性的支持和被支持关系，相反，它们彼此之间是一种具有多途径联系的共生共荣关系。从农业银行支持"三农"角度看，要侧重于通过金融要素的注入，帮助农民创造就业、把握投资机会和改善经济地位（联合国开发计划署，2006)[2]，从而为未来金融与经济之间实现良性互动打下坚实基础。为此，农业银行应该明确在县域的支农重点，比如农业产业链、农村城镇化、农业龙头企业贷款和农村基础设施建设等重点领域，其中，对农业产业链、农村城镇化和农业龙头企业贷款，要重点研究构建好信贷业务运作模式，对农村基础金融服务，则重点研究构建多层次、广覆盖的服务渠道，为农村客户提供方便快捷、成本低廉的基础金融服务。但是，实现农民收入增长虽然是改善农民对正规金融机构金融需求的根本途径（张杰，2007)[3]，但显然农民增收不是银行能解决的。农民增收难的原因多种多样，但归根结底离不开政府部门的支持。为此，政府部门既要想方设法破解老问题，例如，长期困扰农村经济发展的二元结构问题、农村剩余劳动力转移问题

---

① 陈雨露、马勇：《中国农村金融论纲》，中国金融出版社 2010 年版。
② 联合国开发计划署：《建设普惠金融体系》，焦瑾璞、白澄宇等译，内部资料。
③ 张杰："中国金融改革的'市场化悖论'——基于海南案例的研究"，《金融研究》，2007年7月，第 64~75 页。

和户籍问题等，又要及时解决新形势下面临的新问题，例如，乡村管理体制问题、土地确权问题和医疗、保险等公共品供给均等化问题等，以期从培育有效的农村金融需求的角度优化农村金融市场运转效率。诸如此类的政府作为，其最终政策效应是涉农金融机构运转的经济金融生态环境得到明显改善，服务效率也大为提高。

五、前瞻研究先行

农业银行要在服务模式上有新突破，坐稳县域领军银行的位置，必须做到能够对农村经济、金融问题发出权威声音，相关观点能引行业发展先风。为此，需要努力做好两点工作。

①整合内部力量，对"三农"特别是农村金融问题的历史、现实与未来发展趋势进行深度研究。从部门机构来看，横向发挥战略规划部与三农事业部等部门的研究力量，纵向发挥各分行相关研究力量，以农村金融学会为平台，通过招标立项以及制定研究计划等方式，对关系农行农村金融改革发展的重大命题进行研究；从媒介窗口来看，充分发挥"一报六刊"的作用，及时发布农业银行农村金融研究的最新成果。农业银行宜通过定期发布《农村金融白皮书》等方式，打造农村金融研究的拳头产品。

②联合外部力量，加大同高校、国内外同业、监管部门、农口部门、国务院相关政策部门等机构的合作研究，努力做到理论与实践相结合。在同高校合作方面，既可以采取招标立项的方式，也可以采取在部分知名高校设立中国农业银行冠名的研究中心的方式，以充分发挥高校专家的理论专长；在同国内外同业合作方面，农业银行可以牵头编制农村金融改革发展指数、农业产业化龙头企业发展指数等农业发展指数，并牵头制定农村金融改革发展标准，以确立农业银行在农村金融领域的专业权威地位；在同监管部门合作方面，重点在于把握国家最新的监管动向并及时将农业银行服务"三农"方面的成绩和困难反映出来，以期引发监管部门的共鸣；在同农口部门和国务院相关政策部门合作方面，则重点在于把握好国家"三农"政策的走向，以提高农业银行信贷政策与国家"三农"政策的契合度，从而前瞻性地抢占未来农村经济发展中可能的赢利点。

▣ 第三节 小结

通过多年的创新性实践，农业银行已经在实现农村金融服务规模经济和范围经济方面，取得了诸多值得称道的成绩。未来，对商业可持续模式的探讨应该继续坚持因地制宜，鼓励分支机构自下而上加大探索力度，毕竟任何成功的模式都是基层员工做出来的，而非在书桌前想象出来的。总行层面要做的是加强科学合理的顶层设计力度，减少不必要的干预，提高流程运转效率，使基层的经验和真实需求能快速得到总行政策和资源方面的响应。另外，尤为重要的是，农业银行要在大数据分析上做文章。农业银行的网点网络优势是县域其他金融机构无法比拟的，也是农业银行最大的比较优势，对基于强大的网点网络基础之上的大数据进行深度挖掘，有利于农业银行动态调整客户结构和服务边界，以更快速度找到商业模式的实施路径。但由于小农经济在较长时间内仍将是我国农业的常态，因此实现商业可持续服务"三农"，并非只靠农业银行的体制机制创新能完全破解。故而，农业银行应加大与同业乃至政府机构的联动，共同探寻破解之道。这种合作机制，还体现在与其他金融机构合作加大农村金融的理论研究方面，毕竟"理论决定高度"，深刻的理论分析往往能前瞻性地为一家银行业务发展指明前进方向。

第七章

县域支行竞争力、
风险控制与信贷管理

县支行是农业银行的基本经营单元，加快县域支行发展，始终是农业银行改革发展中的重点问题，是将农业银行打造成大型优秀上市银行的基础。但是，随着县域经济发展潜力的日益显现，各类金融机构纷纷加大在县域的设点布局力度，围绕产品类型和客户范围的创新层出不穷，部分同业甚至仿效农业银行的三农金融事业部制度，也开始在县域探索实施专业化经营管理机制①。在此背景下，农业银行县域支行的发展面临着严峻挑战，加之农业银行在产品创新水平、信贷政策精细化程度、基层员工素质、业务运作效率等方面，与同业比还存在诸多不足，因此在县域的发展可谓是"腹背受敌"。如何设法提高农业银行县域支行竞争力，是一个绕不开并且要予以认真解答的问题。又因为银行本质上是经营风险的机构，并且县域支行是最基础、最基本的运营单位，也是风险最集中的业务单元，因此，谈县域支行竞争力问题，离不开研究县域风险防范问题。

▣ 第一节　提升县域支行竞争力的基本对策

未来，提高农业银行县域支行综合竞争力有以下基本对策。

①明确农业银行发展的战略重点，避免眉毛胡子一把抓。农业银行比较优势决定了战略重点在于县域中高端客户，为此，要大力营销县域大企业、大项目、政府医院等事业单位、电力电信等优势行业、县域优质中小企业、优质个体工商户等高端客户。

---

① 如江苏工行成立了县域金融服务推进委员会，在公司业务部设立县域发展科，在全省确定21家重点县域支行，倾斜资源，重点突破。

②做到不就县域谈县域，树立"城乡联动"的思维框架，通过推动城乡两个区域优势的进一步整合，提高县域支行竞争力。从这一点看，农业银行提出的"46112"重点城市行建设和"121"重点县域支行发展战略，意义重大。但是，目前"121"工程下的400家重点县支行是竞争最激烈的地区，为了应对挑战、打造品牌，农业银行专门出台了《支持"121工程"重点县支行加快发展的意见》以及相关补充意见，未来将侧重于对重点县域支行的规划指导和营销支持，并抓好相关激励约束机制建设，这对应对这些热点地区的日趋白热化的竞争十分重要，因此应该一以贯之执行。

③设法把农业银行的网点优势转化为网络优势，形成异质性竞争力。为此，既要进一步优化县域物理网点布局并加快物理网点的改造与转型，又要大力推动"惠农通"工程，通过电子机具的布放和高效率使用，将渠道优势转化为农业银行的盈利优势。

④信贷政策做到因地制宜并加大产品创新力度。对比较优势有显著差异的县域，要做到在资源配置、准入政策、风险控制、授权、授信等方面体现不同的发展要求，不能简单地套用相关政策标准。比如，对行业准入政策，农业银行相关规定宜进一步精细化，对部分虽属于"两高一剩"行业但企业本身技术水平先进和财务指标健康的，应加大信贷支持力度。围绕着当地具有比较优势的行业开展信贷工作，是农业银行提高县域支行竞争力的重要途径。激发农业银行活力的关键在于创新，因此要进一步提高产品研发、整合和应用能力。确定"拿来主义"的方针，对同业先进的不涉及系统开发的产品，允许一级分行直接"拿来"而无须报备总行。切实发挥产品创新基地作用，定期搜集基层行产品需求信息和同业产品信息，对特别急需的产品要建立办结时限制度，对好的产品要缩短试点时限。建立产品搜索与营销系统，实现按客户、产品、渠道三维搜索客户和找产品、找客户与营销一体化。做好产品应知应会培训。在培训师资上增加操作者授课，在培训学员上增加一线客户经理参训比例。

⑤改进授权、营销与流程。授权方面，在加大风险防范的前提下进一步完善授权制度，在对三农金融事业部县支行实施统一标准授权的基础

上，适度加大按行业、客户和产品差异化授权力度，确保不因授权问题制约县支行在同业中竞争水平。营销方面，参照同业探索组建跨部门、跨层次的综合服务营销团队。完善营销的工作、考核与利益分享机制，将各级行和各部门紧紧地整合在一起，风险共担、收益分享，提高协作的积极性和主动性。流程方面，推行直报制度，超县支行审批权限的信贷业务，支行收集客户基础资料后直接报有权调查行客户部门调查，并直接报有权审批行审查审批；推行并行作业模式，对重点项目和重要客户由有权审批行可在坚持审贷分离前提下，前后台部门共同参与营销、调查、审查，分别出具意见，缩短业务流程。选择一批中小企业发达县，探索在县支行引入中小企业金融服务专营机构，提高专业化运作效果。

⑥加大县域支行人才建设力度，打造县支行经验交流平台。关于县支行普通员工的选拔、培养等方面，前文已有说明，这里不再赘述。县域支行发展的好与坏、竞争能力的高与低，与县支行行长息息相关。因此要通过举办县支行行长培训班、改善县支行行长激励约束机制等方式，打造一批有领导力、有执行力、有竞争力、有凝聚力的"四有"县支行行长队伍，发挥他们带头兵的作用。要通过举办县域支行论坛等方式加大县域支行之间以及支行与总行之间的交流程度，这样做一方面有利于不同地区、不同发展水平的县域支行之间取长补短，形成争先创优的氛围，另一方面则有利于提高总行制定三农信贷政策与基层行执行政策之间的契合度，形成各层级行之间良性互动。

第二节　农村金融机构的风险控制

农村金融风险具有多层次性和复杂性。既可能表现为由于农业农村经济波动、自然灾害、信用环境恶化而导致的的系统性风险，也可能表现为由于农村金融机构自身风险管理能力不强、经营不善而导致其资金、财产、信誉等方面损失所引起的支付危机和信用危机。因此，防范和化解农村金融风险是一项系统工程。进行农村金融风险管理首先要认清"风险源"，一般来说，可以将导致农村金融风险的因素分为两个大类，分别为外部因素和内部因素。

就外部因素来说，首先是自然因素。涉农生产依赖自然条件，并受自然因素制约，抗自然风险能力弱，农产品价格受到市场影响，波动剧烈。在自然条件恶化或发生自然灾害时，产品滞销或绝收会使农户难以偿还贷款本息，且还会在农业银行间形成连锁反应，引发农户主观违约的群体效应。而一旦出现这种情况，必然导致金融机构面临较大的损失。其次是农村信用意识淡薄。农村金融机构在业务开展中无法掌握贷款户的信用信息，经常面对大量的"三缺"小企业或农户，即缺乏过去的信用记录、缺乏完善可查的财务、缺乏专业的评估组织提供评估鉴定，部分农村信贷资金借款者信用观念落后、信用意识缺乏，对偿还农村金融机构贷款不积极或消极应付，甚至个别贷款户视农村金融机构的信贷资金为国家给予的"补助"，故意拖欠、逃债、赖债、废债现象时有发生。第三是农业生产组织化程度低。我国的农业生产是极其分散的一家一户小规模生产，难以形成规模竞争优势，承受和抵御自然风险和市场风险能力差，这不仅阻碍了农业生产质量和效率的提高，同时造成农业信贷资金分散，农村金融机构管理成本高、风险大。第四是农业保险机制尚不成熟。我国农业保险的风险分散与配置功能薄弱，这一状况不仅影响了农业和农村经济的发展，同时也使农村信贷金融机构成为间接承受农业信贷高风险的主体。农户抵押担保物在灾害中经常灭失，金融机构缺乏有效分散和缓释风险的措施，容易造成贷款损失无法弥补的情况。第五是农村金融外部监管不完善。目前我国农村金融监管工作主要是通过行政手段，停留在机构审批、业务审批以及合规性检查阶段，忽视对农村金融机构的全面风险管理，与现代意义上的风险监管以及我国农村金融市场的要求相差甚远。

就内部因素来说，我国金融机构，特别是大型商业银行开展农村金融服务中还存在不少缺陷和问题。首先是网点覆盖率低。以农业银行为例，乡镇网点平均覆盖率为16.35%，在欠发达地区的网点覆盖率更低，新疆农行乡镇网点覆盖率在3%左右，陕西农行的网点覆盖率为5%。在中西部地区农户居住分散，网点覆盖不足会严重影响金融服务的质量和效果，也不利于农户贷款风险的管理。其次是大型商业银行基层专业人员不足。基层客户经理任务饱和使农户贷款风险管理压力倍增。1位客户经理管理100~250个农户贷款客户是较为理想的状态，但目前我国很多地区农户贷款客户经理1人要承担300~400个客户的任务，没有精力进行详尽的贷前审查和贷后管理，为农户贷款的风险管理留下了隐患。第三是信贷业务经营管理不到位。我们在对一些县域金融机构的调研中发现，问题主要体现在信贷业务中贷前审查随随便便、贷后管理马马虎虎。信贷人员对农户、乡企在授信业务中信用等级评定工作缺乏规范，甚至很多靠主观印象进行信用评定，有很强的随意性和失真性；"重贷轻收、重放轻管"的现象经常存在，信贷人员贷后管理的责任意识缺位，不认真履行贷后管理职责，疏于检查、跟踪管理不到位。第四是制度机制不完善。我国商业银行现有的制度，往往以规模、利润、不良率对基础行进行考核，而在不良贷款总额不变的情况下，收回正常到期贷款将导致贷款总额减少、不良占比上升，这就使基层行片面追求规模增长，或者通过还旧贷新维持贷款总额，达到稀释不良贷款占比的目的。

农村金融的风险控制是公认的世界性难题，通过上述分析我们也发现，由于受多种因素的叠加影响，大型银行很难利用现代的金融风险控制技术来管理农村金融风险。因此，只有构建出一套有别于传统风险控制技术，更加专业化，更加适合农村实际风险特征的新型风险管控技术，才能打破金融机构与农村资金需求者之间的藩篱。一是要加强专业化水平，通过专业化的条线、专业化的人员、专业化的制度、专业化的流程，管控好农村金融风险。二是要改变传统信息收集模式，尽可能利用人缘、地缘关系近距离地接触客户，建立起高效的"三农"客户信息采集、分析、处理平台，以获得对客户的准确信息。三是要建立起一套激励有效、约束有力、权责均衡的风险控制机制，包括风险发现、预警、处置机制，风险容忍与责任追究机制等。四是要通过加强与相关政府部门、企业、中介组织、保险等机构合作，建立多元化的风险分摊补偿机制，降低农村金融风险管控成本。

此外，政府部门要下大力气优化农村金融环境，为农村金融机构提供良好的服务和风险管控平台。一方面，要加强农村农业保险体系建设。加快建立政策性、商业性、相互保险等多种形式的农业保险和再保险体系。另一方面，要加强农村社会信用体系建设。大力宣传和传播金融知识，建立信用引导和失信惩戒机制。收集整理农户履约信息，建立广大农户信用档案，加快农村征信系统建设。

第三节　大型商业银行服务"三农"与信贷管理

银行信贷管理是指商业银行如何配置信贷资金，才有利于发展经济并增加自身盈利的决策活动，其中，管理贷款风险是重中之重。商业银行信贷风险主要是指商业银行经营信贷业务的风险总和，即商业银行在经营货币和信用业务过程中由于各种不利因素引起货币资金不能按时回流、不能保值增值的可能性，能否有效控制信贷风险对于商业银行来说非常关键。为了更好地实现"服务三农、商业运作"，农业银行在业务范围和市场空间上不断拓展，随之而来的问题是信贷风险管理变得更加棘手和复杂。如何应对激增的业务量和潜伏的巨大风险，如何实现信贷的高效率、低风险成为摆在农业银行面前的重要课题。

对于农业银行来说，服务"三农"是重要发展目标，农村市场对农业银行非常重要，但是由于"三农"金融服务本身具有较高的风险性，需要非常重视信贷风险管理。一方面，"三农"金融下自然风险和市场风险都较大，在我国农业保险非常滞后的情况下，如何控制好系统风险是一个关系到农业银行的命运；另一方面，中国农村地区的经济发展水平极不均衡，如何把握好各地农村金融服务的差异性，如何运用创新性的思维开发适合当地的金融产品，是农业银行总行和各地分行都不可忽视的问题，僵化的一刀切可能带来非常严重的后果。

那么，如何创新信贷风险管理，以更有效地实现"服务三农、商业运作"呢？笔者认为主要要做到以下几点。

第一，中国目前"三农"金融的主要缺陷在于机制的缺陷，这里面包括农业保险机制、抵押机制、担保机制、农民信用评估机制和激励—约束机制等等。农业银行应该在业务拓展的同时，着重于自身机制的建设，从而能够最大限度为"三农"业务的开展和"三农"信贷的风险控制提供一个坚实的基础。此外，对农业银行来说，为"三农"服务，不能再延续以往国有大银行的传统习惯，而是应该对这些客户进行"贴身式"的紧密型服务，其信贷服务流程的设计、信贷管理制度的实施、信用评估和信贷风险手段等，都应该适应"三农"的实际需求。

第二，完善授权授信制度，实现调查和审批的分立，部门内部要实现相互制约。在农业银行体制内部，实行贷款与审批过程的分离，实现贷款的审查权和批准权分别落实到不同部门，明确贷款审查部门、贷款批准部门的各自工作内容与责任等，切忌一个部门说了算。在完善授权制度过程中，一方面为了严格控制好信贷风险，强调总行或者一级分行的集中审批权；另一方面要调动地方分行和支行的积极性，考虑到各个地方的差异性，所以也要适当放权，给予地方以自主的选择权，鼓励地方根据自己的情况因地制宜的创新。究竟选择放权还是集权，笔者认为关键是考虑现实的情况，如果地区发展差异非常大，就不能搞"一刀切"，而要因地制宜。目前，甘肃农行基本上取消了向县支行派驻独立审批人的方式，大力推广二级分行信贷集中审批模式。笔者认为，考虑到现实地域差别情况，这种全省范围内推行二级分行集中审批的模式恐怕还需不断完善。

第三，信贷管理需要严格执行贷款"三查"制度，即贷前尽职调查、贷时严格审查、贷后跟踪检查。重视客户各种信息的搜集，并对材料的合法性、合规性进行审查，全面掌握客户的生产经营和盈利能力，确保贷款对象准确、贷款金额适度，强化贷后管理，紧密跟踪检查，关注使用途径，发现问题及时采取对策进行补救，从源头上控制不良贷款的产生。

第四，强化"三农"和县域业务风险防控。一是根据县支行经营规模情况，合理增配县支行风险管理岗位和人员，充分激发派驻风险经理作用。二是抓好操作风险防控。以营业网点为重点层面，以截留、挪用、诈骗存贷款和信用卡套现、虚假票据为关注点，加大排查治理力度。加强员工行为管理，尤其是抓好柜台外和8小时外的员工行为排查。三是抓好信用风险管控。密切关注民间借贷和"影子银行"风险，加大对担保公司、小贷公司经营活动的监控，加强贷款到期管理、票据业务管理和贷后资金监管和受托支付管理，做好农户小额贷款、县域平台贷款、县域房地产贷款、中小企业贷款的风险治理。四是抓好中间业务合规经营，开展专项检查活动，及时落实整改，防范声誉风险，切实围绕为客户增收入、降成本、防风险和金融便利，增加实质性的顾问咨询服务内涵。

▣ 第四节　风险控制：以小微企业信用风险管控为例

近年来，随着农村金融领域的"新政"不断推出，各类新型金融组织如雨后春笋般快速成长，为农村金融领域的竞争注入了活力。可以说，我国已经初步形成业务多层次、产权结构和投资主体多元化的农村金融框架，一个多元竞争的新型乡村银行体系已初露端倪。

在这个农村金融的"战国时代"，竞争态势与以往大不相同。包括农业银行的基层网点在内的所有农村金融机构，都必须对未来竞争的激烈程度有一种前瞻性的清醒认识，要有一定的紧迫感和危机意识。农村金融机构由于客户群体的特殊性，使得其风险控制与风险评估手段都与城市地区的既有框架有很大区别。对农业银行的基层分行来说[1]，应该将农村地区

---

① 非基层网点不在本书讨论范围，它们主要分布在城市，为城市各类客户服务。

的中小企业作为发挥大型商业银行综合优势的重点客户，尤其是那些有着强劲成长潜力、对农业现代化和产业化有着直接带动作用的中小企业。为这些中小企业服务，不能再延续以往国有大银行的传统习惯，而是应该对这些客户进行"贴身式"的紧密型服务，其信贷服务流程的设计、信贷管理制度的实施、信用评估和信贷风险手段等，都应该适应农村中小企业的实际需求。

在风险管理方面，农业银行的基层网点应该把自己视为一个主要为当地社区服务的"社区银行"，与社区内的中小企业形成一种良性的、紧密的、基于各种"软信息"的互动关系。"软信息"的利用，意味着农业银行在评价社区内的中小企业的信用风险和业绩的时候，主要不是依靠企业报送的各种硬性的财务指标，不是以各种冷冰冰的数据为导向，而是以客户为导向来评价企业，通过各种紧密型的信息搜集手段，来印证客户的财务指标。这样，在客户的信用评估和风险评价方面，就会减少信息失真的概率。

农业银行基层网点的风险管理的有效性还有赖于制定比较合理有效的员工激励和约束机制。要建立一整套公开、透明、直接量化考核到个人的薪酬激励方法。比如在农业银行的一个客户经理的收入中，绩效薪酬应占主要部分，绩效薪酬要与贷款质量、清收不良贷款的规模等直接挂钩，上不封顶，按月考核。还应该在农业银行内部形成"资产质量风险一票否决"的传统，营造一种"自觉维护信贷资产质量安全"的氛围。这样，作为一个客户经理，他就会时刻把信贷质量控制作为自己的核心职责，注意搜集各种与企业运营和贷款回收相关的"软信息"，并对这些信息进行动态管理，时刻关注中小企业出现的新问题、新动向，从而最大限度地控制信贷风险。

农业银行基层网点的信贷风险控制中还要注重对客户的激励和约束机制的设计。对于优秀的客户，尤其是那些在农业产业化和农业现代化中起到积极作用、未来发展前景看好、当前绩效优良的中小企业，应该着意加以激励和扶持。这些激励措施主要有利率优惠、信贷额度适当增长、担保条件适当放宽、提供其他延伸金融服务等。总之，要为中小企业创造最好的信贷服务的环境，甚至为企业提供一些与信贷没有直接关系的延伸性的其他服务，这对于吸引优秀客户是非常重要的。对一些履约状况、资信状况良好的黄金客户来说，贷款应像取款一样方便。当然，激励的背后是对客户的严格约束。要进行紧密型的信贷监督，对于重点客户或有逾期苗头的客户，应该实施更严格的信贷审批，使信用观念深入人心。对于那些信用不好、逾期不还贷的客户，应制定信贷制裁手段和黑名单制度、信贷例外审批制度和上门驻讨等。实际上，这些方法，在一些民营银行那里已经形成一套行之有效的制度框架。

第五节 探索适应县域金融发展的 风险补偿机制

秦汉以来，县一直是国家政权体系的最基本单位，但县域经济发展引起广泛关注，则是自 20 世纪 80 年代起的事情。目前，我国共有 2000 多个县（含县级市），县域范围内居民数占全国总人口的 85% 以上，故而县域经济发展状况直接决定着我国绝大多数人口的就业和收入状况。不过，由于长期以来实施的城市和重化工业导向的发展战略，导致县域经济成为整个国民经济中十分薄弱的一环，没有焕发出应有的活力。未来，大力发展县域经济，离不开金融的支撑，近几年来，在国家政策的引导下，"金融下乡"步伐加快，县域经济发展的金融供需缺口有所缓和。

但是，由于县域经济仍然以第一产业为主，并且县域资金需求的主体是农户、小微企业、农业生产专业合作组织和个头偏小的农业产业化龙头企业，它们资金需求"短、小、频、急"，并缺乏必要的抵押和担保，使得有经营风险的金融机构在开展相应信贷业务时由于"风险大、成本高"的原因而难以实现商业可持续性。特别是作为农村金融服务标志性业务的农户贷款，由于小农经济生产更易遭受自然灾害的侵袭以及部分地区农民还存在"农户贷款等于国家救济"的错误认识等原因，正规金融机构在开展相关业务时困难重重。

县域经济发展的首要难题并非缺资金而是缺机制，只有设法调动地方政府和资金需求者等所有利益相关者的积极性，形成能最大化分担和补偿农村金融风险的机制，逐利性的金融机构才有服务县域经济发展的内在动力。实际上，国内外在这方面已有一些经验做法。

一、国内外经验借鉴

国外在建立县域风险补偿机制方面的经验可以归纳为三条渠道。

一是通过立法鼓励金融机构将资金投向小微企业和农业领域，并依靠政策倾斜保障金融机构利益。美国在 1977 年通过《社区再投资法》，要求金融机构将本地区吸收的存款按一定比例原地投放。同时，对于服务小微企业和农户的金融机构实行差别化准备金率，并允许其采用超过基准利率的水平吸收存款，来提高风险承受能力。

二是通过财政补贴、税收减免的方式对金融机构给予直接风险补偿。欧盟、美国、加拿大等发达国家普遍通过建立"共同农业政策基金"、"农业信贷基金"的方式，对提供涉农低息贷款的金融机构进行相应的利息补贴。

三是通过支持农业保险和担保机构的建立和运转而间接地对金融机构进行风险补偿。比如，日本政府要求对关系国计民生的农业领域进行强制保险，并对其保费给予补贴，同时，通过建立全国性农业信用保险协会的方式，分担金融机构涉农贷款的风险。美国的农作物保险则覆盖到了 100 多个品种，当农作物总收入较低或发生灾害时，政府将保险补贴直接发放给农场主，从而为金融机构发放贷款提供保障。

就我国来看，一些地区也在积极尝试建立以财政为主导的县域风险补偿机制。例如，重庆市针对"三权"抵押融资，建立了 7 亿元的贷款风险补偿基金，当农民还贷出现困难时，基金将承担 35% 的风险损失。浙江省和江西省也依托财政资金建立了农业贷款风险补偿基金，并按照"专款专用、结余留成、滚动使用、超支不补"的原则，为金融机构的涉农贷款提供风险担保。目前，这些措施对促进农业资金还原农业，城市资金回流农村起到了积极作用。

综上分析，从世界范围来看，通过构建风险补偿机制激励金融机构向弱势人群、贫困地区开展服务已经取得了显著的成效并得到广泛认可。在我国，县域风险补偿机制也有积极探索，但尚没有大范围推广。因此，为了更好地促进我国县域经济发展，破解农村地区融资难题，结合国内外经验，从全局视角建立和完善符合我国国情的县域风险补偿机制既有必要也有意义。

二、县域风险补偿机制对策

第一，构建可持续的风险补偿来源扩充机制。一方面，应该建立专项基金作为风险补偿的资金来源。国家财政可以按比例预留资金或者通过发行专项债券的方式来为农业发展基金筹资，专门用于对县域金融机构的信贷风险损失进行补偿。另一方面，通过制定相关法律来确保县域金融机构吸纳的资金能更多地被运用在本地区发展上。中央银行可以发挥资金储备和调节的功能，合理分配不同县区的资金资源；而监管部门则应对服务县域的金融机构实行差异化的监管措施。此外，政府部门还应积极引导社会资源建立商业性投资基金，为县域发展的资金来源和风险分担创新渠道。

第二，建立普惠性的财政补贴机制。对于受到自然灾害或市场异常波动影响而导致的县域贷款不良及损失，在建立相应的核销机制的基础上，中央和地方财政应该给予金融机构更多的风险补贴。对于通过低息贷款积极支持县域发展的金融机构，各级财政应通过贴息以及减免税收等方式给予鼓励。而对于金融机构发放的涉及县域基础设施建设和公共事业方面的贷款，财政资金则应进一步扩大担保的力度和范围。当然，让欠发达县区建立普惠性的补贴机制困难较大，这就要求中央财政统筹全局并承担更多责任，通过转移支付等方式提高欠发达县域的支持和服务能力。

第三，借助政府财力或权威完善保险机制以补偿信贷风险。首先，政府宜通过发行金融债或者直接利用财政资金的方式组建政策性保险机构，在县域相关主体出现贷款违约时按照一定比例偿付银行资金。其次，政府宜出台优惠的财税政策以引导商业保险机构开展农业保险并扩大保险品种，从而间接地对涉农信贷出现风险时进行补偿。再次，地方政府还应做好一些宣传活动，以降低农业保险推动成本。例如，利用相关媒体加大保险知识宣传，提高农民和小微企业参与积极性，并对投保人进行保费补贴。

第四，各利益相关主体合力构建灵活的担保机制。缺乏必要担保往往是县域资金需求者面临的一大困惑，而必要的担保又是追逐利润的金融机构所看重的。为解决这一矛盾，一方面地方政府应以财政资金牵头并发动当地龙头企业和农业大户出资的方式，构建农业贷款担保公司或中心，另一方面，则应利用财税手段或专业知识，引导具有比较优势的产业组建专业性的行业担保公司，为本行业的信贷需求者进行担保。可以看出，两类担保公司的发展，都离不开地方政府财税手段的支持，而这对银行信贷风险而言恰是一种补偿。

第六节　小结

通过本节的分析，可以发现，提高县域支行竞争力短期靠制度、靠政策、靠资源，长期来看，主要靠软实力、靠文化、靠差异化竞争能力。而对于风险问题，本节尝试对大型商业银行如何控制农村金融风险，勾画出了一个基本轮廓。但是，农村金融风险管控是一个十分复杂的问题，这主要是因为农村金融服务需求者的公司治理水平、财务透明度和抵质押品的质量都较差，现代金融风险管控技术得以发挥作用的基础并不存在，因此要破解风险难题，惟有创新一条路可以走。从实践来看，要控制好农村金融风险，必须把脚放到田间地头，让产品更符合农民的要求，让服务更接地气，让制度更加灵活和精细，而且还要动员各种可能利用的资源参与进来，形成服务合力，为降低农村金融市场信息不对称程度进而控制风险水平，提供更多保障。

第八章

锻铸优秀上市银行：品牌建设、战略转型与要素对接

本章重点谈谈农村金融机构特别是农业银行，如何通过服务创新，锻铸成一家优秀上市银行。

第一节　品牌建设的内涵与层次

创新的一个重要方面是打造服务品牌。近年来，我国农村金融体系有了显著的变化。从存量来讲，农信社的制度变迁迅猛推进，邮储银行和农业银行等大型农村金融机构的面貌也焕然一新，其支农力度也在不断加强。从增量来讲，近几年农村金融"大家族"中又增添了小额信贷公司、村镇银行、农民资金互助组织等"新面孔"。我们曾将农村金融机构多元化发展的今天称之为"战国时代"。

战国时代诸侯纷争，靠的是实力；同样的，农村金融机构之间的竞争最终也要靠实力说话：要搞好存款业务、贷款业务，要努力进行金融创新，要控制好风险保证资产质量等等。因此，谈到农村金融机构的品牌建设与文化建设，很多农村金融机构管理者都心存疑惑和不解，他们认为品牌建设与文化建设是"华而不实的花拳绣腿"，农村金融机构只要干好业务就行了；还有些人认为品牌建设与文化建设是花旗或是汇丰这些银行业的"巨头"玩的东西，小小的农村金融机构没有必要去搞。

这些理解上的误区，极大地妨碍了农村金融机构的品牌建设与文化建设，从而直接导致农村金融机构缺乏品牌感召力，缺乏公众认知度与美誉度；农村金融机构在公众心目中没有形成清晰而良好的品牌形象，从而使得农村金融机构的对外影响力、客户忠诚度、市场拓展能力等受到极大影响。即使农村金融机构在业务拓展方面兢兢业业，但是由于其品牌形象无力，社会认可度欠佳，在与其他商业银行的竞争当中仍然面临天然劣势。因此农村金融机构的管理者们必须尽快走出在品牌建设上的认识误区，要认识到品牌建设在企业发展中的"四两拨千斤"的作用，认识到品牌建设的巨大溢出效应，更要认识到品牌建设对农村金融机构内部制度建设与经营管理的促进与引领作用。

品牌建设的初级层次是企业形象系统的构建。农村金融机构大部分没有自己的企业标识，或者企业标识千篇一律，难以形成有区分度的、清晰的企业识别系统。现在全国农信社系统都在用原来的延用数十年的信用合作标识，全国雷同使得本来各自独立的省级法人、县级法人之间没有任何区别，妨碍客户对各地农信社的认知。现在已经改制为农商行的北京、重庆、上海等地，已经有了自己的标识系统，这是可喜的现象。外部的企业形象还包括建筑、服装等外在标识系统的构建，在这些方面，凡是优秀的金融机构都煞费苦心，努力铸造出有自身特色的、能够给社会公众以深刻印象的外部形象。

品牌建设的高级层次是企业文化与企业价值观的构建。我国农村金融机构的企业文化建设尚大多处于幼稚阶段，很多农村金融机构将企业文化建设等同于文体活动，也有很多农村金融机构以为企业文化就是挂在墙上的各种规章制度与守则。另外，农村金融机构的文化建设常常因领导人而设，领导人一换则企业文化也随之变换，因此企业文化变得毫无稳定性可言，"朝令夕改"，令人眼花缭乱，内部职工都困惑不堪，遑论社会公众？

农村金融机构应该根据自己的当前状况、当地文化特点以及未来发展前景，制订具有长远眼光的企业愿景（发展战略），确立具有前瞻性与稳定性的企业价值观（企业哲学），并以此二者为指导，制定出相应的农村金融机构信用理念、服务理念、创新理念、人才管理理念、风险理念和社会责任理念等等。所有这些理念（或是哲学）都应该具有较强的稳定性，用语简洁，高度浓缩，内涵丰富，易于记诵，而切戒用语繁琐，过于佶屈聱牙或故弄玄虚。同时，这些企业文化理念又要力戒空谈，要最终将其落实在科学、严密的制度建设与业务流程之中。这样的企业文化，就可以

"以虚御实"，真正起到对外形象塑造、对内强化管理的作用，不会沦为墙上的标语与电视上的广告。

在农村金融机构的品牌建设与文化建设中，我们一直强调"参与式文化构建法"，这一点已经在《农村金融机构管理》一书中有系统阐述①。所谓"参与式文化构建法"，就是强调企业文化构建一定不是由专家或企业领袖拍脑袋拍出来的，而是要经过企业领袖、企业各级管理者、员工等共同讨论、酝酿、互相激发而形成的，专家在其中只起到进一步归纳、概括、提升、凝练的作用。农村金融机构的品牌建设与文化建设就成为全体员工共同的思想结晶，共同的作品，这样的企业文化才会得到员工的高度认同，才会更鲜活，更有生命力。

▌第二节　公司治理结构变革和战略优势定位

2010年7月15日，农业银行成功上市，此后农业银行提出了"打造优秀大型上市银行"的未来目标。农业银行上市是我国银行业改革历程中一个标志性的里程碑事件：第一，农业银行的成功上市意味着中国国有商业银行股份制改革的彻底完成，被称为中国国有银行股份制改革的"收官之作"，这是中国金融改革的一个重大事件；第二，农业银行的上市意味着中国国有银行的法人治理结构和股权结构发生根本性变化，意味着所有国有独资商业银行已经彻底转型为公众银行，其性质发生了根本性的变化；第三，从农业银行自身的发展战略来说，农业银行的成功上市标志着发展与转型迈上了崭新的台阶，农业银行将在国际化战略和打造世界一流上市银行中迈出新的步伐，其经营管理模式和企业文化建设也将出现新的变化；第四，农业银行的成功上市必将对中国农业的发展与转型提供新的

---

① 王曙光、乔郁等：《农村金融机构管理》，中国金融出版社2006年版。

契机，对县域经济的发展提供新的契机，因此必将为中国"三农"问题的解决提供巨大的推动力。

农业银行高层在 2010 年 7 月 15 日 A 股上市仪式上表示，农业银行上市标志着农业银行全新时代的开始，农业银行将以此为新的起点，继续深化改革，全面完善公司治理，加快业务经营和综合化的发展步伐，开拓城市和县域经营服务，提升价值创造能力，努力把农业银行打造成具有高成长性和独特竞争力的优秀的上市银行，为社会各界提供更加优质的金融服务，为投资者和广大客户创造丰富的回报。这番讲话高度概括了农业银行未来的发展蓝图和战略。其中有三个要点必须注意：第一，农业银行上市后应"深化改革，完善公司治理"，这是上市的宗旨与初衷所在。只有完善农业银行的法人治理结构，才能建立起激励和约束机制，才能实现农业银行的长远发展，上市的目的不是圈钱，而是实现更好的法人治理，实现农业银行的经营转型。第二，要"开拓城市和县域经营服务"，这是农业银行未来的竞争优势所在，是农业银行既定的"蓝海战略"。农业银行未来的比较优势在县域，农业银行在县域有丰富完备的网点建设，有充分的人力资源储备，有良好稳定的客户资源，有历史悠久的县域金融企业文化基础，因此具有竞争实力。第三，农业银行应具有"高成长性和独特竞争力"，要为股东"创造高回报"，这是农业银行的最终目标。伴随着中国经济尤其是县域经济的高速成长，伴随着中国农业的快速转型和农村迅猛发展，农业银行必将具有稳健的成长潜力，它的独特竞争力来自于它的战略定位和市场比较优势。

打造优秀大型上市银行，农业银行面临诸如更加激烈的市场竞争、更加挑剔的评判标准、更加严格的监管要求、更大的社会形象与企业社会责任压力。对于一个上市公司而言，它必然面临更严格的信息披露标准，社会公众包括股东必然对它的业绩有更密切的关注和更高的期许，其市场定位、经营管理效率、内部治理有效性、企业社会责任履行状况等，也会受到更大的社会关注。"打造优秀大型上市银行"，意味着农业银行作为上市的公众公司要接受公众（尤其是投资者）的检验，而不仅仅为国家服务，为政府的目标服务，而要更多地考虑到股东利益，考虑公众利益，考虑社会相关利益者的感受。这个目标的提出，使得农业银行的员工和管理层都深刻认识到，农业银行上市绝非意味着农业银行可以轻易地到资本市场"圈钱"，得到"免费的午餐"，而恰恰意味着农业银行因其上市成为公众公司而面临更大的社会压力和挑战，其作为公众公司的社会责任也将更加凸显。

"优秀大型上市银行"有以下几个标准：第一，必须有比较好的资产质量，其不良贷款率应该控制在相当低的水平。比如国际上的一些优秀银行，如花旗银行、汇丰银行等，其不良贷款率都比较低，可见资产质量是优秀大型上市银行的核心标准之一。第二，优秀大型上市银行应该有比较完善的风险管理体系和较强的风险抵御能力，能够切实防范各种类型的金融风险，从而切实保障银行自身的运行安全与资产质量，保障银行有比较好的安全性、流动性与收益性。第三，优秀大型上市银行应该有比较规范完善的公司治理结构，在银行的法人治理中，董事会、监事会、股东大会、管理层等各司其职，能够形成较好的激励和约束机制，为银行的运行提供制度保障。第四，优秀大型上市银行必须有自己独特的企业文化，可以在社会公众与股东中建立独特的、富有吸引力与感召力的社会形象，从而形成银行自身的文化软实力。第五，优秀大型上市银行应该具备独特的竞争优势，应该有较好的金融创新能力，应该有自己独特的运营模式和盈利模式，从而可以保障银行的可持续发展，使银行具有其他银行不具备的比较优势。第六，优秀大型上市银行还必须有很强的国际竞争力，有较强的文化适应性和国际市场渗透力，能够在国际银行市场中占据一定的竞争优势，促进银行业务的国际化。第七，优秀大型上市银行还应具备优秀的富于创新能力的员工、富有社会责任感且有国际眼光的卓越基层管理者，以及富有感召力和凝聚力的高瞻远瞩的银行领袖与金融家。农业银行要成为优秀大型上市银行，必须在以上七个方面切实努力。

第三节　重视战略转型、盈利模式转变与去行政化

农业银行上市意味着农业银行不再是一个以自我意志和政府意志为核心的银行，而成为一个首要以股东意志和股东利益为核心的银行，上市意味着股东利益最大化，这是上市公司的题中应有之义。上市银行当然要关注社会责任和所有利益相关者，但是所有这些关注都要最终为股东创造价值，其落脚点仍在于持续提升上市银行的股东回报，以使得上市银行可以在资本市场上表现出持续增长的业绩并获得投资者的认可。要达到这个目标，农业银行要在发展战略转型、信息披露、盈利模式、风险管理和内控、去行政化、提升员工素质等方面做足功夫。

第一，农业银行确实需要在发展战略上来一个彻底的转型。首先，在理念上，要在全体管理层和员工中树立"一切行为都要为公司创造正价值"的核心理念。所谓"正价值"，就是要求上市银行的所有经营行为都要有利于创造新的价值增长点，都要有利于降低上市银行的风险成本和运营成本，都要有利于为上市银行提升社会美誉度和公众认可度。其次，在运行机制设计和绩效考核上，农业银行要更关注运行的质量而不是规模和数量的简单扩张，要在考核指标上更关注效益指标和风险指标，而不仅仅看员工完成多少量化的工作。举例来说，农业银行近年来为了回归县域"三农"市场，以极快的速度推行"惠农卡"，这对于农业银行"三农"战略的实施和成功上市是非常必要的，但是在实施过程中也存在着为了快速发放"惠农卡"而盲目追求速度忽视发卡质量的问题。基层农业银行为了在短时间内完成总行下达的发卡任务，势必不可能对农户的信用情况进行比较彻底、比较从容和比较全面的考察，这种做法一方面使很多经过授信的"惠农卡"成为无效卡或者休眠卡，另一方面也容易使基于"惠农

卡"的农户信贷风险增加。将来有必要对这些"惠农卡"的授信情况、农户资产情况和经营情况进行详细的复查，要重视发卡的质量，对那些过度发放的无效卡进行清理。最后，为了实现农业银行在上市后的发展模式转型，农业银行要彻底改革内部决策机制，要使得各种决策更科学更合理，更加注重公司价值的提升和股东利益的关注度，杜绝那些仅仅为了扩张规模而有损农业银行整体效益或对农业银行的未来发展造成潜在威胁的经营决策行为。发展模式的转变关键在于决策者行为方式的转变，决策者行为模式变化了，整个公司的理念也就发生了变化，其运行机制和考核机制也就随之转变。

第二，农业银行需要以主动的姿态做好信息披露，在社会公众和投资者中展示一个负责任的上市公司的形象。世界各国对上市公司都有强制性的信息披露要求，在很多国家甚至在上市公司法律中详尽规定了投资者、社会公众、中介机构、媒体以及政府相关部门对上市公司的信息索求权利。一家银行一旦上市，就成为公众公司，就要承担信息披露义务，就有必要将影响投资者和社会公众利益的所有信息公之于众。我国的上市公司信息披露制度日益完善，对上市公司的压力也越来越大。农业银行的信息披露，除了必须完成银监会和证监会所要求的信息披露义务之外，还应通过其他方式做好信息披露工作，使公众和投资者了解农业银行的经营业绩、创新和所尽的社会责任。定期召开由媒体、业界专家和社会中介机构参与的信息公布会议是非常必要的，这样不仅可以满足社会公众的信息索求，也可以从积极的方面主动在社会公众和投资者中建立良好的社会声誉和社会认同，有利于农业银行处理好与所有相关利益者的关系。农业银行要定期发布自己的《企业社会责任报告》，把自己服务"三农"、服务县域经济、配合国家战略的举措加以公布。把被动的消极的信息披露义务变成主动的积极的信息发布与对外宣传，这是一个高明的上市公司的行为方式。

第三，农业银行要建立有效的盈利模式，其核心在于找准自己的比较优势，并按照自己的比较优势确定自己的发展战略，设计自己的金融产品。农业银行在城乡均有比较完善的网络，在大中城市和县域与同业比起来均有较强的竞争力。但是相对而言，农业银行与其他大型商业银行比较起来，其比较优势在县域。这个定位是很清楚的，也是很有远见的。首先要清楚自己能够做什么，要对自己的客户和产品进行精准定位。我们认为，农业银行在县域蓝海市场的客户群体定位应集中于那些有较高盈利能力、财务状况良好、有规模效应的大中型企业和成长潜力较大的微型企业，在扶持农业方面，也要集中于那些农业龙头企业、农业大型基础设施以及大型农民合作组织。农业银行与这些具有一定规模效应的企业有比较良好的长期业务关系，信息比较对称，风险相对较小，能够成为农业银行增强可持续的价值创造力的可靠抓手。同时，农业银行在拓展业务的过程中，要注重专业性，要以自己的专业化服务确定自己在某些行业的绝对优势地位，根据当地的产业形态、产业发展特征和客户需求来灵活设计金融产品，如此才能创造自己独特的、别人不能超越的竞争优势。盈利模式的创造没有什么秘诀，关键是对当地的产业格局和产业发展有足够深刻的认识，对客户的产品需求有足够细致的了解与把握。基于对客户需求的深刻把握，农业银行应该着力在客户服务链条的拓展与深化上下功夫，把一些优质客户永久性地牢牢抓在自己手中，为他们提供全方位的无微不至的服务。客观说来，农业银行的很多经营管理活动以往做得还不够细致，对客户的服务还不够到位，这是导致客户流失的重要原因之一。创造有吸引力的盈利模式，说到底，是要创造有吸引力的服务。服务不好，盈利何来？

第四，风险管理和内控是银行的生命线。在银行经营管理流程的各个环节，都有可能产生风险。具体到农业银行，比较重要的风险有四个，即政策风险、决策风险、信用风险和操作风险。农业银行面临的政策性风险主要由中央监管部门的政策所引致，农业银行高层要密切关注来自监管部门和中央决策部门的政策走向，尽量避免这些政策的变动给农业银行运营带来的不确定性。决策风险来自于农业银行的高层决策者，每一个战略性的决策都要慎之又慎，尤其是在农业银行转制的初期，内部治理和约束机制尚未完善的情况下，高层决策的科学化、决策程序的合理化和公开化对于农业银行规避决策风险非常重要。信用风险的防范主要依赖于农业银行信用评估、信用甄别、信用记录更新、授信等方面的工作能力的提升，以及完善相应的抵押、质押、担保和保险机制的完善。操作风险的降低，其核心在于在员工中渗入"合规"理念，使管理者和员工的每一个操作和管理活动都符合农业银行的合规性要求，并在员工中植入"合规创造价值"的企业哲学。农业银行的基层管理者和员工，由于大多工作在县域，其管理素质和操作能力还有待提高，不合规行为发生的概率较高，因此在员工中倡导合规文化是非常必要的，也是加强内控降低风险的重要一环。强调合规，还要保持对大案要案的高压态势，绝对控制严重不合规的情况发生，避免巨大的操作风险的发生。应采取重点案例研讨的形式，对员工和管理层进行合规文化教育。

第五，农业银行在一定程度上要强调"去行政化"。作为一个主要以国家作为核心投资主体的上市银行，要做到彻底的"去行政化"是很难的。像其他的大型国有商业银行一样，农业银行在运行过程中带有一定的行政色彩，在现有的产权结构、政治制度体系和法律环境下是不可避免的，属于正常现象。但是过度的行政化对农业银行是不利的。上市之后，农业银行已经成为一个公众公司，它主要为股东负责，为股东利益最大化服务，这是毫无疑义的，因此在一定程度上强调"去行政化"，也是题中应有之义。要实现"去行政化"，首先要完善内部治理结构，尤其是要加强董事会的作用和董事会活动的规范化，以促进重大决策的科学化，而不是仅仅听从政府的行政指令。股东大会的重要性应该被强调，股东要有对重大决策的话语权，要有对管理层决策的有效制约，避免出现"内部人控制"局面。要特别重视独立董事的作用，发挥经济学家、审计专家和媒体公众人物的作用，对农业银行大政方针的决策进行监督和指导。在部门职能设计和员工岗位设计以及企业科层划分上，要尽可能去掉政府的色彩，避免管理者把自己当成一个"某一级别的官员"，而是把自己看成一个"企业人"。

第六，提升员工素质是农业银行打造核心竞争力的长远之策。人才队伍建设无外乎从人员招聘、人员培训和人才升迁激励这三个方面入手。从人员招聘方面来说，农业银行要提供具有吸引力的发展环境、发展平台和薪酬激励，吸引优秀的金融人才。在人才聘用中要避免任人唯亲，要注重人才聘用中的透明性、公平性和公开性，这在县域及以下分支机构的招聘工作中尤其值得强调。从人员培训这方面来说，农业银行应该下大气力对基层员工和管理者进行岗位培训，应有步骤、有组织和有计划地对全部员工和管理者进行现代金融知识培训、合规操作培训、风险管理能力培训、企业文化培训，使员工在持续不断的培训中获得较高的工作素质。要打造学习型组织和团队，运用部门内部讨论、专家授课、员工职位轮转培训等多种模式，不断提高员工的业务素质和工作能力。在人才升迁激励方面，要制定合理的人力资源升迁标准和绩效考核方案，应给员工创造一个公平的竞争氛围，打造一个有吸引力的竞争舞台，使每一个人才都能得到正的激励，在竞争中潜移默化地提升员工素质。应有秩序地组织基层员工到更高一级分行或总行参加更高层次的业务培训和实习，使其对最新的金融业务与理念有所了解。应有秩序地组织高一级分行或总行的管理者到基层分支机构挂职锻炼，使其对基层的经营管理模式有更深入的了解，有利于高层决策和管理的进一步科学化，也有利于不同层级的分支机构之间的人才流动与信息沟通。

第四节　参与村镇银行组建具有重要战略意义

村镇银行作为新型的农村金融机构，是新一轮适应农村经济发展与农村金融改革的产物。村镇银行的成立具有重要的历史性意义，对农村地区来说，它是以服务"三农"，促进农村经济发展为宗旨的，它的经营模式是通过农村的局部资金流来盘活农村的金融，解决农村地区农户和中小企业贷款难的问题，提高边远地区的金融服务水平，是建设社会主义新农村系统工程的重要组成部分；对大型商业银行来说，是实现业务转型的有力依托和未来重要的利润增长点，是大型商业银行积极稳妥进入农村金融领域，将发展农村金融业务作为业务结构调整和战略转型的重要载体。

近几年，我国不断深入农村金融改革。连续数年的中央"一号文件"都提出鼓励农村金融改革，建立现代金融制度。银监会按照商业可持续原则，适度调整和放宽农村地区银行业金融机构准入政策，降低准入门槛，强化监管约束，加大政策支持。2006年底和2007年初银监会发布文件，将吉林、四川、青海、湖北、甘肃、内蒙古六个省区作为首批新型银行业金融机构试点地区。2007年3月1日，四川仪陇惠民村镇银行的开业拉开了新型农村金融机构的大幕。2007年10月，银监会宣布在31个省市全面推行农村新型银行业金融机构试点，村镇银行如雨后春笋般成立。截至2012年9月末，全国已组建新型农村金融机构858家，其中村镇银行799家，占比93.1%；农业银行已发起6家村镇银行，主要投向小微企业和农户，实现了"风险可控、利润可赚、发展可持续"的目标，特别是为拓宽支农渠道、探索服务"三农"新模式积累了宝贵经验。村镇银行的成立，提高了农村金融市场的竞争程度和运行效率，填补了一些地区农村金融服务空白，对促进提升农村金融服务水平发挥积极作用。

但是，由于村镇银行处于我国农村这个复杂多变的市场，其持续发展面临很多制约因素，在运行过程中表现出诸多不容忽视的问题。第一，市场定位存在偏差。定位"三农"、服务农村中小企业和县域经济是村镇银行的根本宗旨。但是，村镇银行是"自主经营、自负盈亏"的独立一级企业法人，实现利润最大化成为发起人或出资人的目标，而农民作为弱势群体，农业产业受自然气候条件和市场条件的影响巨大，部分村镇银行无意"高风险、高成本、低收益"的"三农"业务，会在利益的驱使下寻找新的符合自身发展的大客户或高端客户，逐步偏离服务"三农"的主要宗旨。第二，自身经营管理水平不高。首先，产品和业务创新能力不足。金融机构的业务种类虽然很多，但是缺少真正符合农村实际的产品，尤其是农村子女教育贷款、农村宅基地和住房使用权抵押贷款等信贷产品。而且服务手段不能充分满足客户需求，产品、服务流程的设计、信用评估、风险控制制度的实施等在一定程度上不能完全满足广大农户、中小企业和农村合作经济组织的实际需求。此外，业务经营模式单一，电子银行、外汇业务、投资理财和担保咨询等新型业务受各种条件限制，在村镇银行无法开办。其次，吸储难。村镇银行成立时间较短，相对大型金融机构，信誉积累相对薄弱，社会对其认可度不高。即使得到认可，由于农村受地域自然条件和开放程度的限制，农村收入水平较低，节余资金较少，农村中小企业的闲置的资金也非常有限，在客观上制约了村镇银行储蓄存款余额的增长。再次，缺乏一支专业的人才队伍。高素质的人才队伍是银行获得成功的一个重要前提。由于村镇银行刚起步，设立在比较偏或经济不发达地区，并且在社会认知度上不足，在人才的吸纳上存在严重的困难，在这一点上远远落后于大型商业银行。最后，银保与银担合作有待加强。涉农信贷与涉农保险是保障农业生产、促进农村经济可持续增长的重要基石，只有两者"双剑合璧"才能更好地为"三农"服务。截至 2010 年底，担保机构为中小企业提供的融资性担保贷款余额 6894 亿元，较上年增长69.9%，为 14.2 万户中小企业提供了融资性担保。村镇银行仍处于成立初期，与涉农保险公司的合作道路刚刚开始，有待进一步拓宽。

第三，配套制度不完善。一方面缺乏农业保险。农业保险是商品经济发展到一定阶段的产物。但是，目前农业保险仍然停留在成本较高的商业保险领域，政策性保险还没有完全开展起来，再加上我国约 7 亿农民的庞大数量，已覆盖的农户只是其中较少部分，导致村镇银行面临的市场风险进一步加大。因此，农业保险的发展依然任重而道远。另一方面，存款保险制度存在缺陷。长期以来，我国没有专门的法律明确对存款权益的具体保障，也没有建立存款保障基金或存款保险机构，更没有明确规定金融机构是否受到保护。而村镇银行作为最弱小的一级法人银行，抗风险能力比大中型银行弱，出于谨慎的考虑，只有完善保护中小银行利益的显性存款保险制度进一步推出后，村镇银行才能实现更好的发展。

第四，金融监管难度较大，法律法规并不健全。由于村镇银行大多设在县域范围内，县域资源匮乏，而且经营管理方式多样化，业务范围复杂多样，导致监管机构对村镇银行的监管半径需要不断扩大，有效监管面临巨大挑战。此外，目前我国对村镇银行的监管没有专门的法律法规，对镇级银行是否可在所辖村开设网点、存款准备金率与利率的执行标准、退出机制等重要问题，都没有明确规定。这已经成为村镇银行健康持续发展的一个障碍。

第五，外部服务环境欠佳。首先，政府的扶持力度不够。村镇银行尚属于新生事物，没有得到政府的精心呵护。虽然以立足农村、服务"三农"为其宗旨，但是支持其发展的财政扶持、税费减免、农贷贴息、支农再贷款等优惠政策不力或不明确。其次，村镇银行结算系统孤立，现代化科技手段缺乏，已成为制约其持续、快速、健康发展的瓶颈因素，亟待解决。最后，农村的信用环境不理想。长期以来，农村信用问题未被重视，信用体系建设滞后，主要表现为农户提供的信息不真实、农户信用档案信息系统不够完善等。

针对村镇银行发展面临的挑战，大银行如何办好村镇银行业务？需要做好以下几方面准备。

一是明确村镇银行的定位。大银行开办村镇银行不仅为了政策，更要在政策的支持下把握住农村发展的市场机遇，充分利用大银行先进成熟的制度、技术及网络，占领市场竞争的先机，让村镇银行真正成为新的利润增长点。因此，村镇银行的服务定位和宗旨是服务"三农"、中小企业、县域经济，实行"小额、分散"和商业可持续原则，既要坚持服务"三农"，支持社会主义新农村建设，又要坚持商业存在原则，达到资本保值升值的目的。

二是加大产品创新的力度。第一步，做好充分的市场调研。与县域经济的发展阶段和发展重点相结合，推出个性化产品，并厘清重点产品与辅助产品的关系，明确发展重点，实现对优势产业的全面介入、整体开发。第二步，加强与政府部门的合作，积极利用政府各项补贴，加强与保险公司合作，在担保方式的选择、支用方式、还款方式上既要考虑风险可控，也要考虑符合客户的需要，操作性强。第三步，深入挖掘产业链上的参与者。寻找风险有效控制手段，找到合适的市场切入点，在不断提高市场占有率、充分挖掘客户的潜力的同时，也能够较好防范信贷业务的风险。第四步，设计符合农村市场特点的产品。既要体现农村金融需求金额小、期限短、主体分散的特点，又要针对不同的生产季节性，针对不同的行业特点，提供个性化的产品。

三是统一管理和灵活经营策略相结合。首先，拥有独立的风险控制理念和风险控制体系。村镇银行出身于大银行，但其草根特色和目标定位决定其必须有独立的风险控制理念和体系，必须寻找自身与市场的结合点，实现风险控制与业务发展的有机结合，实现风险可控，盈利稳定。其次，完善的组织架构、统一的技术开发与资源的综合利用。村镇银行立足草根，技术力量薄弱，大型国有银行开办村镇银行可以弥补这一缺陷。可以通过其控股银行的统一管理，借助其专业的力量，设置专门的团队和模块，实现技术、人员、产品等灵活的配置能力。最后，灵活的经营管理。考虑到我国区域经济发展不平衡、差异大的特征，村镇银行的管理要保持灵活，大的方向上开展统一的分类目标制管理，在具体的风险控制手段上保留一级法人的决策权，使其更好地贴近当地市场，保持对市场的快速反应能力。

第五节　要素对接：农行服务"三农" 要构建五大合作机制[①]

2005 年以来，国家在农村金融领域相继出台了一系列政策，农村金融体制机制改革不断推进，农村金融制度建设不断完善，已经初步形成了大、中、小型农村金融机构共生，政策性、商业性和合作性金融并存的农村金融组织体系，农村信贷难问题得到了初步缓解。

在农村金融组织体系中，农业银行应该发挥骨干和支柱作用，这是由其雄厚的资本实力和广覆盖的网点优势决定的。但是，理论研究和实践经验都证实，大型商业银行直接服务农户和微小企业等小客户不具有比较优势，而通过与扎根乡土的微型金融机构（主要包括村镇银行、贷款公司、

---

① 王曙光、高连水："大型商业银行服务'三农'中的五大合作机制构想"，《农村金融研究》2011 年第 5 期，第 16～20 页。

资金互助组织、小额贷款公司和 NGO 小额组织等）进行合作，间接地开展农村金融服务，则被证明是有效的，国际上也有成功的案例可寻，如 ICICI 银行的间接贷款模式。

实现大型商业银行与微型金融机构的对接，既有利于发挥不同规模金融机构的比较优势，也有利于防范风险。防范风险是金融机构的永恒主题，农业、农民和农村的特殊性决定了金融机构服务"三农"的风险更大、难度更高。大型商业银行的特殊性决定了其开展农村金融工作更是难上加难。为了规避风险，既实现自身的可持续发展，又服务好"三农"，加强大型商业银行与其他机构或部门的合作十分必要。北京大学田野调查组的调查证明，建立大型商业银行与保险机构和担保机构的有效对接机制，以及加强与农民专业合作组织和地方政府的有效合作，都是确保低风险、高效率地服务好"三农"的重要举措。

一、银微对接

微型金融机构扎根乡土，了解乡土社会，在农村地区具有明显的信息优势，并且其组织架构和管理制度相对简单，服务"三农"的流程更为便捷和高效，这些都是微型金融机构较之农业银行在开展农村金融服务方面具有的天然比较优势。

微型金融机构近几年来得到较快发展，这主要归功于政府政策的适时推出。2006 年 12 月 21 日银监会发布了《关于调整放宽农村地区银行业金融机构准入政策，更好支持社会主义新农村建设的若干意见》，这被认为是具有开创性的政策。村镇银行、贷款公司和资金互助组织等新型金融机构借力政策支持，得以快速发展。截至 2012 年 9 月末，全国共组建新型农村金融机构 858 家，其中村镇银行占 799 家，可谓一枝独秀。已开业的金融机构发放的贷款中，超过 80% 用于"三农"和小企业，总体上较好地贯彻了新型农村金融机构当初的设立意图。在 799 家村镇银行中，中西部地区 481 家，占比达到 60%，机构设置充分考虑了地区之间的平衡发展。另外，截至 2012 年末，全国共设立小额贷款公司 6080 家，贷款余额达到 5921 亿元，2012 年前 11 个月，全国小贷公司新增贷款 1721 亿元，新增利润365亿元，初步实现了自身盈利与服务"三农"之间的有效契合。

可以说，微型金融机构的快速发展，具有必然性。从经济发展阶段来看，我国整体上进入了工业化后期时代。发达国家的经验已经证明，这个阶段经济发展的基本规律之一，就是进入了工业反哺农业、城市反哺农村、城乡经济协调发展的时期。国家在这个时期出台鼓励微型金融机构发展的政策，自下而上地培育新型农村金融机构，可以说是切中要害、恰逢其时。而具有特定比较优势的微型金融机构，也较好地贯彻了政策意图，在提高农村金融服务覆盖面、农村金融服务供给水平和农村金融市场竞争程度方面，发挥了积极作用。

但是，微型金融机构在发展中却面临诸多掣肘因素的困扰，其中，至为关键的是资金短缺问题。农业银行的重要优势恰在于资本雄厚、资金充裕。资金短缺的微型金融机构与资金充裕的农业银行之间便存在合作的可能性和必要性。不过，应该明确的是，这种大小机构合作的可能性和必要性远不是由资金规模大小互补这唯一的因素决定的，我们认为，至少还有以下几个原因。

第一，农业银行除了资金优势外，在机构管理水平、市场驾驭水平、技术研发水平和人才储备水平等方面，都具有明显优势，而这些恰是大多数微型金融机构欠缺的。第二，大小机构合作有利于满足多层次的金融服务需求。当前的农村金融服务需求可谓千差万别，对象（农户、小微企业、农业产业链、专业合作组织、涉农龙头企业等）、规模（从几百元到几十万、上百万元不等）、用途（生产性和消费性）、结构（行业结构和地区结构）、种类（存款、贷款、汇款、理财、投融资策划，等等）均不同，需要多层次的农村金融组织之间开展创新性的优化组合和合作予以满足。第三，大小金融机构合作具有国际成功经验可寻，如 ICICI 银行。ICICI 银行开展农村金融服务有直接模式，如通过并购马德拉银行、开设分支机构和借助 ATM 机等电子化机具直接服务涉农客户，但更具特色的是其间接服务模式，也就是通过制度创新，有效开展与当地微型金融机构的合作（还包括与小业主的店铺和农村信息站的合作），间接地服务好涉农客户。

建设好农业银行与微型金融机构的合作机制，需要模式创新。在现有的合作实践中，最常见的模式有两种：其一是农业银行通过发起设立村镇银行或者贷款公司的形式，直接设立微型金融机构；其二是农业银行对微型金融机构进行批发贷款，以支持其可持续地服务"三农"。

但是这两种合作模式仍然存在明显的创新不足。就第一种合作模式来看，大型商业银行的积极性并不高。以村镇银行的组建为例，大部分是由城商行、农商行和农村信用合作社等地方性中小银行发起设立的，尽管截至 2012 年农业银行已经建立 6 家村镇银行，但是大型商业银行则基于成本和风险等因素的考虑，并不能清晰地分辨出新组建一家村镇银行到底是否优于新开设一家分支机构，故而表现出来的态度并不主动。牵头组建贷款公司的银行就更少了，这主要是因为贷款公司被定位于"专门为县域农民、农业和农村经济发展提供贷款服务的非银行金融机构"，也就是说，贷款公司不像村镇银行那样将来有可能发展成商业银行，它不具有银行业性质，所以更激发不了银行发起设立的兴趣。就第二种合作模式来看，则基本处于局部试验阶段，尚没有大规模有效推进。就小额贷款公司而言，截至 2010 年底数目已达 2451 家，比上年末增加 1280 家，数量增长迅猛。但是，《中国农村金融服务报告（2010）》的数据却显示，从资金来源看，小额贷款公司 78.6% 的资金属于自有资金，外源融资很少。

我们认为，未来，在农业银行与微型金融机构的合作方面，起码应该做好两项工作：一是深入创新既有的合作模式，二是努力论证探索新型合作模式。虽然目前已组建成或正在组建的村镇银行、贷款公司和资金互助组织有 509 家，但较之我国地域广阔的农村，可谓杯水车薪、作用微弱，即使按照银监会的规划，2011 年底数目达到 1300 多家，平均下来仍然是一个县不到一家，示范性的色彩十分明显。故此，建议未来加大新型农村金融机构的建立力度，出台鼓励支持政策提高大型商业银行参与组建的积极性，同时降低准入门槛，鼓励小额贷款公司的规范发展，为大小金融机构合作拓宽基础。而在批发贷款方面要深入开展下去，一方面需要政府加大农村金融生态环境建设，打消大型商业银行对于风险不可控问题的疑虑，另一方面微型金融机构要理顺管理机制，尽快找到明晰的盈利模式，为开展大小机构合作提供积极的正向预期。

除此之外，应该结合各地实际，积极探索新的合作模式，改变既有的合作方式单一的局面。例如，可以利用农业银行在产品研发方面的优势，寻求既有的微型金融机构进行产品代理，这样一方面解决了大机构的产品营销问题，另一方面通过赚取代理费也部分缓解了小机构的资金来源不足问题。大机构还可以在帮助筹建农民资金互助组织方面提供必要的咨询和技术支持，以拓宽彼此合作的领域。

二、银保对接

国际经验证明，提供保险服务是农村金融市场的重要功能之一，在分业经营的监管制度背景下，保险服务将主要由保险类金融机构提供，所以，发展"三农"保险是发展农村金融市场和完善农村金融服务体系的内在要求，也是保障农民生产、生活以及推动工业反哺农业的重要配套举措。

从2004年到2013年，中央连续出台的10个一号文件中，都对"三农"保险工作予以部署，保监会也积极配合国务院法制办，启动了《农业保险条例》起草工作，中国人保和中国人寿等几家大型保险公司则制定了发展"三农"保险的规划，可以说无论从政府部门的重视程度看还是从保险公司的实践来看，"三农"保险服务都取得了一定的进展。但是，目前在我国的农村金融市场中，金融服务的供给主体仍以银行业金融机构为主，我们总体的判断是，保险机构在农村金融市场的参与程度仍然十分薄弱。

在农村金融市场中，保险金融服务供给明显不足的主要原因在于，开展"三农"保险很难实现保险公司自身的财务可持续性，这是由农业的弱质性决定的。从国际经验看，即使在美国、欧盟和日本等发达经济体中，如何实现农业保险机构的可持续发展，都是最具挑战性的工作之一。于是，设法实现保险公司服务"三农"的可持续发展，成为政策制定的主要着力点。综观既有的研究和实践经验，具体的思路大致有四种：一是加大政府对于保险机构的资金支持力度，这也是国际通行做法，但是这种做法的缺点是可能无法从根本上消除保险机构对于农村市场的风险担忧；二是加大建设财政支持下的"三农"保险再保险机制和巨灾风险分散机制，这将有利于从根本上保证保险机构的财务可持续性；三是设法开发适销对路、品种多样的农村保险产品，切实重视满足农村地区的有效保险服务需求；四是树立系统论观点，有效整合支农资源，特别是实现农业保险与农业信贷的有机整合，发挥政策的服务合力作用。

实现农业保险与农业信贷的有机整合，简单说就是建立保险类金融机构与银行类金融机构之间的合作机制，这十分必要。主要是因为，农村经济社会的发展特征决定了农村金融服务的开展是个十分复杂的系统工程，不同的金融服务供给主体都是"你中有我、我中有你"的交叉关系，所有的支农资源只有彼此合作才是最优策略。银行机构特别是农业银行，在农村地区具有较高的品牌认可度，与这些机构开展合作无疑能够降低保险公司进入农村市场的成本。研究证实，相当比例的农民特别是欠发达地区的农民，对保险产品知之甚少，甚至很多人从来没听说过，而农业银行却恰恰具有品牌认可度这方面的互补优势，开展双方的合作便是情理之中。

当然，农业银行要开展服务"三农"的工作，也离不开保险机构给予的支持。例如，北京大学田野调查组的调查证明，很多金融机构开展涉农贷款时，对该产业的保险状况和农民是否参保等情况十分敏感，有的贷款机构则在听说相关险种开办之后，明确提出入保的客户较之未入保的将优先获取贷款。另外，开展银保合作，共同服务好"三农"也是一条成功的国际经验。例如，美国、法国、德国、日本、荷兰等发达国家均建立了适合本国农业发展特点的保险体系，并注重设法实现与银行的有效对接。

农业银行与"三农"保险机构的合作机制建设，可以考虑从以下几个方面加强：一是农业银行要借助自己在农村地区的品牌优势，协助保险机构加大"三农"保险的宣传力度，尽量压低"三农"保险走进农村地区的成本。二是建立银保合作的长效机制，而非是银行网点简单地代理"三农"保险产品。这种长效合作机制的重要特征是银行网点与保险公司建立"一对一"的长期伙伴关系，为农民提供更加高效的金融保险服务。三是建立银行存贷款保险机制，存款保险机制的重要功效在于激励银行更加高效地开展农村金融服务，贷款保险机制的重要作用则在于减低涉农贷款的风险。四是保险公司充分利用好银行布设在农村的电子机具，实现农民理赔的便捷服务。例如，农行陕西分行开展了金融服务村村通工程，农民可以通过惠农卡，借助农业银行安装在村上的"支付通"即小额支付转账电话，方便地将新农保的钱领到手。另外，部分省市已经实现了通过农村直补"一卡通"、银行卡转账等方式，将保险机构的赔款直接支付到农户手中。这些保险机构借助银行的电子渠道服务"三农"的合作创新，既方便了农民，也有效防范了因中间环节过多而可能出现的养老金或者赔款被挪用或侵占等现象。

三、银担对接

总体来说，对于农户一般的小额短期贷款需求，通过小额信贷等方式，基本能得到满足。现在农村地区普遍存在的贷款难问题，主要指的是一些大额和长期的贷款需求，这既需要探索扩大农村地区的有效担保抵押物品范围，又需要加快农村担保体系建设。农村担保体系大致包括担保机构（公司或中心）、担保基金以及保险公司等要件。农业担保机构的出现是市场经济发展内生出的制度安排。理论上讲，农业担保机构的主要作用在于，借助自身的专业化行为降低信息搜集费用，并利用自身为多方主体担保而分散风险，从而对金融服务的推进起到积极作用，成为搭建在客户和金融机构之间的桥梁。可以看出，农业担保机构要可持续地服务"三农"，起码要满足两点条件，一是资本金规模足够大以实现规模经济，二是有效地规避风险。

实际上，我国现有的担保机构提供的服务很难说是可持续的，存在诸多问题。例如，担保机构资本金规模偏小并且资本扩充机制运转不通畅，风险损失补偿机制还有待进一步完善，担保机构中普遍缺乏足够数量的、能够相对准确地分析企业和产业运转特征的专业担保人才，这些因素既限制了担保业务的大规模开展，也不利于风险防范。

能否探寻出有效的风险防范机制，是担保机构特别是农村担保机构能否可持续开展担保业务的关键。综观现有的做法，大致有以下几种渠道：一是引入保险公司，通过对担保机构进行保险来防范风险。这在国际上有成功的经验，如日本在中小企业融资制度安排中，为考虑信贷资金的安全，政府通过构建信贷担保和信贷保险等双层体制，保证银行等金融机构信贷资金的安全；二是通过担保收费和风险准备来降低风险。但是目前的实践证明，由于缺乏规模经济，收取的保费收入数目很小，不足以覆盖风险，而风险准备工作目前落实的也并不好；三是建立农村信用担保机构与金融机构的风险联动机制，避免贷款担保风险全部集中于担保机构头上。发达国家在风险联动方面的经验是，担保机构承担风险损失的比例一般为70%～80%，其余部分则由合作的金融机构承担。

农村担保机构的产生主要是呼应了一些大规模、长周期的资金需求者的需要，而大型商业银行在资金方面的优势，决定了其更适合开展大规模的信贷业务，所以与担保公司之间的合作便具有必然性，也必将有利于共同促进农村经济发展和农民收入增长。担保机构和银行的合作离不开政府的参与。以吉林省为例，该省欲改变自身虽是个粮食大省但却人均畜牧业占有量不高的局面，希望在未来三年将吉林打造成畜牧业产值过百亿的畜牧业大省。无疑，政府的规划透露出，从长期来看，开展畜牧业的金融服务具有良好前景。但是，畜牧业本身缺乏保护价以及易受疫情侵害等特点，又使得商业银行望而却步，难下涉足畜牧业信贷的决心。这时便需要一架桥梁联结畜牧业（资金需求方）和银行（资金供给方）双方，而这个桥梁便是担保机构，其作用主要在于化解风险。吉林农行2009年4月专门成立了国内首家畜牧业贷款中心，在配套制度建设、担保体系建设和服务能力建设方面均进行了探索和创新，其中就包括争取吉林省政府的支持，通过当地龙头企业投资为主和政府注资为辅的做法，创建了相关的畜牧业担保公司。担保公司成功地实现了与农业银行的对接，既规避了风险，有支持了当地经济发展。

未来，信用担保机构与农业银行的合作，应本着"风险共担、利益共享"的原则，共同为低风险地提供农村金融服务而形成支持合力。从农业银行的角度来讲，随着信用担保机构资信的提高，应逐渐提高担保的放大倍数，以提高担保效率和实现规模经济。从担保机构的角度来讲，要对相关的农户、企业和合作组织的信息及时地与农业银行共享，以利于农业银行在贷款时规避风险。当然，担保机构的运作与银行的日常经营应该保持独立。

四、银合对接

我国农业经济的发展，正面临着一次重要的转折，即从高度分散、高经营风险、低规模收益的小农经济，转型为具有一定组织化、规模化和产业化的新型农业产业，应该说，这种转型是历史的必然，金融机构特别是大型商业银行应该抓住机遇、及时跟进，为新型农业产业提供相应的金融服务支持。

农民专业合作社是农村市场化改革中出现的新型农业组织形式之一。随着 2007 年 7 月《农民专业合作社法》的正式实施，农民专业合作社第一次有了合法性，发展随即进入一个崭新阶段，仅 2012 年这一年，就新诞生 16.7 万家。截至 2012 年底，农民专业合作社数量达 68.9 万家，同比增长 32.07%；出资总额 1.1 万亿元，同比增长 52.07%①。合作的层次也在逐步提高，"全过程合作"和"全要素合作"发展迅速。但是，我们看到，农民专业合作社的发展依旧面临着资金短缺、融资困难和内部机制不规范等问题。这其中，相关调研证明，资金短缺和融资困难是当前阻碍农民专业合作组织可持续发展的首要因素。故而，能否有效实现金融机构与农民专业合作社的有效合作，是一个关键问题。

实践已经证实，金融机构服务农民专业合作社，实际上就是服务"三农"，合作社贷款难本质上就是农民贷款难。但是根据规模匹配理论，对专业合作社这种资金需求规模相对巨大的客户，农业银行的服务具有明显的比较优势，故而问题的关键变为农业银行如何有效支持好农民专业合作社的发展。

实际上，将专业合作社纳入服务客户视野中，是国际大型涉农金融机构服务"三农"的普遍做法。虽然我国农村经济运转的合作化水平远落后于发达国家，且合作社内部的治理机制和激励约束机制还不完善，但是从

---

① 参见新浪网 http：//finance. sina. com. cn/nongye/nyhgjj/20130110/141614247100. shtml。

国家密集出台的支持政策来看，农民专业合作社将迎来一个快速发展的重要时期。农民专业合作社这种组织形式的出现，代表了先进生产力的发展方向，它把农村中一些素质相对较高的农民群体聚集了起来，从某种程度上讲，可以认为合作社积聚了县域的高端客户，这些农民的金融服务需求相对旺盛，对银行来说，是一个巨大的市场。

一方面，从专业合作社来看，其信贷需求旺盛，但又存在制约其融资的诸多障碍；另一方面，从金融机构来看，面对的是代表未来农村经济先进生产力方向的新型组织。这便需要金融机构与合作社的合作同时两个的目标，既规避风险，实现金融机构盈利，又促进合作社发展，有以下两种合作模式可供选择。

第一种模式，通过合作社内部担保来构建合作机制。这种模式的核心是合作社内部实施严格的内控制度，当合作社社员提出贷款申请后，由合作社内部先进行信用审核和额度控制，并由合作社内部负责担保，然后再向银行提出贷款申请。合作社中资金实力的主要成员出面担保，合作社提出还贷承诺，这就解决了银社合作中合作社信用不足的关键问题。这种合作模式适用于合作社成员的大额资金需求。

第二种模式，运用商业性的担保中心，而政府对合作性的贷款进行贴息支持和担保费支持。但是，政府的这种支持不是直接的补贴和拨款给合作社，而是采取融资支持的方式进行。一方面，政府向银行贴息，支持其放贷；另一方面，政府替合作社向担保中心缴纳保费，保证担保中心的收入来源。这种融资模式的核心是，政府的支持作用按市场化方式进行，有利于提高各参与方的合作积极性。这种合作模式适用于合作社作为整体的资金需求。

五、银政对接

在我国渐进式制度变迁中，地方政府的创新行为发挥了重要作用。同样的，在农村金融体制机制改革进程中，地方政府也自始至终都扮演着重要的创新角色，这主要是因为较之于中央政府而言，地方政府的创新行为具备更多的信息、更少的约束和与微观经济主体更近的接触距离等比较优势。纵观地方政府参与农村金融制度变迁的整个历程，不难发现，其创新行为的根本目的都在于协助防控农村金融市场领域的风险。但从另一个侧面看，现有的干部考评体制决定了地方政府有明显的做大 GDP 的冲动，倾向于动用不适当的行政干预手段左右信贷资金的流向，使有限的资金投向容易出政绩而非容易使居民增收的行业或领域，并忽视了过程中的金融风险问题。

农业银行必须在与地方政府的合作中寻求理想的风险平衡点。为此，我们认为需要做好以下几点工作：第一，积极建立政府主导的信贷风险分担机制。政府的特殊性决定了其在改善农村金融服务的过程中，应该扮演"发起人"的角色。例如，利用财政资金发起设立担保公司和保险公司，为普遍缺乏合格抵押物的"三农"客户提供必要的担保和保险。第二，加强金融生态环境建设。金融生态环境主要包括法律环境和信用环境，地方政府应该积极推动农村金融领域的法规建设，出台政策鼓励新型农村金融机构的发展和适销对路创新金融产品的研发，同时加大农村地区信用体系建设力度。特别是通过推动政府自身的诚信建设，将对企业信用和个人信用建设起到示范标杆的作用。第三，利用市场化的手段加大政府补贴力度。加大政府对于农村金融的支持政策力度，是国际通行做法。政府的财政补贴应该通过市场化的手段实施，以最大化程度调动各参与主体的积极性，避免过去那种直接将补贴资金发放到相关机构或个人手中的低效率做法。

第六节　价值观与文化行为模式转型

农业银行正面临着前所未有的大变局。所谓大变局，可以从"内"和"外"两个层面去理解。从外部环境来讲，一方面，银行业的全球化、电子化、全能化的趋势非常明显，而随着全球金融业的整合，银行业的经营模式、业务流程、盈利模式等也在发生深刻的变化，这是农业银行必须面对的国际银行业大格局；另一方面，农业银行所面临的国内竞争环境也在发生变化，我国巨型的国有控股商业银行基本已经实现了脱胎换骨的改制，内部治理结构和运行机制的改革突飞猛进，外部竞争力和银行形象正在明显提升，这个国内银行业的新的竞争生态是农业银行必须面对的国内小格局。

从"内"来讲，农业银行自身正经历着深刻的同时也许是痛苦的转型，这种转型既体现在将要成为公众持股公司所带来的股权结构、治理结构的转变上，同时也体现在农业银行的行为模式和银行文化要实现彻底的转变。农业银行的这次转型，不同于 20 世纪 80 年代农业银行初创时期的商业银行运行模式的探索，也不同于 90 年代末期以来的大规模撤并县域基层网点和奠定全面风险内控机制。从近 30 年的运行实践的经验与教训来看，这次农业银行的转型，是带有根本性的全面转型与重新定位。这也就意味着，农业银行在这个关键时刻，应该全面反省与检讨 30 年的运行实践，深入思考农业银行的比较优势和市场定位，既要与国家大政方针相匹配，又要适应国际银行业的发展潮流和农业银行自身的可持续发展与核心竞争力的提升。一个人是不可能在困惑迷糊的状态下前行的，同样的道理，农业银行在这个大转型和大变局中也要有清晰的定位，从而使全行上下达成一种高度的价值共识，唯有如此，农业银行才能形成一种上下协同的力量。

客观而坦率地说，农业银行尽管从大的战略方针上来看已经有了比较清晰的思路，同时也在近期提出了气魄宏伟的"3510 战略"，但是对于农业银行的准确定位、市场目标导向以及如何实现这些目标，管理层和员工还存在很多困惑。大部分管理层和员工仍旧在"术"的层面寻求技术性的解决方案，而对于农业银行转型之"道"，却不是十分清晰。"道"统御"术"，"术"要体现和顺应"道"，不明确"道"，关于"术"的讨论就是无的放矢。

什么是农业银行转型之"道"？在我看来，农业银行转型之"道"就是要使农业银行实现文化上的彻底转型，也就是要使农业银行建立新的文化模式和行为模式，重塑农业银行的价值观和认同体系。这个"道"的问题解决了，其他"术"的层面的业务流程设计和内部管理机制设计就会迎刃而解。在笔者看来，农业银行的文化转型之"道"至少包含以下几个方面。

第一，农业银行要从守成的、缺乏危机感和竞争精神的文化转型为勇于接受挑战和创新的文化，要具备"日新"的精神特质。汤之《盘铭》曰："苟日新，日日新，又日新。"（商朝的开国君主成汤在他的澡盆上曾经刻了一句箴言："如果能够一天新，就应保持天天新，新了还要更新。"）这里的"日新"，原意指去除身体上的污垢，使身体焕然一新，引申义则指精神上的弃旧图新。农业银行长期以来培养了保守的企业文化，竞争意识和危机意识很薄弱。当前，面对新的国际大格局和国内小格局，农业银行要鼓励员工的创新意识，勇于接受挑战，摒弃那种慵懒的、不思进取的精神状态，而做到"日新其德"。

第二，农业银行要从消极的、依赖型银行文化向勇于担当和负责任的独立型文化转变。独立型文化意味着农业银行必须靠自己的产品竞争力和创新性的金融服务来获取生存的空间，而不是依靠国家的政策优惠来生存。农业银行一方面承担着支持"三农"的重任，但同时支持"三农"并不意味着农业银行要以牺牲效益为代价，而是要求农业银行必须在自我担当、自负盈亏的前提下支持"三农"。

第三，农业银行必须从官僚科层制的管理文化模式向功能型和激励型的管理文化转变。在银行发展的初级幼稚阶段，管理的有效性往往依赖于强权，依赖于科层制的"命令—服从模式"，而当银行发展到一定层次，必须改革官僚主义的运转模式，使员工不再顺从"命令—服从"的简单模式，而是以部门功能设定银行内部管理格局，以有效的激励机制作为动力。

第四，农业银行必须从利润最大化的自尊文化向重视利益相关者和银行社会责任的和谐文化转型。一个银行发展初期，必然强调银行自身的盈利能力，银行要做大做强，盈利必然成为银行第一要务。但是，随着农业银行的发展和转型，这种以利润最大化为目标的自尊文化必须升级和转型，银行要重视各利益相关者的福利，重视银行在区域、社区发展中的角色，重视社会责任体系的构建。而农业银行社会责任体系的构建，必将在新的高度重塑农业银行的价值理念，重新树立农业银行在公众的形象。

第五，农业银行必须从重视规模扩张的粗放型经营文化向重视效益与质量的集约型文化转变。重视规模扩张和市场占有率，是银行发展初期的必然选择。但是，农业银行在将来应改变这种单纯注重数量的粗放型文化形态。这种转变会引发银行经营模式和业务结构的全面转型。以金融服务创新带动业务流程的改变，以降低资金占用为核心带动业务结构的转型，以全面风险管理为核心带动资产质量的提升，努力使农业银行"效益立行、质量兴行"，是未来农业银行提高竞争实力的要义所在。

第六，农业银行在人力资源管理上应从控制型文化向以人为本的价值实现型文化转变。农业银行要努力逐步实现银行内部的全面沟通与整体联动，从以银行工作与利益为中心转变为以人的价值和发展为中心，以人为本，重视人力资源管理与开发；支持员工实现个人价值；鼓励创新，尊重创造性的工作；大力培育信任和团队精神；平等、透明、鼓励一定程度的冒险；重视员工职业生涯设计，使员工视工作为乐趣。农业银行的这种人力资源管理文化的转型意味着要设计一整套以人为本的激励与约束机制、薪酬与岗位责任机制、员工综合素质提升机制。

"道"明则"术"自生。我们相信，农业银行一旦明晰了自己的价值观和文化行为模式，并在审慎全面的权衡之后确立了自己的比较优势与战略目标，就一定可以实现成功的转型，从而获得自己独特的核心竞争力，跻身于国内外优秀银行之列。

第七节　小结

本章节探索了大型商业银行服务"三农"的创新问题，提出农业银行要实现跨越式发展，必须要把握住战略机遇期，从七个不同的角度进行创新。

第一，农村金融机构要重视品牌建设，关键是企业文化与企业价值观的构建。具体是根据自己的当前状况、当地文化特点以及未来发展前景，制订具有长远眼光的企业愿景（发展战略），确立具有前瞻性与稳定性的企业价值观（企业哲学），并以此二者为指导，制定出相应的农村金融机构信用理念、服务理念、创新理念、人才管理理念、风险理念和社会责任理念等等。

第二，锻造优秀上市银行的关键是公司治理结构变革和战略优势定位。农业银行要成为优秀上市银行，必须具备比较好的资产质量、完善的风险管理体系和较强的风险抵御能力、规范完善的公司治理结构、独特的企业文化、较好的金融创新能力、独特的运营模式和盈利模式、较强的文化适应性和国际市场渗透力、优秀的富于创新能力的员工、富有社会责任感且有国际眼光的卓越基层管理者，以及富有感召力和凝聚力的高瞻远瞩的银行领袖与金融家。

第三，农业银行改制后要重视战略转型、盈利模式转变与去行政化。具体来看：一是农业银行确实需要在发展战略上来一个彻底的转型。二是农业银行需要以主动的姿态做好信息披露，在社会公众和投资者中展示一个负责任的上市公司的形象。三是农业银行要建立有效的盈利模式，其核心在于找准自己的比较优势，并按照自己的比较优势确定自己的发展战略，设计自己的金融产品。四是风险管理和内控是银行的生命线。在银行经营管理流程的各个环节，都有可能产生风险。具体到农业银行，比较重要的风险有四个，即政策风险、决策风险、信用风险和操作风险。五是农业银行在一定程度上要强调"去行政化"，完善内部治理结构，加强董事会的作用和董事会活动的规范化，强调股东大会的重要性。六是提升员工素质是农业银行打造核心竞争力的长远之策。

第四，有序参与组建村镇银行，作为业务结构调整和战略转型的重要载体。村镇银行作为新型的农村金融机构，是新一轮适应农村经济发展与农村金融改革的产物，具有重要的战略意义，是大型商业银行积极稳妥进入农村金融领域，将发展农村金融业务作为新的利润增长点的途径之一。但是，其在运行过程中表现出市场定位存在偏差、自身经营管理水平不高、配套制度不完善、金融监管难度较大、法律法规并不健全、外部服务环境欠佳等诸多不容忽视的问题。大银行办好村镇银行业务需要做好以下几方面准备：一是明确村镇银行的定位；二是加大产品创新的力度；三是统一管理和灵活经营策略相结合。

第五，大型商业银行服务"三农"要实现信贷高效率和低风险。农业银行服务"三农"是重要发展目标，但是由于"三农"金融服务本身具有较高的风险性，需要非常重视信贷风险管理，因此，需要创新信贷风险管理，以更有效地实现"服务'三农'、商业运作"，主要从以下几方面着手。一是农业银行应该在业务拓展的同时，着重于自身机制的建设，从而能够最大限度为"三农"业务的开展和"三农"信贷的风险控制提供一个坚实的基础。二是完善授权授信制度，实现调查和审批的分立，部门内部要实现相互制约。三是信贷管理需要严格执行贷款"三查"制度，即贷前尽职调查、贷时严格审查、贷后跟踪检查。四是农业银行基层网点风险管理的有效性还有赖于制定比较合理有效的员工激励和约束机制。五是在风险管理方面，农业银行的基层网点应该把自己视为一个主要为当地社区服务的"社区银行"，与社区内的中小企业形成一种良性的、紧密的、基于各种"软信息"的互动关系。

第六，农业银行服务好"三农"需要加强银微对接、银保对接、银担对接、银合对接、银政对接等五种机制建设。服务好"三农"本身是个系统工程，必须诉诸利益相关主体的合力：大型商业银行自身的特点决定了加强与微型金融机构的合作是最优服务路径；与保险机构和担保机构的合作则是规避风险的最直接体现；加强与农民专业合作组织的对接则既可以高效率、低成本地服务"三农"，又顺应了农村经济发展转型的大趋势；设法获取地方政府的支持则始终是搞好农村金融服务的关键因素。大型商业银行只有构建了以上五个合作机制，才能有效化解农村金融风险，降低经营成本，真正服务好"三农"。

第七，"道"明则"术"自生，农业银行的转型之"道"是要使农业银行实现文化上的彻底转型，也就是要使农业银行建立新的文化模式和行为模式，重塑农业银行的价值观和认同体系。一是农业银行要从守成的、缺乏危机感和竞争精神的文化转型为勇于接受挑战和创新的文化，要具备"日新"的精神特质。二是农业银行要从消极的依赖型银行文化向勇于担当和负责任的独立型文化转变。三是农业银行必须从官僚科层制的管理文化模式向功能型和激励型的管理文化转变。四是农业银行必须从利润最大化的自尊文化向重视利益相关者和银行社会责任的和谐文化转型。五是农业银行必须从重视规模扩张的粗放型经营文化向重视效益与质量的集约型文化转变。六是农业银行在人力资源管理上应从控制型文化向以人为本的价值实现型文化转变。

第三篇

实践探索篇

本篇拟以农户、农业产业化龙头企业、农民专业生产合作社和城镇化等为切入点，对农行服务"三农"的实践给出分析和建议。

|第九章|

农村金融难题的形成与破解

在分析农行服务"三农"实践之前，有必要对农村金融有个整体的把握。比如，农村金融问题是怎么形成的？破题的方向在哪里？明确方向之后该如何庖丁解牛式和循序渐进式地解决问题？解决问题的抓手是什么？只有对这些问题进行深刻的剖析，才能真正做到在具体农村金融服务中，抓住问题关键，快速有效找到破题之道。

▊ 第一节　发展中国家农村金融问题的形成

由于不存在二元经济与二元社会，故而严格来说，发达国家并不存在二元金融问题，或者说，通常意义上所说的农村金融问题主要是就发展中国家而言的①。有数据显示，工业化国家与发展中国家在金融服务的可获得性方面存在巨大差异。例如，一次新近的国家级调查表明，丹麦等欧盟国家拥有自己银行账户的人数比例在 90% 左右，而发展中国家的这一指标都没有超过 50%（具体见表 9.1）。虽然上述数据是就整个国家而非农村地区而言，但可以断定，剔除城市地区的因素之后，发达国家与发展中国在农村金融服务方面的差距将更大。农村金融问题在发展中国家的重要性由此可窥见一斑。

---

① 通常意义上所说的农村金融问题，主要指的是由于信息不对称和缺乏必要的担保、抵押和保险机制，使得农村地区相关主体的有效信贷需求得不到满足。而在欧美等发达国家，农场具有良好的信用记录，这相对克服了信息不对称问题，另外，农场具有充足的抵押品、担保品，一般不存在被金融机构排斥的问题。在这些国家，所谓的农村金融问题主要指的是政府对涉农金融机构及农场的种种补贴和相关法律规定。

表9.1 发达国家与发展中国家的金融服务差异

国家/地区	拥有个人账户的人数比例（%）
丹麦	99.1
意大利	70.4
博茨瓦纳	47
巴西（城区）	43
哥伦比亚	39
吉布提	24.8
莱索托	17
墨西哥	21.3
纳米比亚	28.4
南非	31.7
斯威士兰	35.3
坦桑尼亚	6.4

资料来源：转引自联合国（2006）《建设普惠金融体系》（内部资料）。

那么，发展中国家的农村金融问题为何成为一个难题呢？

在发展经济学二元经济理论的指导下，以及欧美等发达国家通过工业化发展而快速富国的经验感召下，发展中国家在建国后，其政策当局大都主导着本国经济走上了以发展工业特别是重化工业为主要特征的赶超道路（王曙光，2006[1]；陈军、曹远征，2008[2]；周立，2010[3]；陈雨露、马勇，2010[4]）。作为发展中大国的中国也不例外。但是，发展资本密集型的重化工业需要大量的资金，而资金在发展中国家往往又是稀缺的要素。为了最大化聚集稀有的资金以支持工业化发展，在实施赶超战略的过程中，作为发展中国家经济剩余主要来源地的农村或农业部门，便成为城市或工业部门的资金输送基地，输送的管道主要是国家自上而下建立的遍布全国的大型国有银行体系（陈志武，2010[5]）。

---

① 王曙光：《农村金融与新农村建设》，华夏出版社2006年版。
② 陈军、曹远征：《农村金融深化与发展评析》，中国人民大学出版社2008年版。
③ 周立：《中国农村金融：市场体系与实践调查》，中国农业科学技术出版社2010年版。
④ 陈雨露、马勇：《中国农村金融论纲》，中国金融出版社2010年版。
⑤ 陈志武：《陈志武说中国经济：解读中国贫富差距的根源》，山西经济出版社2010年版。

从我国的经验来看，在计划经济体制时期，政府主要通过低利率和工农产品价格剪刀差等价格歧视政策，来持续推动这一资金转移过程的进行（林毅夫、蔡昉、李周，1994①）。但是，在这种城乡不均衡发展的进程中，不但农村或农业部门越来越凋敝，城市或工业部门也由于缺乏强有力的原料供给等支持，发展不具有可持续性。二元经济理论所预言的"涓滴效应"和二元经济结构动态优化结果并没有出现（Lewis，1954②），相反，整个经济的发展却面临亟待破解的瓶颈（Fei and Ranis，1964③）。破解城乡二元结构，实现农村或农业部门的快速发展，离不开资本机制的推动（约翰逊，2005④），而金融中介在资本的形成和积累中，被认为起到至为关键的作用（King and Levine，1993⑤）。如何通过金融中介的改革向弱势的农村或农业部门输送资金，为整个经济的持续快速发展创造条件，成为发展中国家决策当局面临的重要议题。至此，几乎在所有的发展中国家中，农村信贷以至广义的农村金融开始成为一个难题。

第二节　破解农村金融难题的方法演进

破解农村金融难题的方法大致经历了三个演进阶段：其一是农业信贷补贴论阶段，其二是农村金融市场论阶段，其三是不完全竞争市场论阶段。

---

① 林毅夫、蔡昉、李周：《中国的奇迹：发展战略与经济改革》，上海三联书店、上海人民出版社1999年版。

② Lewis，W. A. Economic Development With Unlimited Supply of Labor. The Manchester School of Economic and Social Studies，1954.

③ John C. H. Fei，Gustav Ranis，Shirley W. Y. Kuo. Growth and the Family Distribution of Income by Factor Components. Quarterly Journal of Economics，1978，92：21 – 60.

④ D. 盖尔·约翰逊：《经济发展中的农业、农村、农民问题》，林毅夫、赵耀辉编译，商务印书馆2005年版。

⑤ King. Finance and Growth：Schumpeter Might be Right. Quarterly Journal of Economics，1993，108：717 – 738.

表9.2   解决农村金融难题的三种理论

		信贷补贴论	农村金融市场论	不完全竞争市场论
前提 条件	农民	农民缺乏储蓄能力	农民具有储蓄能力	
	农业	收入的不确定性、投资 的长期性、低效益性	资金拥有较高的机会成本、资金的 外部依存度较高	
	农村	缺乏自发的金融市场	市场完善	市场不完善
政策 选择	政府作用	政策直接干预、控制 对金融机构进行补贴	培育环境、建立 市场机制	创造良好的政策环境、 完善农村金融的法律与 监管框架、有限度干预、 培育金融机构业务能力
	利率政策	低利率、利率补贴	利率市场化	实际存款利率保持正值
	正规金融 机构	不会进入	—	
	非正规 金融机构	逐出市场	非正规金融具有 合理性,应与正 规金融结合	非正规金融一般效率较 低,可以通过政府的适 当介入来加以改善
	政策性金融	设立专门机构,为 农民提供低息贷款	没有必要实行 专项特定目标 贷款制度	奉行一种广义的 辅助性原则
	金融市场	需要对金融市场控制	发展竞争性的 金融市场	发展有利于金融中介 服务的最佳环境

资料来源:转引自汪小亚(2009),第6~7页。

20世纪50年代左右,受到凯恩斯主义的鼓舞,大多数政府倾向于对农村金融市场进行直接干预,普遍采用供给领先型(supply - leading)战略,即通过"自上而下"地向农村地区注入低息的资金而促进农村发展。这主要是基于这样一个前提假设,即农民特别是贫困农民没有储蓄能力,加之农业产业的周期性和弱质性,商业资本不会主动下乡。但是,这种美好的愿望没有兑现为振奋人心的现实,相反,这种方法的效果总体而言都不好,最多是一般。对这种方法的一个批评在于:它忽视了金融部门的要求,没有把重点放在更长期的农村发展目标上(雅荣、本杰明、皮普雷克，2002①），政府没有同时通过大力投资于小农农业（如投资于基础设施、交通运输、教育和医疗等）而营造有利的大环境（伊莎贝尔·撒考克，2010②）。这种克服农村金融难题的方法往往存在以下弊端（Kellee S. Tsai，2004③）：一是政府很难有效甄别出涉农信贷的确切去向，以生产性名义借贷的资金可能被完全转化为不产生收入流的消费性信贷；二是由于国家限制资金的利率而使得国家农贷成为廉价资源，为相关人员的寻租留下空间；三是由于政府的自上而下推进和参与，使得资金借贷方认为资金是无偿的，故而可以低成本甚至无成本的赖账；四是政府由于知识和信息的限制，事先"锚定"的农业生产活动可能根本激发不起农民的兴趣④；五是这种依靠政府财政补贴开展涉农金融服务的金融机构很难实现商业可持续。

由于改革并没有使得农村金融抑制问题得到很好改善，人们开始反思传统的模式，在金融深化理论的指导下（爱德华·肖，1973⑤；麦金农，1988⑥），在20世纪80年代，支持商业化改革的思路被提出，这种改革思路认为商业化改革后的金融机构通过收取高利率，可以成为有效的信贷支农主体。这就是农村金融市场论。遗憾的是，实践再次偏离理论。商业化改革后的金融机构不是更好地服务了农村地区，相反却出于逐利性的考虑而不可避免地向成本低、风险小的城镇地区收缩（汪小亚，2009⑦）。这主

---

① 雅荣、本杰明、皮普雷克：《农村金融：问题、设计和最佳做法》，2002年9月"中国农村金融研讨会"材料。

② 伊莎贝尔·撒考克："农村金融与公共物品和服务：什么对小农户最重要"，王康译，《经济理论与经济管理》2010年第12期，第27~30页。

③ Kellee S. Tsai, "Imperfect Substitutes: The Local Political Economy of Informal Finance and Microfinance in Rural China and Inida", World development, 2004, 32: 1487–1507.

④ 例如，笔者在新疆地区进行的关于农村金融服务的调研中就发现，当地政府牵头出资兴建的蔬菜大棚基础设施，虽立意较好，期望通过发展特色产业引领农民致富，但这种做法并没有受到当地维吾尔族群众的欢迎，相反，由于农民参与积极性低，导致了很多浪费。当然，这里既有政府引导农民调整产业结构的思路问题，也有当地恶劣的自然条件不利于蔬菜大棚的管理的问题，还有维吾尔族群众具有擅长经商而非种植的传统的原因。但无论如何，农村金融机构如果不加甄别地跟进，商业可持续性便无从谈起。

⑤ 爱德华·肖：《经济发展中的金融深化》，上海三联书店1988年版。

⑥ 麦金农：《麦金农经济学文集》，中国金融出版社2006年版。

⑦ 汪小亚：《农村金融体制改革研究》，中国金融出版社2009年版。

要是由于穷人的信用记录不完善且缺乏必要的担保抵押品，对穷人的贷款具有数额小、风险大、贷款使用监测难（缺乏相关的财产和经济信息）、管理和交易费用高等问题，正规金融机构一般缺乏开展服务的积极性（Basu，1997[①]）。

20世纪90年代左右，人们逐渐认识到农村金融市场并非一个完全竞争市场，政府的合理介入以及借款人的组织化等非市场要素仍然不可或缺。这被看作是农村金融市场不完全竞争论。世界银行在《1997年世界发展报告——变革世界中的政府》中，提出了一种"市场之友"式的发展战略，对政府适度干预市场给出了精辟阐释。后来，世界银行的雅荣、本杰明、皮普雷克在《农村金融：问题、设计和最佳做法》中明确提出，要建立良好的金融市场，政府需要做好三个方面的工作，即创造良好的政策环境、完善农村金融市场的法律和监管框架，以及在特定情况下进行直接干预（以完善市场为目的）。另外，不完全竞争论中关于借款人组织化问题的强调，对小额信贷技术创新提供了理论支撑（钱水土、姚耀军，2011[②]）。

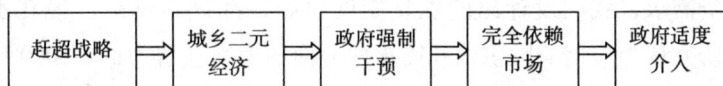

赶超战略 → 城乡二元经济 → 政府强制干预 → 完全依赖市场 → 政府适度介入

图9.1　破解农村金融难题过程中的政府与市场

可以看出，对农村金融难题的破解，现在逐渐倾向于认为应在坚持市场化改革的大前提下，发挥政府适度干预的作用。或者说，农村金融具有明显的政治经济学特征。但是，这种理论指导的意义在于指明了农村金融难题破解的方向，至于破解这一问题的具体举措，并不存在一个放之四海而皆准的普适模式。

---

① Santonu Basu, "Why institutional credit agencies are reluctant to lend to the rural poor: a theoretical analysis of the indian rural credit market", Working Paper, 1997.

② 钱水土、姚耀军：《中国农村金融服务体系创新研究》，中国经济出版社2011年版。

第三节　破解农村金融难题不能泛泛而谈

要寻求农村金融难题的根源并对症下药，就必须有侧重而非泛泛地讨论农村金融问题。

自美国耶鲁大学经济学家帕特里克（Patrick）提出农村金融发展存在需求追随型和供给领先型两种模式的观点后，学术界围绕着农村金融到底是供给抑制还是需求抑制问题，展开了研究。例如，谢平、徐忠（2001）[①]认为"供给会自行创造需求"的萨伊定律在农村金融市场中会发挥作用，故而破解农村金融抑制难题的关键应该是，"在全盘考虑农村金融体制构建的一揽子问题"的基础上，塑造合理的农村金融供给体系。另一种观点则是更强调需求因素的作用，如张杰（2004）[②]认为如果农户没有提出相应的信贷需求，我们设计出的农贷制度再好，都只不过是"镜花水月"。还有的研究认为应该兼顾供给和需求两方面的因素（曹力群，2000[③]）。

通过对我国农村金融改革历程的简单回顾可以发现，国家最终采取了克服供给抑制的改革思路（汪小亚，2009[④]）。概言之，在1978～1996年的第一阶段中，形成了农村金融领域商业性金融机构、政策性金融机构、合作性金融机构"三分天下"的局面。在1997～2002年的第二阶段中，重点围绕着合作制原则推进农信社改革。在2003年至今的第三阶段中，一方面拉开新一轮农信社改革的帷幕并积极引导农业银行服务"三农"，另一方面则开始出台政策鼓励和支持新型农村金融机构发展。

---

① 谢平、徐忠："中国农村信用合作社体制改革的争论"，《金融研究》2001年第1期，第1～13页。

② 张杰："解读中国农贷制度"，《金融研究》2004年第2期，第1～8页。

③ 曹力群："当前我国农村金融市场主体行为研究"，《金融论坛》2001年第5期，第6～11页。

④ 汪小亚：《农村金融体制改革研究》，中国金融出版社2009年版。

表9.3 农村金融机构的体制改革和机制建设（1978年以来）

绝大多数时间	体制改革	正规金融机构（存量改革）	1. 打破"大一统"银行体系，恢复设立农业银行	总体上表现出"头痛医头、脚痛医脚"的弊端	逐步具备"系统论"的视角
			2. 农业银行、农信社、农发行"三足鼎立"		
			3. 从机构的"分分合合"到机构本身的治理机制和产权结构改革以及业务范围调整		
		非正规金融机构（增量改革）	1. 对第一轮增量改革（以合作基金会为代表），先是默许和支持，最后是打压		
			2. 近年来则以设立新型农村金融机构这种"过渡形式"的组织（既不同于"三足鼎立"的正规金融机构，也有别于非正规金融机构）的方式，开启第二轮增量改革		
近年来	机制建设	保险机制、担保机制、法律制度、信用体系、支持政策的细化，等等			

虽然改革大多时候是重视体制有余而相对忽视配套机制建设（见表9.3），但经过30多年的努力，我国目前已初步形成了大、中、小型农村金融机构共生，政策性、商业性和合作性金融并存的农村金融组织体系，相关配套机制建设也逐步开始跟进，农村贷款难问题得到初步缓解。即便如此，通过农村金融改革的三阶段回顾仍不难发现，我国农村金融改革发展虽渐趋理性，但现代农村金融制度远未建立，农村金融难题尚未破题。实际上，既有的以改善供给为主的农村金融改革存在诸多不足，其中的重要一点就在于，改革往往采取自上而下"一刀切"式的模式，即先确立一种标准化模式，然后在全国范围推广，对各地的差异化农村金融需求状况重视不够。

当将目光投向农村金融需求问题时，起码有三点认识。

第一，1978年以来我国居民总体地区收入差距和农民地区收入差距，均呈现阶梯形变异上升态势（见图9.2），不同地区的农村产业结构、农民收入增速和收入构成等各方面，均存在明显差异，这可能导致农村金融需求千差万别。比如，有研究认为，从东、中、西部地区的金融需求来看，东

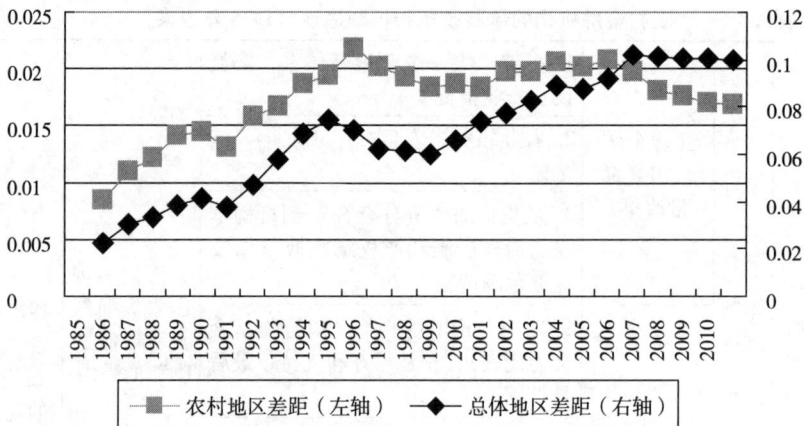

图 9.2 我国地区收入差距变动趋势（1985～2010 年）

资料来源：转引自高连水（2011）①。

部地区更多的是农村问题，其新农村建设的重点是城市化，中部地区更多的是农业问题，其新农村建设的重点是工业化，西部地区更多的是农民问题，其新农村建设的重点更多是在于满足生活需求（刘民权，2006②；徐忠等，2009③）④。我们不妨沿着这种思路略作推演。"十二五"规划中明确提出，要"加大对革命老区、民族地区、边疆地区和贫困地区的扶持力度"，这些地区的农村金融需求有何特性？什么因素决定了这些地区农村金融需求的有无和强弱？满足其需求面临着何种特殊困难？民族数目众多、地理位置偏远、社会科层特殊、宗教信仰虔诚等错综复杂的特征，都是必须予以专门研究的。令人欣慰的是，从 2004 年中央"一号文件"等农村金融政策中，我们看到了国家开始强调注重农村金融供给与农村金融

---

① 高连水："什么因素在多大程度上影响了居民地区收入差距水平"，《数量经济技术经济研究》2011 年第 1 期，第 130～139 页。

② 刘民权等：《中国农村金融市场研究》，中国人民大学出版社 2006 年版。

③ 徐忠、张雪春、沈明高、程恩江：《中国贫困地区农村金融发展研究——构造政府与市场之间的平衡》，中国金融出版社 2009 年版。

④ 我们认为，严格意义上讲很难将农村、农业和农民问题进行分拆分析，从某种意义上说三者是个彼此内嵌的关系。"农村金融"的称谓实际上被习惯性地理解为同时包含了农村、农业和农民的金融供需问题。尽管如此，注重地区金融需求差异的分析思路无疑是值得肯定的。

需求对接的农村金融改革思路，国家鼓励各地方政府在贯彻落实农村金融政策时，注重结合本地实际情况，注重分析各地特殊的农村金融需求特征。可以预见，未来出台更加贴近各地实际情况的农村金融需求的政策，应该是一个大致方向。

第二，进一步细看农村金融需求本身，也可谓纷繁复杂。具有金融服务需求的对象①、规模②、用途③、结构④、种类⑤等等均不同（王曙光、高连水，2011⑥）。联合国组织认为，缺乏创新是阻碍弥补农村金融供需缺口的主要原因（联合国开发计划署，2006⑦）。满足这些千差万别的农村金融需求，需要农村金融机构的创新性服务，比如组织架构的创新、服务方式的创新、服务产品的创新，等等。在市场经济体制改革深入推进和金融机构商业化改革的大趋势下，政策的制定不应该再拘泥于粗线条的强制要求金融机构服务"三农"，相反，政策当局应该尝试做好一些外围服务，激励金融机构通过提供创新型服务有效满足差异化、多层次和多类型的农村金融需求。否则，这种相对忽视金融需求特征的政府"自上而下"刻意推行的农贷制度，并不能有效解决农村金融问题（张杰，2004⑧）。相反，由于农村金融需求问题被相对忽视进而得不到有效满足，民间高息借贷还将盛行。

第三，农村经济社会发展的不同阶段意味着不同的农村金融需求特征。虽然二元经济结构仍将长期存在，小农经济仍将是我国农村经济的常态（张杰，2007⑨；温铁军，2010⑩），但是，随着我国经济发展进入"工业反哺农业、城市反哺农村"的新阶段，农村经济社会形态都在发生变

---

① 包括农户、小微企业、农业产业链、专业合作组织、涉农龙头企业等。
② 从几百元到几十万、上百万元不等。
③ 既包括生产性的，也包括消费性的。
④ 包括行业机构、地区结构，等等。
⑤ 包括存款、贷款、汇款、理财、投融资策划等各种金融服务。
⑥ 王曙光、高连水："大型商业银行服务'三农'中的五大合作机制构想"，《农村金融研究》2011年第5期，第16~20页。
⑦ 联合国开发计划署：《建设普惠金融体系》，焦瑾璞、白澄宇等人译，内部资料。
⑧ 张杰："解读中国农贷制度"，《金融研究》2004年第2期，第1~8页。
⑨ 张杰：《中国农村金融制度调整的绩效：金融需求视角》，中国人民大学出版社2007年版。
⑩ 温铁军：《中国新农村建设报告》，福建人民出版社2010年版。

化。例如，有研究将我国农村类型划分为传统型、过渡型和现代型，其中传统型农村的金融需求以生存性为主而生产性为辅，相反，现代型农村中的经营性需求较多，而过渡型农村则处于这两者之间（周立，2010①）。还有研究发现，随着农村劳动力在城乡间的流动，以工资性收入为主要收入来源的贫困地区的农户不再是传统意义上的家庭生产经营单位，而是劳动力供给者，其对正规金融的需求可能表现为消费性而非生产性（刘西川，2008②）。可以看出，这种以时间维度细分农村金融问题的视角，与前文以空间维度看农村金融问题的视角有诸多重合之处，比如，中西部贫困地区的农户更多地生活在条件更落后的传统型农村中，等等。

总之，泛泛地谈农村金融问题显然不是科学合理的态度，选取特定的地区、特定的主体进行典型样本分析，才是相对合理的分析方法。当然，坚持既有理论的指导，把握好实现农村金融供给与需求有效对接的原则，并采取历史演进的动态视角，是做好研究必不可少的要件。

第四节　欠发达地区农村金融服务：文献考察

基于"农村金融问题不能泛泛而谈"的认识，本部分内容将重点综述关于欠发达地区农村金融改革发展的相关文献，并且以西部欠发达地区为主，同时为了洞悉这一类地区金融支农的特殊性和重要性③，还涵盖了部分关于中部和东部欠发达地区的相关研究成果。

---

① 周立：《中国农村金融：市场体系与实践调查》，中国农业科学技术出版社 2010 年版。

② 刘西川：《贫困地区农户的信贷需求与信贷约束》，浙江大学出版社 2008 年版。

③ 实际上，针对全国范围的农村金融调查研究有很多，比如徐笑波等（1994）利用中国农业银行 1987～1990 年期间对全国 2 万多农户的调查数据进行分析，发现就全国农户而言，约有一半的农户贷款"泄漏"到消费用途或者其他非生产性用途。但作者同时承认，"中国农村金融市场的状况是非常不均衡的，不同地区之间的差别很大。同一地区中的不同农户的贷款用途情况的差别也可能很大"。实际上，温铁军（2011）对东中西部 15 省 24 县 41 村的农户贷款情况进行案例调查后却认为，从全国层面看，改革开放后农户正规金融机构贷款的大部分被用于生产经营。显然，这与徐笑波（1994）的结论相左。中国农村金融学会（2008）基于 12 省市农户的调查发现，从农村金融需求的角度看，经济越发达的省份，农户借贷需求的生产性和商业性动机越强，而消费性动机越弱。

表9.4　欠发达地区农村金融改革与发展问题综述

	文献	地区	服务对象	服务主体	时段	主要结论
1	高兰根、李丽生(2002)	内蒙古自治区乌盟	—	—	—	欠发达地区的金融服务应围绕特色资源开展，政策性金融应发挥更积极作用，地方政府要更有作为
2	刘芳(2002)	安徽阜阳	—	—	—	改善典型农业地区资金外流情况，一方面需要地方政府营造良好的金融生态环境，另一方面需要对商业银行县级分支机构适当分权
3	徐珺(2003)	四川凉山	农户	农信社	2002年	农户小额信贷对于欠发达民族地区农民脱贫致富具有重要意义，但是需要改善小额信贷产品设计，并需要政府合理介入
4	仇焕广、王济民、苏旭霞(2003)	山西和四川两省12县46个乡镇	乡镇企业	农业银行、农信社	1994年、1997年、2000年	降低欠发达地区乡镇企业信贷风险的根本举措在于发展当地经济，这需要地方政府和金融机构共同努力
5	朱守银、张照新、张海阳、汪承先(2003)	安徽亳州和阜阳6县18村	农户	正规金融机构、民间借贷	1999～2001年	1999～2001年间，农户借贷行为发生率从31%增长到59.3%，借贷更多的是为满足家庭生活消费和非农业生产需要
6	国务院发展研究中心课题组(2003)	湖北襄阳、河南鄢陵、江西泰和	农户	—	2000年	制约传统农区农民收入增长的因素很多，金融欲更好地发挥支农功效，支持农村经济结构调整和非农经济的发展是两个重点

续表

	文献	地区	服务对象	服务主体	时段	主要结论
7	何广文、李莉莉（2005）	贵州省铜仁地区下属6县	农户	农村信用社	2005年	信用社的农户贷款产品，从金额和期限看都不能满足农民规模化种养殖业的需求，农民本质上是守信的
8	霍学喜、屈小博（2005）	陕西渭北地区长武县、彬县、乾县	农户	银行、农信社	2000~2003年	农户金融需求旺盛且以消费需求为主，但主要靠民间借贷满足，未来应在规范民间金融发展方面做出努力
9	徐忠等（2009）	贵州8县	农户	银行、邮储、农信社	2004年	要发挥公共财政的作用，地方政府宜以设立风险基金的方式使用财政扶贫资金而非对贷款进行贴息
10	中国人民银行成都分行课题组（2006）	四川甘孜州	—	—	2000~2004年	农村金融发展具有明显的区域差异，对贫困地区要发挥政府救济扶持和政策性金融的作用，要有针对性地培育新的农村金融供给主体
11	中国人民银行西宁中心支行课题组（2006）	青海、西藏	农户、贫困学生、下岗失业者	农业银行、农信社	2001~2005年	调整小额信贷产品的期限和额度，对青藏地区实行利率优惠、中央政府通过转移支付等方式帮助地方政府完善风险补偿机制
12	胡必亮、刘强、李晖（2006）	陕西商州市王闾村、山西原平王瓦村、湖北汉川福星村、浙江苍南项东村、广东东莞雁田村	农户、乡镇企业	银行、农信社、非正规金融	1997年	经济欠发达地区农户缺乏必要的投资机会，其金融需求以消费需求为主，乡镇企业的金融需求普遍得不到满足

164

续表

	文献	地区	服务对象	服务主体	时段	主要结论
13	张杰 (2007)	河南孟州市的桑坡村、南董村、北董村	农户	农信社、非正规金融	2005年	要实现商业性资本下乡，需要大力发展农村非农产业和商业活动，对于一些贫困地区的农村金融约束问题，只能通过政策性金融予以解决
14	刘西川 (2008)	内蒙古、河南、陕西三地的四个贫困县	农户	农信社	2005年	贫困地区的农民已从生产经营单位转变为劳动力供给者，其对金融服务的需求也相应地发生了重大变化，他们可能更需要消费性贷款以及保险、储蓄等非信贷金融服务
15	朱喜、马晓青、史清华 (2009)	云南、宁夏	农户	农信社、银行、民间借贷者	2006年	信誉在欠发达农村地区很关键，但农户信用记录在不同金融机构之间尚没有共享，需要地方政府的推动
16	中国农业银行总行课题组 (2009)	甘肃定西和临夏	农业产业化	农业银行	2008年	农业银行已经探索出一些服务"三农"的模式，但未来一方面需要加大产品和制度创新力度，另一方面需要相应支农金融机构的补偿机制的合作机制
17	王曙光、王东宾 (2010)	青海、新疆、甘肃、宁夏	农户、微型企业、合作社	银行、农信社、微型金融机构	2009年	民族地区有优良的信用基础，发展民族金融需要一个系统框架，其中大型银行应在开展与微型金融机构对接方面进行创新
18	王曙光 (2010)	黔西南布依族苗族自治州望谟县和册亨县	农户、小微企业、合作社	银行、农信社	2009年	对自然灾害频发的欠发达地区，政府应积极作为，在保险机制、抵押机制和担保机制建设等方面有所作为

续表

	文献	地区	服务对象	服务主体	时段	主要结论
19	周书灵、孟民 (2010)	安徽宿州	农村经济结构调整	—	2010 年	政府要出台财税政策支持农村金融市场发展，政策性金融机构要发挥主导作用，农业保险要及时跟进
20	李似鸿 (2010)	江西	农户	银行、农信社	2005 年	破解农户金融供需矛盾，短期要诉诸于有利于增加有效金融供给的金融创新，长期则需要实行金融自治
21	王曙光、王东宾 (2011)	11 省 14 县 31 村	农户	银行、农信社	2009 年	中西部地区农户的信贷可及性更低，未来既需要进一步的增量和存量金融机构改革，更需要政府从财税等角度给予制度激励。对改善农村金融服务的认识，应该提高到我国经济持续增长模式调整和可持续发展的高度
22	谢求强 (2011)	辽宁阜新	—	—	—	既要加大金融知识和政策的宣传力度，又要构建相关风险分担和补偿机制
23	王定祥、田庆刚、李伶俐、王小华 (2011)	15 个省的贫困地区	农户	银行、农信社	2010 年	贫困农户存在大量信贷资金需求为主，但消费性资金需求足程度很低。既需要改善农村金融供给，又需要构建风险分担机制
24	叶静怡、刘逸 (2011)	云南彝良县	农户	银行、农信社、非正规信贷	2009 年	要走出贫困导致金融难下乡进而进一步加剧贫困的困境，需要借助一个外部力量，这其中，政府的基础设施投入和产业政策支持很关键

资料来源：作者根据相关文献整理。

费孝通 (1996)① 认为，西部的发展必须考虑民族的因素，因为少数民族大多聚居在我国西部地区。一方面，要想方设法吸引少数民族参与到西部大开发的事业中来，另一方面，要通过这些地区的经济开发使这些地区的少数民族发展成现代民族。费孝通在对甘肃临夏进行调研后发现，对于长期生活在这一带的回民，要注重发挥其善于经商的优势。同时，宜善于利用当地丰富的水资源发展水电事业，从而带动矿产资源的开发和当地居民的致富。至于少数民族如藏族的现代化进程，则宜通过外围（如甘南和肃南）入手逐步向中心（西藏）扩张。这启发我们，在开展农村金融服务时，一要结合当地丰富的矿产资源，二要尊重少数民族的生活习惯，循序渐进地引导其发展现代农业。

高兰根、李丽生 (2002)② 在对内蒙古自治区乌兰察布盟经济与金融现状进行大量调研后，认为欠发达地区金融业应该从发展特色经济、整合现有金融资源入手，改善投资环境，吸引外资，壮大资金实力，并通过外资的介入引进先进的管理理念及管理方式，以此来摆脱欠发达地区经济金融业的困境。虽然意在分析入世后乌盟金融业发展面临的现实与挑战，但是其给出的一些思考却富有启迪。比如，欠发达地区地方政府在维持市场秩序、扶持企业发展、建设金融生态等方面发挥着更重要的作用，政策性金融应该在乌盟等欠发达地区扮演更积极的角色，欠发达地区应努力通过系统的金融服务等方式把本地畜牧业资源优势转化为经济优势，等等。

刘芳 (2002)③ 分析了作为典型农业地区的安徽阜阳资金外流情况，认为改变这一状况，一方面需要政府牵头努力营造良好的金融生态环境，另一方面要对欠发达地区商业银行县级支行实行合理的授权授信，改变现行的"一收到底"的信贷管理模式。这些见解对于西部农村地区的金融发展均具有较好的借鉴意义。

① 费孝通:《学术自述与反思（费孝通学术文集）》，三联书店 1996 年版。

② 高兰根、李丽生:"欠发达地区金融资源重组与吸引外资研究：乌盟个案"，《金融研究》2002 年第 9 期，第 124～128 页。

③ 刘芳:"从金融资源配置角度看经济欠发达地区的资金外流"，《金融研究》2002 年第 9 期，第 129～134 页。

徐珺（2003）① 以四川凉山为典型样本，对以农信社为供给主体的农户小额信贷行为进行了分析，指出，小额信贷对于民族地区发展具有多重意义，特别是有利于当地农民的脱贫。但是，西部民族地区由于自然环境恶劣和人文环境差等原因，小额信贷的开展面临着特殊的困难。例如，小额信贷制度的设计既难以迎合当地农业生产的周期特点，又相对忽视自然灾害对于当地农业生产的破坏性更大这一特殊情况，并且地方政府在介入小额信贷的过程中，不适宜的行政干预过多。故而，未来改善西部民族地区农村金融服务的重点在于，一方面从供给层面继续加强农信社改革，建立具有民族地区特色的农村金融服务体系，另一方面，地方政府应借助法律等手段，在营造良好的金融生态环境上做文章。

仇焕广、王济民、苏旭霞（2003）② 对山西和四川两省 12 县 46 乡镇的农业银行营业所、农村信用社、镇政府和 138 个乡镇企业 1994 年、1997 年和 2000 年的情况进行了问卷调查，试图通过金融组织、政府和企业间的相互联系来深刻了解农村金融风险的状况和成因。发现这些地区的农村金融风险主要由三个原因造成：一是地方政府的干预，二是贷款企业的经营不善，三是银行内部管理不到位。为此，应相应采取措施。特别是实证研究发现，经济的发展、企业经济效益的提高、偿债能力的增强是降低金融风险的根本手段，这需要金融机构和地方政府的共同努力。

朱守银、张照新、张海阳、汪承先（2003）③ 对安徽亳州和阜阳的 6 县 18 村 217 个农户进行了问卷调查，发现这些人多地少的传统农区农户资金借贷更多的是为满足家庭生活消费和非农业生产需要。在占比 13.4% 的生产性借贷中，农民更倾向于将资金投放于高效农业而非购买传统种植业所需的化肥和农药。这说明，农民愿意把农业生产性借贷资金投向既适合本地农业生产特点又能增加效益的农业生产领域。可以想象，如果政府因

---

① 徐珺："从凉山农户小额信贷看国家对西部民族地区农村的金融支持"，《金融研究》2003 年第 6 期，第 121～127 页。

② 仇焕广、王济民、苏旭霞："我国中西部地区农村金融风险状况的实证分析"，《中国农村经济》2003 第 10 期，第 50～55 页。

③ 朱守银、张照新、张海阳、汪承先："中国农村金融市场供给和需求——以传统农区为例"，《管理世界》2003 年第 3 期，第 88～95 页。

势利导的话，将有利于金融支农效果的发挥。另外，还建议对民间借贷进行规范并发挥其满足消费性信贷需求的作用，因为民间借贷依然是农民借贷的主渠道。

国务院发展研究中心课题组（2003）[①] 通过对湖北襄阳、河南鄢陵、江西泰和三县调查发现，在传统农区中，制约农民收入增长的因素众多，如，传统农区的粮食价格问题、农业结构调整问题、农业基础设施建设问题、农民负担问题等等，金融因素只是其一而非全部。课题组特别指出，当地县乡财政大多入不敷出，基本是吃饭财政，维持财政收入增长的非农产业困难重重，财政困难直接转化为农民负担。农村金融的改革与发展宜围绕着制约农民增收的一揽子问题对症下药，其中，支持农村经济结构调整和非农经济的发展是两个重点。

毛海峰、武勇（2004）[②] 的调查表明，西北农村地区的小额信贷政策和支农再贷款政策均后劲乏力，特别是农信社的小额信用贷款只能维持农户的简单再生产。而西北地区地方政府对农业信贷的财政贴息并不可持续，因为在没有中央财政支持的条件下，债务高企的西部地方政府大多财政十分困难。这就需要中央财政转移支付适度向这些经济欠发达地区倾斜。

谭英、王德海、谢咏才（2004）[③] 对河北、云南、陕西、安徽、陕西等地9县8镇300余户农民进行调查后发现，电视、报纸虽是贫困地区农户获取信息的最主要渠道，但就科技信息而言，农户最满意的信息渠道仍然是村能人、市场（集市）等人际传播渠道。这说明，要引导当地农民生产进行技术革新，为金融资本下乡提供更好的对接平台，除了要利用好报纸、电视等媒体之外，应注重发挥村能人的示范带头作用。

[①] 国务院发展研究中心课题组："传统农区农民增收问题研究——湖北襄阳、河南鄢陵、江西泰和三县调查"，《改革》2003 年第 3 期，第 28～45 页。

[②] 毛海峰、武勇："西北农村：金融'贫血'愈来愈重"，《新华每日电讯》2004 年 12 月 15 日，第 6 版。

[③] 谭英、王德海、谢咏才："贫困地区农户信息获取渠道与倾向性研究——中西部地区不同类型农户媒介接触行为调查报告"，《农业技术经济》2004 年第 2 期，第 28～33 页。

田径、谢海（2005）[①] 以四川甘孜、阿坝和凉山为例，分析了当地农村金融供需状况，认为在这些典型的老、少、边、穷地区，农村金融需求远没有得到满足，并且作为金融供给主体的农信社生存发展困难重重。为此，认为未来工作的重点是结合这些地区的特点进一步改革农信社体制，并注重各涉农金融机构之间的合作机制建设。但是，对是否应该积极推动增量金融改革，即引进新型农村金融机构，尚待讨论。另外，如何有效动员有限的财政收入以撬动金融资源也是个关键问题。对于当地很有特色的寺庙贷款（农牧民资金主要来源）这种民间金融，应给予积极鼓励和支持，以发挥其对正规金融的补充作用。

何广文、李莉莉（2005）[②] 受亚洲开发银行委托，对贵州省铜仁地区下属 6 县 720 户农户的金融需求进行了调查研究，发现当地农民存在强烈的资金需求，资金需求主要在于满足规模化种植业、养殖业和发展工商业，故而额度偏小、期限偏短的农户贷款产品难以满足这种需要。还发现，农户主要依靠养殖业收入和打工收入进行还款，收入水平的有限性和不稳定性是造成难以按期还款的主要原因，这一方面说明应通过农业保险的等因素降低养殖业风险，另一方面则印证了我国农民本质上诚实守信的观点。未来生活开支和子女教育等因素，是促使农户进行储蓄的主要动机，但这种自我积累难以满足未来资金需要，这说明，加强欠发达农村教育、医疗等公共品供给力度，十分必要。

霍学喜、屈小博（2005）[③] 通过对陕西渭北地区长武县和彬县的 8 村 102 户农民的借贷行为的问卷调查，以及乾县"公司 + 农户"产业化组织模式中农户融资状况的实地考察，发现西部传统农区中农户信贷需求很强烈，但主要通过民间借贷满足，所借资金主要用于满足家庭消费，而生产性借贷主要用于建筑、运输等非农产业，农业投资主要用于特色种植和养

[①] 田径、谢海："老、少、边、穷地区开展农村金融创新的思考——以四川省为例"，《农村经济》2005 年第 10 期，第 66～68 页。

[②] 何广文、李莉莉："贵州铜仁地区农户金融需求研究——万山、松桃、沿河、德江、思南、印江调研分析"，亚洲开发银行技术援助专家报告（项目编码：35412），2005 年，第 1～51 页。

[③] 霍学喜、屈小博："西部传统农业区域农户资金借贷需求与供给分析——对陕西渭北地区农户资金借贷的调查与思考"，《中国农村经济》2005 年第 8 期，第 58～67 页。

殖等。未来宜在优化农村金融环境和提高民间金融活动组织化程度等方面做好工作。

徐忠（2005）[①]通过对贵州省 8 县 1000 多农户和相关金融机构的大样本调查，得出结论认为，贫困地区农村金融体系更缺乏的是资金的盈利机制，在贫困地区应允许适合当地情况的多种金融组织形式存在，农村金融的正常运转离不开公共财政发挥应有的作用，农村金融改革应该自上而下与自下而上相结合。后续相关研究进一步指出，贫困地区的地方政府，应改变财政扶贫资金的使用方式，由发放贴息贷款转为设立风险基金，给金融机构一定的风险补偿或直接补贴到户。另外，由于我国东、中、西部地区经济结构和市场结构迥异，地区间农村金融需求千差万别，农村金融改革不能一刀切。对于贫困地区的农村金融问题，核心是处理好政府与市场的关系，扩大政府公共财政在贫困农村的作用范围，扩大政策性金融在贫困地区的覆盖范围，在此前提下，仍然要坚持市场化的改革方向（徐忠、张雪春、沈明高、程恩江，2009[②]）。

中国人民银行成都分行课题组（2006）[③]认为，我国幅员辽阔的地域决定了农村金融需求具有明显的地区差异性，从区域视角研究农村金融制度绩效，对于寻求适合本地经济社会发展特征的农村金融制度安排，具有重要意义。以四川甘孜州为例，落后的经济形态和社会发展水平决定了当地的农村资金供给不足、农户贷款难和农村金融组织经营困难等问题和矛盾更加突出。课题组的实地调查表明，甘孜州农户（属于传统型）金融需求满足程度低、金融机构市场竞争程度低、金融抑制广泛存在（资金外流、低利率难以覆盖高成本）、金融机构（农信社）可持续服务能力差。总之，偏远落后的条件决定了甘孜州农村金融制度绩效较低。课题组建议，对贫困地区要发挥政府救济扶持和政策性金融的作用，要有针对性地

---

① 徐忠："建立商业可持续的现代农村金融框架：中国贫困地区农村金融需求与供给研究"，《金融纵横》2005 年第 3 期，第 7~12 页。

② 徐忠、张雪春、沈明高、程恩江：《中国贫困地区农村金融发展研究——构造政府与市场之间的平衡》，中国金融出版社 2009 年版。

③ 中国人民银行成都分行课题组："西南民族地区农村金融生态运行特征及行为绩效"，《财经科学》2006 年第 8 期，第 110~116 页。

培育新的农村金融供给主体，宜在贫困农村地区率先放开利率管制以实现农村金融机构的可持续发展。该课题组还考察了西南民族地区的农村金融生态环境（金融环境和非金融环境），认为由于自然条件复杂多变、生产技术低下、教育水平落后、商品经济意识淡薄、司法体系不健全等原因，西南民族地区的农村金融生态环境不尽如人意。欲破解这一问题，需要金融机构、地方政府等多主体共同努力。

中国人民银行西宁中心支行课题组（2006）[1] 利用 2001～2005 年的统计数据，分析了青藏地区小额信贷的实施情况，发现青藏地区农户小额贷款采取信用贷款和联保贷款两种方式，通过支持优质蔬菜种植和到外地开办拉面馆等方式，较好地促进了当地农民增收。但是由于对西藏地区的部分优惠政策（如利率优惠）未惠及青海省，故而青海省农户小额贷款逾期率要高 10 个百分点。下岗失业小额担保贷款由于担保基金筹措难和缺乏独立的担保机构等原因，发展乏力。在青藏地区由于贫困学生较多，高风险、低收益的国家助学贷款的供需矛盾异常突出。建议小额贷款应规避过于贫困的农户，并结合加大金融产品宣传力度等方式，以防止强化而非纠正了"小额贷款等于救济"的观点。小额贷款产品在贷款额度和期限方面，应围绕生产周期有所调整。要进一步对青藏等欠发达地区实施有效的差异政策，下放当地金融机构贷款自主权，通过中央财政转移支付等方式加大贴息和风险补偿力度，并通过建立担保基金、引入保险等方式完善风险管理机制。

胡必亮、刘强、李晖（2006）[2] 注意到我国地域的广阔性和情况的复杂性，主张开展农村金融研究要对典型地区进行典型分析，发现设法改变落后地区的经济发展机制，比如增加其投资机会，是实现经济起飞的先决条件。而由于缺乏必要的商业机会，经济欠发达地区的农民倾向于将结余资金存向银行，并且应急、养老和子女教育是农户储蓄的首要目标。由此

---

[1] 中国人民银行西宁中心支行课题组："青藏地区小额信贷实证研究"，《金融研究》2006年第 2 期，第 177～184 页。

[2] 胡必亮、刘强、李晖：《农村金融与村庄发展——基本理论、国际经验与实证分析》，商务印书馆 2006 年版。

可以得到启发：一方面，在经济欠发达地区，农户的存款、取款等基础金融服务需求往往相对强烈，另一方面，在欠发达地区扩大教育、医疗等公共服务覆盖面的意义重大。

张杰（2007）[①] 通过对河南省西北部平原地区以皮毛加工业为主的桑坡村和以传统农业生产为主的南董村及北董村的调查得出结论，认为目前农村的非农生产活动和农村商业活动在刺激农户信贷需求上发挥了较大的作用，而它所带来的农村信贷需求在金额、期限等特征上也更符合商业性信贷的要求。故而，目前在农村地区大力推广的以支持农业生产为主的小额信贷制度，应该有所调整和完善，对于需要稍大金额支持的非农生产活动和农村商业活动，要灵活发放。

张志峰（2007）[②] 分析了西部欠发达地区农村金融需求的特点，认为农村金融需求呈现出与农民的传统性与保守性相伴随的被动性和抑制性。未来，需要建立农民真正需要的合作金融，并以创新的方法发展政策性农村金融。

刘西川（2008）[③] 发现，现阶段，我国贫困地区的大部分农户对正规信贷的需求以消费性为主，故而建议我国农村金融政策要从支持小规模生产性贷款转向消费性贷款。另外，刘西川还发现，为贫困地区农民提供更好的教育、医疗和社会保障等方面的基本服务，对于增强农户的就业能力和投资能力尤为重要。他还尝试描述我国贫困地区（内蒙古敖汉旗、河南南召县、山西左权县和临县）农户对正规信贷需求的状况及其特征，估计农户信贷需求及其规模的影响因素，并解释阻碍农户正规信贷需求得到满足的原因（刘西川、黄祖辉、程恩江，2009[④]）。最终得出结论认为，在样本贫困地区，超过一半的农户缺乏正规信贷需求，这与当地缺乏投资机会、大部分农户外出打工以及农户间常发生非正规融资有关。即使有信贷

---

① 张杰：《中国农村金融制度调整的绩效：金融需求视角》，中国人民大学出版社2007年版。

② 张志峰："从需求的角度看西部欠发达地区农村金融改革"，《中国金融》2007年第3期，第57~58页。

③ 刘西川：《贫困地区农户的信贷需求与信贷约束》，浙江大学出版社2008年版。

④ 刘西川、黄祖辉、程恩江："贫困地区农户的正规信贷需求：直接识别与经验分析"，《金融研究》2009年第4期，第36~51页。

需求，也主要是消费而非生产需求。这启发我们，破解贫困地区农村金融难题，需从供给和需求两方面入手。另外，有"理想贷款需求"的农户（即与信息不对称、抵押等因素无关，只与成本收益有关）中，60%属于潜在的和隐蔽的信贷需求者，这需要金融供给主体改善正规信贷产品与程序、降低交易成本并创造新的贷款方法。另外，研究还发现不同地区农户正规信贷需求及规模都不同，这说明，对各地基于基层实际情况的创新，政策设计上应该给予相应空间。

郭新明（2008）[①] 的调查表明，新疆贫困农户获取信贷资金难度较大，涉农中小企业相对于龙头企业信贷需求满足率偏低，而在龙头企业中，74%处于创业初期、规模较小的龙头企业，农产品收购季节短期流动资金不足，51%的该类企业的资金来源难以满足经营发展需要，用于固定资产的技改资金尤为缺乏。新疆24家国家级龙头企业的平均资金满足率高达88%。这表明，新疆存在明显的金融资源配置不均衡问题。另外，新疆的农村基础设施建设资金供需缺口较大，农村专业合作社的金融需求尚待适销对路的信贷产品予以满足。未来，改善新疆农村金融服务水平，既需要构建多层次的金融体系，又需要加大产品创新力度，更需要保险机制和生态环境建设等条件的配套跟进。

朱喜、马晓青、史清华（2009）[②] 使用2006年云南、宁夏近800个农户家庭的调查数据，实证分析了欠发达地区不同农村金融机构的信贷供给行为，发现，无论是银行、信用社还是非正规信贷者，都十分重视农户的信誉状况，但可惜农户信用记录在各金融机构之间没有共享。故而建议政府应尽快建立和完善统一的农村征信体系，为广大农户建立统一的个人信用信息数据平台，给各类金融机构提供农户的相关信息，以提高农户获得贷款的机会。

---

① 郭新明："探索满足西北边疆地区农村金融需求的有效途径"，《金融时报》2008年10月27日，第06版。

② 朱喜、马晓青、史清华："信誉、财富与农村信贷配给——欠发达地区不同农村金融机构的供给行为研究"，《财经研究》2009年第8期，第4～36页。

中国农业银行总行课题组（2009）[1] 认为，中国"三农"问题的重点在中西部，故而课题组以甘肃定西农行和临夏农行为例，考察了欠发达地区大型商业银行服务农业产业化的新模式，认为新模式主要包括三方面内容：其一，以"惠农卡"为载体，实行集中发放和流动服务；其二，紧扣地方产业发展规划，提供产业链综合金融服务；其三，探索"三农"事业部制改革，创新内部激励约束机制。该模式初步实现了农业产业化发展与银行绩效提升的双赢结果。但是，未来该模式是否可持续，仍取决于对成本高、风险大、农业保险不健全和金融生态环境差等问题的克服程度。故而，课题组建议，做好欠发达地区农业产业化金融服务，需要银行苦练内功与外部环境配套相结合。为此，既需要银行在服务对象上有所侧重、在服务水平上有所提高、在风险防控上有所加强，又需要国家对大型商业银行服务"三农"建立相应补偿机制，还需要开发县域金融机构合作支农的新模式。

黄祖辉、刘西川、程恩江（2009）[2] 同时从供给和需求两个角度考察了农户正规信贷市场参与程度低的问题，通过实证研究发现，除了农信社供给的原因以外，农户的主要经济活动从家庭生产经营转向外出务工，是目前贫困地区农户在正规信贷市场参与程度低的重要原因，认为，长远地看，重视、培育和积极挖掘农户的信贷需求才是促进农村正规金融市场可持续发展的根本出路。

李季刚（2009）[3] 发现，2001~2006年新疆乡镇企业短期贷款额度平均占当地金融机构短期贷款总额的1.62%，这与乡镇企业增加值占新疆GDP的5.33%的地位不相符，认为，未来地方政府应该发挥积极作用，一是出台政策扶持中小企业发展，二是对非正规金融的发展进行引导，三是积极组建相关担保公司。

---

① 中国农业银行总行课题组："大型商业银行支持欠发达地区农业产业化分析——甘肃定西、临夏中国农业银行的典型调查"，《中国延安干部学院学报》2009年第6期，第88~93页。

② 黄祖辉、刘西川、程恩江："贫困地区农户正规信贷市场低参与程度的经验解释"，《经济研究》2009年第4期，第116~128页。

③ 李季刚："经济欠发达地区农村中小企业金融支持实证分析——以新疆乡镇企业为例"，《商业研究》2009年第1期，第130~133页。

　　徐璋勇、王红莉（2009）[①] 结合对陕西2098户农户的调研认为，改善农村金融服务不应仅从增加金融供给的角度出发，从根本上讲，应通过设法增加农民收入、提高农民文化水平和培育农户金融意识等方面激发农户自发利用正规金融发展生产的积极性。同时，政府应对各类农村金融供给主体的改革发展给予相应支持，比如对涉农贷款给予贴息和财政补贴、鼓励民间资本进入农村金融市场等。

　　王曙光（2010）[②] 通过对黔西南布依族苗族自治州望谟县和册亨县进行典型案例分析得出结论，认为对这些自然灾害频发的欠发达地区，政府应该扮演积极角色，如对因重大自然灾害而形成的不良贷款及时给予补贴，同时通过财政补贴和社区投资法等制度和机制建设，保证农村资金的回流而非持续流出。另外，在保险机制、抵押机制、担保机制建设方面，地方政府也应积极作为。王曙光还对青海、新疆、甘肃、宁夏等地进行了实地调研，发现解决欠发达农村地区金融发展滞后问题，需要一个综合性的框架。为此，既需要构筑农村医疗、保险等社会安全网，又需要加大生态环境建设并发展特色资源经济，还需围绕着民族地区优良的信用传统发展"民族金融"。其中，建立大型银行与微型金融机构的对接机制十分必要（王曙光、王东宾，2010[③]）。

　　周书灵、孟民（2010）[④] 对安徽宿州进行了典型个案分析，发现在宿州这样的欠发达地区，农村经济结构调整、增长方式转变与金融发展之间有显著的相关性。为了促进欠发达农村地区调整经济结构、转变经济增长方式，一是需要政府出台政策扶持农村金融发展，二是需要完善农村金融服务体系，特别是政策性金融机构要发挥主导作用，三是要设立政策性农业保险机构以分散风险。

---

　　① 徐璋勇、王红莉："基于农户金融需求视角的金融抑制问题研究——来自陕西2098户农户调研的实证研究"，《西北大学学报（哲学社会科学版）》2009年第5期，第47~54页。

　　② 王曙光："在欠发达地区构建多层次的农村金融体系——黔西南州调研"，《银行家》2010年第2期，第100~102页。

　　③ 王曙光、王东宾："在欠发达农村建立大型金融机构和微型机构对接机制——以西北民族地区为例"，《农村金融研究》2010年第12期，第60~63页。

　　④ 周书灵、孟民："欠发达地区农村经济结构调整与金融发展分析——宿州个案研究"，《财经问题研究》2010年第5期，第126~129页。

李似鸿（2010）① 从剖析江西省修水县大椿乡担石村 3 个农户金融行为的案例开始，逐步拓展到对全县乃至全省的农户金融行为的分析，发现虽然农户存在广泛的信贷需求，但从正规金融机构贷款几乎是贫困农户的最后一个选择。这既有当地金融机构覆盖率低的原因，也有金融机构贷款手续繁琐的原因（家庭有一方外出打工者更这样认为），还有缺乏必要的担保的原因。并且从全省范围来看，缺少熟人和担保是从正规金融机构贷不到款的主要原因。为此，需要推动土地改革以增加农户可抵押的资产，正规金融机构要注重借助非正规金融在客服信息不对称方面的优势进行创新，要鼓励成立农民资金互助组织，并尝试通过实现金融自治来改善农村金融服务。

王曙光、王东宾（2011）② 基于 11 省 14 县市的田野调查数据进行分析，发现经济不发达的中西部地区农户信贷需求很强，但这些地区的信贷供给却远逊于东部地区。要提高农户信贷可及性，一个重要方面是通过制度激励降低涉农金融服务的成本，比如政府给予相关财税补贴并主导推动建立抵押担保机制，这一点对于西部（尤其是边远民族）地区尤为重要。

谢永强（2011）③ 以辽宁省阜新市为例，分析了当地农村金融创新的制约因素，发现在这样的欠发达地区，农民文化水平低且信用观念差，对金融知识和金融政策的理解肤浅，广泛存在恶意逃债的现象。为此，需要相关部门加强宣传和普及农村金融知识并配以奖罚措施。另外，经济欠发达地区由于自然环境更恶劣，故而农业生产面临的自然风险更高，更需要构建相应的风险分担和补偿机制。

王定祥、田庆刚、李伶俐、王小华（2011）④ 结合全国 15 个省较贫困地区的 1156 户贫困农户的调研数据进行分析，发现绝大多数贫困农户存在

---

① 李似鸿："金融需求、金融供给与乡村自治——基于贫困地区农户金融行为的考察与分析"，《管理世界》2010 年第 1 期，第 74~87 页。

② 王曙光、王东宾："双重二元金融结构、农户信贷需求与农村金融改革——基于 11 省 14 县市的田野调查"，《财贸经济》2011 年第 5 期，第 38~44 页。

③ 谢永强："经济欠发达地区农村金融创新难点及对策"，《金融时报》2011 年 9 月 22 日，第 12 版。

④ 王定祥、田庆刚、李伶俐、王小华："贫困型农户信贷需求与信贷行为实证研究"，《金融研究》2011 年第 5 期，第 124~138 页。

信贷需求，但以消费性用途而非生产性用途为主，且从正规金融机构获得满足程度较低。政策建议是，一方面要大力发展具有信息优势的微型金融机构，建立大小银行合作机制，另一方面要通过担保机制和信用档案制度等方式促进农户信贷风险分摊的社会化。

叶静怡、刘逸（2011）[①] 以 2009 年采集的云南彝良农户为样本，研究了西南欠发达地区农民的借贷行为及其福利影响，发现受访地区农户借贷资金来源主要来自亲朋间，且借款对农户福利水平的影响仅表现为对生存性消费和现有农业生产的维持，认为，未来政府的基础设施投入和产业政策支持，是突破欠发达农业地区贫困陷阱的重要力量。

王东胜、张月兰、马岩（2011）[②] 以新疆昌吉州为例，探讨了欠发达地区如何实现政策性农业保险与经济发展有效对接的问题，发现在推动政策性保险发展方面，尚缺乏必要的法律法规支撑，而且由于现有的保险政策存在诸多不足，保险机构参与积极性不大，农户的参保意识也不强。未来，应借鉴国际经验，尽快出台《农业保险法》，以使保险机构等开展农业保险业务时有法可依，并通过加大宣传力度和增加农民收入等方式，提高农民参保程度。特别是在农业保险的开展过程中，要注重做好保险机构与涉农金融机构的合作，探索农险与农村信贷结合的创新方式。

刘营军、褚保金、徐虹（2011）[③] 在对江苏金湖、泗洪等地农户进行实地调查分析后发现，对于农村中的一些贫困农户的资金需求，应由公共财政等满足，而对于维持性农户，则需要政策性金融给予支持。商业性金融的主要服务对象是市场型农户。

---

① 叶静怡、刘逸："欠发达地区农户借贷行为及其福利效果分析——来自云南省彝良县的调查数据"，《中央财经大学学报》2011 年第 2 期，第 51~56 页。

② 王东胜、张月兰、马岩："政策性农牧业保险与欠发达地区有效对接问题研究——以新疆昌吉州为例"，《金融发展评论》2011 年第 3 期，第 133~142 页。

③ 刘营军、褚保金、徐虹："政策性金融破解农户融资难研究——一个微观视角"，《农业经济问题》2011 年第 11 期，第 66~71 页。

第五节 小结

综观既有的农村金融改革发展经验，可以确认，搞好农村金融服务，既需要普适的理论给予指导，又需要充分重视各国、各地区的实际情况（联合国开发计划署，2006[①]）（见图9.3），或者说，农村金融改革的顶层设计要与基层创新实现兼容。由于农村地区经济社会情况的千差万别，故而对特定地区的特定客户进行典型分析，将更有利于有的放矢地提出破解农村金融难题的方案，并且，这种研究思路本身并未否定基于全国乃至全发展中国家层面形成的关于农村金融的一些基本认识（如信息不对称问题、缺乏抵押品和担保品问题等），相反，却是对这些基本共识的必要充实。

由于农村金融改革与发展的根本目的在于实现农民增收，而农民收入增长本身存在明显的地区差距（见图9.2），故而设法实现欠发达地区农民收入的更快增长，将对缓解收入差距过大、促进区域经济协调发展具有重要意义（高连水，2011[②]）。由此可认为，重点关注欠发达地区的农村金融服务改善问题，无论对于理论研究而言，抑或是相关部门的决策而言，均有价值。

在上文关于欠发达地区农村金融改革与发展研究成果综述的基础上，笔者有以下几点认识（见图9.3）。

第一，从供给的角度看，既有的研究大多围绕着农信社的金融服务展开分析，对以农业银行为代表的商业性金融机构和以农发行为代表的政策性金融机构关注不够，对保险、担保、抵押、期货等农村金融的其他主题

---

① 联合国开发计划署：《建设普惠金融体系》，焦瑾璞、白澄宇等译，内部资料。

② 高连水："什么因素在多大程度上影响了居民地区收入差距水平——基于1987~2005年省际面板数据的分析"，《数量经济技术经济研究》2011年第1期，第130~139页。

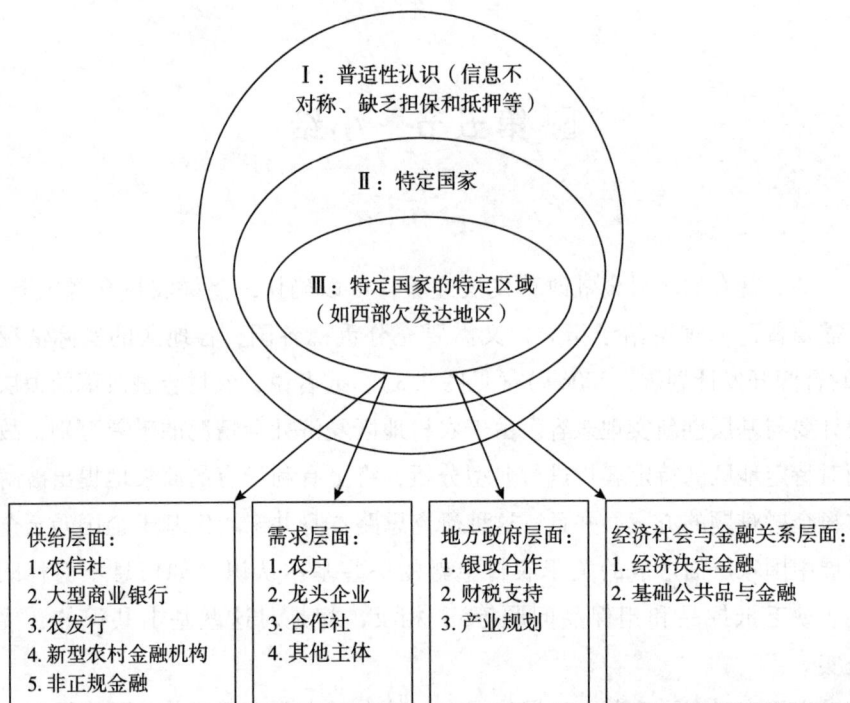

I：普适性认识（信息不对称、缺乏担保和抵押等）

II：特定国家

III：特定国家的特定区域（如西部欠发达地区）

| 供给层面：
1.农信社
2.大型商业银行
3.农发行
4.新型农村金融机构
5.非正规金融 | 需求层面：
1.农户
2.龙头企业
3.合作社
4.其他主体 | 地方政府层面：
1.银政合作
2.财税支持
3.产业规划 | 经济社会与金融关系层面：
1.经济决定金融
2.基础公共品与金融 |

图9.3 关于欠发达地区农村金融改革发展的四层面思考

缺乏综合分析。

这有一定的历史背景。1997 年召开的中央金融工作会议明确要求"各国有商业银行收缩县（及县以下）机构，发展中小金融机构，支持地方经济发展"，农业银行等商业性金融机构开始大面积收缩乡镇网点。而农发行根据国务院深化粮食流通体制改革的相关决定，基本演变为粮食收购银行。可以说，从 1997 年到 2005 年新型农村金融机构出现之前这段时间，农信社改革基本是农村金融改革的代名词。由此便不难理解，既有的研究大多是以农信社为分析对象的。

但是，大型商业银行在服务农村经济发展方面具有诸多成功的国际先例（项俊波，2010[①]）。实践证实，大型商业银行在开展农村金融服务时，具有资金、技术、人才、网络和管理等方面的比较优势，而发挥出这种比

---

① 项俊波：《国际大型涉农金融机构成功之路》，中国金融出版社 2010 年版。

较优势的关键是进行组织架构、产品体系、服务方式等一系列创新（联合国开发计划署，2006①），这又离不开相关配套政策的跟进（中国农业银行总行课题组，2009②）。故而，随着农业银行重返县域进程的推进，重点研究农业银行服务"三农"的经验模式，将具有重要意义。特别是在西藏和青海一些边远的欠发达地区，农业银行是唯一一家金融机构，故而研究这些地区农业银行服务"三农"的问题与经验，对于做好金融支持欠发达地区经济发展工作，进而促进民族和谐与共同繁荣，具有特殊价值。

诚如前文相关文献所反复强调的，由于西部地区相对落后，特别是一些欠发达县域，自然条件恶劣、农民文化水平偏低、贫困型农户较多、农业产业结构滞后、农村基础设施和公共品供给匮乏，这些条件一起决定了仅靠逐利性的商业性金融机构是很难做到大面积有效改善当地的农村金融服务状况的，政策性金融机构应在这些地区发挥特殊重要的作用（汪小亚，2009③）。为此，努力拓展农发行的业务范围十分必要。

另外，通过"农村金融新政"而设立的新型农村金融机构，应如何在服务西部农村地区发挥更积极的作用，既有的文献也较少论及。实际上，新型农村金融机构扎根当地，信息相对完备，加之个头小、决策链条短，因而在开展涉农小客户（如农户、小微企业）服务方面更具有比较优势（王曙光、王丹莉，2008④）。如表9.5所示，近年来新型农村金融机构数量增长很快，并且国家特别注意在增设机构时向中西部地区倾斜，这很值得肯定。但很明显，相对于我国2000多个建制县而言，新型农村金融机构的数量仍显得杯水车薪。

---

① 联合国开发计划署：《建设普惠金融体系》，焦瑾璞、白澄宇等译，内部资料。

② 中国农业银行总行课题组："大型商业银行支持欠发达地区农业产业化分析——甘肃定西、临夏中国农业银行的典型调查"，《中国延安干部学院学报》2009年第6期，第88~93页。

③ 汪小亚：《农村金融体制改革研究》，中国金融出版社2009年版。

④ 王曙光、王丹莉："边际改革、制度创新与现代农村金融制度构建"，《财贸经济》2008年第12期，第5~10页。

表9.5　　　新型农村金融机构数量（截至 2012 年 9 月底）　　　单位：个

村镇银行、贷款公司、资金互助组织				小额贷款公司
按类型划分		村镇银行地区分布		
村镇银行	贷款公司和资金互助组织	东部	中西部	6080
799	59	318	481	

资料来源：根据银监会网站相关资料编制。

　　无论是"三足鼎立"的存量农村金融机构，还是以增量改革方式建立的新型农村金融机构，都存在一个机构间合作的问题。而研究证实，长期以来，我国农村金融体制改革总体上还处在头痛医头、脚痛医脚的状态（张曙光，2003①），没有根据农村金融的现实需求，全盘考虑农村金融体制改革的一揽子问题（谢平、徐忠，2001②）。显然，找准三类农村金融机构的定位并促成彼此合作而非恶性交叉竞争的局面（如对农村客户的分层服务、对农户信用信息的共享机制建设等），探索大型商业银行与微型金融机构之间批发贷款等合作机制模式（王曙光、王东宾，2010③；王曙光、高连水，2011④），应该是未来政策努力的一个方向。从这个意义上来看，1996 年 8 月出台的《国务院关于农村金融体制改革的决定》中，提出农村金融体制改革的目标是"建立和完善以合作金融为基础，商业性金融、政策性金融分工协作的农村金融体系"，是颇有指导价值的。

　　文献考察还揭示出，越是经济欠发达地区，当地农户的金融需求越多通过民间借贷的方式得以满足，并且他们的资金需求更多表现为消费性特征。故而，未来改善西部地区农村金融服务状况，既要规范民间借贷，又要注重满足农民的消费性贷款需求。实际上，通过发展真正的民间合作金融组织等方式，就可以在规范民间金融的同时，较好地满足农民日常消费

---

① 张曙光："农村金融改革：在回顾中重新评价"，《银行家》2003 年第 8 期，第 134 ~ 135 页。

② 谢平、徐忠："中国农村信用合作社体制改革的争论"，《金融研究》2001 年第 1 期，第 1 ~ 13 页。

③ 王曙光、王东宾："在欠发达农村建立大型金融机构和微型机构对接机制——以西北民族地区为例"，《农村金融研究》2010 年第 12 期，第 60 ~ 63 页。

④ 王曙光、高连水："大型商业银行服务'三农'中的五大合作机制构想"，《农村金融研究》2011 年第 5 期，第 16 ~ 20 页。

性（子女结婚、盖房、求学、看病）贷款需求。

可以明确，农村金融从来不单指的农村信贷（谓之"小金融"），保险、担保、抵押、期货等都是农村金融的题中应有之义（谓之"大金融"）。就政策性金融而言，也不仅仅是政策性信贷，政策性保险和政策性担保都必不可少（汪小亚，2009①）。从"大金融"的角度看待西部地区农村金融改革与发展问题，具有特殊重要的意义。这是因为在西部农村地区特别是其中的欠发达地区，农业生产面临的自然条件更为恶劣（因而更需要农业保险的跟进）、可供抵押和担保的财产更少（因而更需要抵押机制和担保机制的配套）、对价格波动造成的市场风险承受力更差（因而更需要农产品期货市场的建设），等等。诚然，担保、抵押、保险和期货市场等方面的配套需要多方联动并且是长期性的工作，但从"大金融"而非仅仅关注信贷的视角审视欠发达地区的农村金融难题，是政策制定者应坚持的决策思维。

第二，从需求的角度看，绝大多数既有的文献将农户作为基本的分析单位，对农户的信贷（或保险）需求进行了多角度分析，相对忽视了农业产业化龙头企业、专业合作社等其他类型主体的金融服务需求问题。

尽管延续了几千年，但是我国目前的农村经济发展状况，总体而言仍旧没有走出以传统小农经济为主的生产格局（温铁军，2011②）。或者说，以户为单位的小规模生产仍将长期存在——这在中西部农村地区乃至东部地区中的欠发达农区中，表现得尤为明显（高连水，2012③）。正是由于农户仍是很长一段时间中农村经济的基本生产单元，故而，农户一直被看作是农贷制度的基本分析单位和农村金融问题的逻辑起点（张杰，2004④；陈雨露、马勇，2010⑤）。

---

① 汪小亚：《农村金融体制改革研究》，中国金融出版社 2009 年版。

② 温铁军：《县域金融市场发展与中国农业银行服务"三农"战略研究》，中国人民大学农村经济与金融研究所、中国农业银行农村经济与金融研究中心重点课题报告，2011 年。

③ 高连水："金融服务农业产业化龙头企业路径选择"，《农村金融研究》2012 年第 1 期，第 68～73 页。

④ 张杰："解读中国农贷制度"，《金融研究》2004 年第 2 期，第 1～8 页。

⑤ 陈雨露、马勇：《中国农村金融论纲》，中国金融出版社 2010 年版。

从上文文献综述中可以看出，欠发达地区农户存在广泛的金融服务需求，且其需求一方面表现为消费性为主的特征，另一方面则表现为被动性特征，但现有的农村金融供给体系难以对其进行有效满足。特别是由于长期以来国家农贷制度具有"自上而下"的特征，加之国家农贷工作宣传不到位等原因，导致欠发达地区农民认为"农户贷款等于救济"，故而没有偿还动力。因此，欲改善欠发达地区农户金融服务状况，通过富有成效的宣传以规范农户借贷的预期，十分必要。

目前，全国通用的针对农户的金融产品主要有两类，一类是农户联保贷款，一类是小额信用贷款。从部分基于问卷调研得出的结论来看，较之于农户联保贷款，大多数农户更欢迎小额信用贷款，原因在于这种产品手续简单便捷（赵岩青、何广文，2007①），而不论哪类农户贷款产品，都存在额度、期限与农业生产周期不匹配的问题。这说明，正规金融机构在开发更丰富、更适销对路的农户金融产品方面，还需继续创新。

另外，在我国总体上进入"以工促农、以城带乡"的新发展阶段中，由于西部欠发达地区农村剩余劳动力跨地区、跨城乡的流动越来越频繁，故而，对这种已从"家庭生产经营单位"演变为"劳动力供给者"的农户（刘西川，2008②），应从农村金融制度设计层面给予特殊考虑。但遗憾的是，这方面的工作还很欠缺。这启发我们，开展农户金融服务不能简单拘泥于"生存型小农"抑或是"理性小农"的条条框框的讨论中（黄宗智，2000③），而应树立动态的历史考察视角。

实际上，随着改革、发展与开放进程的推进，农户小规模生产格局越来越难以应付农副产品价格市场化发展的大趋势，或者说"小农户与大市场"之间难以有效对接的矛盾越来越突出（高连水，2012④），这就需要诉诸农村体制的进一步改革与创新。兴起于20世纪90年代初期的农业产业

---

① 赵岩青、何广文："农户联保贷款有效性问题研究"，《金融研究》2007年第7期，第61~77页。
② 刘西川：《贫困地区农户的信贷需求与信贷约束》，浙江大学出版社2008年版。
③ 黄宗智：《长江三角洲小农家庭与乡村发展》，中华书局2000年版。
④ 高连水："实现订单养殖共赢模式需具备的几个要件——基于'中澳'模式的思考"，《农村金融研究》2012年第3期，第60~64页。

化经营方式，便是这样一种有效的创新形式。故而，可以断言，农业的发展走组织化和规模化道路，是一个大的趋势。在西部农村地区，规模化地发展基于本地比较优势的资源经济，将既有利于为地方政府提供充足的财政收入（继而有能力可持续地扶持农村金融发展，见下文），又有利于金融资本下乡——因为任何外部主体要进入乡土社会，都面临与分散农民之间交易费用过高的约束（温铁军，2011[①]）。走组织化、规模化的农业产业化发展道路，离不开龙头企业的带动，而"龙头企业＋农户"契约的稳定性又依赖于专业合作社的有效运转（周立群、曹利群，2002[②]），因此，着重分析龙头企业与合作社的金融服务供需问题，对西部农村地区乃至全国范围的农村地区，均具有较强意义。

第三，从地方政府的角度看，基于我国农村金融具有明显的政治经济学特征的研判，可以认为，未来农村金融的可持续发展离不开地方政府的合理介入。但是既有的研究表明，目前西部地区特别是部分欠发达地区，政府参与本地农村金融改革发展的方式，要么不合理，要么不可持续。

据研究，历史上，国有银行由于政府干预过多而形成的不良贷款比例大致占到30%，由于银行自身经营管理不善而导致的不良贷款只占20%（周小川，1998[③]）。这种情况在农村地区同样普遍存在。前文文献综述表明，大多数研究结论对地方政府在发展农村金融方面寄予希望，但是从笔者对部分西部欠发达地区的实地调研结果来看，地方官员出于政绩和升迁的考量，强制干预金融机构开展涉农金融服务的现象仍旧存在。可以说，由于我国农村金融市场机制发育并不成熟，期待市场自身缓慢的自我调整，将是个成本高昂的过程，未来农村金融服务的改善依然离不开地方政

---

① 温铁军：《县域金融市场发展与中国农业银行服务"三农"战略研究》，中国人民大学农村经济与金融研究所、中国农业银行农村经济与金融研究中心重点课题报告，2011 年。

② 周立群、曹利群："商品契约优于要素契约——以农业产业化经营中的契约选择为例"，《经济研究》2002 年第 1 期，第 14 ~ 19 页。

③ 周小川："中国银行体系的不良资产"，《资本市场》1998 年第 12 期，第 6 ~ 15 页。

府的参与（高连水、满明俊、肖文东，2011①）。但是，这种参与不应采取强制干预的方式进行，而宜围绕着做好一些外围服务工作开展，比如出台优惠的财税政策、组建政策性担保和保险机构等。

遗憾的是，由于西部特别是其中的欠发达农村地区的财政基本是吃饭财政，支持农村金融发展的优惠政策并不可持续，财政与金融难以真正实现联姻，相反，当地经济却陷入了"贫困—财政收入低—扶持政策不可持续—金融机构缺乏下乡积极性—进一步的贫困"的怪圈。打破这种怪圈需要中央政府与地方政府发挥合力：一方面，中央政府要有针对性地加大对于西部欠发达地区的转移支付力度；另一方面，地方政府要将有限的财政资源高效率运用，比如将以往的发放贴息贷款的做法改变为设立风险补偿基金等（徐忠等，2009②），并结合本地资源优势，发展特色农业经济以及配套的加工、物流、销售等非农产业，以期在实现农民增收的同时，增加政府财政收入。

第四，从经济与金融的关系看，欲改变欠发达地区农民收入增长迟缓的现状，金融只是途径其一而非全部，或者说，经济与金融之间并非简单的支持与被支持的关系。在努力改革与发展农村金融的同时，应通过发展现代农业、促进劳动力流动、加快基础设施建设、加大教育和医疗等公共品供给等多渠道，设法增加农民收入和发展农村经济，为金融资本下乡提供良好的环境和平台。

关于"经济与金融孰先孰后"的讨论，理论界尚存争议（胡新智、张海峰，2009③），但长期以来我国农村金融改革实际上选择了"金融是经济的先导"的改革思路，总体上在强调"农村金融如何支持农村经济发展"的问题。这种改革思路有如下弊端：一是导致在一定程度上依靠挤压农村

---

① 高连水、满明俊、肖文东："农村金融'银政合作'模式比较分析"，《中国城乡金融报》2011年12月30日。

② 徐忠、张雪春、沈明高、程恩江：《中国贫困地区农村金融发展研究——构造政府与市场之间的平衡》，中国金融出版社2009年版。

③ 胡新智、张海峰："国际农村金融发展的新趋势"，《国际经济评论》2009年第7期，第38~41页。

金融来支持"三农",如低利率政策等(周小川,2004①);二是农业资金一旦有问题矛头就直指农村金融,忽视了在解决"三农"问题上,政策工具具有多样性这一点。

实际上,农村金融并非化解"三农"问题的唯一因素(陈雨露、马勇,2010②),农村金融发展与农民增收、农业增产、农村繁荣之间更多的是一种共生共荣的关系。这是因为金融对于农民增收的作用机理在于帮助农民创造就业、把握投资机会和改善经济地位等(联合国计划开发署,2006③),但是实现农民收入增长同样是改善对正规金融机构金融需求的根本途径(张杰,2007④),或者说,破解商业金融在农村金融市场中遇到的"水土不服"问题的关键之一,恰在于提高农民收入。但显然,农民增收是个复杂的过程,需要借助降低农民负担、调整农业产业结构、促进农村劳动力流动、增加教育投资、发展乡镇企业和推动城镇化建设等一系列政策措施(陈宗胜、周云波,2002⑤;国务院发展研究中心课题组,2003⑥)。可以说,国家出台意在增加农民收入的相关政策,将最终有利于提高农民利用现代农村金融制度的能力。

文献回顾证实,由于子女上学和就医看病花销大等原因,欠发达地区农民的收入增长受到极大制约,即使获取正规金融机构的信贷支持,也由于迫不得已的原因,存在将以生产性借贷名义获取的资金转向消费性领域的现象,从而加大了金融机构的信贷风险。这就引发一个值得讨论的问题,农村金融与农村公共品,哪个更重要?世界银行高级经济学家伊莎贝尔·撒考克(2010)⑦认为,农村金融在帮助农村贫困人口摆脱贫困和实

---

① 周小川:"关于农村金融改革的几点思考",《经济学动态》2004年第8期,第10~15页。

② 陈雨露、马勇:《中国农村金融论纲》,中国金融出版社2010年版。

③ 联合国开发计划署:《建设普惠金融体系》,焦瑾璞、白澄宇等译,内部资料。

④ 张杰:《中国农村金融制度调整的绩效:金融需求视角》,中国人民大学出版社2007年版。

⑤ 陈宗胜、周云波:《再论改革与发展中的收入分配》,经济科学出版社2002年版。

⑥ 国务院发展研究中心课题组:"传统农区农民增收问题研究——湖北襄阳、河南鄢陵、江西泰和三县调查",《改革》2003年第3期,第28~45页。

⑦ 伊莎贝尔·撒考克:"农村金融与公共物品和服务:什么对小农户最重要",王康译,《经济理论与经济管理》2010年第12期,第27~30页。

现健康发展方面是否有效，关键取决于政府投资并提供的公共物品及服务（基础设施、交通运输、基础教育和医疗卫生等）的水平高低。农村金融之所以是短缺的，主要是因为小农户的经营活动是高风险并且低生产率的，故而金融下乡无利可图。从 20 世纪 50 年代流行的补贴信贷政策的来看，失败的原因之一就在于，政府没有同时通过大力投资于小农农业而营造有利的大环境。国际粮食政策研究所也发现，金融服务对那些缺少"教育、市场和其他基本服务"的贫困农户几乎没有什么价值。最后，明确建议，中国政府应继续把重点放在投资和提供公共品服务上，将此作为帮助小农户和农村贫困人口战胜贫困的主要方式。

第十章

农户金融服务

由于千年小农经济的延续，农户金融是农村金融研究的逻辑起点。既有的理论认为，基于信息对称性和运营成本等考虑，大银行在服务大客户方面更具有比较优势，小客户则更适合于由小银行提供金融服务特别是信贷服务，这就是通常所言的"大服务大、小服务小"观点。但是，目前国际上却广泛存在"大银行成功服务小客户"的故事，如印度工业信贷银行、孟加拉国格莱珉银行和印度尼西亚人民银行等。这对既有的理论提出了挑战，需要理论工作者做进一步的探索。另外，由于历史的原因，我国金融体系的架构以商业银行特别是大型商业银行为主，大型商业银行承载着国有资本的意志，具有服务"三农"的社会责任，但同时又要努力实现价值最大化和股东回报最大化，如何破解这一矛盾，需要理论界进一步展开研究。

第一节　小额信贷发展历程

如第九章所言，受凯恩斯主义影响的传统的国家补贴信贷政策实际上在一定程度上抑制了货币、生产、收入以及就业之间的良性循环，更长期的农村发展目标被忽视了（雅荣、本杰明、皮普雷克，2002[1]），政府意图通过外部资金的输入来实现农村经济发展的构想并没有实现。在金融深化理论的指导下，很多发展中国家从 20 世纪 70 年代开始纷纷对本国农村金融机构进行商业化改革，以期通过收取市场水平的利率等举措，达

---

[1]　雅荣、本杰明、皮普雷克：《农村金融：问题、设计和最佳做法》，2002 年 9 月 "中国农村金融研讨会"材料。

到可持续服务农村经济的目的（Yaron，1999①）。但是，由于农户金融风险大、成本高并缺乏抵押担保等原因，转型后商业化运作的金融机构仍旧缺乏为小农提供金融服务的动力（Santonu Basu，1997②）。即使收取较高的利率，由于借贷双方之间的信息不对称，也难以规避逆向选择和道德风险问题（Stiglitz and Weiss，1981③）。例如，事前的信息不对称无法将"高风险"的借款者和"低风险"的借款者有效区分开来——高利率导致只有"高风险"的农户才借贷，事后的信息不对称无法观察和监督借款者的信贷使用去向——高利率导致借款者更易从事高风险（从而可能高收益）的行业。

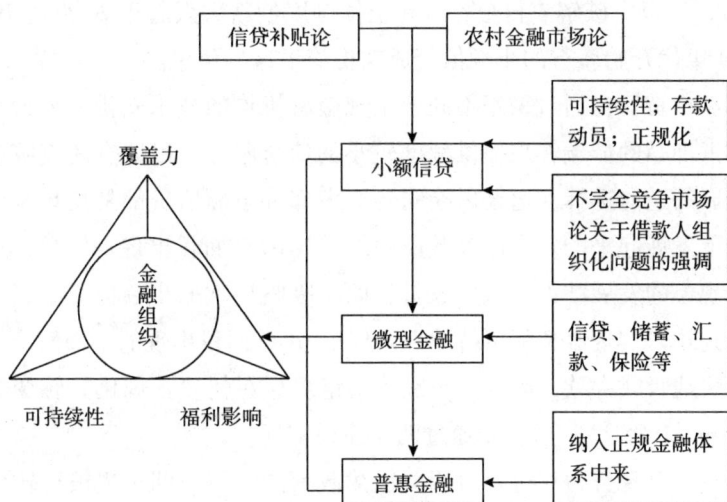

图10.1 小额信贷发展历程与微型金融行业标准

在信息不对称的条件下破解农户贷款难问题，提供相应的抵押是一种可能的办法。但是，小农经济的生产特征决定了农户往往缺乏行之有效的

---

① Yaron，"Making the transition from state agricultural credit institution to rural financial intermediary: role of the state and reform options"，working paper，1999.

② Santonu Basu，"Why institutional credit agencies are reluctant to lend to the rural poor: a theoretical analysis of the indian rural credit market"，Working Paper，1997.

③ Stiglitz and Weiss，"Credit rationing in markets with imperfect information"，American Economics Review，1981，71（3），393－410.

抵押品。即使有能抵押的物品（如生产机具和牲畜等），也往往面临两大难处：一是这些抵押品的变现能力差，故而金融机构不愿接受；二是当农户发生违约时，由于法律基础设施不健全以及政府的相关权衡等原因，执行成本较高，这打击了金融机构的积极性——因为正规金融机构促进偿付的机制主要靠的是法律系统（Kranhnen and Schmidt，1994①）。

总之，传统的正规金融机构缺乏向穷人提供信贷服务的内在动力，而信息不对称造成的逆向选择和道德风险问题是导致非正规金融广泛存在的根本原因（林毅夫、孙希芳，2003），但是，非正规金融只能在有限的区域或群体中发挥作用，难以成为有效的农村金融中介（陈军、曹远征，2008②），所以，破解农村金融难题亟须制度创新。兴起于20世纪70年代并从80年代开始盛行的小额信贷成功扮演了这一角色。

小额信贷旨在通过采用不同于正规金融机构的技术安排，来为无力提供担保抵押品的低端客户提供额度较小的信贷服务，以期有效克服信息不对称造成的逆向选择和道德风险问题。大部分小额信贷都是在政府或出资人扶植下发展起来的，多以非政府组织（NGO）面目出现。但是，随着小额信贷规模的发展壮大，只发放贷款而不吸收存款的小额信贷组织，越来越感觉到难以实现服务的可持续性。但以NGO面目出现的小额信贷组织并不能合法地吸收存款，因此，小额信贷组织存在朝"正规化"转变的冲动（McGuire，1998③），这主要通过两条途径实现。

其一，自身努力获得政府相关法律政策的支持，朝正规银行转变。例如，尤努斯教授在1976年发起的孟加拉国乡村项目，起初主要采取先从商业银行贷款再转贷给穷人的运作模式，但1983年孟加拉国政府出台《乡村银行法案》之后，乡村项目实验的分支机构得以组成一个独立的商业银行即格莱珉银行，并且储蓄业务和小额信贷成为支持格莱珉银行发展的两

① Krahnen, J. P. and R. H. Schmidt, "Developing finance as institution building boulder", San Francisco and Oxford Westview, 1994.

② 陈军、曹远征：《农村金融深化与发展评析》，中国人民大学出版社2008年版。

③ Paul B. McGuire, John D. Conroy and Ganesh B. Thapa, "Getting the framework right: policy and regulation for microfinance in Asia", Foundation for Development Corporation, 1998.

翼（项俊波，2010①）。

其二，通过在正规金融机构中设立内部业务单元等方式促进小额信贷正规化（李振江、张海峰，2008②）。例如，印度尼西亚人民银行于1984年对现有网络进行了大范围的改革，赋予其新的目标，即"将村银行转变成为能够满足农村地区广泛金融需求并且财务可持续的农村银行网络"。

至此，商业银行成为小额信贷服务的提供主体之一。与此同时，理论工作者和实际工作者均发现，实现从"小额信贷（micro - credit）到微型金融（micro - finance）再到普惠金融（inclusive finance）"的转变，是破解小农和穷人金融服务约束的关键（联合国开发计划署，2006）。研究认为，金融可持续性（financial sustainability）、覆盖力（outreach）和福利影响（impact）的"大三角"是微型金融服务成功的行业标准（Zeller and Meyer，2002③）。"小额信贷"到"微型金融"的转变，因为增加了储蓄、保险和汇款等内容以及收取较高的利率，故而有利于低端客户服务覆盖力和福利水平的提升，并能实现金融机构自身的可持续性。而"小额信贷"最终向"普惠金融"的转变，则使得小额信贷和微型金融不再边缘化，相反，是融入了正式金融体系之中，因而"无论是独立的抑或是合作的发展银行、商业银行和其他金融机构，包括资本融资，都是促进穷人获得金融服务的有效工具"，"针对于生活在农村地区和落后地区的低收入人口的金融服务，应该被视为金融部门和各类金融机构的重要的和完整的组成部分，不同机构要充分利用各自的比较优势，进行有效的金融创新，将这些服务当作有待开发的商业机会，普惠金融应当包含在金融部门的发展战略中"（联合国开发计划署，2006④）。

---

① 项俊波：《国际大型涉农金融机构成功之路》，中国金融出版社2010年版。

② 李振江、张海峰："微型金融业务的四种模式"，《农村金融研究》2008年第12期，第27~31页。

③ Manfred Zeller and Richard L. Meyer， "The triangle of microfinance: financial sustainability, outreach, and impact"，The Johns Hopkins University Press，2002.

④ 联合国开发计划署：《建设普惠金融体系》，焦瑾璞、白澄宇等译，内部资料。

▌第二节　小额信贷的两种代表性技术辨析

小额信贷的两种代表性技术是小组贷款（Group Lending）和动态激励（Dynamic Incentive）。这些不同于传统信贷的创新型技术是小额信贷制度产生、发展和走向完善的关键（焦瑾璞、杨骏，2006[①]）。

一、小组贷款技术：规避"逆向选择"和"道德风险"

假如不存在小组贷款技术，不妨假设贷款主体中存在高风险和低风险两类客户，两类客户分别向银行申请贷款。根据常识，高风险客户贷款成功的概率 P_g 低于低风险客户贷款成功的概率 P_d，但是高风险客户贷款成功后的收益 R_g 大于低风险客户贷款成功后的收益 R_d。简化起见，假设高风险和低风险项目的期望收益 $\bar{R}$ 相同，即 $\bar{R} = P_g \times R_g = P_d \times R_d$。另外假设，不贷款时两类客户均能获得固定收入 I。

由于信息不对称，银行难以分辨两类风险程度不同的客户类型，故而只能制定统一的利率 i，假设两类客户的贷款额度为相同的 M，故而银行正常收回贷款后获得的收益为 $R_i = M \times i$，再假设两类客户贷款成功的平均概率是 $\bar{P}$，贷款成本为 c，那么在"零利润"约束条件下，$R_i \times \bar{P} = c$。

综上可以推导出，$\bar{R} - R_i \times P_d < \bar{R} - R_i \times P_g$，即低风险客户的期望收益将低于高风险客户，特别是当 $\bar{R} - R_i \times P_d < I$ 时，低风险客户的期望收益甚至低于不贷款时的情况，故而将退出信贷市场。可见，在分散贷款的情况下，信贷市场出现了阿克洛夫意义上的"柠檬市场"，高风险客户挤走低风险客户的逆向选择现象发生。

[①]　焦瑾璞、杨骏：《小额信贷和农村金融》，中国金融出版社 2006 年版。

但是，Ghatak（1999）[1] 等人的研究证实，小组贷款技术可以成功地使那些彼此比较了解且风险水平相近的借款人自动组成联保小组，从而有效解决逆向选择问题。

仍旧假设贷款者只有风险高和风险低的两人，两人独立从事项目经营活动，如果失败，支付为零，如果成功，支付为 R_i，并且一方要为另一方的违约承担担保责任 L。

当高风险客户与低风险客户结成小组时，低风险借款者期望收益情况如下：

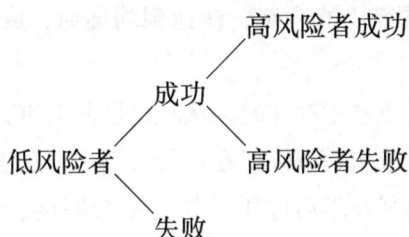

```
                          高风险者成功
              成功
低风险者                  高风险者失败
              失败
```

相应的，其期望收益情况为：

$$\bar{R} - P_d \times [R_i + (1 - P_g) \times L] \tag{10.1}$$

同理，当低风险客户之间结成小组时，低风险借款者的期望收益情况如下：

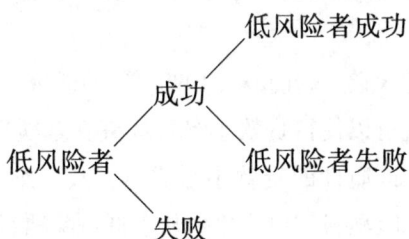

```
                          低风险者成功
              成功
低风险者                  低风险者失败
              失败
```

相应的，其期望收益情况为：

$$\bar{R} - P_d \times [R_i + (1 - P_d) \times L] \tag{10.2}$$

对式子10.2与10.1求减法，可以得到低风险者与高风险者结成小组

① Ghatak Maitreesh, 1999, "Group lending, local information and peer selection", Journal of Development Economics, 1999（60），27－50.

195

贷款时的损失为：

$$P_d \times (P_d - P_g) \times L \qquad\qquad (10.3)$$

同理，可以求得高风险者与低风险者结成小组贷款时的收益是：

$$P_g \times (P_d - P_g) \times L \qquad\qquad (10.4)$$

对式子 10.3 和 10.4 求减法，可以得到：

$$(P_d - P_g) \times (P_d - P_g) \times L > 0 \qquad\qquad (10.5)$$

这说明，高风险借款者的收益难以有效补偿低风险者的损失，故而，低风险者更倾向于与同质的群体结成小组。而 Ghatak（1999）[①] 等人的研究证实，由任意成员组成的小组，在达到均衡时，成员特征趋同性仍然存在。

可见，当小组贷款技术存在时，从理论层面上讲，可以使得低风险者通过自我选择并聚集成组而继续留在信贷市场中。这也说明，如果小组能够顺利组建，小组信贷技术通过利用内嵌在当地社会网络中的社会资本因素，能有效规避逆向选择问题。

接下来，再看小组贷款技术对于规避信息不对称造成的另一种市场失灵，即道德风险问题的作用。假设贷款者的道德风险表现两方面：一是获得贷款后将资金投到那些风险更高的项目中去，从而导致投资项目失败的概率更大进而违约的风险更大；二是贷款者投资成功并获取收益但却故意隐瞒并赖账。

对于第一种道德风险，Stiglitz（1990）[②] 的研究认为，只要设定足够高的担保责任 L，就可以使得贷款小组只从事安全项目。而相关博弈分析证实，具有风险特征同质性的贷款小组成员，其"纳什均衡解"有两个，即要么集体从事高风险项目，要么集体从事低风险项目。

但对于第二种道德风险，研究认为，在只考虑当期的静态联保小组贷款机制时，无论是否考虑事先的"合谋"协议，均不能有效防止借款人在

① Ghatak Maitreesh, 1999, "Group lending, local information and peer selection", Journal of Development Economics, 1999 (60), 27 – 50.

② Stigilitz, "Peer monitoring and credit markets", World Bank Economics Review, 1990 (3), 351 – 366.

获得成功之后可能采取的隐瞒实际收入的策略，或者说，此时的小组贷款技术对于规避第二种道德风险是无效的（焦瑾璞、杨骏，2006[①]）。

二、动态激励技术：从"重复博弈"到"累进机制"

理论上，动态激励技术包括简单的"重复博弈"和"累进机制"两种。所谓"重复博弈"，指的是对按时足额还本付息的客户，将持续提供相同额度的信贷支持，反之，将降低其获得贷款的概率直至取消资格。所谓"累进机制"，指的是对还款表现好的客户，在下一期将为其提供数额较大的贷款（设定一个大于等于1的激励系数）。由于"累进机制"的一个特殊好处在于，能首先通过额度较小的贷款检验借贷者的还款能力，故而对借贷双方之间形成长期的良好合作关系意义重大。

但是无论哪种动态激励技术，对降低农户违约水平都至为关键。这是因为，如果借款人知道这是最后一次借款，理性选择必然是违约。这可以从图10.2看出[②]。

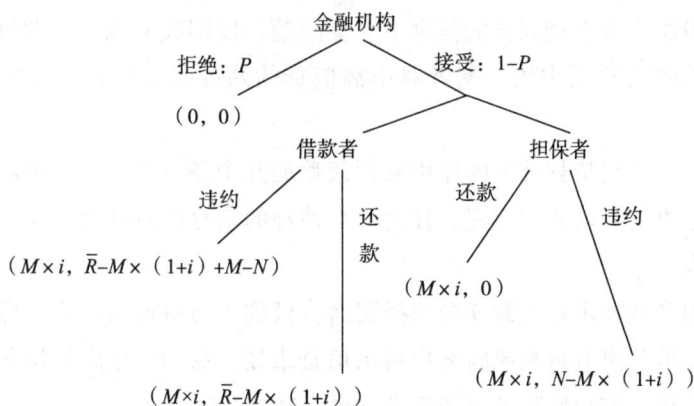

图10.2 借贷双方一次性博弈分析

---

① 焦瑾璞、杨骏：《小额信贷和农村金融》，中国金融出版社2006年版。
② 借鉴赵岩青、何广文（2007）等人的表述，P代表金融机构放贷的可能性，N代表担保农户替借款农户还款后所获得的种种收益，包括信誉度增加、社会称赞等社会资本方面的收益，以及自身以后获得信贷支持可能性的提高等方面。其他字母的含义同上文。

显而易见，在一次性博弈环境下，农户及时还款的预期收益为 $P \times [\bar{R} - M \times (1 + i)]$，低于农户违约的预期收益 $P \times [\bar{R} - M \times (1 + i) + M - N]$。

"累进机制"的动态博弈技术还可以有效解决上文中的第二种道德风险问题。这种有效性的重要前提条件是"贷款利率水平低于激励系数与未来收入贴现值的乘积"[①]，这说明，合理的利率水平、适宜的激励系数和稳定的收入预期均十分重要。另外"累进机制"的动态博弈技术在人口流动较大的农村地区效果相对较差，这可能与流动人口加大了小组的组建和成员彼此的监督有关。而信用记录的不完整和不公开也是这种机制有效发挥作用的不利因素，因为违约客户完全可以到另一家金融机构继续申请贷款。

三、对小额信贷两种代表性技术的认识

综上所述，可以认为，小额信贷技术的关键是在缺乏必要的抵押品的前提下设法克服借贷双方的信息不对称问题，以期成功地将金融资源渗透到农村低收入阶层中去。笔者对小额信贷的两种代表性技术有如下两点认识。

第一，小组贷款技术的作用发挥依赖的几个条件是：客户风险类型的甄别、小组的自动顺利组建、社会资本精神的培育以及社会资本与其他资本的结合。

小组贷款技术在规避逆向选择层面，做到了使得低风险客户保留在信贷市场，但并没有将高风险客户挤出信贷市场。故而，金融机构所要做的第一步工作是客户风险类型的甄别，尽量避开高风险客户[②]。

当对目标客户进行授信时，必须要求组建相应的信贷小组。贷款小组主要是利用了"关系、网络、信任和规范"等社会资本的作用来克服涉农

---

① 详细推导参见焦瑾璞、杨骏：《小额信贷和农村金融》，中国金融出版社 2006 年版，第 66~67 页。

② 在本篇第五章相关案例分析中将看到，中国农业银行基层经营行在开展农户小额贷款前，进行了大量的基础性摸底调查工作。

信贷的风险大、成本高的问题。可以看出，设法培育良好的社会资本十分关键。

除了水平型社会资本构建以外，还要关注垂直型社会资本，即金融机构与借款人之间的关系。故而，把当地人派到当地的分支机构去工作是许多微型金融组织培育和改善与借款人之间关系的一项重要举措，与此同时还应授予这些信贷员相应的权利来处理信贷事务。

倘若缺乏就业渠道和商业机会，即便是通过集体行动能解决信贷约束的信贷协会也无法帮助穷人增加收入（World Bank，1997①）。这意味着社会资本如不同其他形式的资本结合在一起，也只能发挥有限作用。

第二，动态激励技术作用的发挥所依赖的几个条件是合理的利率水平、重复博弈的预期、对未来收入增长的渴望和信用记录的公开。

过低的利率将难以有效覆盖成本，从而不符合小额信贷"制度主义"的发展趋势，也就难以实现商业可持续性。但过高的利率必然加重农民的负担并有可能使他们陷入更深的贫困，或者干脆违约。科学合理的利率水平同时也是克服第二类道德风险的关键技术。

如果农民预期到下一期将难以成功贷款，违约将是他们的理性选择。而稳定重复博弈的预期，既离不开金融机构利用各种手段的宣传，以树立持续开展微型金融服务的形象，也需要金融机构在相关政策制定上尽量避免一刀切，对非道德风险造成的违约给予特殊对待。

从农民的角度看，如果他们对未来收入更重视或者对与金融机构的合作更有耐心，那么，重复博弈机制就会越稳定，违约概率就会越低。故而选取有利于实现农民收入持续增长的切入点开展微型金融服务，具有重要意义。

如果信用记录不能共享，高风险客户便有机会在不同的机构之间重叠贷款并加大违约概率，因此建立统一的征信系统很有必要。同时，统一的征信系统还将有利于减少各金融机构为分头采集信息而做的重复劳动，从而节省交易成本。

---

① The World Bank，"Expanding the measure of wealth: indicators of environmentally sustainable development"，1997，77.

　　建设普惠金融体系是小额信贷的演进方向，这实际上是主张将对低端客户的金融服务不再作为一个特殊问题对待，相反，应将其融入正规的大金融系统中。在这个系统中，大型商业银行应该是重要的金融服务供给主体之一，并且这种金融服务不仅仅限于直接的信贷支持，提供存款、取现、查询和汇款等基础金融服务同样具有重要意义。

第三节　农业银行农户金融服务 60 年历程

　　农业银行一直扮演着金融支持农户主要力量的角色，这体现在农业银行从 1951 年第一次成立（当时为"农业合作银行"）后发展至今的 60 多年历程中。期间，农业银行在计划经济时期经历了"三起三落"，并于 1979 年第四次恢复成立。对农业银行支农的 60 年历程，本书第一篇已经进行了初步梳理，本部分则着重从农户金融服务角度对农业银行的模式进行回顾。

表 10.1　　　　农业银行服务农户 60 年历程与典型做法

	计划经济时期（1949～1977 年）			市场经济时期（1978 年至今）		
农业银行服务农户阶段	1951～1952（第一次成立与撤销）	1955～1957（第二次成立与撤销）	1963～1965（第三次成立与撤销）	1979～1993（专业银行时期）	1994～2006（国有商业银行时期）	2007 年至今（股改上市时期）
农业银行服务农户主要做法	配合土地改革，支持贫农、中农改善生活，打击农村高利贷	配合农业合作化运动，开展贫农合作基金贷款，发放极贫户贷款	支持贫下中农困难户的无息贷款	农业银行的农户贷款和扶贫贴息贷款快速增长	信贷支农范围按商业化经营原则作出调整，逐步从农户个人等小额分散的贷款领域中退出	通过发放惠农卡、组建三农事业部、建设"惠农通"工程的方式服务农户

资料来源：作者根据相关文献整理归纳。

1949～1952 年土地改革时期，国家发展农村金融的主要目的是帮助建国初期贫困农民发展生产，实现增收（李扬等，2009[①]）。围绕着这一目的，国家于 1951 年成立农业合作银行，其主要任务是发放农业合作的长期信用贷款和国家投资贷款（伍成基，2000[②]），对农户的贷款则主要体现为发放贫农和雇农贷款，因为当时的贫雇农收入最低，且受到的高利贷剥削更大，而战胜高利贷被认为是当时金融工作的重点。农业银行开展的农户贷款业务，对解决贫雇农的生产生活困难起到重要作用。1952 年为了响应国家精简机构的号召，农业合作银行第一次被撤销。

1953 年过渡时期总路线提出后，农业合作化运动快速发展，到 1957 年全国大范围建立高级社时，农民已从农村经济微观主体演变为集体组织的一员，不再能自由支配劳动力、土地和资金。1955 年农业银行第二次被批准成立，以服务农业合作化运动。由于合作社取代农民个体成为农村经济运行的微观主体，农业银行的农贷主要侧重于农业合作化方面，据统计，截至 1956 年底，农业合作化贷款额度占总贷款额度的 49.7%（伍成基，2000[③]）。但是，为了配合农业合作化运动，农业银行按照国家规定，积极开展贫困农户合作基金贷款和极贫户贷款，并且截至 1956 年底，贫农合作基金贷款和社员及个体农民贷款合计占比达到 47%，仅略低于农业化贷款占比。由于与人民银行的关系难以理顺，农业银行于 1957 年第二次被撤销。

1958 年国家开始开展大跃进运动和人民公社化运动后，农民身份"集体化"速度加快。由于违背经济发展规律，随后导致了三年经济困难时期（1959～1961 年）的到来。从 1962 年开始，国家进入"巩固、调整、充实、提高"的国民经济调整时期。为了加大资金支农力度，农业银行于 1963 年第三次成立。在农户贷款方面，为了支持"四清"运动，农业银行划出 5000 万元作为支持贫下中农困难户的无息贷款专项资金。刚刚建立两年后的农业银行，因与人民银行在农村基层机构设置上矛盾日益突出，在

---

① 李扬等：《新中国金融 60 年》，中国财政经济出版社 2009 年版。
② 伍成基：《中国农业银行史》，经济科学出版社 2000 年版。
③ 伍成基：《中国农业银行史》，经济科学出版社 2000 年版。

1965 年第三次被撤销。

1979 年，为了支持家庭联产承包责任制的推广，农业银行第四次成立。专业银行时期（1979～1993 年）的农业银行的农户贷款和扶贫贴息贷款快速增长。农户贷款从 1979 年的 3.73 亿增长到 1992 年的 126.18 亿元，扶贫贴息贷款从 1986 年的 0.17 亿元增长到 1992 年的 76.71 亿元。由于这一时期乡镇企业异军突起，农业银行及其领导的农信社资金更多地选择了支持农村工业发展。据统计，1980～1994 年，农业银行和农信社投向农村工业的贷款增长了 12 倍，远高于其他投向的贷款增长速度（刘民权等，2006[①]）。

1994～2006 年农业银行向国有商业银行转轨时期，确立了"转轨不转支农方向"的工作方针和集中支持"优势产业、优良客户"的双优战略，并相应在信贷支农的范围和方式方面，按照商业银行的经营原则进行了重大调整。1997 年则明确提出把支持农业产业化经营作为全行信贷工作的重点。2000 年后在农村市场，按照中央指示，为支持农村信用社改革和发展，农业银行逐步从农户个人等小额、分散的贷款领域中退出，让出一块市场给农村信用社（曹杰存，2008[②]）。

2007 中国农业银行启动股份制改革并于 2011 年 7 月 15 日和 16 日分别在上海和香港上市。但农业银行坚持"股改不改支农方向、上市不减支农力度"，通过发放惠农卡和组建三农事业部的方式，继续服务"三农"。截至 2012 年末，农业银行共发放惠农卡 1.28 亿张，惠及 3.5 亿农户；2012 年共发放农户贷款 1630.4 亿元。农业银行通过加大农村电子渠道建设的方式延伸服务触角，并探索出很多大型商业银行服务小农户的成功模式。2010 年，中国农业银行"服务三农的责任担当精神"荣获"新中国 60 年最具影响力十大企业精神"。

可见，60 年中国农业银行的"三落四起"均与国家经济命脉息息相关，并在服务农户方面自始至终发挥重要作用。1994 年商业化改革后的农

[①]　刘民权等：《中国农村金融市场研究》，中国人民大学出版社 2006 年版。

[②]　曹杰存："坚持面向'三农'，走科学发展之路"，《中国城乡金融报》2008 年 12 月 18 日。

业银行，特别是股改上市后作为一家大型公众持股上市银行，如何探索出一条"大银行服务小农户"的可持续的商业化模式，是绕不过也必须认真探索的问题。

在下文中，笔者首先从农业银行农户小额贷款角度，就"大银行服务小客户"的可持续性问题展开分析。

▓ 第四节　农户联保贷款和农户小额信贷产品

由于家庭联产承包责任制的长期存在以及农村经济社会发展的不均衡，可以判断，我国目前的农村经济发展状况，总体而言仍旧没有走出以传统小农经济为主的生产格局。或者说，以户为单位的小规模生产仍将长期存在。因此，农户是农村金融的逻辑起点，农户金融问题是最本源的农村金融问题。

农户金融虽然不等同于农户信贷，但是信贷需求无疑是农户金融需求的主体。央行分别于2008年和2010年出台了两个推动农村金融产品和服务创新的指导意见，并且都明确指出，要积极发展农户联保贷款和农户小额信用贷款这两类农户贷款产品。

一、关于农户联保贷款

就全国范围而言，小额农户贷款以多户联保为主要担保方式。以多户联保的方式获取小额贷款的做法起源于孟加拉国乡村银行，后来被众多发展中国家和部分发达国家如美国和加拿大推广，成为国际社会广泛采用的金融扶贫工具。从理论层面看，多户联保贷款有很多优势，比如可以克服农户信息不对称以及缺乏必要抵押品的问题。但是，在现实运转中，多户联保贷款的违约率较高，并可能是未来农户金融服务的风险高发点。

农户联保贷款产品在我国农村不奏效，既有制度设计的问题，也有前提假设得不到有效满足的问题。例如，在制度设计上，既存在贷款期限不合理、难以适应农业生产的周期性的情况，也存在贷款手续繁琐、贷款额度偏小的问题。而在前提假设上，联保贷款制度一方面要求组建联保小组，另一方面要求借贷双方是重复博弈的关系，这在我国农村地区都很难满足。

具体来看，要求组建联保小组的规定，不符合我国农户信用"内强外弱"的特点。诚然，由于熟人社会等原因，我国的农民是诚实守信的，只要有还款能力，肯定会尽最大努力还贷。但实践证明，农户的个体信用很难发展成一般的社会信用关系，"谁欠的钱谁还"的思想广泛存在。这种低社会信任导致了低的合作意愿，彼此不存在主动合作的激励。所以，农民为达到及时获取贷款的目的，便广泛存在在相对陌生的农民间临时搭建联保小组的现象，这为日后贷款风险的集中爆发埋下隐患。

农户联保贷款产品的另一个重要前提是，信贷双方之间需是重复博弈的关系，但这在我国农村很难满足，主要原因有二：一是农民对未来能继续结成有效的联保小组缺乏把握性；二是农户联保贷款发放主体（如农信社和农业银行）的宣传力度不够。这两点原因使得农户对获取贷款的长期性缺乏信心，采取违约行为便是其占优策略。

综上所述，农户联保贷款产品要可持续推广，需兼顾制度设计和前提条件两个层面。首先，在制度设计上，宜结合当地实际情况，动态调整联保小组构成人数、贷款发放金额和贷款期限，以求最大程度吻合农户实际需求和农业生产周期。另外，对联保贷款授权授信管理宜由总行或农信社省联社适度下放至基层行，并加强操作风险和信贷员的道德风险防控。其次，在前提条件上，宜通过发展合作社等方式加强农户之间的经济利益关联和信息对称程度，为组建联保小组创造条件。同时，信贷供给主体应在加大服务农户方面宣传力度的同时，对按时、足额还款的农户给予正面激励，如提高其授信额度、降低其贷款利息等，以期维系借贷双方之间的重复博弈关系。

二、关于农户小额信用贷款

但是，已有的一些调研资料表明，很多农户对多户联保产品并不很热衷，相反，问卷调查表明，他们更青睐小额信用贷款方式，并认为借款的便利程度是影响其融资偏好的主要原因。笔者在相关调研中亦发现，基层信贷人员认为，农户联保贷款的健康运转离不开信用意识的维系，他们普遍反映金融机构针对农户贷款所开发的产品品种过少。这说明，进一步创新农户金融产品是农户和农村金融市场普遍的诉求。

目前，农户小额信用贷款的主要实施者是农信社。农户小额信用贷款是一种既不需要抵押也不需要担保的贷款产品。其一般的做法是，先对农户的贷款和基本经济情况进行摸底，再对农户进行信用程度评级，最后根据评级对农户颁发贷款证。农户可以凭贷款证和身份证，直接到金融机构网点办理限额以内的贷款。

农户小额信用贷款对缓解农民贷款难、促进农民增收和改善信用社业务经营，起到重要作用。但是，农户小额信用贷款依然存在两大问题，一是产品供给难以满足农户金融需求，二是贷款的潜在风险很大。小额信用贷款与信用评定等级正相关，对于信用等级为一般的农户，一般只能贷款1万元左右，而且期限不得超过一年，这远不能满足农户的生产经营需求，也不利于农业生产向产业化、规模化转变。另外，农信社基于风险的考虑，普遍存在"惜贷"情绪，相反，农户基于便捷性的考虑，则存在"盲贷"现象，这种供给与需求的不匹配即意味着高风险。即使大部分农户存在及时还款意愿，但由于农业的弱质性和小农户生产的盲目性，他们往往面临着较高的自然风险和市场风险，这均构成其信用贷款的主要风险源。

信用贷款较之于保证贷款变数更大，风险问题更突出，故而，除了小额信贷产品本身在额度和期限结构等方面需进行进一步边际调整以外，未来要更好地贯彻落实央行相关指导意见，推动农户小额信用贷款可持续发展，最为关键的是要建立起完善的风险防范机制。首先，对于农户道德风险的防范，主要在贷前要把好农户的准入关，通过科学的摸底、评级和核定额度等举措，尽量将信用差的农户排除出去。其次，对于信贷员操作风险的防范，则重点在于制定奖罚分明的制度，稳定其对未来的预期。最后，对于市场风险和自然风险，一方面，金融机构应积极争取相关部门支持，建立有效的风险分散机制和担保机制。比如，引入农业保险、搭建政府牵头的风险基金或担保公司等。另一方面，央行和银监会应作为牵头人，引导各地积极开展以农户信息共享与农户信用评价为基础的农村信用体系建设，通过开展信用村镇的创建等方式，改善农村信用环境。

总之，农户金融服务的改善离不开农户信贷产品的完善与创新。未来，无论哪种农户贷款产品，实现农户与金融机构的双赢，均是基本目标，为此，既离不开地方政府的支持，又需要有特色产业的支撑。这是因为，地方政府在担保和财税政策等方面的支持，有利于降低农户经营风险和金融机构经营成本，而特色产业的发展，则有利于增加农户收入和金融机构经营利润。

第五节　大型商业银行参与普惠金融服务重在模式创新

"普惠金融"的概念最早由联合国提出，它是对"小额信贷"和"微型金融"概念的延伸，它主张不宜将农户等低端市场客户作为特殊主体对待，相反，应将其融入正规的大金融系统中。联合国开发计划署曾明确指出，实现从"小额信贷"到"微型金融"再到"普惠金融"的转变，是破解低端市场客户金融服务约束的关键。

从国际经验看，大型商业银行参与普惠金融体系建设，要么是为了满足监管政策要求，要么是出于社会责任考虑，要么是具有明确的商业动机。但无论怎样，在普惠金融体系建设中，大型商业银行都应该是重要的金融服务提供商，这在国际上具有成功的先例，如 ICICI 等。

从我国农村金融供给主体看，近几年来大型商业银行特别是农业银行加大了对农户、小微企业等弱势客户的服务力度，并取得良好的社会效应和经济效应。在我国总体已进入"以工促农、以城带乡"的新阶段，以及县域经济发展显露出巨大潜力等大背景下，大型商业银行积极参与普惠金融体系建设，在体现国家资本意志的同时，具备实现商业可持续性的条件。

但是，根据金融客户分层理论，由于在资本、技术、管理和产品研发等方面更有比较优势，因此大银行更适合服务具有规模经济效应的大客户，而对信息不对称且信贷需求"小、频、急"等小微客户的服务供给，宜主要由微型金融机构满足，这就是所谓的"大服务大、小服务小"观点。因此，大型商业银行要真正实现可持续地服务小客户必须诉诸模式创新。

一是服务内容的创新。服务内容主要指向什么类型的客户提供什么类型的服务。当前对农村金融的认识总是被有意无意地缩小成农村信贷甚至是农户信贷，这不符合农村金融的本意，并很容易对实际工作部门产生误导作用。从银行的角度看，特别是大型商业银行，提供农村金融服务绝不仅仅在于信贷。实际上，联合国在对普惠金融概念进行界定时就明确指出，小微客户除了信贷需求外，对存款、取款、汇款、结算、查询和转账等基础金融服务的需求同样强烈。小微客户的这种多样化金融服务需求，在我国体现得尤为明显。以农户为例，由于幅员辽阔，我国农户经营规模、收入水平差距较大，欠发达地区的农户，由于产业层次、地理位置、知识水平等限制，他们对信贷服务需求相对较弱，但对基础金融服务的需求却很强。对这一类客户，尤应发挥好大银行的网点和技术优势，通过电子化手段延伸服务触角，为农户提供服务并改善其福利水平。在这一方面，农业银行已经通过"惠农通"工程建设的方式做出了重要探索，是极富意义的工作。总之，大型商业银行服务小微客户，提供信贷支持十分重要，但不能简单地将金融服务狭隘化理解为信贷服务。

二是服务产品的创新。银行的农村金融服务产品可分为信贷产品和基础金融服务产品两大类，如农业银行推出了"小额农户贷款"产品和"惠农通"工程等。两大类产品都面临创新问题。先看信贷产品。以农户贷款为例，目前市场上既有的农户贷款多以联保贷款为主，品种较少。实际上，由于我国县域经济发展很不均衡，甚至可以用"一县一特色"来概括，各县对于农户金融产品的需求不尽相同，因此，除了全国通用的农户贷款产品外，大型商业银行应在控制风险的前提下适度下放银行产品研发权利，鼓励基层行研发适合本地特色的金融产品，以提高市场适应性和反应速度。例如，牧区可以创新抵押担保方式推广农牧民贷款、旅游资源丰富的地区可以鼓励开展农家乐贷款和新农居贷款等。对这些基于真实需求衍生的金融产品，银行总行应提高其审批速度。再看基础金融服务产品。目前大型商业银行开发的用于满足农户基础金融服务需求的一些产品，如农业银行的"惠农通"，更多是基于"银政合作"的视角提出的，即产品的研发紧密结合政府惠农政策如新农保、新农合等，这种利用信息技术拓展服务触角的做法，完全符合大银行的比较优势和我国农村金融的政治经济学特征。但是，从笔者掌握的资料看，这些服务产品面临两大方面难题：一是政府政策风险大。例如，花大力气铺设的现有电子机具可能随着IC卡的推广而成为沉没成本。二是产品使用率低。例如，由于文化水平等限制，农民"一手交钱一手交货"的观念仍很重，对电子交易方式保持谨慎。为了应对困难，大型商业银行需要在两方面进行进一步的创新性探索：一是努力加强产品创新力度。例如，集中力量开发IC卡与社保卡合二为一的新农保社保卡，在系统功能上做好与国务院建立全国统一新农保信息管理系统的对接准备，等等。二是加大金融知识宣传力度，为电子机具的铺设和使用营造良好外部环境。例如，与地方政府合作，利用各种媒体加大金融知识宣传，并利用农户善于模仿的心理，通过抓好"草尖客户"等方式，做好以点带面工作。

三是服务方式的创新。简单讲，对小微客户的金融服务方式，分为直接方式和间接方式两种。以农户信贷为例，从直接服务方式看，为尽量规避用"陌生人机制"解决"熟人社会"问题所面临的高成本、高风险难题，大型商业银行探索出很多创新型服务方式，如"银行＋信用村＋农户"、"银行＋特色产业＋农户"、"银行＋龙头企业＋合作社＋农户"、"银行＋惠农政策＋农户"、"银行＋地方政府＋农户"等。这些服务方式在实践中被证明是行之有效的。但是，大型商业银行很难通过这种方式继续有效扩大服务范围，这是因为，我国农村信用环境总体还比较差，大部分地区的农村特色产业还不成形或发展滞后，农业产业化龙头企业在一些地方还很缺乏或规模较小、带动力有限，部分市场化水平低的地方政府还存在不适当作为等问题。这说明，仅靠直接服务方式继续大规模、快速度发放农户贷款，很可能在未来出现风险的集中爆发。而国际经验证明，通过间接方式开展微型金融服务，是富有成效的做法。从间接服务方式看，大型商业银行可采取直接设立村镇银行以及通过与微型金融机构合作并向其批发贷款等形式。未来，国家应鼓励村镇银行、贷款公司、资金互助组织等新型农村金融机构加快发展并加强公司治理，同时大型商业银行应通过批发贷款、代为研发产品和提供技术支持等方面，加大与微型金融机构的合作，扩大以间接方式参与普惠金融体系建设的力度。

▣ 第六节　围绕增加农民非农收入创新农金服务

改善农村金融服务的根本目的，在于借助资本或资金因素的撬动作用，促进农民持续增收。而既有的相关研究达成的一个基本共识是，实现农民收入快速增长继而缩小城乡收入差距、地区收入差距的根本出路，在于设法增加农民的非农收入。比如，改革开放 30 多年来，按收入来源的分解分析表明，非农收入大约解释了不同地区农民收入增长差异的三分之二以上。

由此推断，以增加农民非农收入为目的而改善农村金融服务，也许应是破解农村金融难题的重点。农民非农收入的来源不外乎工资性收入、非农家庭经营收入、财产性收入和转移性收入几种，并以前两种为主。故而，增加农民非农收入的农村金融服务工作，可以从以下几个途径开展。

一、为农业产业化龙头企业和小微企业发展提供大力的金融支撑

基于本地资源禀赋特色的农业产业化龙头企业，是安排农村劳动力就

业的主要载体，为此银行应特别注重对其进行金融支持。在这方面，各地已有很多经验，既包括提供季节性收购贷款和基地建设贷款等信贷支持，也包括对龙头企业管理人员进行金融培训从而提高其企业家才能等方面的支持。实践证明，以龙头企业为载体开展涉农金融服务，有利于提高银行金融服务的可持续性。龙头企业的发展壮大，对就地解决农民就业从而增加其工资性收入意义重大。

至于小微企业，由于其个头小、财务状况不健全、资金需求"短、频、急"等原因，应着重通过开放农村金融市场、发展中小银行的方式对其进行金融支持。而大银行开展小微企业金融服务，简单的"一对一"方式并不可行，相反，应诉诸模式创新，比如，可以以特色农业产业链为抓手，对上下游相关配套小微企业进行信贷支持。小微企业除了同样具有吸纳农村劳动力非农就业的功效以外，又因为很多小微企业自身即是小作坊或个体工商户，且从事的是非农行业，所以小微企业的发展，本身就意味着农民非农收入的提高。

二、为农民工回乡创业提供充分的金融便利

农民获取工资性收入的途径除了在本地企业务工以外，还有外出务工的方式。这些农民在外面开阔了眼界并积攒了一定积蓄，具有回乡创业的冲动，但是其中绝大部分人反映，缺资金是回乡创业的最大瓶颈。对这部分农民，银行机构的金融服务应及时跟进。可以先由地方政府对具有创业意愿的农户进行摸底，然后银行对相关农户进行筛选和信用评定，再由政府组建担保公司或风险基金，最后由银行开发能涵盖不同层次回乡创业人员资金需求的贷款产品和流程。既有的经验表明，金融支持农民工回乡创业，既有利于增加农民非农收入，又对解决部分农村空心化、留守妇女就业和留守儿童教育等问题大有裨益。更关键的是，由于农民工回乡创业极大地促进了当地经济发展，故而地方政府对此具有很强的正向激励，这有利于保证银行贷款的按时足额回收。

三、为城镇化和新农村建设提供充足的金融动力

要增加农民非农收入，还离不开农村城镇化建设的推动。据估计，未

来十年小城镇建设约需投资 2.5 万亿元，其中用于小城镇基础设施的投资至少需要 1 万亿元。满足如此巨量的资金需求，单靠政府财政支出显然难以实现，这就需要诉诸投融资体制的深化改革，而无论如何，都离不开银行信贷的积极参与。最近，国务院总理李克强明确指出，城镇化是中国经济发展的重要引擎，所以，只要找准着力点，金融服务城镇化就意味着金融服务实体经济，并将为农民非农就业创造大量机会。

城镇化贷款面向的是一个个特定地域，很难将单个项目分开，其中又涉及政府、企业与事业法人、农民等多个市场主体，是极其复杂的系统。但无论如何，设法保证农民的就业和收入增长，是这项工作的重中之重。从有利于增加农民非农收入的角度看，未来金融支持城镇化的着力点在于：第一，加大工业化和农业产业化支持力度。对工业化的支持，应重点围绕着工业园区和流通市场体系建设展开，对园区内企业提供从融资、结算到理财的一揽子综合服务，对流通市场体系中的服务型中小企业，加大信贷产品创新力度。对农业产业化的支持则应以龙头企业及上下游小微企业为主，对此前文已有论述。第二，要重点支持城镇基础设施建设。其中，政策性银行应在公共性项目中发挥主导作用，商业性银行应侧重于其中的经营性项目。基础设施建设具有投资大、周期长的特点，对安排农民非农就业具有较强带动效应。第三，要重点支持城镇服务业发展。商贸、餐饮、物流、旅游等服务业发展是城镇化发展的必要条件，一方面它们本身就能吸纳大量的农村剩余劳动力，另一方面，它们还能催生出更多的新行业和新就业岗位，故而银行应及时开发适销对路的服务产品。

新农村建设市场中蕴含着增加农民非农收入的广阔市场，只要金融资本创新性介入，这一市场便可能焕发巨大活力。例如，在旅游资源丰富或城郊农村地区，很多地方政府提出了新农村建设发展规划，规划催生了两类对农民非农收入增长意义重要的金融需求，一类是"农民新农居住房"贷款需求，另一类是"农家乐"贷款需求。在旅游或城郊重点县域，农民贷款买房后可以更方便地从事商贸和餐饮等服务行业，从而增加非农收入，而以餐饮和住宿为主要服务内容的"农家乐"旅游发展，则越来越成为农民快速致富的重要途径。为此，既需要银行基层经营行努力探索新的抵押担保方式并创新金融产品，更需要银行总部对基层的创新给予大力支持，通过银行总、分、支行之间的良性互动为满足两类新型农民金融需求保驾护航。

四、为承接东部产业梯度转移的中西部地区客户提供多样的金融服务

缩小地区收入差距的关键在于实现中西部地区农民收入的更快增长，所以增加中西部地区农民的非农收入意义重大。在东部地区产业结构升级调整中，最先向外挤出的是劳动密集型产业，而承接这些产业的中西部地区的优势恰在于拥有广袤的土地和富余的劳动力，这既迎合了劳动密集型产业的特点，又为就地解决当地农民工就业问题提供了机遇。

但是，要大规模地承接东部地区产业转移，离不开金融服务的创新和支持。从现有的情况看，很多转移企业普遍缺乏合格的抵押物，但是兴建厂房和购置机器设备等又需要大量的资金，这就应诉诸当地银行的创新性金融服务。比如，银行可以在有所甄别和严控风险的基础上积极探索，鼓励相关产业链企业采取联保的方式融资，也可以尝试支持企业以订单、库存和专利等方式进行抵押融资。除此之外，考虑到转移企业大多来自沿海发达地区，对金融服务的需求更全面和多样，故而银行对转移企业的支持还体现在流动资金头寸管理、投融资服务、理财、外汇结算、电子银行服务等诸多方面。总之，东部沿海地区产业梯度转移使得中西部县域面临着大好发展机遇，也为金融资本下乡提供了良好对接平台，只要金融产品适销对路，就可以达到银行盈利、企业发展和农民增收的三方共赢效果。

第七节　小结

总体而言，农业银行在缓解农户贷款难、帮助农民致富方面，做了大量卓有成效的工作。特别是 2007 年以来，农业银行投入大量人力物力发放

惠农卡和农户小额贷款，使广大农民因享受到普惠金融服务而受益。但是，诚如本章所分析的，大型商业银行在开展农户金融方面不具有比较优势，加之农户联保贷款制度有效运转的一些条件并不具备，农业银行迫切需要加快农户金融服务转型。笔者认为，农业银行农户金融服务转型应该沿两条线路推进：其一，在直接面对农户时，要用好稀缺的信贷资源，重点支持种植养殖的"产业户"、生产加工的"规模户"、有品牌优势的"龙头户"以及长期合作的"信用户"等"大农"，努力提升优质农户比重。在提供服务产品时，要加大创新力度，在完善农户个人生产经营贷款产品的同时，积极创新研发其他适合农户规模经营的农户贷款产品品种。农业银行对农户联保贷款采取"新老划断"的处理方式，在确保农户联保贷款总量稳定的同时，不应再下达指令性增量计划。其二，应积极探索与其他中小金融机构合作，通过"批发贷款"等方式，达到间接服务农户的目的，这样既可以发挥农业银行资金规模优势，又可以规避农村网点和人员队伍不足的劣势，还可以提高农户贷款集约化经营水平和风险控制水平。

第十一章

农业产业化龙头企业金融服务

改革开放以来，农村取得了很多成就，其中两项改革具有奠基性意义：一是实现了家庭联产承包责任制，二是实现了农产品价格的市场化。前者确立了以农户为基本单位的生产格局，微观主体的积极性因此大为提高；后者实现了对生产要素的配置从"看得见的手"向"看不见的手"的转变，农村经济得以飞速发展。但是，随着农村改革、发展、开放的深度推进，小农户生产格局越来越难以适应大市场的复杂运转，或者说，"小农户、大市场"的矛盾开始日益尖锐（周立群、曹利群，2002①）。克服这一矛盾的一种重要创新，便是走农业产业化的道路。走农业产业化的关键在于有农业产业化龙头企业（以下简称龙头企业）的带动。本章中拟就大型商业银行支持龙头企业发展问题进行相关研究。

📖 第一节　文献综述

农业产业化的提法，是 20 世纪 90 年代初官方对农村基层创新实践的一种精炼概括②。在包产到户多年不变，市场经济越来越发展的趋势不变的大前提下，如何实现千家万户的分散农民和越来越大的市场有效衔接，

---

① 周立群、曹利群："商品契约优于要素契约——以农业产业化经营中的契约选择为例"，《经济研究》2002 年第 1 期，第 14~19 页。

② 据考证，农业产业化的概念初步形成于 1992 年，由山东省潍坊市在总结当地实践的基础上概括提出，但在之前，除了山东省以外，浙江省和广东省等地实际上均有丰富的实践。随着 1995 年 12 月 11 日《人民日报》发表社论《论农业产业化》，以及当日和随后的 12 月 13 日和 14 日三篇相关报道《必由之路》、《造就一种新关系新格局》、《更广更深更实的思考》被连续刊载，之前各地零星的关于农业产业化的讨论和实践被快速推向了全国。从此，关于农业产业化的文字资料连篇累牍。

是农业产业化问题的核心。农业产业化旨在发展现代农业，而现代农业的关键特征之一是"高投入、高产出"，于是，农业产业化的金融支持问题一直倍受政策当局和理论研究者的重视。2012 年 3 月 6 日，国务院出台了首份支持农业产业化龙头企业发展的政策《国务院关于支持农业产业化龙头企业发展的意见》，使得这一问题的破题亦面临大好时机①。

农业产业化发展牵涉到龙头企业、合作组织、农户、政府等多个主体的方方面面，以及诸多配套基础设施建设。本部分试图在基于农业产业化链条是一个完整系统的认识前提下，有侧重地审视每一个"结点"的金融支持问题。

一、金融机构支持农业产业化龙头企业的动因

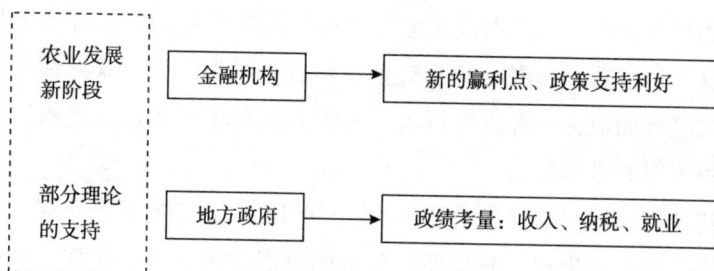

图 11.1 金融机构支持龙头企业发展的动因

---

① 《意见》中的第二十六条"落实政策措施"中明确提出：各级财政要多渠道整合和统筹支农资金，在现有基础上增加扶持农业产业化发展的相关资金，切实加大对农业产业化和龙头企业的支持力度。中小企业发展专项资金要将中小型龙头企业纳入重点支持范围，国家农业综合开发产业化经营项目要向龙头企业倾斜。农业发展银行、进出口银行等政策性金融机构要加强信贷结构调整，在各自业务范围内采取授信等多种形式，加大对龙头企业固定资产投资、农产品收购的支持力度。鼓励中国农业银行等商业性金融机构根据龙头企业生产经营的特点合理确定贷款期限、利率和偿还方式，扩大有效担保物范围，积极创新金融产品和服务方式，有效满足龙头企业的资金需求。大力发展基于订单农业的信贷、保险产品和服务创新。鼓励融资性担保机构积极为龙头企业提供担保服务，缓解龙头企业融资难问题。中小企业信用担保资金要将中小型龙头企业纳入重点支持范围。全面清理取消涉及龙头企业的不合理收费项目，切实减轻企业负担，优化发展环境。

笔者经过粗略分析发现，早期关于龙头企业的文献，大多局限于概念、意义和问题等层面的讨论，且主要是官方的呼吁，有分量的研究型文章较少。例如，山东省农业委员会（1994）① 在全省调查的基础上较早地指出，龙头企业上连国内外市场，下连基地和农户，是农民进入市场的桥梁。在整个 20 世纪 90 年代，类似的一般性论述龙头企业地位和意义的文献较多，但存在的明显缺陷是，缺乏从农业发展的新阶段的角度认识农业产业化，对龙头企业中企业家的作用也缺乏深度分析（刚平，1999②）。实际上，龙头企业在当时出现并获得较快发展，恰是适应了农村经济发展进入规模化和现代化新阶段这一趋势（杜润生，2008③）。另外，我国农户分散经营的国情决定了其创造性和经营才能分布不均，可行的路径只能是经少数的大户（准企业家）以及在实践中成长起来的企业家，通过各种产业化经营组织的形式，带动农户进入市场（刚平，1999④）。或者说，支持龙头企业的根本目的，在于利用企业家才能帮扶农户对接市场并有效助其增收。从这个角度看，金融支持龙头企业发展，因为顺应了农村经济发展与改革的大趋势而成为一种理性行为，又因为有利于有效地促进农民增收而成为一种值得鼓励的行为。

大约从 20 世纪 90 年代末和 21 世纪初开始，逐渐有关于金融支持龙头企业的研究型文献出现，并且理论分析的着墨逐渐增多。例如，有研究认为，区域发展理论中的发展极理论，可以成为金融重点支持龙头企业发展的理论根据（彭熠、黄祖辉、邵桂荣，2005⑤）。这是因为，农业是一个非均质产业，各参与主体所起作用不同，其中，龙头企业由于具有富有创新精神的企业家、规模经营效应和适宜的环境（人力、物力、财力、信息等），具备成为发展极的条件，经济和金融资源就应该集中配置到这些具

① 山东省农业委员会："实现农业大省向农业强省跨越的必由之路"，《农业经济问题》1994 年第 11 期，第 35～41 页。
② 刚平："农业产业化龙头企业研讨会纪要"，《经济学动态》1999 年第 12 期，第 34～36 页。
③ 杜润生：《杜润生改革论集》，中国发展出版社 2008 年版，第 132～137 页。
④ 刚平："农业产业化龙头企业研讨会纪要"，《经济学动态》1999 年第 12 期，第 34～36 页。
⑤ 彭熠、黄祖辉、邵桂荣："非农化经营与农业上市公司经营绩效——理论分析与实证检验"，《财经研究》2007 年第 10 期，第 117～129 页。

有辐射力的发展极上。当然，严谨地看，关于区域发展的宏观理论是否能直接套用到农业产业化这种相对微观的领域，尚待深入分析，但是尝试利用既有的理论解释普遍存在的经济现象，却是一种正确的努力方向。

支持龙头企业发展，某种程度上有利于缩小地区收入差距。实践已经证明，无论农业产业化经营模式如何多样化，其中，龙头企业都不可或缺。特别是有研究认为，龙头企业带动型组织模式在中西部地区尤为关键（郭晓鸣、曾旭辉，2007①）。笔者新近的研究证实，缩小地区收入差距的根本在于实现中西部地区农民收入的更快增长，而由于城乡之间资本占有量的不均等造成的地区差距程度大约在 30% 左右（高连水，2011②）。故而，通过金融手段支持中西部地区龙头企业发展，促使其资本和资产规模扩大，应该是政府大力倡导的施政方向。这显然对为什么要做好龙头企业的金融服务工作提供了另一种可能的理论支持。

金融支持龙头企业的发展离不开地方政府的扶持。较之于支持合作社的发展，地方政府对支持龙头企业发展更有兴趣，这主要是因为以龙头企业为载体进行招商引资，逐渐成为地方干部根据量化的 GDP 增长率来审核"政绩"的一个关键部分（黄宗智，2010③）。因此，从地方政府的角度看，金融支持龙头企业的发展可以粗略分为两部分：一部分是由于地方政府"越位"和"错位"的干预所导致的金融机构对龙头企业的支持（主要是信贷支持）；另一部分是金融机构借助地方政府支持龙头企业发展的利好背景，将龙头企业发展作为一个重要赢利点而主动进行金融支持。中国的经济体制改革从某种程度上讲就是一种逐渐实现市场化的改革，其中政府（计划）与市场的关系是个永恒主题。长期的计划体制思维使得政府常出现"越俎代庖"的行为，这其中就包括强行要求金融机构与相关龙头企业联姻④。但是，随着金融体制改革的深入，按照市场规律配置金融资

① 郭晓鸣、曾旭晖："农民合作组织发展与地方政府的角色"，《中国农村经济》2005 年第 6 期，第 25 ~ 36 页。

② 高连水："什么因素在多大程度上影响了居民地区收入差距水平——基于 1987 ~ 2005 年省际面板数据的分析"，《数量经济技术经济研究》2011 年第 1 期，第 130 ~ 139 页

③ 黄宗智："龙头企业还是合作组织?"，《中国老区建设》2010 年第 4 期，第 25 ~ 26 页

④ 笔者在相关实地调研中发现，这种行为至今还广泛存在于市场化水平较低的西部地区。

源，逐渐成为独立自主的金融机构的理性选择。在全国各地政府强力推进农业产业化发展的大环境中，基于农业产业化是农业发展新阶段的必然选择的基本判断，金融机构主动选择做好龙头企业金融服务，属理性行为。或者简言之，金融服务龙头企业的行为推进，本质上与地方政府的作为息息相关。当然，如前文所言，受制于整个农村金融改革滞后的大气候，农业产业化的金融服务问题尚未破题。

总之，始于20世纪90年代中期的金融支持龙头企业发展的实践，符合农业发展的新阶段特征，有利于借助企业家才能带动农民增收，并且似乎也能得到部分经典理论（如发展极理论）的支持，能成为逐步市场化的金融机构的新的盈利增长点，因而对金融机构而言是个理性选择。做好金融服务龙头企业发展的工作，由于某种程度上有利于缩小收入差距，因而更容易受到政府鼓励，加之地方政府官员出于"政绩"考核甚至于职位升迁的考量，对支持龙头企业发展具有正向激励和冲动，又在客观上为金融机构开展龙头企业服务提供了利好环境。以上便构成20世纪90年代中期以来，金融支持龙头企业发展的主客观基本原因。

二、金融机构支持农业产业化龙头企业的路径

金融如何支持龙头企业发展的问题属于农村金融问题。长期以来，由于各种原因，农村金融被简单化理解为农村信贷，甚至是农户信贷，这里，不妨称之为"小金融"。而农村金融的本意是"大金融"，信贷、保险、证券、基金、期货等多种金融形式都应是题中应有之义，涉及的主体除了农户，则还应包含中小企业（含龙头企业）等。从"小金融"逐步过渡到"大金融"是我国农村金融改革的一条明显线索①。本部分笔者也将循着这一思路，在部分既有文献基础上，按照从龙头企业的信贷支持（小

① 这可以从改革开放以来我国出台的各种涉及农村金融改革的政策文件中得到清晰体现。除了从改革开放初期到20世纪90年代初的10多年时间中农业保险有所发展之外，之后很长一段时间，官方文件中阐述的农村金融改革大多时候指的是改善农户信贷问题。而直至进入21世纪特别是"十一五"期间，农业政策性保险和商业性保险问题才再次被强调，而加强农产品期货市场建设、建立农业产业发展基金并支持符合条件的涉农企业上市等政策措施的出台，也仅是近几年的事情。

金融）到全方位金融支持（大金融）的顺序，对金融如何才能服务好龙头企业进行分析。

1. "小金融"视角

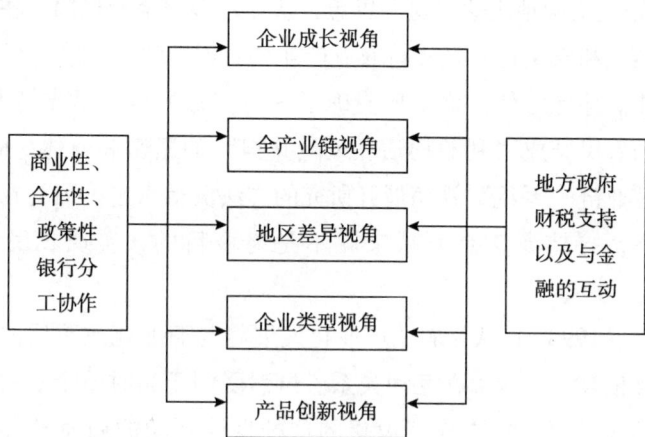

图11.2 支持龙头企业发展的"小金融"途径

大致可以概括为五个层面的问题：第一，一般意义上来看，如何支持龙头企业发展？第二，从地区的角度来看，对中西部地区的龙头企业金融支持是否具有特殊意义？第三，从龙头企业的类型来看，对大型和中小型龙头企业的支持是否有所侧重？第四，从农业产业化链条来看，对龙头企业的支持如何开展？第五，从金融供给的角度来看，在支持龙头企业发展时，金融机构特别是银行应该如何有重点的创新？

部分研究成果从一般意义上对金融支持农业产业化龙头企业问题进行了相关分析。例如，陕西省经济学学会农业产业化课题组（1997[①]）较早地认为，龙头企业发展所需的资金投入，除了自筹资金、企业投资和引进外资以外，争取信贷支持十分关键，这其中，既有来自银行的，也有来自农村合作基金会的。不难看出课题组较早地注意到了非正规金融的作用，

[①] 陕西省经济学学会农业产业化课题组："企业组织和资金投入——农业产业化经营的关键"，《人文杂志》1997年第4期，第49~53页。

但文章对金融机构具体的支持机制缺乏深度分析。魏安义（1998[1]）则呼吁，农发行作为政策性银行，其业务范围亟待围绕农业产业化进行拓展。可以看出，该文的分析初步涉及了农村金融机构之间的分工问题。而梁荣（1999[2]）则更明确地表达了这一思想，认为各涉农金融机构（主要指农业银行、农信社和农发行）在支持农业产业化方面应该注意有科学的分工和良好的合作。除此之外，梁荣还明确了农村信贷的重点是支持龙头企业，并促使其与农民结成"利益均沾、风险共担"的紧密联合体。应该指出，这种基于产业链"系统"视角展开研究的方法值得肯定，因为在农业产业化大背景下，支持龙头企业从来就不是终极目的，实现农民增收才是根本。

李树生（1998[3]）认为农业产业化发展将与商业化改革后的农业银行的发展相互依存，二者存在互动关系。虽然受制于当时整个农村金融改革徘徊不前的大背景，本文作者设想的这种良性互动的局面没有持续性出现，但是该文无疑涉及了农村金融的一个重要议题，即农村金融改革发展与"三农"问题之间并非简单的支持和被支持的关系，而是一种共生共荣的关系（周小川，2004[4]）。而在这种共生共荣关系中，地方政府应该有所作为。但是，林万龙、张莉琴（2004[5]）在利用2000～2002年58家农业上市公司的数据进行实证分析后，却发现我国政府对龙头企业的扶持政策是低效率的，这与张照新、陈洁、徐雪高（2010）[6]等人的发现相同。可见，如何提高政府财税政策支持的效率至为关键，这是因为在农村地区特别是欠发达农区，要做好农村金融服务农业产业化的工作，需要一个外生

① 魏安义："农业产业化面临的困难与资金问题及其金融对策"，《经济社会体制比较》1998年第2期，第54～57页。
② 梁荣："农业产业化投入机制研究"，《中共中央党校学报》1999年第4期，第51～57页。
③ 李树生："论农业银行商业化改革与农业产业化发展"，《金融研究》1998年第6期，第66～69页。
④ 周小川："关于农村金融改革的几点思考"，《经济学动态》2004年第8期，第10～15页。
⑤ 林万龙、张莉琴："农业产业化龙头企业政府财税补贴政策效率：基于农业上市公司的案例研究"，《中国农村经济》2004年第10期，第33～40页。
⑥ 张照新、陈洁、徐雪高：《农业产业化龙头企业发展与社会责任》，经济管理出版社2010年版。

性政策变量发挥驱动作用（中国人民银行齐齐哈尔市中心支行课题组，2004①），并且政府的财税手段要保持与金融支农手段实现良性互动（汪小亚，2009②）。

还有的研究侧重于从促进企业成长的角度切入进行分析。企业成长的本质是形成不可模仿、不可替代的独特竞争优势。王爱群、郭庆海（2008③）发现，龙头企业竞争力较强的省份，大多经济较发达或者当地资源禀赋优越、产加一体化程度较高。这启发我们，龙头企业的竞争力虽然取决于经济发展的总体水平，但是如果注重结合当地特色资源发展支柱产业，欠发达地区一样可以实现龙头企业的独特竞争力。因此，金融支持龙头企业的发展（特别是在欠发达地区），离不开当地的支柱产业支撑，而支柱产业的健康发展，又离不开地方政府科学合理的发展规划。同样，彭熠、黄祖辉、邵桂荣（2005④）基于发展极理论分析了龙头企业建设问题，强调龙头企业应该加强技术创新和扩散作用，通过制度优化大力吸引和培育异质性人力资本，最终提高龙头企业的自生能力。这说明，金融支持农业产业化龙头企业发展时，侧重于技术升级和企业管理人员的金融培训等环节，是饶富意义的工作。李燕琼、张学睿（2009⑤）则借鉴波特的价值链理论，认为龙头企业价值链上的关键活动包括基地建设、产品质量提高、技术创新、营销能力、社会资源开发等五个方面。显然，金融机构从

---

① 中国人民银行齐齐哈尔市中心支行课题组："农业产业化与金融理性的若干典型案例：富裕个例"，《金融研究》2004年第7期，第118~122页。

② 2012年3月6日出台的《国务院关于支持农业产业化龙头企业发展的意见》中，全面提出了涉及财税与金融双层面的一系列支持政策。《意见》中的主要内容有：加强标准化生产基地建设，保障农产品有效供给和质量安全；大力发展农产品加工，促进产业优化升级；创新流通方式，完善农产品市场体系；推动龙头企业集聚，增强区域经济发展实力；加快技术创新，增强农业整体竞争力；完善利益联结机制，带动农户增收致富；开拓国际市场，提高农业对外开放水平；狠抓落实，健全农业产业化工作推进机制。未来，设法高效率地实施国家财税支持政策并实现财税与金融政策间的良性互动，是达到政策目的的关键。

③ 王爱群、郭庆海："中国各地区农业产业化龙头企业竞争力比较分析"，《中国农村经济》2008年第4期，第33~43页。

④ 彭熠、黄祖辉、邵桂荣："非农化经营与农业上市公司经营绩效——理论分析与实证检验"，《财经研究》2007年第10期，第117~129页。

⑤ 李燕琼、张学睿："基于价值链的农业产业化龙头企业竞争力培育研究"，《农业经济问题》2009年第1期，第53~56页。

扩建基地、树立品牌、升级技术、拓展营销、提高诚信等方面帮扶龙头企业发展，均有利于提高其可持续竞争力。

在对金融支持龙头企业发展问题的研究中，需要加入"地区经济发展不平衡"这一分析维度。如前文言，研究发现，在多种形式的农业产业化组织模式中，"龙头企业带动型"应该是中西部地区的首选（郭晓鸣、廖祖君、付娆，2007①），又因为内生于一些农业资源丰富的传统农业大省的龙头企业被证明往往更富竞争力，因此金融如何有效支持中西部地区或者传统农业大省的龙头企业发展，应该被赋予格外的关注。这可能是探索缩小地区收入差距的一个有效切入点。

鉴于农村金融问题本身的复杂性，任何泛泛而谈的做法均不可取。对于农业产业化龙头企业而言，一般性地谈论如何对其进行金融支持还不够深入。姜长云（2002②）认为，宜调整支持龙头企业的政策，将支持重点转向发展前景比较好、辐射带动作用比较强的中小龙头企业，而非仅仅支持大型龙头企业。另外，汪小亚（2009③）指出，对于初中级龙头企业主要应该由政策性金融提供支持，而商业性金融重点支持成熟型龙头企业。显然，在当前中小企业普遍面临贷款难的情形下，这些认识具有一定的指导价值。

由于支持龙头企业的根本目的是实现农民增收，而农民与龙头企业的联结诉诸契约，即商品契约或要素契约，故而契约的稳定十分关键④。就商品契约的稳定性而言，有研究认为依赖于两个条件：一是龙头企业的专用性投资；二是市场的力量（周立群、曹利群，2002⑤）。这启发金融机构应该对龙头企业的专用性投资给予重点支持（如投资兴办农副产品深加工工厂和生产基地）。因为这一方面可以通过发挥龙头企业在农产品加工方

---

① 郭晓鸣、廖祖君、付娆："龙头企业带动型、中介组织联动型和合作社一体化三种农业产业化模式的比较"，《中国农村经济》2007年第4期，第40～47页。

② 姜长云："农业产业化的金融支持"，《经济理论与经济管理》2002年第5期，第64～68页。

③ 汪小亚：《农村金融体制改革研究》，中国金融出版社2009年版，第267页。

④ 《国务院关于支持农业产业化龙头企业发展的意见》的第七点即"完善利益联结机制，带动农户增收致富"中，就如何使龙头企业与合作社和农民形成稳定的购销关系进行了详细阐释。

⑤ 周立群、曹利群："商品契约优于要素契约——以农业产业化经营中的契约选择为例"，《经济研究》2002年第1期，第14～19页。

面的比较优势而创造出更多的合作剩余，又可以同时安排农民就业从而增加其非农收入，还可以通过稳定商品契约而减少彼此的敲竹杠行为。至于市场的力量，则主要指的是"社会资本"（如信用、规范和社会网络等）抑或是"声誉机制"，对此需要地方政府的有力推动，从而为有效开展农村金融服务营造良好的金融生态环境。

金融机构支持农业产业化龙头企业发展需要诉诸创新。其中，努力发展仓单融资是一个重要方向。仓单有标准化（见下文关于期货标准仓单部分的内容）和非标准化之分，贺学会、王一鸣（2007）① 认为，就非标准化仓单而言，有望于为解决乡镇企业在贷款时面临抵押品不足的问题提供方便。他们认为，如果现有的国有粮食系统能得到有效改造，使得仓单系统走上市场化的道路，则银行机构借助地方政府的力量以及与保险机构展开合作，大力发展仓单融资业务，将是探索农村金融创新的新路径。除此之外，针对贷款期限过短、额度过小、品种单一等问题，银行机构还应该努力探索改进业务流程，实现金融服务供给与需求的有效对接。

2. "大金融"视角

如前文言，对农业产业化龙头企业的发展而言，除了银行信贷支持以外，利用好期货市场的部分重要功能，发挥保险担保机制的作用，拓宽融资方式等②，都是农村金融改革与发展的题中应有之义。

期货市场对龙头企业的支持起码有三点：一是规避市场风险；二是发现市场价格；三是丰富融资途径。实践表明，无论是哪种农业产业化模式，实际上都是将农产品价格波动的市场风险转移给龙头企业（这里暂且搁置龙头企业与农户契约的稳定性这一问题不论）。市场风险是农产品面临的第一风险，如何规避市场风险便成为龙头企业发展的首要问题。期货市场的套期保值功能恰为化解这一问题提供了可行途径。

---

① 贺学会、王一鸣："发展仓单系统：农村金融制度创新的新思路"，《财经理论与实践》2007 年第 2 期，第 2 ~ 7 页。

② 《国务院关于支持农业产业化龙头企业发展的意见》的第十三条"培育壮大龙头企业"指出，支持符合条件的国家重点龙头企业上市融资、发行债券、在境外发行股票并上市，增强企业发展实力。

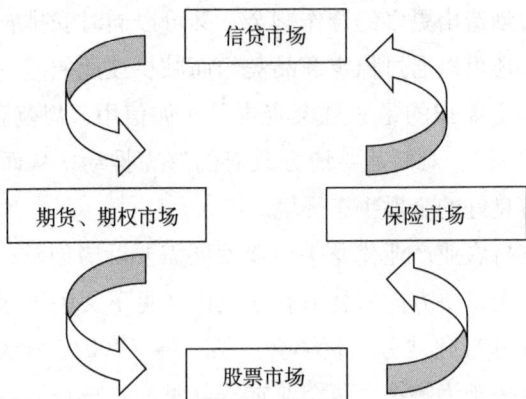

图11.3　支持龙头企业发展的"大金融"途径

何嗣江、汤钟尧（2005）[①] 认为"公司＋农户"这种远期式交易模式履约率偏低的原因在于模式本身的缺陷，如信用缺损和风险集中等，解决的办法在于求助于期货市场。由"公司＋农户"模式过渡到"公司＋农户＋期货"乃至于"公司＋农户＋期权"模式，应是我国订单农业进一步完善与发展的方向。为此，既需要政府有所作为（提供必要的培训和服务），又需要金融机构积极研发涉农金融衍生品新品种。实际上，对于期货投资者在期货市场面临的风险，可以通过发展期货期权的方式予以规避（黄明，2007[②]），而期权本身则还可以直接应用于农户与龙头企业的契约关系中，即所谓的"随行就市，保底收购"，这有利于形成农户与龙头企业之间的利益共享和风险共担的机制（薛昭胜，2001[③]）。总之，期货市场通过套期保值功能的发挥将龙头企业的市场风险转嫁给投机者，这在客观上形成了以下结果：龙头企业在与农户的博弈过程中，选择违约的概率大为降低，这又间接提高了龙头企业的诚信水平。

[①] 何嗣江、汤钟尧："订单农业发展与金融工具创新"，《金融研究》2005 年第 4 期，第 114～121 页。

[②] 黄明："完善与发展农产品期货市场，变革农业生产方式，促进新农村建设"，《上海证券报》2007 年 2 月 14 日，第 A12 版。

[③] 薛昭胜："期权理论对订单农业的指导和应用"，《中国农村经济》2001 年第 2 期，第 73～76 页。

期货市场的另一个重要功能在于价格发现。农业产业化龙头企业在参与期市的过程中，可以据此合理制定收购价格，引导农民减少生产的盲目性。实际上，在我国当前农户生产规模过小和农民文化水平过低的限制条件下，小农户直接进入期货市场还不现实，通过龙头企业的引导而间接进入期市是理性选择，又由于期货标准仓单交易意味着"优质优价"，所以农户在价格信号的引导下，加大农业的科技和资金投入、走品牌产品路线，是占优策略。这也是大力发展农产品期货市场的另一个重要功效。

因为有交易所的控制和管理，利用期货标准仓单进行质押融资是国际上用得较多的一种可靠融资方式。但是，由于期货市场在我国起步较晚以及早期的不规范运转等原因，目前的政策尚不允许商业银行开立期货账户，这使得商业银行缺乏变现仓单的有效途径，从而限制了仓单质押融资业务的开展。如果相关部门允许银行通过交易所特别通道建立与违约质押仓单数量对等的期货头寸，只进行交割，以方便银行快速变现质押物，无疑将是推动"银期合作"快速发展的关键举措（李磊，2011[①]）。

研究认为，长期以来，只重视体制改革而忽视保险和抵押担保等配套机制建设问题，是我国农村金融改革的一个弊病，进一步完善农业保险和农村信用担保体系，是做好龙头企业发展的金融支持工作的重要一步（汪小亚，2009[②]）。龙头企业由于从事的是具有高风险特征的农产品加工行业，所以农产品价格波动的风险会通过契约链条传递到企业本身，从而对企业可持续发展产生负面影响。如果保险公司及时介入，并实现与银行机构的良好互动，则可以大大降低龙头企业的经营风险（何广文，2002[③]）。由于农户的违约冲动，往往会造成"龙头企业 + 农户"契约形式的破产，而农户违约的重要原因之一在于自然灾害的侵袭，故而，设法实现农业保险与农业产业链条上的农户进行对接，通过规避自然风险的方式维护契约的稳定，是金融间接支持龙头企业发展的一种重要形式。当然，无论商业

---

① 李磊："标准仓单融资为何进展迟缓"，《期货日报》2011 年 6 月 16 日，第 1 版。

② 汪小亚：《农村金融体制改革研究》，中国金融出版社 2009 年版，第 267 页。

③ 何广文："完善金融制度安排、突破农业产业化发展资金瓶颈"，《中国农村信用合作》2002 年第 8 期，第 4 ~ 6 页。

保险机构通过何种方式支持农业产业化发展，政府的财税政策支持都必不可少。而由于既有的制度条件的限制，龙头企业担保抵押物缺乏，是长期以来构成其间接融资受阻的主要原因，因此建立政府主导的担保基金和保险基金，被认为十分必要（刚平，1999①）。在抵押担保品缺乏的情况下，如果包含龙头企业在内的中小企业信用评价体系健全，则可以以信用贷款的方式替代抵押担保贷款，遗憾的是，目前我国这一信用评价体系还远未建立。

国际经验表明，成功的农业产业化龙头企业大多是上市公司，但是在我国，龙头企业直接融资的比例很低②。未来，应该利用财税和金融等多种手段支持龙头企业的产权制度改革和公司治理改进，为上市做好准备。但是有研究却证实，我国的农业企业上市后往往倾向于脱离农业，并且这种离农行为严重削弱了公司经营绩效（彭熠、黄祖辉、邵桂荣，2007③）。这难免引发我们思考，在后上市时代，"扶持龙头企业就是扶持农民"的命题是否还将成立？如果不成立，相关的配套政策如何跟进将是另一个需要认真思考的命题。另外，通过发展农业产业化投资基金以对龙头企业进行股权投资、支持龙头企业通过发行短期融资券和中期票据等方式融资等，都将是未来龙头企业利用资本市场完善融资渠道的重要努力方向。

三、对既有研究成果的三点启发性认识

农村金融改革与发展已进入理性推进阶段，这一利好政策环境使金融支持农业产业化龙头企业发展这一问题面临破题良机。要高效率地推动这一工作的开展，起码应具备"大金融"思维和"整体性"视野，并离不开

① 刚平："农业产业化龙头企业研讨会纪要"，《经济学动态》1999年第12期，第34~36页。
② 虽然目前尚缺乏权威具体的统计数据，但是，从"农林牧渔业所属上市公司市值总额与第一产业增加值之比"这一指标来看，在2002~2006年仅为3%左右，即使在2010年，也仅为9.3%，而2010年的"全国上市公司总市值与GDP的比例"为66.7%。这一定程度上证明了提高农业产业化龙头企业直接融资深度还有很长的路要走。
③ 彭熠、黄祖辉、邵桂荣："非农化经营与农业上市公司经营绩效——理论分析与实证检验"，《财经研究》2007年第10期，第117~129页。

地方政府的参与和支持。

第一，须具备"大金融"的政策思维。

银行机构的主要支持措施是信贷，其中政策性银行（更侧重服务培育期的中小龙头企业）、商业性银行（更侧重服务成熟期的大型龙头企业）和合作性金融机构（更侧重服务与龙头企业存在契约关系的农户）之间应该基于各自的比较优势展开合作而非恶性竞争。但对于中西部地区以及欠发达地区基于特色资源的龙头企业，不论大小，都应该是信贷格外关注的重点。银行机构筛选龙头企业并开展信贷支持时，要注意走节省交易成本的路子：一是要与政府通力合作（如签署战略合作协议）；二是要结合当地资源禀赋（如围绕特色产业展开）。对于龙头企业信贷支持要有明确的切入点：一是支持科技投入（如技术升级），这有利于提高龙头企业的竞争能力；二是支持专用性投资（如生产基地建设），这有利于提高龙头企业的信用水平以及维护与农户契约的稳定；三是支持生产规模扩大和原材料采购，这有利于企业规模经济效应的发挥。银行机构的金融服务绝不限于信贷，对龙头企业管理者进行必要的金融培训以提高其企业家才能等均不可或缺。在银行提供金融服务的整个过程，不断地创新和优化服务十分必要，如开发更便捷的金融产品、理顺业务部门之间的合作关系、保持支持政策的连贯性等。

信贷从来不是农村金融的唯一。龙头企业因为与农户的契约关系而面临两重风险：一是通过契约关系传递的农业自然风险；二是价格波动导致的市场风险。对于自然风险的规避需要保险机构的介入：一方面对龙头企业进行保险，另一方面对与龙头企业存在契约关系的农户进行保险。对于市场风险的规避，则主要应该诉诸期货市场。这其中，银行与保险和期货之间应就开展合作进行创新性探索。应设法在做大做强龙头企业的基础上，积极推动其上市，提高其直接融资占比，这其中，有必要采取措施防范农业上市公司发生"离农"现象。好的农村金融生态环境的标志是具备健全的法律和信用体系，加强涉农信贷领域的法律建设，并推动中小企业信用体系建设。

第二，须具备"整体性"政策视野。

农业产业化链条上的三个关键节点是龙头企业、合作社和农户①。金融支持龙头企业发展时必须具备将农业产业化链条视为一个整体的视野。合作社有利于监督和约束农户的机会主义行为，因此金融服务龙头企业的同时，必须探索创新适宜合作社需求的金融产品。金融服务龙头企业的根本目的是实现农民增收，故而支持机制要有利于加强龙头企业与农户契约关系的稳定，比如对相关农户农业保险的跟进以及对龙头企业专用性投资的支持等。农业产业化的发展离不开水利、交通、物流等配套基础设施的支持，对此金融机构都应该有选择的进行支持，特别是政策性金融机构应该发挥主要功能。另外，需要再次明申的是，金融与经济间并非简单的支持与被支持的关系，而是具有多途径联系的共生共荣关系，故而金融支持农业产业化发展的"整体性"视野，并不代表要不计代价地包打天下，而应该注重商业可持续性。

第三，须有地方政府合理介入和全面支持。

我国农村金融改革的大方向是市场化，市场化改革离不开政府的参与和支持。在我国，政府具有支持龙头企业发展的内在冲动，但却只宜采取合理的方式介入，其"合理性"体现在侧重于做好外围服务工作，而非强迫金融机构与龙头企业联姻。政府支持的"全面性"则体现在以下几点：一是做好符合当地比较优势的产业发展规划，引导并支持当地农民有规模地从事特色产业种植，为金融服务走进农村打下坚实的经济基础；二是从土地流转、财税政策扶持、产业担保基金建立、研发专项资金筹集、技术转让与推广平台搭建、人才培养、品牌建设和流通方式拓展等角度，高效率支持基于特色资源和产业的龙头企业以及合作社发展，并注重与金融政策保持协调和互动；三是对提供涉农金融服务的银行和保险机构给予适当补贴，并配合推进银政、银保合作机制建设；四是出台相关政策法规规范和保护龙头企业、合作社与农户三者间契约的稳定；五是借助县、乡、村三级科层组织推动农村信用环境改善，并通过加大宣传和对发展农业产业

---

① 第十章中已对农户金融服务问题进行了分析，关于合作社金融服务的专题研究，放在第十二章中。

化成绩突出的单位和个人按照国家有关规定给予表彰奖励，营造全社会关心支持农业产业化和龙头企业发展的良好氛围。

以上是笔者结合既有的部分中文研究成果，对"为什么要"以及"如何才能"做好农业产业化龙头企业金融服务工作进行的述评和思考。

第二节　农业银行支持农业产业化龙头企业的举措与成效

早在 20 世纪 80 年代，部分较发达地区便已经出现种养加一条龙、贸工农一体化的典型做法，到 90 年代初，又陆续产生了"公司 + 农户"的模式，对此，农业银行均给予了积极支持。1996 年，农业银行组织有关省分行对山东、江苏、四川、河北、黑龙江等地的农业产业化实践进行了调研，并向当时的国家体改委提交了专题调研报告。调研报告认为，农业产业化经营方式的发展，标志着我国农村经济体制进入了全面按照市场机制要求运作的新阶段，也为农业银行拓展业务范围创造了新的发展机会①。1997 年，农业银行在郑州召开了产业化信贷工作会议，交流各地支持农业产业化经营的经验，研究相关信贷扶持政策，明确提出把支持农业产业化经营作为全行信贷工作的重点（曹杰存，2008②）。

2001 年，农业银行成立农业信贷部并单设农业产业化信贷处，专门负责农业产业化信贷业务方面的政策研究、监测分析、营销管理、产品研发等工作，这也是国内唯一设置农业产业化信贷机构的商业银行。近年来，农业银行在支持农业产业化发展方面做了大量工作，形成了基本的政策制度和业务发展局面。农业银行于 2001 年制定了《支持农业产业化经营重点龙头企业的意见》，2002 年制定了《关于进一步做好农业产业化信贷工

---

① 伍成基：《中国农业银行史》，经济科学出版社 2000 年版，第 336~337 页。
② 曹杰存："坚持面向'三农'，走科学发展之路"，《中国城乡金融报》2008 年 12 月 18 日。

作的指导意见》，确定了支持农业产业化龙头企业发展的业务战略，明确了支持的标准和相关配套政策。在 2010 年，农业银行与农业部签署了《中华人民共和国农业部、中国农业银行股份有限公司支持龙头企业战略合作框架协议》，并制定了金融服务农业产业化龙头企业的"龙腾计划"。2010 年和 2011 年中国农业银行连续发布了《金融服务农业产业化龙头企业的报告》。

中国农业银行在服务农业产业化龙头企业发展方面，采取了强有力的工作措施并构建了有效的服务保障机制，取得了明显成效。

一、农业银行服务农业产业化龙头企业的基本措施①

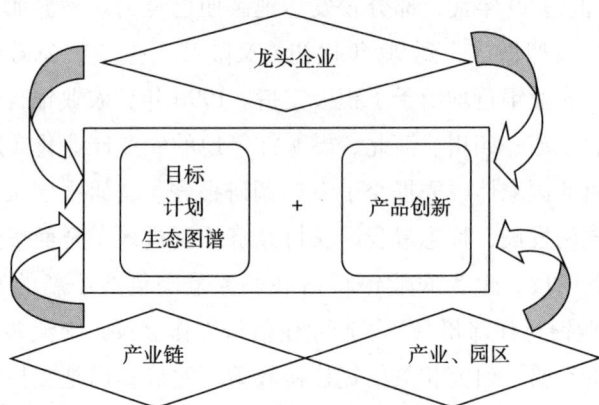

图 11.4　农业银行服务农业产业化龙头企业的基本措施

第一，制定明晰的目标、计划并编制生态图谱。

首先，制定目标任务。在广泛市场调研和科学测算的基础上，农业银行提出了"到 2012 年末，用于产业化龙头企业的信贷资金总额超过 1200 亿元，符合条件的国家级产业化龙头企业支持面达到 90% 以上，省级产业化龙头企业支持面达到 60% 以上"。

---

① 本部分内容主要参考中国农业银行 2010 年、2011 年和 2012 年《金融服务农业产业化龙头企业报告》。

其次，制定行动计划。结合 2010 年农总行与农业部签署的合作框架协议，制定了"龙腾计划"，明确了对龙头企业服务的目标及有关工作措施。各级行则根据本地实际，全面制定了服务农业产业化龙头企业的规划。

最后，编制生态图谱。各级行在当地农业部门的大力支持下，根据当地经济、资源优势，交通、区位条件，农业产业特征、支柱产业状况、龙头企业分布、生态圈辐射范围、农业银行机构分布等情况，编制了图文并茂、资料翔实的"三农"生态图谱。这为各级行决策提供了清晰依据，并为一线客户经理市场营销指明了目标，并获得各地政府、涉农单位的高度评价。

第二，提高龙头企业的营销水平、管理效率和服务精细化程度。

首先，提升系统营销水平并制定行业金融服务意见。对于省级以上龙头企业由原来的县支行营销提升至主要由总、省、市三级行分层营销维护；对国家级重点龙头企业，由总行与一级分行采取上下级联动方式，直接营销；对省级重点龙头企业，主要由一二级分行实施营销、提供服务；市县级龙头企业主要由县级支行提供服务，总行、一级分行加大了对县域支行的支撑力度。农业银行加大了行业分析研究，制定了多份行业分析报告，提出了支持龙头企业的具体行业金融服务意见。

其次，下沉经营管理重心。对上级行直营直管客户，日常经营管理由经营行负责，绩效考核也主要体现在经营行。同时根据经营行管理水平、资产质量转授相应权限，使全行经营管理重心下沉到县支行，以贴近客户需求。

最后，实施精细化服务。针对企业不同发展阶段，按需提供差异化金融服务。对于起步阶段的小型龙头企业，重点提供简式快速贷款、担保公司担保贷款等创业贷款支持，以及工商注册、税务等"银税财"咨询服务。对成长期的中型龙头企业，提供包括中长期贷款、国际贸易融资、电子银行服务等多样化的现代金融服务。对成熟期的大型龙头企业（集团），除传统信贷支持外，重点提供综合化的集团现金管理方案、战略发展和资本运营顾问、财富管理等一揽子金融服务，以满足企业财富增值、规避风险的需求。

第三，提高全产业链各关键环节的金融服务水平。

首先，通过一揽子金融服务产品组合，促进龙头企业向产业链上下游延伸。如支持新希望集团并购千禧鹤、六和集团，服务大型龙头企业实施产业并购、构建完整的产业链等。

其次，采取龙头企业推荐并提供担保，增加对其产业链上农户、中小企业、专业合作社、下游经销商、流通体系的授信支持。探索开展"公司＋农户"、"公司＋基地＋农户"、"公司＋专业合作社＋农户"、"公司＋经销商"等多种经营模式。截至2011年末，通过"龙头企业＋专业合作社＋农民"的模式，共支持289个农民专业合作社，贷款余额12亿元，带动6万农民增收致富。

最后，针对产业链条上有一家或多家龙头企业，但龙头企业与产业链条各个环节利益联结比较松散的产业链条，自主选择支持产业链上的农民专业合作社、农户、中小企业，帮助龙头企业解决供、销两个环节稳定性问题。

第四，针对特色产业或园区制定一揽子标准化和规模化金融服务方案。

对位于同一产业领域或地域，具有相似经营特点的企业和产业关联客户群体，提供从融资、结算到理财的一揽子、标准化、规模化金融服务，促进特色产业或园区整体发展。例如，宁夏农行创新推出了羊绒、果汁、淡水鱼、枸杞、粮食加工产业等五类行业信贷运行模式，截至2010年底累计投放贷款49亿元，支持龙头企业39家，解决了制约五大产业做大做强的资金问题。重庆农行启动的"一行一品"业务、陕西农行重点支持的国家级农业高科技园区——陕西杨凌示范区，均是具有典型特征的做法。截至2011年末，农业银行服务的国家农业科技园区入驻龙头企业超过4500家，推广应用新技术超过5400项、新品种超过8000个，有力推动了农业产业升级。

第五，加大金融产品创新水平。

首先，创新融资担保方式。陆续探索出库存农产品抵押、林权抵押、海域使用权抵押、动物活体抵押等新的担保方式，逐步缓解了中小龙头企业融资难、担保难的问题。

其次，突破授信理论值"瓶颈"。推出季节性收购贷款管理办法，对升级以上龙头企业，核算理论授信时行业可接受值允许提高到70%，在此基础上，进一步利用超理论额度授信、使用方式用信的优惠政策，扩大龙头企业融资渠道，突破季节性收购的资金"瓶颈"。

再次，推广现代融资工具。例如，2010年江苏农行为江苏雨润集团办理19亿元信托融资，农业银行总行与山东农行联动，通过农银租赁公司以售后回租方式为渤海实业集团1亿元并为其设备融资提供支持等。

最后，加快资金周转。通过电子商务、现金管理平台等方式，帮助龙头企业解决上下游供应链条销售结算和资金实时归集问题。

二、农业银行服务农业产业化龙头企业的保障机制

第一，进一步深化三农事业部改革。不断健全三农事业部"三级督导、一级经营"管理体制，进一步厘清总行和各试点分行的"三农"业务管理边界，持续强化2048个县域支行服务"三农"的主体地位。通过实施大客户业务"直通车"模式、建立重大项目联动营销制度和提高经营行决策效率等方式，提高龙头企业服务水平和效率。着力健全三农事业部"六个单独"管理机制，坚持信贷规模、财务费用、劳动用工等经营资源向"三农"领域战略倾斜、优先配置。

第二，不断强化服务环境保障。一是加强与各级政府部门的合作。2011年，农业银行总行与财政部联合出台了《扶持农业产业化经营、推进现代农业发展的意见》，与国家农业综合开发办公室联合下发了《扶持农业产业化经营项目的实施意见》。各级农行则通过与当地财政、农业、林业、渔业等政府涉农部门合作，以签订战略合作协议、合作开展贴息贷款等方式，努力实现银、政、企、农四方共赢。二是加强与金融同业和中介机构合作。例如，2010年和2011年中国农业银行总行农村产业金融部分别在安徽合肥和北京举办了两届县域高端客户上市推介会，邀请了深圳、香港、新加坡等地证券交易所和中介机构专家，就企业境内外股票发行上市、私募融资等向优质龙头企业进行了培训推介，在高端客户和资本市场

间进行批量式对接。另外，农业银行还与美国 ADM 公司和荷兰拉博银行，通过联合开展培训、联合研发产品等方式，帮助龙头企业开拓发展思路、完善经营管理、加强国际合作。

三、农业银行服务农业产业化龙头企业的成效

第一，信贷支持力度不断加大。2012 年为农业产业化龙头企业授信 2861 亿元，龙头企业用信余额 1892 亿元，分别比 2011 年末增加 19.7% 和 18.1%，比农业银行 2010 年股改上市时增加 38% 和 36%，整体呈稳步增长态势。对国家级龙头企业、省级龙头企业、市县级中小龙头企业的贷款余额分别为 572 亿元、560 亿元、334 亿元，比 2011 年末分别增长 4.6%、19.9%、16.4%，继续保持金融服务龙头企业主导银行的市场地位。

第二，服务覆盖面不断扩大。截至 2012 年末，农业银行共为 1.6 万余家龙头企业提供了丰富多样的金融服务，比 2011 年增加 19.2%，比农业银行股改上市的 2010 年增加 33%，对龙头企业的服务广度进一步扩大。其中重点服务的国家级、省级、市县级农业产业化龙头企业分别达 1022 家、5672 家、9667 家，较 2011 年末分别增加 14.1%、23.8%、5.0%；对国家级、省级农业产业化龙头企业的服务覆盖率分别达 81.7%、57.4%，同比分别上升 8%、5%。

第三，客户结构不断优化。到 2011 年末，对优良客户的贷款余额 1201 亿元，占比 91%，比 2010 年末提高近 0.5 个百分点。其中对国家级龙头企业的用信余额 678 亿元，比 2010 年末增长 25%；对省级龙头企业用信余额 476 亿元，重点支持区域性龙头企业快速成长为国家级龙头企业；对市县级中小龙头企业用信余额同比增长 16%，有效缓解了中小企业融资难的问题。

第四，配套机制不断完善。农业银行于 2011 年新增黑龙江、河北、河南、安徽 4 家三农金融事业部制改革试点省级分行，试点省级分行达 12 家；增强产品政策创新，制定全国性"三农"信贷政策 4 个，创新使用全国通用"三农"金融产品 14 个；加大各项资源投入，单独配置"三农"信贷规模 2350 亿元，实现县域新增存款主要用于县域投放。

第五，社会认同度不断提升。加大社会责任履行力度，通过"龙头企业＋农户"等方式，至 2012 年末，累计发放惠农卡 1.28 亿张，在促进龙头企业发展的同时惠及全国 3 亿多农民创业增收。人民银行的调查问卷显示，地方政府、涉农企业和广大农民对农业银行新时期服务"三农"工作满意度基本都在 80% 以上，最高达 95%，被中国社科院和《金融时报》联合评为 2011 年"年度最佳服务三农银行"。

第三节 完善中小企业金融服务需诉诸三部曲

改革开放以来，小微企业如雨后春笋般涌现，它们在扩大就业和提高创新能力等方面扮演着积极角色。特别是在当前我国经济增长面临下行压力的情况下，国外有学者甚至直截了当地指出，中国经济未来可持续发展的动力恰在于发挥小微企业的创新性。但是，小微企业本身的弱质性决定了其发展面临着成本高和融资难等诸多问题。其中，小微企业的融资难问题尤为引起政府和学界的重视。

一、小微企业融资现状扫描

概言之，小微企业的融资来源绝大部分以内源性融资为主，外源性融资占比不足三分之一，并且过多地依赖银行信贷。目前，我国金融体系中提供微型金融服务的主体主要包括商业银行、信用合作社以及新型金融组织，其他融资渠道所发挥的作用微乎其微。在市场经济条件下，商业银行作为追求收益最大化的经济主体，对信贷服务的收益性、流动性和安全性有着必然的要求，这与小微企业规模较小、抵押资产不足、现金流不稳定等特点相悖；且商业银行为了控制风险，一般都制定有复杂的信贷审批流程，并对抵押品有较高的要求，这也成为很多小微企业难以逾越的门槛。因此，在面临信贷市场"僧多粥少"的局面下，商业银行往往选择优先向规模较大、实力雄厚的大企业提供服务，小微企业则成为信贷紧缩的牺牲品。

与此同时，起源于"草根"的信用合作社近年来纷纷开展商业化改革，其中运行良好的已基本采用商业银行的运作模式，并逐渐向大中城市集中，出现了"傍大款"、"垒大户"的趋势，而运行不良的则由于存在所有者缺失、管理机制不完善等原因，在服务小微企业方面的效率比较低。

相对于商业银行与信用社，小额贷款公司、村镇银行等新型金融组织具有管理灵活、程序简单、能够依靠地缘关系、社区网络等"软信息"代替抵押品的优势，更容易以较低的成本与小微企业达成合作，因此，它们本应成为提供金融服务的主力军。但目前来看，这些新型金融机构还处于发展初期，有限的数量和空间分布不均衡等弊端导致其根本无法满足数以万计小微企业的需求，而且由于在资金来源、信贷管理、风险控制等方面存在诸多不足，导致新型金融组织所提供的金融服务普遍利用高利率来覆盖成本，小微企业融资因此需要付出较高的融资代价，如果再"借力"担保机构才能融到资金，则进一步加大了对小微企业的"盘剥"。

综上所述，小微企业想从正规金融机构获得足够的资金可谓困难重重，而为了填补运营资金的缺口，除了以亲朋好友作为融资渠道以外，它们不得不诉诸民间信贷，但民间信贷超高的利息使依靠低成本发展的小微企业举步维艰，并且在越来越严酷的市场环境下，一旦资金链断裂，小微企业关门倒闭、老板跑路的局面不可避免。

实际上，小微企业融资难一直以来都是世界性的难题，在面临内外部的多重挑战之下，小微企业剧烈的优胜劣汰是很正常的现象。有研究表明，小微企业的生命周期平均只有半年到两年时间，即使像美国这样的发达国家，小微企业的借贷成功率也仅为7%～8%。因此，要破解小微企业融资难题不可能一蹴而就，而应是一个循序渐进的过程。未来，改善小微企业金融服务欠缺的难题需要诉诸政策三部曲，即短期、中长期和更长期政策协调推进。

二、做好小微企业金融服务的三部曲

第一，从短期来看，中央政府相关部门及各级政府部门和银行宜及时出台相关政策，扶持小微企业发展，并注重政策的细化和落实。

从国际经验来看，政府出面支持小微企业破解融资难题是惯有的做法。东南亚国家在亚洲金融危机以前，均对中、小、微型企业发展不够重视。在亚洲金融危机爆发后，较之于大企业，这些个头小的企业却表现得更稳定，于是各国政府开始出台政策扶持其发展。通常的做法是，政府通过出面设立担保基金和建立企业征信系统等方式，分担银行信贷风险，通过降低商业银行小微企业贷款的风险权重等方式，提高商业银行的参与积极性。各国政府的成功经验中，都不包含对商业银行开展小微企业金融服务的强制性规定。

在近年信贷政策趋紧的情况下，我国小微企业的发展面临资金更加短缺的严峻环境。为了帮助小微企业发展渡过难关，政府和银行相继出台了一系列政策措施。比如，2011年10月12日国务院常务会议出台了9条针对小微企业的扶持措施，被称为"国九条"，其中六条金融支持政策，三条财税支持政策。与"国九条"几乎同步，中国银行、建设银行、农业银行等陆续做出承诺，保证小企业贷款增速要高于贷款平均增速，并公布了具体的操作方法。接下来的10月24日，银监会出台了《关于支持商业银行进一步改进小型微型企业金融服务的补充通知》。《通知》将银行小微企业的信贷开展情况直接与其机构扩张挂钩。《通知》还提出允许商业银行发行专项用于小微企业贷款的金融债，以解决银行资金来源问题。

在2011年11月18日，财政部、发展改革委联合发文，宣布自2012年起至2014年底，对小微企业免征22项行政收费项目。随后，各省相继出台相关支持政策。例如，浙江省财政拿出10亿元建立中小企业再担保基金，对符合转型升级的小企业减免税费。温州市设立规模为5亿元的企业应急转贷专项资金，先期拨付到位2亿元，为当地中小企业解决资金周转困难。广东省中小企业局认定了一批省中小企业融资服务示范机构，完善信用担保体系建设，推进中小企业集合票据发行工作。

可以认为，上述政策对于帮助小微企业渡过难关起到重要作用。虽然部分政策并非直接解决小微企业资金短缺问题，但却为小微企业获得金融支持提供了有力保障。但是，较之于国际经验，我国政府出台的政策尚属

239

于粗线条性质的，这些政策还有待于细化和落实。比如，在总体趋紧的货币政策环境下，应如何有效调动"资金紧张"的银行特别是中小商业银行服务小微企业的积极性？对于已经实现精细化管理的商业银行，应如何使得"银行小微企业的信贷开展情况直接与其机构扩张挂钩"的激励政策行之有效？在降低小微企业税负的规定方面，如何获得地方政府的积极响应？诸如此类，概言之，皆需相关部门出台进一步细化和可操作的政策，否则政策的短期效果也将大打折扣。

第二，从中长期来看，宜诉诸小微企业金融服务供给体系的改革与完善。

国家出台的相关支持政策虽并非化解小微企业融资难题的长效机制，但其中的"国九条"等政策都明确提出改革农村金融供给体系的观点，而这本质上属于中长期的任务。

简单的回顾可以发现，我国金融体系的发展和改革长期以来遵循自上而下的路径，而供给先行的金融体系与微型金融需求之间的错位，被认为是导致小微企业融资难的根本原因。

计划经济时期，为了实现赶超式发展，我国金融系统按专业条块分割，将稀缺的资金源源不断地向重工业部门输送，形成了以国有银行为主体的金融供给体系。改革开放后，私营经济得到发展空间，各种类型的小微企业也随之快速成长。但是，由于国有银行组织架构和管理体制主要是围绕服务国有企业等大客户而形成的，因此，小微企业依然被排斥在融资服务范围以外，他们主要依靠集体和个人的积累来满足资金需求。

90 年代以来，国有银行陆续进行了商业化改革，股份制银行、政策性银行以及信用合作社丰富了原有的金融体系。根据市场经济的原则，位于城市地区的大中型企业以及富裕人群成为金融机构竞相选择的客户，与之相对的是，在经历了乡镇企业倒闭风潮后，小微企业所暴露的风险使其融资环境并未得到相应的优化，特别是信用合作社进行的商业化改革，使具有民间内生特征的金融组织数量越来越少。

近年来，随着小微企业的经济贡献越来越大，商业银行在政府引导下增强了对其金融服务供给，而国家在既有存量金融机构之外进行的增量机构改革，也为促进"草根"金融发展，优化小微企业融资环境创造了条件。但就目前来看，对于我国数目众多的小微企业，商业银行金融供给的可持续性有待进一步考察，新型农村金融组织的数量和服务能力也明显不足。此外，专门针对小微企业的政策性金融机构、NGO 组织，以及风险投资基金等组织仍比较缺乏。

总而言之，小微企业的金融需求缺口必须要更多贴近草根、根植基层的供给主体才能更好满足，而构建需求主导的多元化、多层次的金融服务体系才是化解小微企业融资难题的必然途径。为此，宜继续做好以下几点工作。

一是促进现有商业银行发挥技术、网络、管理优势，创新产品、下沉权限、优化流程，为小微企业创建专门的服务平台。二是鼓励新型金融组织建立和发展，降低民间资本介入金融领域的门槛，引导现有的民间金融规范化，使其运行和管理阳光化。三是借鉴国外经验，构建具有政策性金融扶持机构，如小企业局以及具有公益属性的 NGO 组织和合作性融资组织。四是开拓其他的金融服务渠道，支持小微企业通过风险投资、创业投资、私募股权基金等机构开展融资。五是对服务小微企业的金融机构制定差异化的监管体系，完善征信体系和法律制度，优化小微企业的融资环境。

第三，从更长期来看，宜通过金融与财政政策的联姻，支持小微企业转型升级，为金融服务提供有效的对接平台。

实际上，小微企业贷款难问题，很大的原因在于其自身发展遇到了瓶颈。很多小微企业在成长的初期处于产业链的低端，为了发挥其小巧灵活的比较优势，往往选择生产加工领域，采用低成本的模式扩张。但随着宏观经济结构转型、市场需求升级，小微企业以前的优势很快就不复存在，而产品缺乏技术含量，服务附加价值较低，与产业链上下游企业间的定价、议价能力有限的缺陷却暴露无遗。特别是面对资源价格上涨、人口红利消失、环保要求愈发严格的经济形势下，很多以生产加工为主或者处于"两高一剩"产业的小微企业，无法获得价格优势并保持市场占有率，从而彻底失去了生存的活力。在这种状况下，金融机构对那些市场预期不明朗、内部管理不完善、发展缺乏后劲的小微企业退避三舍实乃理性选择。

事实已经证明，2008年国际金融危机爆发以来，依靠国家政策扶植得以喘息的小微企业如果不加快转型升级的步伐，最终难逃被市场所淘汰的命运。因此，增强小微企业自身内力的修炼，促进其向符合国家产业和环保政策、能够吸纳就业的科技、服务和加工产业转型升级，深挖市场潜力，拓展发展空间成为目前最为急迫的任务。而欲达此目的则离不开金融与财政的联姻支持，即既需要多层次的金融服务供给体系予以资金支持，又需要对路的财税政策引导和支持小微企业有动力、有信心进行技术改造和自主创新。

第四节　小结

农业产业化龙头企业在带动农民致富和对接大型商业银行资本下乡方面，发挥着关键作用。农业银行围绕营销龙头企业，已探索了很多行之有效的服务模式。未来，要契合龙头企业金融需求多元化的发展趋势，提供涵盖信贷、结算、保险、投行、融资顾问等一揽子内容的全方面超值服务，以稳定客户群体，夯实县域金融服务根基。除此之外，农业银行应着眼于产业链的高度服务好农业产业化龙头企业，通过为产业链上下游相关主体提供系统而配套的金融服务，实现规模效应和范围效应。对中小企业的发展，要重点围绕区域特色，培育企业产业集群（如义乌的中小企业群）。最后，需要重点强调的是，农业银行服务农业产业化龙头企业和中小企业时，除了提高企业金融服务需求响应速度之外，更需要加强前瞻研究和分析，发挥好大行资金和市场优势，通过前瞻性建议或服务，引领县域企业拓展市场并有效对抗市场周期，为银企关系良性互动奠定基础。

第十二章

农民专业生产合作社金融服务

如前面章节所言，农业产业化是引领"小农户"对抗"大市场"的有效形式，农业产业化链条上的三个关键节点是龙头企业、合作社和农户，如果说龙头企业是农业产业化的"火车头"而农户是"车厢"的话，那么合作社便可以认为是"托盘"——因为理论和实践均证实，合作社的存在是使得龙头企业与农户之间的契约趋于稳定的关键。

在我国，合作社的发展经历过曲折的历程。概言之，自新中国成立初期始，至文化大革命止这段时间中，合作社的发展带有显著的政治运动式色彩，并因为剥夺了农民的财产权和自由退出权而挫伤了社员的生产积极性，结果合作社制度并没有带来农民收入的增长。改革开放后，特别是2007年《农民专业合作社法》颁布后，合作社的发展进入有法可依的黄金时期。目前，从中央到地方，从学界到实业界，均形成了基本共识，即合作经济是引领农民脱贫致富的关键，是引领我国农民从"兼业小农"向"大农"转变的有效途径。

合作社的发展离不开各项政策的扶持，其中，金融支持扮演着重要角色。本章拟对金融如何支持农民合作社发展进行研究，并给出几点认识。

第一节 农民专业合作社发展历程

从大方面来说，我国农民生产合作社发展经历了改革开放前和改革开放后两个阶段，其中，改革开放后又可细分为三个小阶段，每一个阶段中，都有金融服务的相应跟进。具体见表12.1。

表 12.1　农民生产合作社发展历程与相应的金融服务历程

阶段	时间	金融服务
改革开放前合作化运动阶段	1949 ~ 1977 年	围绕合作化运动而重点支持互助组、初级合作社、高级合作社、人民公社
改革开放后理性发展阶段	1978 年至 20 世纪 80 年代中期（自发组织阶段）	以承包户、专业户等个体为主，较少关注各类自发组建的合作组织
	20 世纪 80 年代中后期至 2006 年（政府引导阶段）	以农业产业化龙头企业为载体的农村产业资本对合作社发展形成挤出效应，农村金融服务的法人实体主要是龙头企业
	2007 年以来（依法发展阶段）	主要通过为合作社社员发放农户小额贷款的方式支持合作社发展，对合作社发放的法人贷款较少，保险、担保机制仍然不配套

一、农业合作化运动阶段（1949 ~ 1977 年）

在 1949 年 3 月召开的中国共产党第七届中央委员会第二次全体会议报告中，就农业问题，毛泽东指出："占国民经济总产值百分之九十的分散的农业经济和手工业经济，是可能和必须谨慎地、逐步地而又积极地引导它们向着现代化和集体化的方向发展，任其自流的观点是错误的[1]。"

所以在 20 世纪 50 年代初期，中国农民合作化运动便开始启动，到 1956 年底，农村基本实现初级农业合作化，农业生产合作社数量达到 1008000 个，入社农户 10668 万户，占全国农户总数的 90%[2]。初级农业合作社的迅猛发展大大超过了政府的预期[3]，促使其由谨慎和渐进的态度转向采取更为大胆和激进的推动措施。到 1955 年底，高级农业合作社仅有 500 个，1956 年则达到 540000 个，1957 年冬季这个数目猛增到 753000 个，加入高级社的农户已占全国农户总量的 87.8%，而加入初级社的农户比例

---

[1]　毛泽东：《毛泽东选集》第四卷，人民出版社 1991 年版，第 1426 页。

[2]　参见《人民日报》1956 年 4 月 30 日相关报道。

[3]　在 1953 年提出过渡时期总路线时，国家曾预计用 15 年甚至更长的时间基本实现农业集体化。

仅为 8.5%①。1958 年开始"大跃进",中央在农村组织制度上又做出了一次重大决策,即用农村人民公社替代农业生产合作社,因为当时的领导人认为,"一大二公"的人民公社是解决"三农"问题的理想组织模式②。据统计,仅 1958 年 8 月末到 11 月,就有 74 万个农业生产合作社被合并为 26000 个人民公社,囊括了 12000 万户农户,占全国农户总量的 99% 以上③。人民公社体制被证明违背了经济发展规律,结果是严重挫伤了农民生产积极性,1959~1961 年我国遭遇了严重的农业危机,1959 年粮食产量猛降 15%,农业总产值猛降 14%,1960 年农业产量再将 10%,农业产值再将 12%,致使中国出现历史上罕见的正常人口锐减④。

1960 年 11 月中央发出了《关于农村人民公社当前政策问题的紧急通知》,1962 年 2 月又发出了《关于改变人民公社基本核算单位问题的指示》,1962 年中共八届十中全会通过的《农村人民公社工作条例修正草案》,明确了以生产队为基本核算单位的"三级所有,队为基础"的体制⑤。尽管 1966 年开始的文化大革命造成了很大冲击,但"三级所有,队为基础"体制的绝对主体地位没有改变。据统计,1978 年农民人均纯收入仅为 133.6 元,比 1957 年的 74 元只增加了 59.6 元,即 21 年间平均每年每人只增加 2.8 元,还有近四分之一的生产队年人均分配在 40 元以下⑥。

这一时期的农村金融工作也主要围绕着合作化运动开展,主要为互助

---

① 史敬棠等:《中国农业合作化运动史料》(下册),三联书店 1959 年版,第 990~991 页。

② 陈锡文:《中国农村制度变迁 60 年》,人民出版社 2009 年版。

③ 据 1958 年 9 月 30 日中央农村工作部《人民公社化运动简报》第四期《全国基本实现了农村人民公社化》一文公布的资料,人民公社化运动从 1958 年 7 月开始发展,8 月份普遍规划试办,9 月份进入高潮,截至 9 月 29 日,全国建起人民公社 23384 个,加入农户 112174651 户,占总农户的 90.4%,每社平均 4797 户,中央对外宣布全国基本实现农村人民公社化。1958 年 12 月 10 日中共八届六中全会在《关于人民公社若干问题的决议》中宣布,"政社合一"的人民公社体制在农村全面建立。可参见国家农业委员会办公厅编:《农业集体化重要文献汇编(1958~1981)》,中共中央党校出版社 1981 年版,第 84~87 页、110~126 页。

④ 参见《中国农业年鉴》,中国农业出版社 1989 年版。

⑤ 尽管后来的农业学大寨运动证明,这种政策微调并没有改变当时中国领导人对"一大二公"的人民公社的追求,但显然的是,"三级所有,队为基础"的体制,对调动农民生产积极性作用重大。

⑥ 郑有贵:《目标与路径——中国共产党"三农"理论与实践 60 年》,湖南人民出版社 2009 年版,第 126 页。

组、初级和高级合作社以及人民公社提供金融服务①。据中国人民银行的统计，1951～1953年上半年中国人民银行农业贷款总数为946272元，其中，互助合作组织贷款占86.38%，个体农民占13.62%②。这也说明，国家在有意识地利用信贷资金的指挥棒作用，引导农民积极走合作化道路，因为当时党和国家领导人认为，合作经济既能抵抗高利贷，又能体现社会主义优越性③。1950年开始，国家选择合作工作有基础的省份重点试办农信社，为合作化运动提供金融服务。1953年中共中央通过了《关于发展农业生产合作社的决议》，明确要求把农贷工作重点转向支持农业合作化。1956年农业合作化贷款达到49.7%④。1955年中国农业银行第二次成立⑤，并通过开展贫农合作基金贷款和极贫户贷款的方式，提高农民继续参与合作社的热情。据统计，截至1956年10月底，农业银行在全国共发放贫困合作基金贷款7.2亿元，解决了近4000万户贫下中农缴纳入社股份基金的困难，起到了增强农户走合作化道路信心的作用⑥。

1958后，为了配合人民公社运动和"大跃进"，农村信用社和人民银行营业所被下放到生产队和人民公社管理。1963年为了贯彻执行国家大办农业、大办粮食的方针，农业银行第三次成立，并于1965年建立了贫下中农无息专项贷款，领导农信社并会同有关部门，帮助贫下中农解决生产、生活困难。这对缓解当时政治运动中的农村金融约束问题，起到重要支持作用。1966年文化大革命开始后，农村金融工作基本处于停顿或半停顿状态。农业贷款十年年均增长1.2亿元，在总贷款中占比逐年下降，并有三

---

① 主要是信贷服务。建国初期，曾短暂地开展过农业保险业务，不过随着1957年全国合作化高潮的到来，国家停办了所有国内保险业务，原因是当时的领导人认为，国家的集体经济力量已经十分雄厚，没有必要通过保险来解决经济补偿问题。这使得蓬勃发展的中国保险事业遭了严重挫伤。直到20多年后的1982年，国家才决定由中国人保全面恢复试办农业保险。

② 中国人民银行总行：《三年来农贷发放情况》(1953年9月29日)，中国人民银行总行档案，Y农村金融管理局1953-永久-1。

③ 李扬等：《新中国金融60年》，中国财政经济出版社2009年版。

④ 伍成基：《中国农业银行史》，经济科学出版社2001年版，第26页。

⑤ 1951年中国农业银行第一次成立（农业合作银行），以办理国家投资拨款和长期贷款为主要任务。

⑥ 卢汉川：《中国农村金融历史资料（1949～1985）》，湖南出版事业管理局1986年版。

年是负增长。见表 12.2。

表 12.2 　　　　　　　　　　　文革期间农业贷款情况表

年份	农业贷款（亿元）	增减（%）	占贷款总额比例（%）
1966	77.7	-0.6	10.28
1967	81.4	4.8	10.21
1968	81.2	-0.2	10.96
1969	84	3.4	8.88
1970	95.1	1.3	8.23
1971	51.6	-39.4	4.63
1972	56.6	9.7	4.96
1973	58.8	3.9	4.63
1974	64	8.8	4.72
1975	72.4	13.1	4.96
1976	90.4	24.9	5.86

资料来源：国家统计局编：《奋进的四十年》，中国统计出版社 1989 年版。

总之，1949～1977 年我国农业合作化的发展历程表明：在农民非平等缔约以及丧失财产权利和退出权的情况下①，政府"自上而下"推动并带有强制性制度变迁特征的合作化运动，根本目的在于支持国家发展重化工业，实施赶超战略，很显然，这种发展战略因为没有发达的生产力和先进的农业技术给予支撑，必将因为违背基本的经济规律而挫伤农民生产积极性，并破坏经济增长。相应的，由于这一时期的金融机构具有"大一统"的特点，并且基本扮演的是政府出纳的角色，而非追逐利润的独立经济体，故而，金融机构对合作化运动的支持并非出于主动，而是为了适应政治运动的需要。实践证明，金融机构这种不计代价的支持合作化运动的服务方式是低效率的。

---

① 这涉及关于合作社绩效的理论解释，可参阅王曙光：《契约—产权假说与制度补贴：农民合作社 60 年变迁》，载于王曙光：《守望田野——农村金融调研手记》，中国发展出版社 2010 年版，第 182～197 页。

二、理性发展阶段（1978 年至今）

1. 农民自发组织阶段（改革开放初期至 20 世纪 80 年代中期）

1978 年召开的十一届三中全会开启了中国改革开放的进程。为了尽量减少改革带来的社会波动，直到 1982 年，才以"家庭联产承包责任制"的方式承认包产到户的合法性（高连水、孙嚣，2012）。但是，家庭联产承包责任制的推行并没有否定农民合作社的合法性，并且实际上，农民自改革开放初期开始，便开始自发组建各种合作组织形式。例如，20 世纪 80 年代中期，一批以提供技术、信息服务为主，具有合作制萌芽性质的专业合作组织应运而生。为了与刚解体的人民公社相区分，当时这类合作组织名称大多叫专业技术协会或专业技术研究会等。

这段时间的金融机构主要围绕着家庭联产承包责任制的推行而开展金融服务，服务范围较少涵盖到这些自发组织起来的合作组织。

2. 政府引导发展阶段（20 世纪 80 年代中后期至 2006 年）

从 80 年代中后期开始，政府的支持态度渐趋明朗，见表 12.3。例如，1986 年的中央一号文件明确提出，"近几年出现了一批农民联合购销组织，各有关部门均应给与热情支持和帮助"。1990 年，国家科委出台了《农业技术经济服务合作协会示范章程》，并在青海等省进行试点和推广。1991年，国务院《关于加强农业社会化服务体系建设的通知》和中共十三届八中全会通过的《中共中央关于进一步加强农业和农村工作的决定》，进一步提出要积极支持或扶持农业专业技术协会、专业合作社和农户自办、联办的各种服务组织等。1993 年，国务院明确以农业部作为指导和扶持农民专业合作与联合组织的行政主管部门。1994 年，中央 4 号文件强调"要抓紧制定《农民专业协会章程》，引导农民专业协会真正成为民办、民管、民受益的新型经济组织"。1995 年中共中央、国务院《关于深化供销合作社改革的决定》，把发展专业合作社作为供销合作社改革的重要措施。供销合作社还把兴办专业合作社，作为其寻求改革和发展出路的重要方式。2006 年中共中央《中共中央国务院关于推进社会主义新农村建设的若干意见》中指出，要积极引导和支持农民发展各类专业合作经济组织，加快立法进程，加大扶持力度，建立有利于农民合作经济组织发展的信贷、财税和登记等制度。

表 12.3   1986～2006 年国家出台的农业生产合作组织主要相关政策

时间	名称	主要内容
1986 年	《关于 1986 年农村工作的部署》	提出各有关部门应热情支持和帮助近几年出现的一批农民联合购销组织
1990 年	《农业技术经济服务合作协会示范章程》	提出相关示范章程
1991 年	《关于加强农业社会化服务体系建设的通知》	提出各级政府对农民自办、联办服务组织要积极支持，保护他们的合法权益，同时要加强管理，引导他们健康发展。金融、科技、商业等部门，对户办、联户办、其他民办的服务实体，要在资金、技术、生产资料供应等方面给予支持
1991 年	《中共中央关于进一步加强农业和农村工作的决定》	提出要积极支持农户自办、联办的各种服务组织
1995 年	《关于深化供销合作社改革的决定》	提出要把发展专业合作社作为供销合作社改革的重要措施
2006 年	《中共中央国务院关于推进社会主义新农村建设的若干意见》	提出要积极引导和支持农民发展各类专业合作经济组织，加快立法进程，加大扶持力度，建立有利于农民合作经济组织发展的信贷、财税和登记等制度

在各级政府的引导和支持下，我国专业合作组织涉及的领域从果蔬业、畜牧业、水产业、林业，发展到农机服务、运输、粮油作物、水利建设、资源开发、手工业品生产等诸多方面。

这一时期中，虽然国家强调要加大对于合作组织的各项扶持力度，但在 20 世纪 80 年代中后期迅猛发展的农业产业化进程中，较之于龙头企业，合作社发展过慢，即以龙头企业承载的农业产业资本比合作社抢先占领了农业市场，导致农业产业资本对合作社形成了某种挤出效应。加之以扶持龙头企业为重点的农业纵向一体化发展方式已被完全纳入地方政府"招商引资"任务之内，并成为地方干部根据量化的 GDP 增长率来显示"政绩"

的一个关键部分①，这使得小农自发组建合作社的可能性变得更渺茫。由于政府的青睐，较之于合作社，龙头企业得到更多的金融机构贷款，加之1997 年之后国有银行响应商业化改革号召而大举撤销乡镇网点，致使"三农"金融服务能力受到明显削弱，综上几点原因叠加，导致合作社的发展陷入了"发展慢—缺资金—发展更慢"的循环陷阱中。

3. 依法规范发展阶段（2007 年以来）

表 12.4   2007 年以来国家出台的农民专业合作社主要相关政策

时间	名称	主要内容
2007 年 7 月	《中华人民共和国农民专业合作社法》	提出国家政策性金融机构应当采取多种形式，为农民专业合作社提供多渠道资金支持。国家鼓励商业性金融机构采取多种形式，为农民专业合作社提供金融服务
2007 年 7 月	《农民专业合作社登记管理条例》、《关于农民专业合作社登记管理的若干意见》	提出农民专业合作社的设立、变更和注销条例以及管理意见
2008 年 7 月	《关于农民专业合作社有关税收政策的通知》	提出相关税收减免和优惠规定
2008 年 12 月	《中共中央国务院关于 2009 年促进农业稳定发展农民持续增收的若干意见》	提出要抓紧出台农民专业合作社开展信用合作试点的具体办法
2009 年 5 月	《关于做好农民专业合作社金融服务工作的意见》	提出从五个方面加强和改进对农民专业合作社的金融服务工作
2009 年 8 月	《关于开展农民专业合作社示范社建设行动的意见》	提出要打造各产业领域的示范社，并加大扶持力度
2010 年 6 月	《农民专业合作社示范社创建标准（试行）》	提出民主管理好、经营规模大、服务能力强、产品质量优、社会反响好的标准
2011 年 2 月	《关于全面推进农超对接工作的指导意见》	提出要培育和支持农业生产合作社发展，打牢推进农超对接的基础
2011 年 5 月	《关于进一步加强农民专业合作社财务管理工作的意见》	提出要切实做好合作社财务管理工作
2012 年 1 月	《关于加快推进农业科技创新持续增强农产品供给保障能力的若干意见》	提出引导农民专业合作社规范开展信用合作；加大对种养大户、农民专业合作社、县域小型微型企业的信贷投放力度

---

① 黄宗智："龙头企业还是合作组织?"，《中国老区建设》2010 年第 4 期，第 25～26 页。

2007 年 7 月 1 日颁布实施的《农民专业合作社法》明确提出，国家政策性金融机构应当采取多种形式，为农民专业合作社提供多渠道资金支持，并鼓励商业性金融机构采取多种形式，为农民专业合作社提供金融服务。可见，《农民专业合作社法》是农民合作组织发展历史上一个里程碑式的事件，标志着农民合作组织的发展进入了一个法制化和规范化的轨道。当然，实践证明，《农民专业合作社法》中对合作社综合合作与资金互助合作的不支持，被学界普遍认为是该法律需要完善的地方。从表 12.4 中可以看出，2009 年中央一号文件《中共中央国务院关于 2009 年促进农业稳定发展农民持续增收的若干意见》以及 2012 年中央一号文件《关于加快推进农业科技创新持续增强农产品供给保障能力的若干意见》均提出要引导合作社开展信用合作。表 12.4 显示，国家还从登记管理、税收优惠、金融支持等诸多方面制定了扶持合作社发展的相关政策，合作社的发展越来越规范。

这一时期的农村金融机构则主要通过"龙头企业＋合作社＋农户"的方式发放合作社社员农户小额贷款，以支持合作社发展。由于合作社自身的弱质性，如缺乏抵押担保品和财务不健全等，金融机构较少以合作社为主体发放法人贷款，并且相应的保险、担保机制并不健全。

⊞ 第二节　金融支持农民专业合作社综述

农民专业合作社（以下简称合作社）在促进农村经济转型和带动农民增收方面的作用，已经得到政府和学界的普遍认可。但既有的研究显示，由于供给与需求等多方面原因，合作社及其成员普遍面临着资金短缺的制约。例如，王曙光（2009）认为①，从资金供给方来看，农村金融机构数量较少，且基于风险考量，金融机构对抵押担保缺乏的合作社，缺乏开展

---

① 王曙光：《乡土重建——农村金融与农民合作》，中国发展出版社 2009 年版。

信贷服务的积极性；从资金需求方来看，农户贷款的短、小、频、急特征以及合作社基础设施建设的长周期性，都对银行信贷产品提出很高的要求，加之合作社缺乏抵押品和担保机制以及财务不健全等原因，农村金融机构对其放贷面临层层阻碍。

如何破解合作社发展的资金瓶颈问题，学术界以及金融部门均进行了富有成果的探索（见表 12.5）。

表 12.5　　　　2007 年以来金融支持农民专业合作社文献综述

主要文献	调研情况	主要结论
孔祥智（2007）	—	政策性金融与商业性金融合作，是破解合作社资金瓶颈难题的关键
郑有贵（2008）	11 省部分农信社	构建农民专业合作社信贷平台、建立合作社为成员提供承贷承还或信贷担保机制、支持合作社兴办村镇银行或者资金互助组织
农业银行农村金融服务创新课题组（2008）	—	银行对合作社的支持应"宜社则社、宜户则户"，不能一刀切，而且要注重加大产品创新和风险防控工作力度
王曙光（2009）	15 省部分合作社	合作社突破融资瓶颈有三种模式可遵循
中国银行业监督管理委员会焦作监管分局课题组（2009）	焦作市 703 家合作社	政府要营造良好的政策环境、银行要创新金融服务、合作社要做强做大、担保公司和保险机构要及时跟进
董玉华（2009）	浙江省合作社和四川资阳生猪合作社	政策性金融、合作金融、商业性金融与保险合作与互动，注重防控风险
安徽省农村金融学会课题组（2010）	—	未来要从完善法律建设、规范合作社发展、完善支农金融体系和服务功能以及创造良好农村金融环境的方面做出改善
余丽燕等（2010）	—	目前我国农民专业合作社的资金仍然主要来源于内部成员。需要借鉴美国的经验，努力拓宽合作社融资渠道，这其中，银行、保险和政府相关部门均应发挥积极作用
郭红东等（2011）	浙江省 285 家合作社	要提高合作社正规信贷可得性，既需要合作社加强自身建设，完善财务制度，并积极参与信用评估，还需要合作社加强与金融机构的信息沟通与合作，提高金融机构对其信任度，更离不开金融机构金融服务的创新探索

续表

主要文献	调研情况	主要结论
戎承法、李舜（2011）	—	合作社要提高资金丰裕程度，既应从扩大直接融资、提高积累比例方面入手，又需要金融机构加大金融产品创新、地方政府加大支持力度
马丁丑等（2011）	甘肃省164家合作社	政府既要规范民间借贷的发展，又要通过财政贴息和组建"农村信贷风险保障基金"等方式，引导农信社、农业银行等加大对合作社的信贷支持力度
郑丹、大岛一二（2011）	山东青岛和青海省海东地区的289家合作社	应鼓励合作社制度创新，提升合作社自身筹资和融资的能力；加强合作社的宣传和示范，增强成员信心和投资热情；完善外部金融支持，开拓多种融资渠道；优化政府支持和指导，提高合作社盈利能力

例如，孔祥智（2007）① 在对多地合作社进行实地调研后发现，近90%的受访农民专业合作社表示资金不足是其发展面临的主要限制因素之一。同时，仅有约15%的受访专业合作社拥有经济实体，换言之，近85%的合作社没有真正的盈利能力，没有稳定充足的自有经济来源。故而，合作社的自我积累与发展将无从谈起。孔祥智认为，从国际经验来看，政策性金融与商业性金融加强合作，是破解合作社资金瓶颈难题的关键。

郑有贵（2008）② 在对11个省的农业合作社或协会进行问卷调研后得出结论，认为合作社及其成员有强烈的信贷需求，但需求满足程度较低。郑有贵认为，未来，改善合作社信贷支持的路径包括：构建农民专业合作社信贷平台、建立合作社为成员提供承贷承还或信贷担保机制、支持合作社兴办村镇银行或者资金互助组织。为此，需要政府、监管部门、金融机构和合作社等各利益相关者共同努力。

---

① 孔祥智："金融支持与农民专业合作社发展"，《中国农村信用合作》2007年第3期，第32~33页。
② 郑有贵："农民专业合作社金融支持路径与政策研究"，《农村经营管理》2008年第4期，第26~30页。

农业银行农村金融服务创新课题组（2008）①认为合作社的发展代表未来农业发展重要方向，在国家出台一系列支持合作社发展政策的利好背景下，信贷支持合作社发展是机遇与挑战并存。就机遇而言，一方面，支持合作社是抢占农村中高端客户、开拓县域零售市场的重要手段，另一方面以合作社为载体支持农户，是低成本开展农户金融服务的有效路径。就挑战而言，合作社存在管理风险、内部人控制风险、行政干预风险和市场退出风险等问题，这对银行可持续地开展农业合作社信贷服务构成挑战。因此，银行对合作社的支持应"宜社则社、宜户则户"，不能一刀切，而且要注重加大产品创新和风险防控工作力度。

王曙光（2009）②通过对调研的15省合作社案例进行理论提升后，认为合作社突破融资瓶颈有三种模式可遵循：第一种模式是通过合作社内部担保来构建银社合作机制——此模式适用于合作社成员的大额资金需求。第二种模式是运用商业性的担保中心，而政府对合作社贷款进行贴息支持和担保费支持——此模式适用于合作社作为整体的资金需求。第三种模式是实行合作社内部资金互助模式——此模式适用于合作社成员的小额资金需求。在各种模式实际运转中，政府、银行、合作社宜进行有效沟通，建立"政银社联席会议制度"，以期在沟通中实现互信和各方共赢。

中国银行业监督管理委员会焦作监管分局课题组（2009）③通过对焦作市703家注册的合作社的分析发现，我国金融机构与合作社之间的对接较弱，这需要利益相关者共同努力：政府要营造良好的政策环境、银行要创新金融服务、合作社要做强做大、担保公司和保险机构要及时跟进。

董玉华（2009）④结合对浙江省合作社以及四川资阳生猪合作社的案例进行相关分析，认为未来应借鉴美、日、欧金融支持合作社发展的经

---

① 中国农业银行农村金融服务创新课题组："农民专业合作社发展与信贷支持"，《中国金融》2008年第24期，第71～73页。

② 王曙光：《乡土重建——农村金融与农民合作》，中国发展出版社2009年版。

③ 中国银行业监督管理委员会焦作监管分局课题组："农民专业合作社发展与金融支持问题研究"，《金融理论与实践》2009年第9期，第72～77页。

④ 董玉华："农民专业合作社的发展及金融支持——对我国农业合作社发展中问题的分析与思考"，《中国农业银行武汉培训学院学报》2009年第6期，第2～9页。

验，创新农村合作社运行模式，采取政策性金融、合作金融、商业性金融多管齐下以及保险跟进和互动的方式，促进合作社快速发展。特别是由于我国合作社发育不健全，之前没有相关服务经验可循，对合作社法人的贷款尤为需要保持谨慎，进行的探索与创新要注重严防风险。

安徽省农村金融学会课题组（2010）[①] 在借鉴美国、法国、德国、日本和印度等国家在金融支持农业合作社发展经验的基础上，认为未来要从完善法律建设、规范合作社发展、完善支农金融体系和服务功能以及创造良好农村金融环境的方面做出改善。

余丽燕等（2010）[②] 认为，在美国农业合作社进行大量资本扩张时期，总体上，债务融资发挥了重要作用，甚至在资本扩张的后半期，成为最重要的融资方式。相反，由于各种原因，目前我国农民专业合作社的资金仍然主要来源于内部成员。需要借鉴美国的经验，努力拓宽合作社融资渠道，这其中，银行、保险和政府相关部门均应发挥积极作用。

郭红东等（2011）[③] 基于对浙江省 285 家农民专业合作社的调查发现，融资难问题已经成为制约我国农民专业合作社发展壮大的主要问题之一，认为合作社对资金借贷的需求比较大，其借款的主要目的是收购农产品，那些固定资产规模大、信用等级高、与银行关系密切、示范等级高的农民专业合作社，是可以获得正规信贷的，但获得的信贷额度还不能满足合作社发展的需要。要提高合作社正规信贷可得性，既需要合作社加强自身建设，完善财务制度，并积极参与信用评估，还需要合作社加强与金融机构的信息沟通与合作，提高金融机构对其信任度，更离不开金融机构金融服务的创新探索。

戎承法、李舜（2011）[④] 认为融资是农民专业合作社发展中无法逾越

---

① 安徽省农村金融学会课题组："对金融支持农民专业合作社问题的研究"，《中国农业银行武汉培训学院学报》2010 年第 6 期，第 13～17 页。

② 余丽燕、郑少锋、罗良标、徐贵兰："中美农民专业合作社债务融资比较及借鉴"，《亚太经济》2010 年第 6 期，第 92～96 页。

③ 郭红东、陈敏、韩树春："农民专业合作社正规信贷可得性及其影响因素分析——基于浙江省农民专业合作社的调查"，《中国农村经济》2011 年第 7 期，第 25～33 页。

④ 戎承法、李舜："美国、西班牙农业合作社融资的经验对中国农民专业合作社融资的启示"，《世界农业》2011 年第 4 期，第 62～66 页。

的关键环节。但是，由于内部制度设计、发展水平和农村金融供给等诸多因素的影响，当前的合作社普遍面临融资难问题。在对美国、西班牙农业合作社融资特点和有关典型合作社融资经验介绍的基础上，认为合作社既应该从扩大直接融资、提高积累比例提高资金丰裕程度，又离不开金融机构的产品创新支持和地方政府的政策支持。

马丁丑等（2011）① 通过对甘肃省164家合作社进行问卷调查后发现，资金短缺是欠发达地区农民专业合作社发展的重要制约因素。民间借贷资金来源虽不稳定，但仍是合作社发展资金来源的重要源泉，但较之于民间借贷，正规金融机构的信贷支持，对合作社的成长意义更大。故而建议，政府既要规范民间借贷的发展，又要通过财政贴息和组建"农村信贷风险保障基金"等方式，引导农信社、农业银行等加大对合作社的信贷支持力度。

郑丹、大岛一二（2011）② 对山东青岛和青海省海东地区的289家合作社进行了问卷调研，发现资金匮乏是目前我国大多数农民专业合作社面临的主要困难，分析了农民专业合作社资金匮乏的主要原因，认为在未来的发展中：应鼓励合作社制度创新，提升合作社自身筹资和融资的能力；加强合作社的宣传和示范，增强成员信心和投资热情；完善外部金融支持，开拓多种融资渠道；优化政府支持和指导，提高合作社盈利能力。

综上所述，既有的研究成果达成以下几点共识。

第一，农民专业合作社的发展是引领兼业小农向大农转变的关键，但合作社的发展普遍面临着金融约束难题。这种金融约束体现在两方面，一是合作社法人贷款的约束，二是合作社社员贷款的约束，且法人贷款约束表现得更为明显。

第二，形成农民专业合作社金融约束问题的原因有内有外。从内因来看，由于计划经济时期合作社运动的冒进推进、改革开放后农业产业化龙

① 马丁丑、刘发跃、杨林娟、王文略："欠发达地区农民专业合作社信贷融资与成长发育的实证分析——基于对甘肃省示范性农民专业合作社的调查"，《中国农村经济》2011年第7期，第34~41页。

② 郑丹、大岛一二："农民专业合作社资金匮乏现状、原因及对策"，《农村经济》2011年第4期，第76~79页。

头企业对合作社的挤出效应、农民缺乏合作精神等原因，我国的农民专业合作社发展缓慢，且主要表现为大户或公司领办型，这导致现有的合作社规模不大、管理不规范，并由于缺乏实业支撑而导致现金流不稳定，这些都使得银行基于风险的考虑而对合作社"惜贷"。从外因来看，由于农村金融机构长期以来缺乏服务合作社的经验，加之抵押、担保、保险机制的不配套，农村信用环境建设的滞后等原因，银行缺乏开展合作社贷款的积极性。

第三，破解农民专业合作社融资困境需要银行、企业、合作社、政府、农户等各利益相关主体发挥合力作用。银行侧重于金融服务产品的开发创新与金融知识的传播、企业侧重于对合作社的引领、合作社侧重于自身规范化建设、政府侧重于搭建配套机制、农户特别是大户侧重于特色技术在成员间的共享和传递。

▌ 第三节　小结

如何破解合作社发展的资金瓶颈问题，学术界以及金融部门的一个基本共识是，形成农民专业合作社金融约束问题的原因有内有外。故而，破解农民专业合作社融资困境需要银行、企业、合作社、政府、担保机构、保险公司等各利益相关主体发挥合力作用。

第一，银行要提高对支持合作社意义的认识。

发展合作社对于破解"三农"问题具有重要意义，既能一定程度上规避黄宗智所言的内卷化或过密化问题，即农业生产表现出的边际收益递减问题，又因为顺应了农业产业化发展大趋势，有利于加速实现"小农"向"大农"的转变。随着国家近几年支持政策的频繁出台，合作社将逐渐成为我国农村经济运转的基本微观主体。合作社的增多和发展壮大，开辟了一个规模巨大的金融市场空间，并有利于实现农业银行服务"三农"的商业可持续性：一是以为较之农户而言，合作社具有规模优势和信息优势，更利于金融资本下乡；二是因为合作社的社员大多是当地经济实力较强、生活条件较好、文化水平较高、思想认识较先进的农民，他们是农村中的"草尖客户"，代表了当地经济发展和社会消费的主导和潮流，这部分人衍生出的消费、理财、银行卡等广泛的个人综合金融需求，将为三农金融服务带来广阔市场。故而，银行应提高认识程度，认清支持合作社就是支持"三农"，并且是高效率地支持"三农"的大好途径，不能因为个别失败案例而因噎废食。

第二，银行宜本着"宜户则户、宜社则社"的原则，加大合作社金融服务创新力度。

目前的金融支持大多针对合作社社员，对合作社法人的贷款较少，但实际上合作社自身普遍面临资金约束，呼唤进一步的金融服务创新。银行应本着"宜社则社、宜户则户"的原则，加快开发符合农民专业合作社及其社员发展需要的多种信贷产品。继续探索扩大农民专业合作社及社员贷款抵（质）押品范围，积极推行由农业产业化龙头企业为农民专业合作社或合作社员提供担保，以及经济林权质押，大宗农副产品质押，第三人保证担保等方式，通过担保创新，有效解决合作社贷款难问题。另外，银行还应充分发挥电子化渠道的作用，在农民专业合作社安装转账电话、POS机、自助存取款机等电子设备，方便农民专业合作社及其社员的业务经营或日常生活需要。与此同时，银行在开展贷款的同时，要注重金融知识的传播、企业家精神的培育、农民合作意识的培养等，以期促进合作社以更好更快的速度发展壮大。

第三，政府部门既应加大财税支持力度以进一步密切银行与合作社之间的关系，还应牵头建设风险分担机制，并鼓励合作社开展信用合作。政府的政策支持应该采取市场化手段，特别是宜改变过去那种对合作社进行直接贴息的做法，相反，实践证明，通过对银行开展的合作社贷款进行贴息则更有效率。另外，政府还应利用各种补贴资金牵头组建担保公司或担保中心，为合作社法人贷款提供担保。政府也可以采取代替合作社向商业性担保公司缴纳较高担保费的方式，提高商业性担保公司的参与积极性。

政府还应通过对保险公司提供保费支持等方式，提高保险公司参与到合作社融资机制中来的积极性。国家应按照中央关于"允许有条件的农民专业合作社开展信用合作"的要求和《农民专业合作社法》的规定，由人民银行、银监会、农业、工商等部门抓紧制定农民专业合作社开展信用合作业务的具体办法，组织确定一批农民专业合作社信用合作业务的试点地区，并总结经验。

第四，合作社自身则应通过加强治理、完善制度等方式做强、做大，为信贷资金下乡提供良好的对接基础。这其中，逐步建立健全的法人治理结构以及社员大会、理事会、监事会制度，明晰成员在合作社中的经济权益，建立规范的财务管理和会计核算制度等，都十分重要。这些任务的完成与完善，离不开政府的指导和合作社专门人才培养的支持，也离不开金融机构通过提供金融知识咨询等方式的支持。

总之，在各利益相关者共同努力下，在破解合作社法人及社员贷款约束难题的同时，有望实现"银、政、社、农"四方共赢。

第十三章

城镇化金融服务

新型城镇化是十八大提出的一项战略目标和任务，涉及产业支撑、人居环境、社会保障、生活方式等诸多方面的深刻变革。推进城镇化的过程，也是城乡各种资源要素配置不断优化的过程。如何创新城镇化融资模式金融和服务方式，已成为当前金融部门亟待解决的重要课题。

第一节　我国城镇化发展趋势和特点

在分析金融支持城镇化问题之前，有必要对改革开放以来我国城镇化发展历程进行一次回顾，归纳其发展特点，分析其存在的问题，为金融更好地服务城镇化提供一个基本背景。

一、城镇化发展速度快

改革开放以来，我国城镇化快速推进，在 34 年时间里（1978～2012年），城镇化率从 17.92% 增加到 52.57%，年均提高 1.02 个百分点。这一发展速度明显快于其他国家，例如，美国的城镇化率从 20% 左右提高到 50%，用了 50 年时间，而英国更是花费了 100 年。

我国城镇化发展迅速，与各时期政府推出的一系列改革措施和政策制度高度相关。在 1992 年以前，城镇化推进相对平稳，城镇化率从 17.92% 提高到 27.46%，年均提高 0.68 个百分点。动力既有来自农村改革的"推力"，也有来自城市改革的"拉力"。农村改革方面，家庭联产承包责任制的推行、乡镇企业的异军突起和小城镇的快速涌现，使大量被解放出来的农村剩余劳动力能"就地就近"解决就业；城市改革方面，沿海城市的开发开放，国有企业"拨改贷"和企业承包制的实施，带来了城市制造业的快速发展，成为吸纳农民进城务工的重要战场。但国家为了防止农村剩余劳动力过快涌入城市，采取城市规划等方式控制城市过度膨胀，主要靠发展小城镇带动城镇化建设，结果很多农民是"离土不离乡、进厂不进城"，并不在城里长期生活，城镇化率提高得相对平稳。

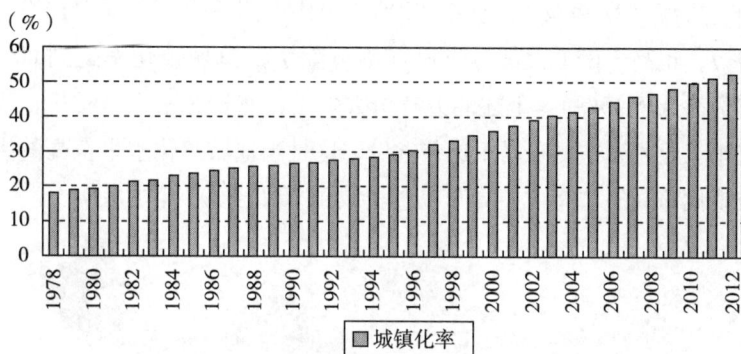

图 13.1　改革开放以来我国城镇率变动情况

数据来源：《中国统计年鉴》。

1992 年后城镇化发展开始提速，城镇化率从 1993 年的 27.99% 快速提高到 2012 年的 52.57%，年均增速达到 1.29 个百分点。动力主要来自社会主义市场经济体制的建立、劳动力流动制度变革和民营经济的快速发展等方面。进入全面建设社会主义市场经济体制改革时期后，农村发展和小城镇建设在国民经济发展中所扮演的角色越来越重要，政府陆续出台相关政策对城镇化给予引导。例如，1994 年 9 月，建设部等六部委联合发布《关于加强小城镇建设的若干意见》，这是我国第一个关于小城镇健康发展的指导性文件，是政府引导城镇化的开端。之后，政府通过放宽小城镇户籍管理制度和改革种种歧视性政策，提供各项服务，破除劳动力流动障碍等方式，引导农民向非农产业转移。另外，1992 年后全国民营经济迅速发展，加之各类开发区、工业园区快速发展，消化了大量农村转移劳动力。农村劳动力开启了"离土又离乡、进厂又进城"的城镇化发展模式。

二、区域布局上由"南北差异"演变为"东中西差异"

改革开放初期，我国的省级城镇化水平分布格局表现为"北高南低"。以 1978 年为例，北方省份除了北京（56.16%）和天津（50.46%）外，辽宁（23.84%）、吉林（18.95%）、黑龙江（37.25%）、内蒙古（21.8%）、新疆（26%）、青海（27.48%）、宁夏（20%）的城镇化率普遍高于全国平均水平（17.9%），也高于南方大部分省份（南方除了上海城镇化率达到 60.87%，其他省份都低于 15%）。上述北方省份大多是自然资源密集型省份，改革开放前重化工业建设主要布局于这些省份，这是当地城镇化水平偏高的主要原因。城镇化布局的"南北差异"一直持续到 20 世纪 90 年中后期。

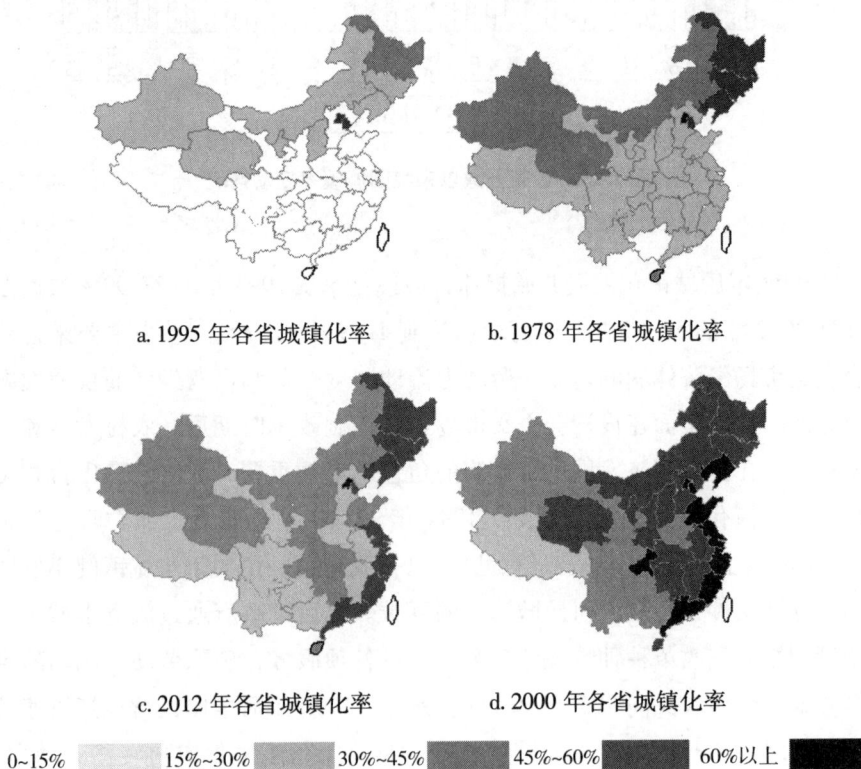

a. 1995 年各省城镇化率　　　　b. 1978 年各省城镇化率

c. 2012 年各省城镇化率　　　　d. 2000 年各省城镇化率

0~15%　　15%~30%　　30%~45%　　45%~60%　　60%以上

图 13.2　1978、1995、2000、2012 年各省城镇化率演变

数据来源：《中国统计年鉴》、《新中国五十五年统计资料汇编》、《新中国五十年农业统计资料汇编》。

进入 21 世纪，城镇化率已经由"南北差异"演变为"东中西差异"。这期间，改革开放的政策效应已经在东部沿海地区显现，这些地区城镇化水平迅速提高，远远超过了中西部各省。在 2000 年，山东（38%）、江苏（41.49%）、浙江（48.67%）、福建（41.57%）、广东（55%）的城镇化率有了大幅提高，已经接近甚至超过以前领先全国的东三省和西北省份。到 2012 年，城镇化的"东中西差异"格局十分清晰，东部沿海省份城镇化率大都超过 60%，广东等省份更是高达 80% 以上，中西部省份除了一些老工业省份外，城镇化水平大多保持在 40%～50% 之间的水平。

三、城镇化道路经历了由小城镇带动到城市群带动的变迁

1980 年，全国城市规划会议正式提出"控制大城市规模，合理发展中等城市，积极发展小城市"的城市建设方针。1989 年，国家又在制定的《城市规划法》中进一步强化了该方针，例如，在第 4 条明确提出："国家实行严格控制大城市规模、合理发展中等城市和小城市的方针，促进生产力和人口的合理布局。"在上述方针和法律指导下，小城镇数量快速增加。建制镇数量从 1983 年的 2968 个，增加到 1999 年的 19216 个，年均复合增长率高达 12.4%，快于同期城市数量增长速度约 5 个百分点。但是小城镇在快速发展中很快暴露出一些问题，比如布局不合理、盲目攀比和扩张、基础设施不配套等。2000 年 6 月 13 日，中共中央、国务院发布了《关于促进小城镇健康发展的若干意见》提出，要培育小城镇发展的经济基础、解决小城镇建设用地问题、改革小城镇户籍管理制度等。

进入 21 世纪后，面对工业化进入中期阶段、城镇化进入快速发展阶段的现实，国家在城镇化战略上有了新的提法。在"十五"计划中（2001～2005 年）中，首次提出了城镇密集区的概念，要求走符合我国国情的、大中小城市和小城镇协调发展的多样化城镇化道路，逐步形成合理的城镇体系。在"十一五"计划中（2006～2010 年）中，首次把城市群作为推进城镇化的主体形态，奠定了我国城市群建设的空间格局。在"十二五"规划中（2011～2015 年），提出城市化战略格局，突出城市群的辐射带动作用，城市群建设进入加速发展阶段。

纵观我国城镇化推进历程可以发现，与国外城镇化的形成和发展不同，我国城镇化建设具有明显的"政府主导型"特点。城镇化在政府主导下发挥了拉动经济增长的重要作用。1978～2012年间，城镇化率提高与人均GDP增长之间的相关系数为0.929，说明二者之间具有明显的正向相关关系。从分段相关系数看，1978～1992年间二者相关系数为0.916，1993～2012年间的相关系数更高，为0.935，证明城镇化建设对我国经济增长的促进作用，在1992年后更加明显。

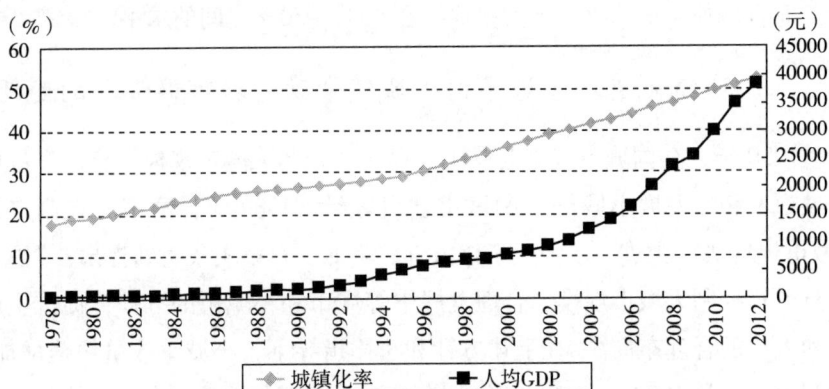

图13.3　城镇化率与人均GDP的关系

数据来源：《中国统计年鉴》。

但是，一个十几亿人口的大国在这么短的时间里城镇化率实现了这么快的增长，也必然会产生一些问题，这些问题既有体制上的，需要通过改革来解决，也有发展层面上的，需要通过经济金融社会各方面共同来解决。目前来看，突出的问题主要有以下三点。

一是城镇化慢于工业化。已有的研究成果用"产值偏差系数"和"就业偏差系数"来衡量城镇化与工业化之间的偏离程度。其中：

$$值偏差系 = \frac{工化水平}{人口城化率} = \frac{非增加值占GDP比重}{人口城化率}$$

$$就偏差系 = \frac{非就人口比重}{人口城化率}$$

图13.4显示，我国工业化发展明显快于城镇化发展，二者之间偏差明

显。这主要是因为，改革开放以来，我国实行赶超战略，将有限的资源优先用于发展重工业，而与此同时，为了保证农业能为工业源源不断提供剩余价值，国家通过二元户籍等制度安排，限制了农村剩余劳动力向城镇的自由流动。但是，随着二元制度障碍的逐步清除，城镇化与工业化之间的差距正在逐步缩小，从产值偏差系数来看，从 1978 年的 4 回落到 2012 年的 1.7。就业偏差系数的变动趋势也证明了差距缩小的事实。

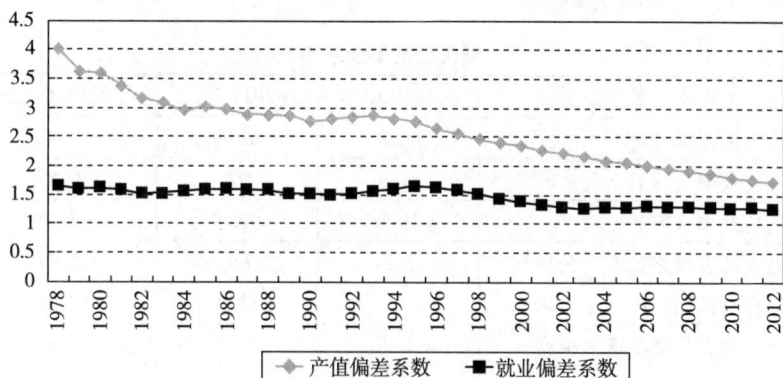

图 13.4　工业化和城镇化产值偏差系数与就业偏差系数

数据来源：《中国统计年鉴》。

二是土地城镇化快于人口城镇化。城镇化进程中，城乡二元的土地制度、财政制度和地方官员的政绩考核机制，使得地方政府更有动力推进土地的城镇化而非人口城镇化。表 13.1 中统计数据显示，1985 年至 2011 年间，全国城镇建成区面积扩张了 365%，年均增长 6.09%，但与此同时，城镇人口仅提高了 175%，年均增长 3.97%，城镇化率的增幅为 116%，年均增速只有 3.01%。这说明，我国城市发展模式较为粗放，跑马圈地的现象比较突出，土地城镇化速度明显快于人口城镇化速度。

三是公共事业和公共服务增长滞后于城镇化增长。1980 ~ 2011 年，我国城镇化率从 19.39% 提高到 51.27%，年均增长 3.19%。但是，表 13.2 中反映城镇公共事业水平的 8 个指标中，有 4 个指标低于人口城镇化速度。这说明，在我国的城镇化建设中，公共事业水平发展存在明显"欠账"，与人口城镇化水平提高之间并不协调。

表 13.1　　　　　　　　土地城镇化与人口城镇化水平比较

年份	建成区面积（平方公里）	城镇人口（万人）	城镇化率（%）
1985 年	9386	25094	23.7
2011 年	43603	69079	51.3
增幅（%）	365	175	116
年均增速（%）	6.09	3.97	3.01

注释：为保持可比性，此处城镇化增长率为复合增长率。

数据来源：《中国统计年鉴》。

表 13.2　　　　　　　　城镇公共事业水平

主要公共事业类别	1980 年	2011 年	年均增速（%）
人均生活用水（吨）	46.8	62.4	0.93
用水普及率（%）	81.4	97	0.57
燃气普及率（%）	16.8	92.4	5.65
每万人拥有道路长度（公里）	3.3	7.6	2.71
人均拥有道路面积（平方米）	2.8	13.8	5.27
每万人拥有公交车辆（标台）	1.7	11.8	6.45
人均公共绿地面积（平方米）	9.6	11.8	0.67
生活垃圾清运量（万吨）	3132	16395	5.49
城镇化率（%）	19.39	51.27	3.19

注释：为保持可比性，此处城镇化增长率为复合增长率。

数据来源：《中国统计年鉴》。

同样的，表 13.3 显示，反映公共教育服务水平提高和公共医疗服务水平的提高的绝大部分指标，增长速度均慢于同期的城镇化率。

表 13.3　　　　　　城镇公共教育和公共医疗卫生服务水平

一级指标	二级指标	1980~2011 年平均增速（%）
公共教育服务	学均初等院校	2.64
	学均初等院校教师	1.34
	学均中等院校	7.48
	学均中等院校教师	0.79
	学均高等院校	−1.23
	学均高等院校教师	3.91

续表

一级指标	二级指标	1980~2011 年平均增速（%）
公共医疗卫生服务	医院总数	1.12
	每万人医院床位数	1.69
	每万人执业（助理）医师	1.44
	卫生总费用占 GDP 比例	1.6
	个人卫生支出占卫生总费用比重	1.62
	财政卫生支出占卫生总费用比重	-0.57
城镇化率	城镇化率	3.19

数据来源：《中国统计年鉴》。

第二节 城镇化投融资的比较分析

上一节的分析证明，我国城镇化发展速度较快，但质量不高，且发展很不平衡，这也意味着未来发展空间很大。城镇化的发展受限需要解决"钱从哪里来"的问题。与国际先进经验比，我国城镇化投融资模式过于依赖政府，并没有形成适应城镇化需求的多元化投融资机制。

一、在投融资主体上，政府扮演主要角色

20 世纪 90 年代以前，我国城市基础设施的投资主体、建设主体、运营主体都是政府，资金主要是财政资金。进入 90 年代以后，在 1994 年分税制改革以及投融资体制改革驱动下，为推进城市基础设施的投资、建设和资金筹集，一些地方政府陆续设立了国有独资的投融资平台公司。平台公司的融资方式主要由三种：向银行获取中长期贷款；发行城投债融资；通过项目合作方式与其他金融机构合作融资（PPP 模式）。在 2008 年金融危机和国内 4 万亿投资计划刺激下，平台公司快速发展，目前已经成为我国城市基础设施建设投融资体制的主要载体。靠国有独资性质的投融资平

台公司驱动城镇化投融资，本质上是一种政府主导的发展模式。这与国际经验明显不同。国际上城镇化投融资主体多元有序，除了政府及其代理机构外，很多私营公司被政府鼓励参与基础设施和公用事业投资。例如，在加拿大，基础设施建设投资主体主要有市政府、省级国有企业、有特许执照的私营公司、公私合营公司以及社区集体等五类。其中，政府对本市范围内的基础设施建设负主要责任，负责项目的领导、规划及融资和建设，私营公司可以通过多种方式参与基础设施建设和公用事业投资。日本的基础设施投资主体同样多元化，除了中央政府、地方政府、官方代理机构外，还有大量的私营公司。政府与私营公司之间在投资范围上有明确区分，例如，中央政府负责基本的、跨区域的基础项目，地方政府负责与本区域居民日常生活直接相关的基础设施项目，而官方代理机构和私营公司则主要投资于那些有固定收益的基础项目。法国和德国把基础设施项目分为两大类：一类是非经营性但有较大社会效益的项目，如城市道路、地铁等，这些项目由政府财政预算和纳入政府财政长期可偿还预算范围的政府贷款予以支持；另一类是经营性的基础设施项目，如供水、供气、污水处理等，对这些项目政府鼓励民间资本进入。

二、在融资方式上，过于依赖土地出让金和城投债

与大多数国家一样，我国城镇化建设所需资金的一个重要来源是税收。但是，在我国，中央与地方政府之间的财权和事权不匹配，地方政府承担了大量城镇化建设任务，但缺乏稳定的地方税种，税收收入对地方财政收入的贡献度偏低。根据中国社会科学院《中国公共财政建设报告2011（地方版）》，税收收入仅占地方政府收入的38%。这与发达国家明显不同。例如，在美国，财产税是各地方政府财政资金的支柱性来源，一般占地方财政收入的50%~80%，其中主要来源于对房地产的征税，约占财产税收入的75%，其中居民住宅约占50%，企业不动产约占25%。20世纪90年代后，美国州政府税收逐渐退出了房地产领域，基本上将全部房地产税留给地方政府，地方政府财政收入中约85%~90%来自于房地产税。加拿大不动产税几乎是州以下地方政府的唯一税收，占财政收入的40%以上，另

有40%是以使用者付费为主的非税收入，而转移支付仅占17%左右。可见，与发达国家比，我国税收收入贡献度明显偏低，导致地方政府对卖地收入过于依赖。2011年，地方政府基金收入占地方政府收入比例为22.99%，如果按照基金收入的80%为国有土地使用权出让金计算，那么地方政府卖地收入占政府收入的比例为18.4%。但在国际上，土地出让收入并不计入财政收入。

另外，除了税收外，国际上城镇化融资还包括市政债和使用者付费两种方式。我国法律目前禁止地方政府发债，但在资金缺口较大的压力下，地方政府绕道通过发行城投债的方式融资，特别是在平台公司贷款受限后，城投债发行量猛增，成为地方政府融资的一个重要来源。据审计署估计，截至2010年底，地方债规模有10.71万亿。至于使用者付费这种在发达国家应用较为广泛的做法，在我国仅刚刚兴起，还没有普遍推广。

未来我国城镇化建设投资也必将呈现多元化趋势。为适应并推动这一趋势，要进一步完善事权与财力相匹配的地方财政机制，特别是要健全地方税体系，减少土地对财政收支稳健性的影响，并合理界定事权，明晰政府与市场对社会资源的配置关系。同时，要加快建立政策性银行、商业银行、保险资金、债券市场、证券市场、产业基金等共同参与的综合金融供给体系，大力推进投资主体多元化，还要正确发挥融资平台的功能，强化预算约束，逐步形成科学、合理、阳光的地方政府融资模式。

第三节　商业银行如何助力城镇化

未来的城镇化，是以人为本的新型城镇化。新型城镇化的目标定位应有更高的要求，在发展哲学上，应坚持和谐发展、以人为本的发展取向，要实现城市、自然和人的和谐发展，城市和城郊农村的和谐发展，要体现绿色、低碳、可循环、可持续的城市发展模式。城镇化不仅是人口的城镇化（农民转变为市民），更是经济城镇化（城镇化产业即现代工业、服务业的发展扩大及其对农业剩余劳动力的吸纳，意味着产业结构的改变）和社会城镇化（主要是生产方式、生活水平、社会组织关系、文化等方面的全面转变）。

因此，我国在推进城镇化的同时要逐步注重乡村的重新振兴和乡村机能的均衡化，即重视乡村的生态机能、环保机能、绿地机能、文化传统延续机能，要促进乡村社会生活和社会组织的复兴、促进市民与村民的交流机制以建设城乡共存的乡村社会。同时，城镇化进程不仅仅是一个农村转型的问题，更是一个区域内协调发展与融合的问题，具体而言，就是城乡统筹发展。城镇化进程要注重城市和乡村的一体化发展，即在城市发展的同时，乡村也得到发展。总而言之，城镇化进程中，社会结构、经济形态、产业结构、文化形态都会发生深刻的变化。这些变化既需要设计相应的金融体系来推动，同时也为金融机构提供了大量商业机会。

金融机构尤其是大型商业银行在城镇化进程中，既应该积极抢抓机遇，又不可盲目冒进，应该对城镇化带来的机遇和挑战有理性的清醒的认识。

首先，商业银行应该找准城镇化进程中每个区域的产业结构特点和比较优势。城镇化过程中必然涉及产业链选择与设计、经济的转型问题。产业链的设计、构建和资源整合，与各个地区不同的产业优势、资源优势、区位优势和人力优势密切相关，这样该地区城镇化进程中的各项产业在未来的市场中才能够具备竞争能力，并增加当地的就业，使失地农民可以得到很好的就业机会，同时通过产业的发展，带动农民创业。商业银行的金融产品设计应与当地的产业优势密切结合，而且要注重整个产业链的构造和整合，而不是着眼于单一产业和单一环节推进信贷政策。培育产业链既为当地农业产业转型提供了巨大支持，同时也为商业银行带来更多连锁性的商业机会，而且还有助于商业银行降低系统性的信贷风险（主要是市场风险和自然风险）。

其次，商业银行要深入了解城镇化给区域经济和社会带来的影响，不论是积极的影响还是消极的影响。诚然，一方面，城镇化给当地的经济和金融发展带来巨大的机遇。在城镇化过程中，农民需要创业和再就业，农民在城镇化过程中得到的收益也可以转化为巨额的储蓄资源和再投资资源，这就为金融机构的业务扩张提供了基础。城镇化过程中产业结构的转型和大规模的基础设施建设，也为金融机构提供了大量发展机会。随着城镇化进程中新的经济增长点的培育和新的就业机会的出现，农民和微型企业的贷款需求也会有迅猛增长。因此，商业银行必须针对这些积极变化，创造性地开发不同的金融产品，同时通过业务流程的再造来主动适应这些变化，捕捉这些变化背后的商机。另一方面，城镇化过程中产业的不确定性和法律制度的不确定性也会给商业银行带来风险，商业银行应该审慎选择产业，要对农村的土地法律制度等有充分了解，严格控制产业风险和制度风险。

再次，商业银行在支持城镇化的过程中要注重多元主体间的协调运作，要善于在合作中拓展商业机会，要注重对当地市场体系的完善和参与。

城镇化是一个系统工程，涉及产业资本（包括加工制造产业、仓储物流业、农业产业、旅游产业、文化创意产业等）、金融资本（包括银行、证券、保险、信托、投资基金等）、政府部门（包括村级、乡镇、区和市级政府）、市场（资本市场、劳动力市场、知识产权市场、土地产权市场、农产品批发市场、消费市场等）、农民等不同主体间的合作、博弈和协调，本身是非常复杂的。商业银行要利用好这个多元化的系统，并与其他主体建立良性的互动关系。

另外，不同种类、不同规模的金融机构要找准自己的比较优势，进行科学定位和客户瞄准。如农业银行因其规模巨大和人才优势，应更多将客户群体锁定为规模化农村合作经济组织和农业龙头企业；农业发展银行作为一个政策性银行，应着力进行农业基础设施和农村大型产业及其配套设施的投资；国家开发银行应注重对农业现代化具有引领作用的核心产业的扶持与引导；而那些遍布城乡的合作金融组织、村镇银行和小额贷款组织因其规模小且经营灵活，应该将服务的主体定位在农村个体工商户、农村种养殖大户、规模化农场以及小规模的农村合作社。不同规模和性质的农村金融机构，要找好自己的比较优势，要根据自己的特点搞好客户分层和客户定位，而不要进行盲目的竞争。

最后，从宏观上来说，要使金融机构能够对城镇化提供有力支撑，还要从制度层面推动农村金融机构的产权多元化和多层次农村金融市场的发育。农村金融机构要广泛吸引民间资本，允许社会资本参与到农村金融机构的组建中去，并利用民间资本改造现有经营不善的农村金融机构。同时，既鼓励农村信贷市场的创新和完善，进一步发展农村商业银行、村镇银行、小额贷款机构、农民资金互助组织等，同时也要进一步推动其他类型的金融机构的发展，如农业保险机构、农业投资公司、多层次农业资本市场、农产品期货市场、农业产业股权投资基金、网络型农村金融体系等多元化金融机制。

总之，城镇化为中国经济的未来持续发展提供了巨大红利，但从商业银行的角度来说，既要把握机遇，又要审时度势、谨慎推进，要以系统性的产品创新、流程创新、制度创新来适应城镇化带来的各种新问题，确保控制风险，而不宜草率冒进。

第四节　小结

无论从数量还是质量看，我国城镇化发展都有很大空间，这需要大量的资金予以支持。为了弥补城镇化建设的巨大资金缺口，未来应逐步构建财政资金、银行融资与社会资本有效结合的多元化融资机制。在这其中，拥有资金优势的大型商业银行应该发挥骨干和支柱作用。特别是农业银行，应继续发挥贯通城乡的优势，把支持新型城镇化作为长期发展战略。强化顶层设计，统筹考虑新型城镇化与农业现代化同步发展；完善新型城镇化贷款产品线，加快研发优势产品，打造城镇化金融服务品牌；推进银政合作，加大对城市基础设施、环境保护、居民服务、文化教育、医疗卫生等方面的资金投入；加快金融创新，以综合金融服务满足城镇化发展的多样化需求。

第十四章

案例剖析：六论

本章主要是在前面几章理论分析的基础上，结合笔者实地调研获取的第一手资料，对农业银行服务农业产业化龙头企业、农民专业生产合作社、农户等，进行典型案例分析。

第一节　农行支持农业产业化龙头企业
——以中澳集团为例

我国的经济体制改革发端于农村，并着重表现为两大成绩：一是实现了家庭联产承包责任制，二是推进了农副产品价格市场化改革。在1978～1984年的短短6年中，家庭联产承包责任制这种新型制度迅速普及全国。与此同时，在农副产品定价中，国家计划定价的占比快速下降，截至20世纪90年代初，已有超过90%以上的农副产品价格由市场供求机制这只"看不见的手"决定。

但是，随着改革、发展与开放进程的推进，农户小规模生产格局越来越难以应付农副产品价格市场化发展的大趋势，这可以从农民由于对市场价格走势缺乏了解，连续出现"增产不增收"甚至是"增产反赔钱"的事件中窥见一斑。可以断定，市场风险已成为农户面临的最主要也是最亟待规避的风险。破解"小农户与大市场"之间有效对接的矛盾，需要诉诸农村体制的进一步改革与创新。兴起于20世纪90年代初期的农业产业化经营方式，便是这样一种有效的创新形式。尽管关于农业产业化经营的定义多种多样，但有一点却是基本共识，即需要发挥龙头企业的带动作用，或者说，"实现农业产业化的关键在于龙头企业"。

农业产业化龙头企业的发展被寄予带领农户对抗市场风险的重任。但是, 欲达此目的, 关键前提在于设计好龙头企业与农户之间的联结机制, 并且, 金融机构的有效参与和地方政府的合理介入, 均是不可或缺的要素。最终设法实现农民增收、企业发展、银行盈利, 应该是农业产业化经营模式期望达到的最优效果。

虽然各种类型的农业产业化经营模式均离不开龙头企业的带动作用, 但在不同的农业生产类型中 (如禽类养殖和主要农作物种植), 龙头企业与农户之间联结方式的侧重点却并不相同。没有异议的是, 较之于其他类型的农业生产, 禽类养殖业对疫情问题最为关注。基于这种差异性的考虑, 可以认为, 一些不加细分地对农业产业化经营方式进行笼统分析的研究, 态度并不科学。

笔者近日对中澳控股集团有限公司 (以下简称中澳集团) 进行了实地调研并获取了第一手资料, 本节拟以此为依据, 有侧重而非泛泛地分析禽类养殖企业 (肉鸭) 在相关产业链条中, 如何实现了与农户和银行之间的良性互动。期待从理论层面重点回答 "订单养殖实现三方共赢需要具备的要件是什么" 这一问题, 并结合相关说明, 在最后给出几点政策建议。

一、订单养殖共赢模式的例证: 中澳模式

中澳集团是一家位于山东省庆云县的民营股份制企业, 主要从事肉鸭的育种、繁育、养殖和深加工, 拥有全国同行业中最完善的绿色产业发展链条, 形成了种鸭繁育、鸭苗孵化、商品鸭养殖、饲料加工、肉鸭宰杀、熟食加工、生物质发电以及循环农业一条龙的产业体系。中澳集团的发展起步于 1988 年。在 1998 年以前, 企业的发展资金主要来源于自身的原始积累; 1998 年开始, 随着当地农业银行对其进行渐次多样的金融支持, 企业步入快速成长轨道。该企业于 2004 年被确定为农业产业化国家重点龙头企业, 同时也是我国能够向欧盟出口肉鸭的两家企业之一。目前, "中澳牌" 商标被国家工商总局认定为 "中国驰名商标", "中澳牌" 肉鸭系列相继获得 "无公害农产品" 和 "绿色食品" 称号。

中澳集团经过 23 年的探索以及多次基于实践的边际改革, 最终创立了

以"1235"为核心的"公司＋标准化农场＋农户"的订单养殖模式，谓之"中澳模式"。该模式成功入选联合国扶贫开发案例，并在第三世界国家中富有影响。"中澳模式""1235"的含义是："1"即以中澳集团为龙头；"2"即针对农户实行"两高定价"，在农户无力支付现金的前提下，公司向农户高价赊销生产资料并高价收购商品鸭；"3"即公司向农户赊销鸭苗、饲料和兽药三种生产资料；"5"即公司对契约养鸭户实行统一供雏、供料、供药、防疫和回收宰杀。

"中澳模式"符合新形势下养鸭行业的实际情况，具有契约化、标准化、集约化、规模化的特征。公司通过模式创新，成功对产业链条上相关农户进行了资金、技术和市场服务，带动庆云县（及周边）30万农民增收致富，并成为山东农行直管的"AAA"级客户。简言之，"中澳模式"成功实现了农户、企业、银行之间的三方共赢。

二、订单养殖共赢模式的要件：理论解释与证据

1. 把握农户的风险偏好特征

几千年的小农经济决定农户并非风险爱好者。相反，有研究指出，农户本质上是风险规避者，农民的经济行为遵守"安全第一的拇指法则"。同时，也有研究认为，我国农户的经济行为表现出较明显的风险中性特征。由于前提假设和研究方法的差异，不同研究得出有差别的结论并不难理解。但是，更加深入地来看，实际上，关于农户风险偏好特征的讨论，本质上关乎对农户经济行为认识的历史争辩，即我国的农户到底是理性小农还是道义小农？理性小农的观点认为，同追逐利润最大化的资本主义企业一样，农户倾向于按照理性投资者的游戏规则行事，故而改造传统农业的出路在于激励农民采取为追求利润而创新的行为。但是道义小农的观点则认为，小农的行为并不沿着经济计算的路径推进，成本收益分析方法并不适用，相反，其产品主要是为了满足自身消费而非谋求利润，并且道义小农始终坚守"安全第一"的原则，他们不会为了平均收益最大化而去冒风险。

从既有的关于农户行为假设的研究成果来看，大致分为两块：部分认

为我国历史上的小农家庭包括现在经济欠发达地区的大部分农户追求的并非产出最大化，而是追求温饱无忧，故而这些研究更倡导"道义小农"论；还有部分研究则直接将农户看作是追求利益最大化的市场主体，故而更倡导"理性小农"论。但是，既有的研究要么是对其间的逻辑延续性解释得不充分，要么是对农户行为的假设缺乏深入说明。

受既有研究成果的启发，赋予农户类型变迁以一种动态的视角，可能是一种有益的尝试。根据笔者的观察和调研，在广大农村地区特别是中西部市场化水平较低的农村地区，绝大多数农户仍旧是为了自家生计而生产，并常能听到"够吃就行，差不多就好"的说法。无疑，这部分农民具有典型的"道义小农"特征，并且还将在长时期内占据着农户类型的主体。但是，随着近十多年来人口在城乡间流动速度和规模的增大，有越来越多的人因为具有在外打工的经历而逐渐开阔了视野，这部分农民已不再满足基本的温饱生活，他们开始通过回乡创业等方式，成为新时期农村中的能人。这部分人具有冒险开拓的精神，开始表现出"理性小农"的特点。另外，随着城乡一体化水平的推进，在沿海发达地区特别是其中的城市周边地区，农民的生产生活已经表现出不同于既往的新时代特征，他们获取信息的途径更加多样，对国家政策的理解更加深刻，对生活条件改善的愿望更加强烈。这部分农民一般更富创新性，更倾向于按理性投资者的原则行事，故而更属于"理性小农"的范畴。但可以明确的是，较之于"道义小农"，"理性小农"的数量较小，并不占主流。动态地看，随着城乡二元经济结构的逐渐破解，"理性小农"的数量将逐渐增多。

同时，我们还发现，农村中还活跃着这样一部分人，他们"朝进城，晚回村"，过着候鸟般的生活。这部分农民勤劳淳朴，他们既不像传统意义上的"道义小农"，满足于基本的温饱生活，也不像"理性小农"那样热衷于开拓创新，而更多的是笃信勤劳致富，相信多劳多得，但又因为信息、技术和知识等因素的匮乏，对相对高风险（因而可能是高收益）的生产行为表现得并不那么热切。这部分人可以认为属于"过渡型小农"。

综上所述，动态地看，可以预言，随着城乡一体化水平的推进，我国农户类型变迁的大致路径是，"道义型小农"和"过渡型小农"的数量将逐渐减少，但由于"三农"问题的长期性，追求温饱生活的"道义型小农"仍将在较长时期内占主导地位。"理性小农"的数量从长期来看将逐渐增多，他们是未来现代农业发展的重要力量。概言之，我国农户类型的演进次序可能表现为，从金字塔结构逐渐过渡到橄榄型结构并最终演变为倒钻石结构（如图 14.1）。

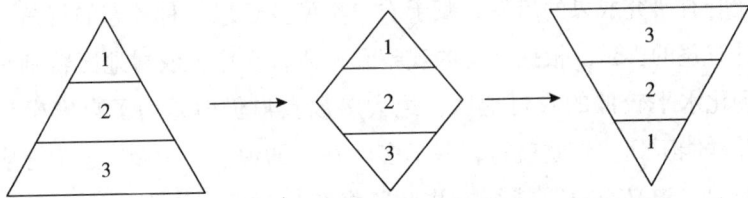

图14.1　农户类型的金字塔结构、橄榄型结构和倒钻石结构

注释："1"代表道义型小农；"2"代表过渡型小农；"3"代表理性型小农。

故而，可以认为，目前农户类型的金字塔结构决定了在较长一段时间内，农户仍将是风险规避者。龙头企业在与农户缔结契约时，设法平滑掉市场价格波动的风险，让农户获取一个恒定的收入（且高于不缔约时的收入），可能更符合大多数农民的利益诉求。中澳集团的"两高定价"策略恰是这样一种机制。

过去企业与农户的合作关系曾因为市场价格的波动而遭受冲击，比如，当市场价格低于契约价格时，农户要求企业执行契约；相反，当市场价格高于契约价格时，农户又倾向于违约。并且，基于发展和品牌建设等方面的考虑，某种程度上讲，企业违约的成本更高。故而，在面临农户的道德风险时，企业可能更为被动。但企业的占有策略只能是设法保证农民守信，而非带头违约。企业对无力支付现金的农户，较之于市价而言，以"鸭苗高价、饲料平价、兽药低价"的方式对其赊销生产资料，以求达到规避农户道德风险的目的。"鸭苗高价"和"饲料平价"确保了农户倒卖这两种生产资料无利可图，"兽药低价"则激励农户使用企业专供的生物药品，以防止药残问题。但总体而言，"中澳模式"中的生产资料价格高于市价，这使得签约农户具有按时履约的激励，因为企业承诺最终以高于市场价格的方式统一收购农户的肉鸭。通过这种机制，按照近年来的行情，可以保证农户每只鸭子的利润稳定在 3 元左右，并且总体而言其收入好于自己单干时的状况。另外，对于以现金方式采购生产资料的农户，因为降低了企业流动资金占用，故而企业还将给予相应的价格优惠，这体现了农企共赢的特点。

2. 利用农户行为的"示范效应"和"社会资本"

从传统的角度来看，农户的生产方式和内容大多沿袭自父辈和祖辈的既有习惯。由于大多数农户依旧是风险规避者，这决定了在农村地区改变传统生产方式的做法不太可能自发地大面积推广，因为这可能意味着高风险。所以，在不能确定新的生产方式和内容是否能给自己带来更高收入的时候，农户的态度大多是观望而非自发革新。除非来自政府基于地区产业发展规划的自上而下的行政推动，否则，农业产业化龙头企业欲将农户生产纳入相关产业链条中去，并尽量规避其中的道德风险因素，则必须基于农户本身的特征有步骤地推进。这其中，农户行为的"示范效应"和农村社会中的"社会资本"是应予以重点关注的两个变量。

所谓的"示范效应"，指的是个别农户在革新传统生产方式或内容之后获得了更高的收益，周边其他农户相应跟进的现象。有研究证实，虽然农户对信息的筛选渠道越来越多，但是针对与生计有关的科技信息，农户最信任的渠道仍旧是村能人（如种养大户）、市场（集市）等人际传播渠道，并且越是在信用环境好的地区，农户的生产和投资决策将越加理性，他们将越发看重收入增长的可持续性，而不是盲目跟风。

"社会资本"的概念起源于社会学，后来被拓展到经济学、政治学领域，尽管相应的概念界定各有异同，但可以简单理解为有利于提高效率的信用、规范和人际关系网络等。社会资本强调集体行动的重要性，具有良好社会资本的团体可以有效规避信息不对称问题，并可以克服"搭便车"等集体行动困境，因为任何机会主义行为都将承担相应的社会压力或惩罚。我国的农村是一个典型的熟人社会，一个甚至是几个村庄间农户的信息几乎是完全的，农民的个人信用在当地的生活、生产圈子中具有重复博弈的特征，机会主义行为将带来较高的"悖德成本"。这一定程度上佐证了"我国农户本质上是诚实守信的"这样一些研究结论。

中澳集团成功组织大批农户建设标准化养殖农场，并且能保证没有一笔农户道德风险事例，关键的一点便在于把握好农户的"示范效应"特点以及注重发挥"社会资本"的作用。中澳集团的发展起步于肉鸭宰杀，起初企业发展面临的一个关键难题是，肉鸭供给不稳定，且由于养殖农户居住分散、企业运输半径较大、价格波动明显等原因，企业的利润水平较低。中澳集团所在地的庆云县，虽然当地农民具有养鸭的传统，但是远没有形成规模化效应。如何带动周边农民成规模、高质量地发展养鸭行业，既实现农民增收也为中澳集团发展提供充足的肉鸭来源，成为一个问题。起初，企业借助乡镇和村支两委等行政科层以及银行征信系统等筛选优质农户，然后通过重点支持部分优质农户发展（农户自行结合并选择和归集鸭棚建设用地）的方式产生良好的示范效应，引领厌恶风险的其他农户逐渐"模仿"致富的成功经验，"口口相传、互相介绍"，从而逐渐将养鸭业发展成为当地农民致富的支柱行业。

由于养殖业对疫情防控的格外重视，以及中澳集团绿色无公害的产品定位，标准化养殖农场必须严格按照企业的要求建设和运转，任何违规操作都可能对企业品牌产生严重负面影响。为了避免个别农户的这种情况发生，中澳集团充分利用"社会资本"的作用，任何农户的"背德行为"其成本都将是高企的——整个养殖农场甚至是整个村落都有可能因此被取消合作关系。当然，"社会资本"作用的发挥，离不开龙头企业本身的强有力的带动作用，只有当参与订单养殖能获取更高的回报时，龙头企业面对农户时才更有谈判力。

3. 发挥企业家精神并培育企业竞争优势

如果将经营企业的人称为企业家，那么，按照时间的维度，中国的企业家大致可以分为三类：一类是 20 世纪 90 年代前以农村能人为主的农民企业家，这部分人虽然知识文化水平较低，但吃苦耐劳、扎实稳重，并且主要在劳动密集型行业有所建树；第二类是在 20 世纪 90 年代兴起的"下海"浪潮中所形成的企业家，这部分人受过较好的教育并且视野开阔，主要集中在房地产和金融等行业；第三类是近 10 多年来学成归国并创业的企业家，这部人大多从事 IT 等高科技行业。无论哪一类企业家，都具备开拓创新的企业家精神。

越来越多的研究证实，企业家精神或创新精神是影响企业绩效的关键因素，并且这种影响作用的发挥主要通过组织学习实现。按照主流的看法，组织学习分为探索式学习和利用式学习两种。探索式学习的特点是发现、实验、冒险和创新，意在开拓崭新的知识领域；利用式学习的特点是精简、执行、效率和选择，意在进一步利用既有知识。人们关于两种学习的认识态度，经历了从对立到互补的转变。这是因为，国际上有很多因为同时利用好两种学习而实现企业成功发展的案例。比如，丰田公司通过探索式学习实现了创新型产品的推出，同时则通过利用式学习实现了学习曲线成本的下降。

企业的竞争优势来自哪里？理论界有截然相反的两种看法，以波特（Porter）为代表的观点认为企业的竞争优势来源于企业外部即企业所选择的市场位置，而以彭罗斯（Penrose）和帕拉哈拉德（Prahalad）为代表的企业的资源和能力理论学派则认为，企业的竞争优势来源于在要素市场上买不到的资源（包括了以组织文化和品牌等形式表现出来的默识知识等）和不可模仿、不可替代的技术能力（technology competence）。而实际上，越来越多的研究倾向于认为，企业的竞争优势同时涵盖了外部因素和内部因素两个层面。从外部因素来看，提供市场其他竞争主体难以短时间内复制、模仿和替代的产业化产品并合理开拓产品市场（国内与国外）等，都是企业维持竞争优势的必要条件；从内部因素来看，牢固树立品牌意识，以更低的价格质量来获取必要的要素（人、财、物）等，则是企业维持竞争优势的根本保证。可以看出，企业竞争优势的维持，始终与具有开拓创新精神的企业家紧密相关。

中澳集团的发展起步于 1988 年，这正是我国私有企业合法化地位被认可的年份，且集团从事的肉鸭产业属于典型的劳动密集型产业（例如，其中的熟鸭分割环节必须由人工完成），而集团董事长张洪波先生曾被授予"中国农村十大致富带头人"称号，是典型的农民企业家。经过张洪波先生（及其家族成员）20 多年的带头创业和发展，中澳集团上演了一个从小型宰鸭厂向农业产业化国家重点龙头企业和中国肉类食品行业 50 强企业转变的成功故事。在对中澳集团进行实地调研时我们发现，集团发展过程中处处体现着企业家精神或者创新精神。

比如，之前企业收购鸭子的车队在等待农户抓鸭装车时，装满一车大约需要 2 小时，而且由于农户缺乏专业抓鸭技术而导致鸭子残品率较高，大约在 7%。针对这种情况，企业及时改进相关技术，组建专业抓鸭队为农户免费抓鸭，装满一车的时间缩短为 20 分钟，且残品率降到 2%，一吨肉鸭可以多卖约 1000 元，仅此一项技术改进就为企业年增加效益约 800 万元。

如果说这是典型的"利用式学习"的话，那么积极开拓国际市场，并不断延伸产业链条，则体现的是"探索式学习"的创新思路。企业家精神影响了企业的国际化。熊彼特将国际化看作是企业战略性变革的一个例子，故而也是一种创新，具有企业家精神特征。中澳集团在对欧美等国际市场进行深入调研后，发现欧洲市场不仅富有潜力（欧洲人喜欢消费鸭制品，但受制于高企的人工成本，不适宜在本国生产加工），而且恰好与国内市场形成互补（欧洲人更喜欢消费鸭胸和鸭腿，而中国人则更喜欢消费鸭内脏），具有很强的开拓价值。为此，企业决定在 2012 年投资建设符合欧标的优质肉鸭产业化项目，大力开拓欧洲市场。

在调研中我们还了解到：中澳集团在从事肉鸭宰杀时，发现稳定的肉鸭供应至为关键，便经过不断试验最终发展起标准化养殖农场；发现饲料成本占据总成本的 60%，便发展饲料加工；发现种鸭繁育属于利润高的高端市场，便积极投资相应生产线；发现鸭粪和污水经过处理后可以发电，便投资生物质发电项目。经过这种不断的发现与创新，中澳集团已拥有同业中最完善的绿色产业发展链条，并占据了 U 型价值链的整个链条。特别是在创新的过程中，中澳集团注重合作机制建设，目前在产业链条中共有三家实力雄厚的合作伙伴：在种鸭繁育上与浙江三弘国际羽毛有限公司合作；在饲料生产加工上与新希望集团合作；在生物质发电上与中船重工集团公司合作。通过这种强强联合的合作博弈方式，进一步做大了合作剩余。

调研中得知，中澳集团的产品在同类产品市场上具有明显的竞争优势。例如，其生产的白条鸭每吨要高于市场价格大约 800 元，而副产品的价格每吨则要高出 2000 元左右。这既得益于企业在人、财、物等方面的大力投入，还得益于企业坚持不懈的品牌建设，更与企业生产的产品绿色无公害有关。企业管理层充分认识到在开拓市场特别是欧洲市场时，过硬的品牌和质量是根本保证。为此，企业在标准化农场建设中坚持将药残降低到最低，实现"全进全出"的管理，即在鸭子养殖 45 天后统一宰杀，然后空栏 2 个月，实行严格的消毒处理，并采取标准化用药，提高饲料转化率。这些举措保证了企业竞争优势的维持和提高，并因此做到龙头企业强有力，即有能力保证实现农民收入维持在一个较高的恒定水平。

4. 渐次丰富银行的金融服务

文献考察表明，几乎与农业产业化的概念被提出来保持同步，研究加强相关金融服务的成果就一直没有间断，并且分析的重点放在金融如何服务好龙头企业上。为什么要加强农业产业化金融服务？因为走产业化道路是农业发展新阶段的必然选择，金融支持农业产业化特别是其中的龙头企业发展，既有利于带动农民增收，也能成为逐步市场化的金融机构的新的盈利增长点，因而是一个双赢的理性选择。地方政府在支持农业产业化发展方面态度积极，特别是对中西部经济欠发达地区，基于本地资源禀赋大力发展具有比较优势的现代农业，有利于缩小与东部地区之间的收入差距。另外，研究和实践都证明，由于政绩考核的原因，地方政府对支持龙头企业发展具有正向激励和冲动。凡此种种，均在客观上为金融机构开展农业产业化金融服务提供了利好政策环境。

接下来的问题是，应该怎样做好农业产业化金融服务？从既有的研究成果以及实践经验来看，目前金融服务的供给主体主要是银行，表现为：就龙头企业本身的发展而言，银行服务涵盖了存、贷、汇、结算等传统业务和财务顾问等现代业务。这其中，对不同规模的龙头企业的金融服务供给宜有所侧重，例如，有研究认为，对于初中级龙头企业而言，政策性银行应给予更多支持，并且以信贷支持为主，而商业银行要重点支持成熟型龙头企业，传统业务和现代业务要并重。但对于具有良好发展前景的企业，银行早介入并渐次完善金融服务，是企业成长必不可少的助推器，特别是提供侧重于技术升级和企业管理人员的金融培训等服务，是促进企业成长的必要因素。

就农业产业链条而言，银行的服务要有利于整个链条的稳定。有研究认为，要保证以契约形式维系的产业链条的稳定性，离不开龙头企业的专用性投资。为此，金融服务宜重点支持龙头企业投资兴办农副产品深加工工厂、建设生产基地和农场等。由于龙头企业向来不是农业产业化链条的唯一因素，所以金融服务必须同时涵盖农户、上下游中小企业和合作社等相关主体。在实践经验中，通过支持上下游相关客户的方式，帮助龙头企业拓展和构建完整的产业链条，从而占据 U 型价值链的高端，是一个普遍的做法。进一步放大来看，对具有明显产业比较优势的地区，结合地方政府的产业集聚发展规划，为龙头企业以及相关主体提供标准化、模块化的服务，是未来发挥金融因素催化作用的努力方向。

在中澳集团由小到大发展的 23 年中，农业银行的支持时间长达 13 年，且银行提供的金融服务渐次丰富和专业。例如在企业规模较小时，农业银行主要通过提供贷款的方式支持企业扩展规模。随着企业的发展壮大，农业银行除了提供存款、贷款和结算的服务以外，支持内容还涵盖了财务顾问等。并且农业银行利用网点众多的优势，及时将其他地区相关产业的经验做法反馈给企业，努力帮企业实现每一分钱都"钱尽其用"。在农业银行提供金融支持时，还就相关担保和抵押方式不断进行创新，在降低银行信贷风险的同时，进一步充实了企业发展资金。在未来企业逐步参与资本市场的过程中，农业银行与中澳的合作空间还将进一步拓展。随着企业的快速成长和竞争优势的建立，作为大型商业银行的农业银行在开辟农村蓝海市场时，便具有更坚实的对接基础。

农业银行十分注重对以中澳集团为龙头的养鸭业链条上的农户提供信贷支持。在大银行面向小客户提供金融服务时，如何克服信息不对称是个首要问题。在龙头企业筛选农户时所做的前期工作的基础上，农业银行重点服务产业链上的契约客户，是个节省交易成本的做法，既可以降低信息不对称程度，又可以维持产业链的稳定。农业银行一方面对链条上的养鸭户提供小额农户贷款，供其购买相关生产资料（在调研中发现，这既可以缓解企业由于赊销导致的流动资金紧张问题，又可以降低农户养鸭成本，因为较之于赊销的方式，现金购买生产资料的价格更优惠），另一方面对养鸭户提供生产经营贷款，供其建设标准化农场（这可以带来养鸭户规模经济效应）。可见，由于存在银行信贷资金的联结机制，企业、农户和银行成为一个共生共荣的有机体。

三、相关说明与政策建议

本部分结合"中澳模式"的例子，对实现养殖业共赢模式可能需具备的几个要件进行了分析，不过，相关分析舍象了其他一些相对微观但却并非不重要的因素。这些因素大多牵涉到具体的技术细节，比如企业创始人之前具有宰杀业的技术积累、企业与农户签订契约的条款细节、标准化农场的建设与管理、农户贷款的担保方式、农业银行相关体制和架构的保障以及贷前、贷中、贷后的精细化管理等。但这些因素对共赢模式的建立和走向成熟无疑是重要的。

本部分意在对如何实现养殖业共赢模式给出一个方向性而非结论性的考察。本文认为，如果前文所述的几大要件具备，那么共赢模式便存在复制的可能性，进一步来说，如果各地注重结合本地产业的比较优势和实际情况进行相应改进和完善，那么共赢模式便完全可以在广大农村开花结果。实际上，笔者在另外省份的同类调研中发现，存在如下饶有启发意义的案例：一个之前没有任何养鸭业相关从业经验的企业家，在适合鸭子生长繁育的特定区域，通过对当地农户行为特征的准确把握，凭借着企业家精神和银行的金融支持，能够迅速建立起完善的养鸭产业链条，并带动一方农民致富。

如果养殖业共赢模式在满足一定要件之后是可复制的，将有利于农村金融服务的改善。大型商业银行是服务"三农"的重要力量，特别是农业银行，始终以服务"三农"为己任。但是经济与金融是共生共荣而非简单的支持与被支持的关系，如果农村地区缺乏与大型商业银行实现有效对接的平台，那么任何努力都可能是低效率的。如前文所言，这是因为大型商业银行的体制机制特点决定了其更适合营销大客户，大银行直接服务小农户往往交易成本更高，必须诉诸模式创新。模式创新的途径较多，比如借助电子化机具延伸服务半径等，但结合龙头企业开展契约农户的金融服务工作，是另一个节省交易成本的方式。特别是不断发展壮大的农业产业化龙头企业本身就是大型商业银行开展涉农金融服务的有效对接平台。

但是，笔者在对多省市县域进行调研时发现，尽管总体而言地方政府存在扶持龙头企业发展的内在冲动，但在部分地区（特别是西部），仍存在本地涉农特色资源丰富却缺少相应的有实力的龙头企业的现象，这也是农业银行在这些县域开展金融服务时所面临的一个困境。即使存在带头的龙头企业，但在既有的订单养殖模式中，目前所普遍欠缺的，却又是未来影响订单养殖共赢模式可持续发展的几个因素是：第一，农业保险的缺失；第二，银行在提供金融服务时更多地具有"及时跟进"的特点，"前瞻引导"的做法有待加强；第三，龙头企业对农户贷款的担保机制尚待建立或健全；第四，龙头企业的资金来源过多地依赖银行，开展直接融资的企业案例不多；第五，龙头企业规避市场风险的方式过于被动和单调；第六，契约农户在向银行申请贷款时大多数采取多户联保这种可能孕育着高风险的方式。

基于上述认识，提出如下几点政策建议。

第一，地方政府宜及时公布并大力推行适合本地资源禀赋特点的产业规划，出台配套政策支持本地企业家或者通过招商引资的方式，发展农业产业化龙头企业，为金融下乡提供有效对接平台。例如，地方政府宜树立"大三农"的决策思维，从基础设施建设、市场流通体系完善、社会信用环境改善、担保公司组建、优惠措施落实等多角度，为龙头企业发展创造利好政策环境。在龙头企业具有一定规模和数量的地区，地方政府宜及时通过产业集群或园区经营的方式，带动龙头企业共同发展。

第二，加强农业保险的立法和推进，进一步探索和完善"银保合作"机制建设。对于养殖业这种对疫情十分敏感的行业，一方面应该通过财政补贴的方式激发保险机构的参与积极性，另一方面要建立农业保险的再保险机制。

第三，银行要更善于利用专业知识和其他地区既有的成功经验，对本地的龙头企业发展给予前瞻性指导，引导企业在完善产业链条、开拓市场和带领农民致富等方面开拓创新，而非仅仅做到在企业主动提出相应金融服务需求后，及时地跟进。另外，银行既需要开发具有全国普适性的涉农金融产品，也需要通过适当放权的方式，允许和支持经营行根据各地实际情况研发创新型金融产品。

第四，宜进一步完善和推广龙头企业对部分契约农户实行融资担保的机制，以降低农户信贷的风险。特别是如何既有效扩大担保范围，又防范企业自身由于担保范围太大而承担过高风险，是个需要继续研究的问题。

第五，在开展龙头企业的金融服务时，宜树立"大金融"的思维，认识到开展农村金融服务工作不仅仅是银行信贷的问题，要引导有条件的龙头企业通过上市的方式拓宽资金来源渠道，并及时跟进相关政策措施，防止上市后的龙头企业出现脱农倾向。

第六，银行宜引导和支持龙头企业利用期货等现代金融工具规避市场风险，而非仅仅在发生风险时予以紧急救助。

第七，一方面要完善既有的农户联保贷款制度，在约期和结息等方面进一步改进，另一方面要积极探索其他担保方式甚至是信用贷款方式，坚持"防患于未然"，以防止农户信贷风险的大规模迸发。

第二节 农行"惠农"金融服务
——以陕西省 Y 市农行"惠农通"工程为例

虽然各地开展"惠农通"工程的名称和具体操作细节存在差异，但就其共性而言，所谓"惠农通"工程，指的是农业银行推出的以"惠农卡＋转账电话"为基本模式的金惠惠农金融服务工程，它通过在广大农村设立助农服务点，让农民在家门口就能享受到便捷的小额取现、转账、结算等现代基础金融服务。

如前文所言，在农村地区特别是欠发达农村地区，农民除了信贷需求以外，还存在广泛的存款、汇款、转账和结算等基础金融服务需求，而这些基础金融需求若能及时得到满足，则能够显著提高农村社区的福利水平。同样，世界银行相关专家在其所倡导的发展农村金融的新方法中明确提出，设法提高农村金融机构能力是可持续地提供农村金融服务的要件，而要提高农村金融机构能力，除了应确保建立合理的治理结构以外，通过"低成本的创新制度和程序满足目标客户的特殊需要"（如移动银行和联保贷款制度等），是必备的因素之一（雅荣、本杰明、皮普雷克，2002）①。

显然，"惠农卡＋转账电话"服务模式属于"创新制度和程序"，故而从理论上讲，它有利于提高农村金融机构的服务能力。又因为这种服务模式提供的基础金融服务具有平滑消费并引导农民形成储蓄习惯的作用，故而它又有利于农民福利水平的提高。事实上，这种利用电子化手段延伸服务半径进而有效扩大农村金融覆盖面的做法，在国际上有很多成功的先例，例如，ICICI 银行在农村地区推行的"信息站"服务模式，便有效地延伸了服务触角，并显著改善了农民生活福利水平。综上可以认为，既有的研究和实践均证实，在一定的约束条件下，"惠农卡＋转账电话"服务模式能够达到 Zeller and Meyer（2002）② 意义上的成功的农村金融服务标准。

一、"惠农通"工程实施背景

第一，国家一系列惠农、富农、强农政策激发了农村金融机构服务"三农"的创新热情。

改革开放以来，农村经济体制改革不断推进，特别是 2004 以来，国家连续出台 9 个涉农"一号文件"，开启了"以工促农、以城带乡"的新时

---

① 雅荣、本杰明、皮普雷克：《农村金融：问题、设计和最佳做法》，2002 年 9 月"中国农村金融研讨会"材料。

② Manfred Zeller and Richard L. Meyer，"The triangle of microfinance：financial sustainability，outreach，and impact"，The Johns Hopkins University Press，2002.

代（高连水、孙嚣，2012①）。相应的，国家"三农"投入不断增加，例如，中央财政支农投入从 2004 年的 2626.2 亿元增加到 2010 年的 8579.7 亿元，年均增长高达 21.8%。

"三农"投入的增加对配套金融服务提出了更好的要求，或者说，设法实现财政与金融的良性互动是个绕不开的话题（联合国开发计划署，2006②）。从金融的角度看，财政支农资金的高效运作离不开配套性金融服务的跟进，以新农保和新农合为例，要保证相关资金按时、足额发放到农民手中，建设一种能有效延伸到村庄的金融服务渠道十分必要③。

第二，广大农民特别是欠发达地区农民对基础金融服务的需求日益迫切。

欠发达地区金融服务空白点更多，虽然这些地区农民广泛存在着对现金交易的偏好，但对便捷的基础金融服务需求仍表现得很旺盛。在相关调研中发现，农民对存款、汇款、查询、转账等基础金融服务评价高低的首要标准，是物理网点位置方便和操作手续简单（王曙光，2010④）。基于各国实践的分析也证实，让低端市场客户获得便捷的普惠金融服务将有助于提高其金融意识并有利于增加其福利（联合国开发计划署，2006⑤）。故而，"惠农通"工程的开展迎合了这一金融需求发展的基本趋势。

第三，国家对农业农村信息化建设的重视为工程开展创造了良好环境。

"惠农通"工程的本质特征是利用电子化渠道延伸金融机构的服务半径，这需要以完善的基础信息网络为基础。我国农村信息化产业起步较晚，直到 1996 年召开的第一次全国农村经济信息工作会议才明确了农村信

---

① 高连水、孙嚣："对改革开放以来 14 个涉农中央一号文件的回顾与认识"，《中国农业银行武汉管理干部学院学报》2012 年第 2 期，第 40～45 页。
② 联合国开发计划署：《建设普惠金融体系》，焦瑾璞、白澄宇等译，内部资料。
③ 靠大规模铺设网点这种粗放增长方式回归"三农"，对包括中国农业银行在内的任何一家商业化经营的金融机构而言，均不现实。相反，对大型商业银行而言，借助电子化手段延伸服务半径，既有国际成功案例，如 ICICI 银行，也具有必要的技术基础。
④ 王曙光：《守望田野——农村金融调研手记》，中国发展出版社 2010 年版。
⑤ 联合国开发计划署：《建设普惠金融体系》，焦瑾璞、白澄宇等译，内部资料。

息化建设的方向。但近年来特别是"十一五"时期，我国农村信息化建设取得了重要成绩，信息化基础明显加强，"村村通电话"、"乡乡能上网"完全实现，"广播电视村村通"基本实现。在 2011 年 11 月农业部发布的《全国农业农村信息化发展"十二五"规划》中又提出，到 2015 年将基本完成农业农村信息化从起步阶段向快速推进阶段的转变。国家对农业农村信息化建设的大力推动，一则提高了农民信息化意识，二则便利了农民增收，三则为金融机构通过电子化途径延伸服务半径提供了基础。可以想象，没有基础信息网络的铺垫，转账电话、POS 机、电话银行、网络银行、手机银行等电子化金融服务下乡是不可能的。

综上所述，可以说，以"惠农卡 + 转账电话"为基本模式的"惠农通"工程便是应上述三大背景而产生的。通过"惠农通"工程的开展，农业银行既服务了国家大政方针，体现了国有资本的意志，又满足了乡村发展所孕育的基础金融服务需求，故而是破解农村金融难题的一种有益探索。

Y 市特殊的经济金融条件又决定了开展"惠农通"工程具有特别重要的意义。Y 市农行取得了本市独家代理新农保业务的资格，全市符合参保条件的农村人口达到 105.8 万人，享受养老金领取的人口有 15.6 万人。如何解决这些人口养老保险金的发放和收缴，成为一个重要问题。Y 市农行下辖 14 个一级支行，1 个分行营业部，4 个直属机构，共有营业网点 63 个，但是 Y 市共有 196 个乡镇，3426 个行政村，并且地处陕北黄土高原，山大沟深，自然条件较差，因此，单靠现有的物理网点，难以有效覆盖具有新农保金融服务需求的人群。但是有利的因素是，三农事业部改革试点以来，Y 市农行在服务"三农"方面进行了有利的探索并做了大量的基础工作，截至 2011 年 3 月底，Y 市惠农卡总发卡量达到 43.5 万张，农户覆盖率达到 100%。通过"惠农卡 + 转账电话"的方式来延伸服务触角，将是克服农业银行网点和人员不足的重要途径。

二、"惠农通"工程的主要做法

为此，Y 市农行从支付渠道这个"瓶颈"入手，探索出了"以转账电话为主体，以流动服务为辅助，以自助设备为补充，以柜台服务为阵地"的"四位一体"代理新农保的服务模式，有效解决了代理新农保支付渠道的难题。具体做法如下。

第一，以"惠农卡＋转账电话"为基本要件。

农村金融服务惠农通产品，是依托农业银行网络，借助农业银行开发的便民自助系统"支付通"即转账电话，和惠农卡捆绑在一起的新型农村金融产品。前期的惠农卡发放工作为金融服务"惠农通"工程建设打下重要基础。转账电话则既具有普通电话功能，又不受银行营业时间和地点限制，具有自主刷卡转账、支付结算、汇款和查询等功能，且操作简单、快捷，使用便利。"惠农卡＋转账电话"的捆绑方式构成金融服务"惠农通"基本要件。

第二，以现金流充裕的农村超市等为基本支付点。

支付点的选点工作十分关键。在选择服务点时，充分考虑到以下因素：一是充裕的现金流问题，要能解决农民领取养老金所需的现金；二是操作技能问题，支付点负责人要有一定文化素质，能够熟练掌握"转账电话"的操作技能。综合考虑以上因素，Y市农行选取农村超市、电信收费点、村委会和村干部家等作为"转账电话"的基本支付点。实践证明，这种选点方式运转较为成功。目前，Y市农行在乡镇以及人口较为密集的村庄布放转账电话1709部。据统计，2010年县域转账电话累计交易70755笔，交易金额达到3960万元，较大程度满足了农民支付结算需求。

第三，以成本收益分析和便利性等为铺为工作的基本依据。

表14.1　　　　　Y市农行"惠农通"工程收益分析　　　　单位：万元

总成本	固定资产折旧费用	120.4
	新农保服务站建设费用	412
	新农保营销专项费用	130
	宣传费用与各项折页资料印制费	15
	流动金融服务人员及车辆费用	50
	合计	727.4

续表

总收入	存款轧差收益	279.5
	惠农卡年费收入	25.9
	合 计	305.4
收益		-422

注：由于"社会效益"难以数量化，加上未来的"潜在收入"难以准确估计，所以，测算以现实发生的成本和经济收入为主，不包括"社会效益"和未来"潜在收入"。其中，新农保服务站建设费用包括转账电话1700部，104万元；办公设施费用190万元（每个服务站1150元，其中桌椅600元，标识牌及各种制度牌550元）；代理费用118万元（按每月50元和发放养老金金额的千分之二兑现）。新农保营销专项费用，每行10万元，共计130万元。提供流动金融服务人员112名，车辆17辆，共计费用50万元。另，存款轧差收益（279.5）＝系统内存放收益＝（344.5＝13000×2.65%）－支付客户利息（65＝13000×0.5%）。按照2010年末新农保账户余额1.3亿元计算，全额资金管理下，按活期利率0.5%计算，支付客户利息65万元，系统内存放收益344.5万元（2.65%），存款轧差收益279.5万元；2010年惠农卡年费收入25.9万元。

资料来源：根据Y市农行相关材料整理。

表14.1的综合测量结果显示，代理新农保当年亏损422万元。

Y市农行对未来的预测是，未来至少需要五年才能实现"惠农通"工程的盈利。成本收益的分析决定了支付点的布局不能过密。从便利性角度看，应使得农民在低成本的情况下能够便捷提取养老金和完成转账等操作，这就决定了支付点的布局不能过于稀疏，设立的支付点要有效解决以前农民取养老金"进城来回一天，加上路费和饭钱，取的钱还没花的钱多"的问题。总之，Y市农行总体的思路是，支付点布局不宜过密或过疏，以有效覆盖为基本原则，充分考虑成本收益问题和农民获取金融服务的便利性问题。

第四，将各地具体经济社会情况特点作为制定相关政策的基本出发点。

Y市全市总面积3.7万平方公里，1区12县，经济社会条件差异较大，这决定了农村金融服务"惠农通"工程建设要因地制宜，不能出台一刀切的政策。例如，在人口密集、交通较为方便的村庄优先布放转账电话，对人口密度较少、金融服务需求相对较弱的村庄，则考虑几个村庄布放一个转账电话（这也是基于成本效率和方便性考虑的体现）。再比如，在苹果生产规模大、销售场面红火的地方，在转账手续费的计算方面，要有所提高，而在一般的村庄，手续费按照0.2%收取。

第五，以规范的管理和获取地方政府相关部门支持为基本保障。

在"惠农通"服务站的建设中，Y市农行不断强化管理，提高工作质量，统一制作"新农保服务工作站"站牌，制定了工作职责，操作流程，建立养老保险金领取登记簿，使服务站逐步走上正规化，建立了风险防控的有效机制。

服务好"三农"离不开地方政府的有力支持。Y市农行与当地农保中心、人民银行、银监局等相关部门保持密切联系和沟通，积极争取相关部门的支持，共同为服务好"三农"贡献力量。例如，在国家相关部委对Y市农行独家代理Y市新农保业务存在疑虑时，当地政府则积极与上级领导部门沟通汇报，最终促成Y市农行成功拿到这笔代理业务。又比如，Y市人民银行和银监局相关领导多次到Y市农行调研，对Y市农行代理新农保业务给予指导和帮助，这些都是代理业务顺利推进的基本保障。再比如，Y市农行给Y市农保办开通了现金管理平台，提高了新农保资金归集自动化水平，对农保办和Y市农行双方来说，都是重要的利好举措。

第六，以柜台窗口、流动服务和ATM等自助设备为综合服务方式。

单靠转账电话本身不足以彻底解决农村金融服务供需缺口问题。Y市农行利用好既有的物理网点，在网点专门开设了"新农保服务专柜"，为农民缴纳养老保险和领取养老金提供了高效及时的服务。另外，Y市农行组建了34个流动服务小组，抽调136名人员，配备流动服务车17辆，开展流动服务3323次，收缴养老金7674多万元。流动服务工作的开展，进一步树立了农业银行的社会形象，被农民亲切地称为"黄土高原流动的农民贴身银行"。在座谈会上，相关部门人员还建议要进一步加大流动服务的支持力度。另外，Y市农行还在具备一定经济条件的地方安装了ATM机，截至2010年末，在县域共安装43台，其中在镇和村上安装12台。县域ATM交易笔数为320万笔，交易额达到20亿元。同时，Y市农行还累计为县域农村开通电话银行18565户、手机银行3071户、个人网上银行13975户和短信通58747户，极大地方便了农民领取养老金。

三、"惠农通"工程目前面临的主要困难

第一，转账电话使用率不高。Y市农行共布放转账电话1709部，其中

856 部 2011 年以来没有发生交易，使用率只有 50%。这既有铺点选址不够科学的原因，也有农民对非现金支付结算渠道体系认识存有偏差的原因。选址不科学的一个重要原因是，目前农业银行尚缺乏关于"惠农通"工程的在全行具有指导意义的统一和专项考核办法。而因为小农经济的千年延续，受传统结算观念的束缚，如"一手交钱（现金），一手交货"、"钱货两清"，农民使用现金结算已习惯成自然，特别是在贫困地区，由于思想认识严重滞后，绝大多数农民都乐于使用现金结算，对于非现金支付结算的金融服务表现平淡，这导致惠农通工程在推广上有一定难度。

第二，"三农"客户经理人员不足，积极性不高。目前 Y 市农行共有"三农"客户经理 111 人，其中专职的"三农"客户经理 68 人，兼职的"三农"客户经理 43 人，这对于全市 196 个乡镇和 3426 个行政村的管理半径而言，仍显得人员不足，隐含的资金安全隐患较大。"惠农通"工程因为投入大、收益小、见效慢的原因，"三农"客户经理在开展工程时行动迟缓、推行乏力，缺乏积极性，甚至认为安装转账电话主要是为了迎合政府的需要，并没有深刻认识到建设"惠农通"工程对于农业银行改革与发展的重要意义。

第三，部门银行体制对工程建设形成制约。"惠农通"工程涉及农户金融部、电子银行部、信用卡部、机构业务部、财会部、信息技术部、人力资源部等多个部门。但从全行的角度讲，由于对"惠农通"工程如何进一步推进尚没有形成统一的规划，相关制度办法不健全，特别是对利用转账电话进行小额取现的做法（见《中国人民银行关于推广银行卡助农取款服务的通知》，银发〔2011〕177 号），目前没有统一的管理制度和操作规范，所以各个部门之间沟通协调较难。由于部门间职责、奖惩等问题没有理顺，常导致部门间出现苦乐不均的现象，这既不利于调动相关人员的工作积极性，也对工程科学布局和可持续发展形成制约。

第四，政策风险问题依然存在。如前文所言，工程建设的前期投入很大，且短时间内难以实现规模效益和盈利。假如项目合作期满后农业银行代理新农保关系被转移，无疑前期的投资将作为沉没成本而无法收回。笔者在调研中发现，目前代理新农保业务在各县域竞争很激烈，"转账电话

＋惠农卡"的基本模式很容易模仿，加之新农保资金从县市级统筹向省级和国家统筹是大的发展趋势，在这种前提下，银政合作与博弈的关系便更复杂和关键。除此之外，如何通过完善好惠农卡的相关功能，以期与人民银行银行卡助农取款服务推广工作各项系统完成对接，也是十分重要的方面。

四、政策建议

第一，总行宜尽早制定统一的配套制度和资源配置政策，并为地方经营行的创新留有政策空间。

尽管早在 2009 年总行就制定了《电子渠道服务"三农"整体实施方案》，但目前尚缺乏针对"惠农通"工程的统一制度和政策，这不利于全行上下步调一致地开展工作。总行宜尽快制定统一的配套制度：通过制定《工程实施方案》的方式确定发展目标、基本原则和主要措施；通过出台《工程管理办法》加强对服务渠道、操作规范、服务协议、运营维护、品牌宣传、绩效考核、成本列支等方面的规范；通过出台《工程风险防范指导意见》建立防控风险长效机制；通过成立"工程协调指导小组"来统筹协调多个部门和板块。除此之外，总行还宜制定具有统一标准的资源配置政策，保证财务资源和机具设备等专项资源匹配到位，并注重建立相应的激励机制。

在制定统一制度和政策的同时，对各分支行基于本地实际情况的创新行为，宜留出相应空间，以激励而非打击各地的创新积极性。地方分支行则应在集约化经营的原则下，积极通过存量调整和优化流程等方式解决人、财、物方面面临的瓶颈制约。

第二，进一步加强与政府及监管部门的沟通，努力加大产品创新力度，做到"未雨绸缪"地应对政策变化。

政府政策的制定过程本质上是一种政治权衡的过程。因此，要赢取政府的持续支持，必须积极配合政府"三农"政策的走向。为此，既要注重加强"惠农通"工程建设与"万村千乡市场工程"、"双百市场工程"、"农超对接"、"新农村现代流通网络建设工程"等的契合，又要注重配合本地政府出台的惠农、富农和强农相关政策，还要积极与政府沟通协调，努力构筑起省市领导支持、县领导帮助、镇领导部署、村干部配合的联动体系。为了应对同业间的竞争激烈以及代理关系到期后可能面临的政策风险，需要农业银行努力加强产品创新力度（如开发 IC 卡与社保卡合二为一的新农保社保卡），充分发挥农业银行在技术和网络等方面的优势，做到既能对竞争对手形成差异化优势，又能"未雨绸缪"地与央行等惠农政策（如银行卡助农取款服务）以及国务院相关政策（如建立全国统一的新农保信息管理系统）实现对接，最终收到"政府放心、人民满意"的效果。

第三，加大金融知识宣传力度，为惠农通工程建设营造良好的外部环境。

农村地区特别是欠发达地区的农民文化水平相对较低，对新技术、新产品的接受过程较慢，而且往往善于"模仿"而非"主动接受"。基于这种现状，农业银行应与各级地方政府和村支两委加强合作，通过各种媒体加大金融知识宣传力度，引导农户在了解"惠农通"工程产品的同时逐步培养起金融意识，为提高转账电话的使用率创造条件。特别是为了克服农户对新产品使用的谨慎心理，需要农业银行积极营销农村中"草尖客户"，通过抓好典型的方式做好宣传工作，发挥先期因"惠农通"工程而受益的农户对后来者的示范导向作用。另外，农业银行应积极争取政府相关部门对"惠农通"工程给予一定的财政定向补贴和营业税或所得税方面的优惠，而地方政府则应主动在金融基础设施建设等方面，做好配套工作。

第三节　农行"富农"金融服务
——以甘肃省 Z 市农行小额农户贷款为例

在这一部分，笔者拟以 2011 年对 Z 市农行进行实地调研所获取的第一手资料为依据，重点分析"大银行服务好小农户"成功经验的第一个侧面，即农业银行信贷支持农户问题。

借鉴 Zeller and Meyer（2002）《微型金融的大三角》一书的观点，本文所谓大型商业银行服务好小农户的评价标准是：一是覆盖力，既包括横向对农户的覆盖面，也包括纵向对不同收入水平的农户的服务渗透力，还包括除信贷以外所提供的存款、取款和汇款等基础性金融服务；二是福利影响，主要是指农民获取金融服务后收入水平和生活质量等方面的提升；三是金融机构实现可持续发展①。

表 14.2　　　Z 市农行服务农户相关数据（截至 2011 年底）

	Z 市农行	在全省占比
服务农户（占所有农户比例）	9 万（35%）	—
惠农卡存量	14 万	—
农户贷款余额	9.5 亿	18%
农户小额贷款余额	8.9 亿	22%
农户贷款到期收回率	99.89%	高于全省 1.59 个百分点
农户贷款到期利息收回率	99.95%	高于全省 0.59 个百分点
农户贷款不良率	0.06%	低于全省 1.65 个百分点
农户贷款在新增贷款中的占比（三年平均）	92%	—
全行存贷比变化（2008~2011 年）	从 16% 上升为 34%	—
综合绩效考核（2008~2011 年）	提升 4 个位次	—
全行法人贷款与个人贷款比例（2008~2011 年）	从 95:5 优化为 53:47	—
农户贷款利息收入对全行营业净收入贡献率（2011 年）	33%	—
农户贷款实现的经济增加值对全行经济增加值贡献率（2011 年）	36%	—
总评价与总效果	2009 年、2010 年和 2011 年，贷款增长主要靠农户贷款拉动。农户贷款已成为 Z 市农行利润增长、价值创造和绩效提升的重要"引擎"	

资料来源：根据 Z 市农行相关资料整理。

① Manfred Zeller and Richard L. Meyer, "The triangle of microfinance: financial sustainability, outreach, and impact", The Johns Hopkins University Press, 2002.

从表14.2的数据可以看出，自2008年底Z市农行被确定为服务"三农"试点行以来，农户贷款业务呈现良好发展态势。一方面，2009～2011年三年，Z市农行贷款增长主要靠农户贷款拉动。农户贷款已成为Z市农行利润增长、价值创造和绩效提升的重要"引擎"。另一方面，Z市农业人口约为94.6万人，约25.7万户，Z市农行提供信贷服务的农户为9万户，农户覆盖率达到35%。另据Z市农行提供的相关资料，该行对村社和乡镇的覆盖率分别约为35%和64%。此外，Z市农行通过提供农户贷款，有效提高了当地农民的收入水平①。

可见，从近三年来Z中国农业银行信贷支持农户的情况来看，初步实现了商业可持续性、覆盖面和福利水平的兼得。这种成绩的取得，得益于Z市农行一些行之有效的创新做法。

一、Z市农行开展农户小额贷款：创新做法、困难与建议

1. 创新做法

第一，立足Z市市情和Z市农行行情，将农户金融服务摆在重要位置。

Z市地处甘肃河西走廊中部，农业基础好，农民收入高，产业化经营优势突出，特征明显，工业相对不发达，属于典型的农业城市，其中，玉米制种、肉牛养殖和高原夏菜是该市的三大优势产业。近年来，随着订单农业和家庭养殖业不断发展，农户收入和生活水平显著提高，农户致富奔小康的思路更宽，对资金的需求更迫切。经济决定金融，在这种大背景下，Z市农行积极拓展农户金融业务，可以说具有天然的经济基础和条件。实践也证实，Z市农行的农户金融服务较好地实现了"银农"双赢。

第二，在农户筛选层面，一方面注重与特色产业相结合，另一方面注重借助政府科层的作用，努力营销优质农户。

一方面，由于地方政府的规划和推动，特色产业的发展往往具有规模

---

① 目前，理论界对正规金融到底能否有效改善农户福利水平尚存在争议。这里虽然缺乏必要的测度数据，但是笔者在对Z市5个县的农户进行访谈后发现，农户的收入水平得到明显改善。当然，这有赖于实证数据进一步的支持。

经济效应，从而具有更强的抵抗市场风险的特性；另一方面，因为独特的资源禀赋而使得特色产业的产品具有异质的价格竞争优势。这两方面因素保证了农民从事特色产业所获得的收入相对可靠和持续，从而对资金供给方而言，信贷风险较低。

Z市独特的地理位置和农业种植传统，决定了当地的特色产业在于玉米制种、肉牛养殖以及高原夏菜等，而政府也将这三类产业列为"十大"工程建设项目名录。Z市农行重点以三大产业链上的关联农户为主要信贷投放对象。例如，围绕三大产业，以"服务距离不超过60公里、村社产业化经营户占比不低于80%"为标准，Z市农行筛选确定了290个专业村，其中制种村95个，养殖村86个，蔬菜村61个，其他种养村48个，作为重点服务区域。另外，Z市农行在开展农户贷款时，充分把握住我国农村金融所具有政治经济学特征，在与政府各部门（还包括村支两委）保持良好沟通与合作关系的同时，对政府相关部门层层筛选推荐的妇女小额担保贷款户、农村青年创业贷款户、小康建设项目户，择优给予支持。

第三，对农户贷款的贷前、贷中、贷后各环节严格把关、加强督查，做好资金运转全过程的风险控制。

在贷前调查方面，一方面通过严格的程序筛选出素质过硬的客户经理，以最大限度规避客户经理的道德风险和操作风险——这被Z市农行看作是农户贷款的最大风险源，另一方面则对客户经理贷前的调查工作提出了明确而可操作的要求[①]。在贷款审查审批环节，则按照省农行统一要求，将农户贷款审批权限全部上收市农行，专配3名独立审批人，实行集中审查审批。在贷后管理上，则通过发送《风险提示函》和定期召开案例分析会等方式加强管理。在贷款到期清收方面，做到提前进行短信提示和电话催收，并对出现风险征兆的客户，由客户经理上门催收。

---

① 例如，Z市农行要求客户经理做到"一清"、"两双"、"四看"、"七严禁"。"一清"，即清楚贷款户个人品行、信用状况；"两双"，即双人实地调查，双人面谈面签；"四看"，即看贷户的生产情况、收益情况、负债情况和担保能力情况；"七严禁"，即严禁单凭客户经理主观感觉发放贷款，严禁一味听信他人介绍发放贷款，严禁向不了解、不熟悉情况的农户发放贷款，严禁随意拼凑担保人发放贷款，严禁跨区域担保发放贷款，严禁超担保能力发放贷款，严禁借款人、担保人及财产共有人未到现场签字确认发放贷款。

第四，对客户经理管理体制进行创新，并建立有效的激励约束机制。

如果说对客户经理的筛选进行严格把关并加强相关培训是预防道德风险的关键的话，那么建立有效的激励约束机制，则是提高客户经理服务好农户积极性和主动性的重点。客户经理制的推行体现了"以客户为中心"经营原则，但在农村地区特别是欠发达农村地区，农户金融服务需求"短、小、频、急"，农村金融服务半径特别大①，同样额度的信贷资金往往需要耗费客户经理更多的成本，特别是在中国农业银行为响应1997年中央金融工作会议精神而大幅退出农村地区之后，基层信贷员对涉农金融业务的开展已经相对陌生，所以，要使客户经理积极主动开展农户金融业务，单靠政治热情远远不够②。

Z市农行的做法是，一方面创新客户经理管理体制，另一方面着手建立激励约束机制。例如，Z市农行在创新客户经理管理体制方面的做法是，通过将分散在各网点的客户经理集中到支行平台统一管理，并在客户经理团队内部实行分组营销的统分结合的方式，以提高客户经理人均管户数量和管贷余额。在建立激励约束机制方面的做法是，制定客户经理的业绩与收入明确挂钩的工资分配机制（工资 = 基本工资 + 计价工资），并充分利用"计价工资"引导客户经理从注重贷款数量扩张转变为注重贷款质量的提升。从资源配置的角度对客户经理给予一定的补贴，并严格执行"三包一挂"办法，以明晰责任、强化约束。

第五，协同政府相关部门、利用各种媒体加大宣传，树立持久服务"三农"的形象和品牌③。

---

① Z市下辖某县由三个不连片土地组成，且平均海拔达到3200米，总面积为2.05万平方公里，人口密度为1.5人/平方公里。农行在该县只有一个网店，服务半径之大、服务成本之高，可见一斑。

② 我们在对鲁、闽、川、陕、甘、疆、黑等省市欠发达县域的乡村调研中发现，如何使县域支行的客户经理主动而非被动地开展农村金融服务特别是农户金融服务，是个需要顶层设计予以重点考虑的问题。

③ 在调研中我们还发现，由于多年来农行收缩乡镇网点等原因，很多农民对近年来农行大范围重返农村地区的行为并不了解，加之存在"涉农贷款等于国家补助"、"贷款也许不可持续"、"贷款需要有关系"等误解或认识，造成部分农民要么有恶意拖欠贷款的动机、要么没有显示出有效的信贷需求。特别是"贷款也许不可持续"的认识本质上属于前文所说的一次性而非动态博弈的问题，在本章后文，我们还将明确指出，这是目前我国联保贷款制度可能面临的一个高风险点。

由于地理环境及历史沿革等原因，欠发达农村地区发展速度较慢，农民文化水平相对较低，对新信息的接触较少，这常导致很多贫困地区农民甚至不清楚自己的有效信贷需求是否存在以及有多大（刘西川，2008[①]）。这难免造成以下结果：要么对中国农业银行下乡行为不了解甚至误认为是国家补助，要么对贷款的用途和用法缺少科学规划。这需要中国农业银行协同相关部门加大宣传，既普及金融知识、提高农民金融意识，又树立中国农业银行持久服务"三农"的形象和品牌。

Z市农行一方面利用当地电视台等媒体加大宣传，并开展现场培训，加大农民对惠农卡、农户小额贷款和电话银行等相关产品的了解程度，提高农民安全使用相关金融产品的水平，并教育和引导其增强诚信和安防意识，降低信用风险。另一方面，Z市农行则通过邀请地方政府领导参加信用村授牌仪式等方式，在宣传金融知识的同时，借助地方政府的权威力量，加强信用环境建设[②]。

第六，对下辖五县实行差异化管理，坚持因地制宜服务农户而非简单的"一刀切"。

目前，我国共有2000多个县（含县级市），各县经济各具特色。以Z市下辖的五个县为例，虽然都是典型的农业县，但产业布局则是"一县一特色"。例如，L县的支柱产业是玉米制种和家庭奶肉牛养殖，而G县形成规模的有温室蔬菜、酿酒葡萄、番茄、棉花、制种和规模养殖六大支柱产业，S县则主要是畜牧业，种植业规模不大，M县以大蒜和苹果梨等产品闻名，N县的订单农业种植、养殖业和设施农业独具特色。

Z市农行从当地农户习惯和产业特点出发，对下辖五县实行差异化管理，虽然鼓励并倡导各县按季结息，但不搞"一刀切"，防止因结息方式确定不当而人为造成不良。例如，L县支行农户贷款全部实行按季结息方

---

① 刘西川：《贫困地区农户的信贷需求与信贷约束》，浙江大学出版社2008年版。

② 中国的农户具有对国家和政府强依赖的特征（陈雨露、马勇，2010），政府相关法律和司法机关往往对农民行为构成很强的约束力。但是，笔者在实地调研中也发现，在金融机构开展农户贷款过程中，地方政府的不适当介入往往又会强化农民"贷款等于资金救济"的观念。这再次说明，我国农村金融的改革与发展具有明显的政治经济学特征，故而离不开地方政府的合理介入，但即使立意再佳，任何强制性的行政干预均不可取（联合国开发计划署，2006）。

式，连续 3 年利息收回率均达到 100%。其他支行 90% 的农户贷款实行利随本清结息方式，3 年平均到期贷款收回率达到 99.6%。

第七，提供综合化金融服务，既包括信贷服务，也包括存款、汇款、取款等基础金融服务，还包括电子银行等现代金融服务，并注重在提供信贷服务时与相关保险品种进行捆绑，以降低风险。

正如前文中关于普惠金融体系的论述中所讲到的，大型商业银行是微型金融服务的重要供给主体，但微型金融服务的内容绝不仅仅限于信贷，存款、汇款和取款等基础金融服务，以及随着农村经济发展而衍生出的电子银行等现代金融服务需求，都应该设法予以满足。世界银行的研究也认为，农村地区除了信贷需求以外，还存在储蓄等能够平滑收入的金融服务需求，对这些金融需求的满足，可以降低因季节性原因和自然灾害等不可抗力对收入造成冲击的程度，从而能够显著提高农村社区的福利水平（雅荣、本杰明、皮普雷克，2002[1]）。特别是对经济欠发达农村地区的农民而言，储蓄等基础金融也许更要紧。

Z 市农行在开展农户小额贷款的过程中，积极向农民提供银行卡、汇兑结算、基金保险、电子银行、个人理财、信息咨询等多元化金融服务。针对当前农民生产、生活特点，Z 市农行积极推广储蓄、贷款、理财、汇兑等多种功能于一身的金穗"惠农卡"，同时将"惠农卡"做成社会保障资金归集平台和农民信用记录采集平台，让"惠农卡"成为农民的"金融身份证"，一卡多能、账随人走、城乡一卡通，使农民真正得到实惠并感受到中国农业银行为他们提供的优质金融服务。另外，Z 市农行要求农户在申请农户贷款时，必须 100% 绑定人身意外伤害险[2]。

据统计，Z 市农行 2009 年以来的中间业务增长中，有 53% 是通过农户

---

① 雅荣、本杰明、皮普雷克：《农村金融：问题、设计和最佳做法》，2002 年 9 月"中国农村金融研讨会"材料。

② 这种捆绑式贷款方式的实施具有现实的背景，因为调研中我们发现，在 Z 市农行部分县支行中，一定比例的农户不良贷款是由于贷款农户意外死亡形成的。据统计，近 3 年来，Z 市农行共有 21 户、86.35 万元贷款因借款人发生意外形成不良，获保险理赔 19 户，共计 77.45 万元。但是，应该指出，从长期来看，这种银保合作的方式有待改进，政府应在推动农业保险的丰富完善过程中发挥积极作用，而非由银行在不得已的前提下通过强制捆绑的方式与保险联姻。

贷款捆绑营销实现的，网银、短信通、手机银行、保险和农户贷款的捆绑率达到 100%，惠农卡卡均存款 1500 元，高出全省平均水平 1 倍以上。

第八，确定明确的农户贷款质量考核指标，并通过合理定价的方式实现收益覆盖风险。

微型金融的一个重要信条是，培养穷人良好的金融规范和严格的信贷纪律是微型金融能存活下去的关键，因为这有利于强化穷人的如下认识，即信贷不是慈善行为或捐赠（联合国开发计划署，2006）[①]。决定金融机构可持续性的因素包括效率、成本和利率等，而商业化运营的金融机构必定要收取市场化的利率。实际上，微型金融朝商业化方向演进，以及通过收取足够高的利率以实现可持续性，成了 20 世纪 90 年代以来主流理论学家的基本观点（陈军、曹远征，2008[②]）。但是，尽管很多调研分析证实，农民对利率水平并不敏感，但过高的利率必然加重农民的负担并有可能使他们陷入更深的贫困，或者干脆违约。科学合理的利率水平是有效开展农户金融服务的关键技术[③]。

Z 市农行把到期贷款收回率、利息收回率和不良贷款率作为衡量农户贷款质量的核心指标，提出"农户贷款到期收回率、利息收回率必须达到 100%，当年新发放农户贷款不良率必须控制在 0.1% 以内，2 年控制在 0.2% 以内，以后控制在 0.5% 以内"的质量管理原则要求，并抓好督导落实。严格停复牌标准，对试点以来投放农户贷款不良率超过 0.5% 或当年到期贷款收回率低于 99% 的支行停牌清收。对发生 3 笔以上不良贷款的客户经理，暂停贷款发放权。

---

① 国际上，很多微型金融机构默认的贷款偿还率底线是 98%，尽管事实上大多数微型金融组织的偿还率都未达到这一要求，但它们仍旧坚守这一底线，因为在其看来，这更像是一项规范而非一个标准。

② 陈军、曹远征：《农村金融深化与发展评析》，中国人民大学出版社 2008 年版。

③ 目前，农行很多一级分行对本省农户小额贷款成本效益进行了实证分析，以期找到盈亏平衡点，进而确定适合本省实际情况的利率上浮水平。例如，甘肃农行在《关于惠农卡和农户小额贷款成本效益分析报告》中证明，在相关约束条件下，利率上浮 40%，以惠农卡为载体的农户小额贷款可实现盈亏平衡。但这仅是就全省而言，对部分乡镇区域较广、路程较远的基层行，实现盈亏平衡所需要的利率上浮水平将更高。另外，山东农行构建了《农户小额贷款成本收益测算模型》，并出台了《农户小额贷款定价指导意见》，以期促进农户贷款的可持续性发展。

Z市农行通过科学测算并参考同业经验，利率定价水平由试点初期的基准利率上浮20%的水平，提高到了目前的基准利率上浮40%以上的水平，最高的上浮近50%。

第九，提高现有网点的经营效率，并通过设立流动服务小组和增设电子机具等方式，延伸服务触角。

在二元经济背景下，具有逐利性特点的大型商业银行在农村地区的发展，不可能通过大规模增设网点的粗放方式实现。相反，建设普惠金融体系，弥补低端市场供需缺口，创新被认为是关键。而在信息技术迅猛发展的今天，通过电子化手段延伸金融机构的服务触角，则是建设普惠金融的重要努力方向（联合国开发计划署，2006[①]）。

表14.3　　　　Z市五县金融机构基本情况（截至2009年底）

| 金融机构 | 网点总数 | 其中 | | 从业人数 | 乡镇网点覆盖率 |
		县城	乡镇		
工行	1	1	1	20	
农行	4	3	1	50	
中行	—	—	—	—	
L县 建行	—	—	—	—	
农信社	18	5	13	129	14.29%
城商行	—	—	—	—	
农发行	1	1		17	
邮储银行	3	3	—	18	
工行	1	1		31	
农行	4	3	1	50	
中行	—	—	—	—	
G县 建行	1	1	—	14	
农信社	19	5	14	121	12.5%
城商行	—	—	—	—	
农发行	1	1		21	
邮储银行	3	1	2	27	

---

① 联合国开发计划署：《建设普惠金融体系》，焦瑾璞、白澄宇等译，内部资料。

续表

金融机构		网点总数	其中		从业人数	乡镇网点覆盖率
			县城	乡镇		
S县	工行	2	2	0	37	25%
	农行	5	3	2	65	
	中行	—	—	—	—	
	建行	1	1	0	16	
	农信社	11	3	8	126	
	城商行	—	—	—	—	
	农发行	1	1	0	17	
	邮储银行	5	4	1	28	
M县	工行	2	2	—	30	10%
	农行	4	3	1	55	
	中行	—	—	—	—	
	建行	1	1		13	
	农信社	15	2	13	110	
	城商行	—	—	—	—	
	农发行	1	1	—	15	
	邮储银行	2	2		20	
N县	工行	—	—	—	—	—
	农行	1	1		21	
	中行	—	—	—	—	
	建行	—	—	—	—	
	农信社	11	2	9	82	
	城商行	—	—	—	—	
	农发行	—	—	—	—	
	邮储银行	1	1	—	2	

资料来源：Z市农行相关材料。

  Z市农行下辖的五个县支行，与全国大多数县一样，在开展农村金融服务时面临着人、财、物等方面的制约。比如，表14.3显示，五个县支行乡镇网点覆盖率最高的为S县，仅为25%，而N县只有一个网点且位于县城，乡镇网点是空白。五个县支行与农信社相比，在乡镇网点覆盖率方面全面处于劣势。另外，从表14.4还可以看出，五个县支行的客户经理人数较少，而且大多数学历较低并且岁数较大（40岁以上的占比超过60%）。这些均构成县域支行发展农户金融业务的瓶颈。

表14.4　　Z市五县农业银行在职人员情况表（截至2009年底）

		L县	G县	S县	M县	N县
	总人数	50	53	74	55	24
岗位	支行本部	18	16	–	17	–
	领导班子	3	3	–	3	–
	客户经理	5	11	–	8	–
	综合柜员	21	23	–	27	
学历	本科（全日制）	9（5）	14（5）	–	14（5）	–
	大专（全日制）	19（2）	24（4）	–	24（1）	–
	中专以下	8	15	–	17	
职称	中级	4	14	–	6	–
	初级	18	21	–	49	
年龄	30岁以下	5	7	–	4	–
	31~40岁	13	13	–	18	–
	40岁以上	32	33	–	33	15
	党员	24	26	–	39	–

资料来源：Z市农行相关材料。

　　Z市农行在服务农户方面做了三方面有益的尝试。一是强化网点服务。以网点转型为抓手，3年共对14个乡镇及城郊网点进行了装修改造，实施了文明标准服务和营销技能提升导入。累计在县域及乡镇网点布放大堂式ATM机32台、离行式ATM机2台。要求每个服务"三农"的网点必须辐射2~3个乡镇，服务农户不少于1000户。在农户贷款投放、收回集中时期，开设专柜，定向服务。二是坚持流动服务。全行成立34个流动客户经理服务组，明确、绑定了"网点—客户经理—村社"的对应服务关系，客户经理定期到绑定的村社上门服务，扩大服务覆盖面。三是完善电子服务。在县域及乡村累计布放POS 196台、转账电话1037部，开通电话银行、手机银行和短信通客户数分别达到 2.65 万户、1.36 万户和 6.89 万户，签约网上银行客户 1.68 万户。农户贷款户户均使用电子产品 2 个以上，"惠农卡＋网银"产品的动户率达 25% 以上，"惠农卡＋短信通"产品的使用率达 90% 以上，转账电话对信用村的覆盖率达到 100%。约有 20% 的农户贷款投放和收回是通过自助渠道完成的。

2. 面临的困难与建议

目前 Z 市中国农业银行在开展农户小额贷款方面面临的主要困难有以下几方面。

首先，发展能力遇到瓶颈。目前 Z 市农行"三农"客户经理人均管控 400 户农户，管控能力基本达到极限，但还远远不能满足农户贷款发展的需要，金融服务供需矛盾突出。

其次，同业竞争激烈。目前，农户贷款市场的竞争日趋激烈。中国农业银行通过惠农卡等拳头产品争夺的一部分农村市场正面临被蚕食的危险，但与此同时，中国农业银行对如何进一步强化差异竞争优势研究不深，措施不多。

最后，风控压力较大。一是农业产业的弱质性特点，决定了与产业链配套的基地农户贷款仍具有相对较高的自然灾害风险和市场风险。二是客户经理队伍整体素质不高，年龄偏大，由此带来的道德风险、能力风险及操作风险隐患不可小视。三是农户贷款担保多采用多户联保方式，这种农贷产品本身可能意味着高风险。四是农户贷款风险保证金担保机制不健全，风险补偿渠道单一，抵补有限。

针对上述困难，不难得出三大方向性的政策建议。

一是优化县支行人力资源配置。县支行员工数量不足、年龄老化、人才流失等问题，已成为中国农业银行可持续服务"三农"的重大制约。总行宜出台相关政策，从存量和增量两个角度，设法缓解县域支行人力资源数量与质量难以满足业务发展需要的矛盾。

二是提高农户贷款制度规定的可操作性，使得中国农业银行总行的"顶层设计"与基层行实际情况兼容。避免由于操作性不强，例如规定不良率只降不升、农户贷款年年按比例增加等，致使基层行在同业竞争中处于不利地位。

三是审慎推进农户联保贷款。农户联保贷款产品的一些制度性条件并不具备，比如联保小组有效建设和重复博弈机制建设，因此，中国农业银行宜尽快寻找到新的农户贷款服务方案。

二、对农户联保贷款的再思考

恰如 Z 市农行在开展农户小额贷款工作时进行的创新做法表明，各级农行普遍将精细化管理贯穿在信贷工作的全过程中，并收到良好效果。这种通过狠抓管理控风险、出成绩的做法，印证了笔者在调研中多次听到的"农户小额贷款的成绩是管出来的"的观点。但是，笔者在调研中同时发现另一个奇怪的现象，即无论是农户贷款不良率为零或者很低的基层行，还是不良率相对较高的基层行，相关人员均表示，对通过联保方式发放的贷款"风险到底有多大以及风险是否会突然大规模爆发"之类的问题，很担忧但又均没有明确的应对办法。而农业银行所推行的农户小额贷款中，绝大部分采用的是联保贷款形式。这促使我们思考：如而今普遍推广的农户联保贷款产品是否隐含高风险点？这种高风险隐忧是什么原因造成的？本部分内容拟对这些问题进行初步探讨。

1. 农户联保贷款产品可能的风险点

第一，联保贷款小组的有效组建与运转问题。

小额贷款技术行之有效的前提之一是联保贷款小组能够顺利有效地组建和运转，但这一点在我国农村特别是欠发达地区的农村，很难有效满足。在调研中我们发现，农户联保贷款小组的无效性有以下两个表现：①要么是无法组建，要么是即使组建，也存在如下现象，即或者是被相关人员强行撮合①，或者是小组成员彼此并不熟悉但却因均具有信贷需求而仓

---

① 虽然《中国农业银行农户小额贷款管理办法（试行）》第十九条中明确指出，"借款人可遵循'自愿组合、诚实守信、风险共担'的原则组成联保小组申请贷款，联保小组成员之间共担连带责任保证"，但是在实际操作中，在组建联保小组时，由某一行政负责人或农行内部人士出面组合的现象并不鲜见。

促组合①；②即使正常组合，在发生违约时，事前约定的担保协议也难以执行。

我们认为，对于第一种无效联保小组问题，虽然不是个别现象，但也并非大面积存在，风险总体可控。特别是强行组建和仓促组建的联保小组的风险，总体上可以通过精细化管理予以规避，例如，Z市农行把好选人用人关、违规惩戒关、贷前调查关、审查审批关等，较好地控制住了风险。

最为关键的是，正常组建的联保小组，如果某一成员发生违约，是否会大面积出现连锁反应，从而导致风险不可控？要回答这一问题，首先要解决三个疑问：①农户本身是否是守信用的？②农户是否保证联保小组其他人同样是守信的？③农户是否存在强烈的模仿行为？

农户是诚实守信的，这一点基本可以确定②。这主要是由于我国农村是个典型的"熟人社会"，"有借有还再借不难"等朴素的信誉观念以及"要面子"等道德共识，成为农民行为的普遍规范和约束。王曙光（2010）③的调研表明，农民贷款的风险来源主要在于自然灾害等不可抗力，而不在于农户具有天然逃避债务的倾向。陈雨露、马勇（2010）④在对1100户农民的问卷调研中则发现，希望提前还贷和到期还贷的农户占比高达85%的左右，即使15%左右的农户不能按时还贷，也并非故意赖账，而更多的是由于不可抗力造成的。联保小组的成员是否能保证彼此守信用呢？答案是否定的。

---

① 赵岩青、何广文（2007）的研究发现，由于贷款联保小组不易形成，农户为了尽快得到贷款，往往是找几家同样有贷款需求的农户仓促组成小组，他们之间可能彼此不太熟悉或信任。这就为日后违约事件的发生埋下了祸根。

② 茅于轼先生基于其在山西龙水头村进行的不良率极低的小额信贷实验结果，在多次演讲和多篇发表的论文中，均明确表达"农民是最讲信用的"的观点。王曙光2005年8月在山西临汾的考察也证明，农民很珍惜自己的信用，只要有能力，肯定尽最大努力去还款。陈雨露、马勇（2010）对某省11县250位与农民有多次接触的信贷员进行访谈，发现95%的信贷员认为"农户不存在普遍拖欠贷款的情况"。笔者在对部分欠发达县域的实地调研中也发现，当地农民不存在大面积地恶意逃债行为。

③ 王曙光：《守望田野——农村金融调研手记》，中国发展出版社2010年版。

④ 陈雨露、马勇：《中国农村金融论纲》，中国金融出版社2010年版。

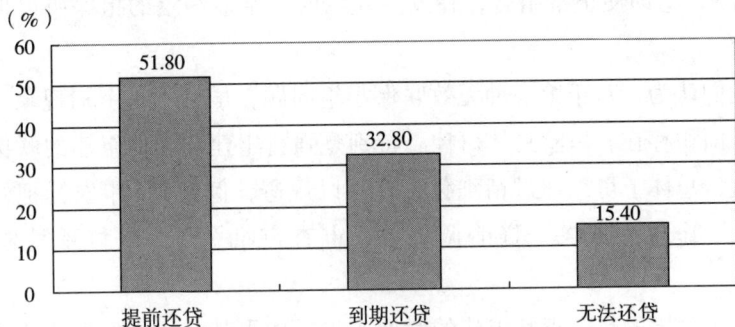

图 14.2 农户的还贷意愿

费孝通（1985）① 很早就将乡土中国的人际关系结构精准地概括为"差序格局"，这说明，中国人的信任并非建立在信仰共同体基础上的普遍信任或信用，而是建立在血缘关系共同体基础上的特殊信任，并且这种信任关系难以有效扩展②。社会资本的概念表达了相同的意思。世界银行认为，以小组为基础的微型金融是利用"社会资本"来促进农村金融发展的有力例证（Word Bank，2000③）。但也有研究表明，在东亚的中国和拉美等许多地区，社会资本主要存在于家族和一个相当狭小的私人朋友圈里，人们很难信任那些处于这个小圈子之外的人（Chiteji，2002④）。为数不少的调研也表明，农户对于合作组织的参与兴趣不高。以农户联保贷款为例，何广文、李莉莉（2005）⑤ 的研究表明，超过60%的农户不愿意参加联保小组，主要原因是"担心联保小组的人不讲信用连累自己"，这可能与农户对对方的还款预期并不乐观或明朗有关。陈雨露、马勇（2010）⑥

---

① 费孝通：《乡土中国》，上海三联书店1985年版。

② 笔者在调研中发现的农民普遍存在的"我不违约，但我不保证别人不违约"、"谁的钱谁还"思想，是这种信任关系难以有效扩展的真实反映。

③ Serageldin, I. and C. Grootaert, "Defining social capital：an integrating view", in P. Dasgupta and I. Serageldin（eds.）Social Capital：A Multifaceted Perspective, Washington DC：World Bank, 2000, 47.

④ N. S. Chiteji, "promis kept：enforcement and the role of rotating savings and credit associations in an economy", Journal of international development, 2002（12），393－411.

⑤ 何广文、李莉莉：《贵州铜仁地区农户金融需求研究——万山、松桃、沿河、德江、思南、印江调研分析》，亚洲开发银行技术援助专家报告（项目号码：35412），2005年，第1~51页。

⑥ 陈雨露、马勇：《中国农村金融论纲》，中国金融出版社2010年版。

对云、贵、川等西南省份的调研也表明，农户对联保贷款缺乏参与热情。可以说，联保小组成员的作用，并非在于某成员违约时给予代替偿付，而更多的是发挥了内部监督的作用，这被证明会有效降低借款人的道德风险问题。

农户是否存在强烈的模仿行为呢？答案是肯定的。

由于中国农业银行前些年从农户贷款业务中逐渐淡出以及近年来重返县域但宣传不到位等原因，农民特别是西部欠发达地区农民，还存在"农户贷款等于救济"的错误认识或隐含认识，加之农民对未来中国农业银行是否会继续长时期开展农户金融服务等问题缺乏信心、相关法律法规不健全且执行成本较高，当由于自然灾害等不可抗力导致大规模灾难时，由于严格的还款规则使得农民很可能被停止贷款，所以，当某户农民发生违约时，联保体农户很可能出现连锁反应①，导致大面积违约情况发生②。

综上所述，可以得出三点基本认识：一是我国农民是诚实守信的；二是农民并不保证周边人是守信的；三是当违约出现时，农户之间会发生强烈的模仿行为。

故而可以判断，联保贷款小组要么难以有效组建，要么组建后由于农户信用的不可扩展以及社会资本的匮乏和失灵等原因，贷款协议中规定的担保责任等条款可能流于形式并难以执行，并且一定规模的农民由于各种原因（特别是大的自然灾害）发生违约行为时，有可能引发大范围模仿行为。

第二，重复博弈机制的建立与完善问题。

如前文所言，重复博弈机制与小组贷款技术必须配合使用，理论上才有可能规避农户逆向选择和道德风险问题。如前文所言，重复博弈机制的建立和完善，需要满足如下条件：①合理的利率水平；②重复博弈的预

---

① 在调研中发现，联保小组发生一人未还贷时，面对保证责任的履行环节，小组其他农户往往会与农行进行博弈，出现"如果代为偿还，自己所借的贷款也拖而不还"以及"如果代为偿还，农行需承诺自己以后不再需要履行担保责任"等现象。

② 如孟加拉1998年的大洪水使得农民的偿还能力显著下降，基于对格莱珉银行贷款规则的了解和预期，农民普遍发生违约情况，并引发效仿的乘数效应。这也直接催生了对一些规则进行修改的第二代格莱珉银行的诞生。

期；③农民对未来收入增长的乐观预期；④信用记录的公开透明。

但在目前，中国农业银行并没有针对农户小额贷款的定价出台具有全行指导意义的文件。在《中国农业银行农户小额贷款管理办法（试行）》第十四条中有规定，农户小额贷款定价坚持收益覆盖资金成本、信贷成本、管理成本、税负成本、资本成本、目标利润的原则。在上级行规定的利率浮动下限之上，经办行可根据当地资金供求和同业情况合理确定贷款利率。根据这一办法，农行各级分支行在实际操作中大多采取的定价策略是：一是算盈亏平衡，二是盯同业水平。所以各级分支行农户贷款利率上浮水平并不相同，这体现了各地实际经济情况的差异，值得肯定。但是，如前文理论分析所显示的，可能由于利率高低的制定缺乏统一的标准，而使得农民借贷负担过重，从而影响重复博弈机制的建立和维持。

同样，由于信息的相对闭塞以及中国农业银行和政府相关部门宣传不到位等原因，农民对中国农业银行农户贷款政策的连续性缺乏信心①，加之一些技术细节的规定可能打击而非鼓励了农户借贷的积极性，比如一旦某户农民出现逾期，将在逾期贷款清偿前停止对该联保小组所有成员发放新的贷款，导致重复博弈预期难以有效形成。农民参与农户贷款的积极性来源于对未来收入提高和生活改善的期望，如果当地缺乏能为农民带来收入可持续增长的支柱产业或特色产业，则会加固农民"农户信贷等于救济"的错误认识。如果违约和失信行为得不到及时公布，那么无疑会助长农民机会主义行为，从而使得建设共赢的重复博弈机制面临严峻挑战。

综上所述，对中国农业银行而言，目前缺乏具有普遍指导意义的"农户贷款利率定价模型"、相关宣传不到位、部分欠发达地区缺乏具有比较优势的产业、征信体系建设滞后等原因，都影响了中国农业银行与农户之间重复博弈机制的建立和维护，从而可能因农户的错误预期而导致违约风险概率的加大。

---

① 在与Z市农行客户经理的座谈中了解到，让农户坚信农行服务三农政策的连续性十分必要，因为以前发生过的当信贷规模紧张时便压缩或停止农户贷款的现象，使得农民对农户贷款政策的连续性缺乏信心。

第三，与农业保险、龙头企业和合作社的有效合作问题。

农民从总体来说是诚实守信的，多项调研均证实，农户贷款违约的最大隐患来自各种不可抗力导致的风险，如自然灾害风险、人身健康风险、市场价格波动风险等。规避联保小组成员违约风险的一个关键点，是设法将上述风险降至最小化。自然灾害风险的规避需要诉诸农业保险的建立和完善，这点对于从事同质性产业的联保小组至为关键。Z 市农行所采取的"双单作业"，即原则上要求贷款农户投保人身意外伤害险，是该行实现农户贷款风险社会化补偿的唯一渠道，并收到一定效果。但是，这种出于防范风险考虑的立意较好的捆绑销售保险的做法，却容易被误解而影响中国农业银行在县域的服务形象。由于农业的弱质性，商业化运作的保险公司缺乏涉足农业保险的积极性，又由于财政收入较低，建立政策性保险对大多数欠发达地区的地方政府而言，心有余而力不足。所以，当高度同质的产业面临突如其来的自然灾害而造成减产甚至绝收时，农户信贷违约风险便会凸显。

农业生产除了面临着高的自然风险以外，还面临着市场价格波动带来的市场风险。多年的产业化经营证实，"龙头企业 + 合作社 + 农户"方式是小农户对抗大市场风险的有效途径（周立群、曹利群，2002[①]）。另外，相关研究还证实，通过龙头企业的带动以及合作组织的构建，能有效增加农民之间的经济往来，从而加大了农民彼此的经济利益相关关系，最终对稳固农户联保小组具有重要功效（刘峰等，2006[②]；赵岩青、何广文，2007[③]）。但是，在很多欠发达农村地区，缺乏具有一定规模的龙头企业是个普遍存在的问题，加之农民信用的不可扩展性决定了合作社的自动组建具有一定难度，这最终导致在欠发达地区，农户联保贷款制度的运转更加困难。

---

① 周立群、曹利群："商品契约优于要素契约——以农业产业化经营中的契约选择为例"，《经济研究》2002 年第 1 期，第 14～19 页。

② 刘峰、许永辉、何田："农户联保贷款的制度缺陷与行为扭曲：黑龙江个案"，《金融研究》2006 年第 9 期，第 171～178 页。

③ 赵岩青、何广文："农户联保贷款有效性问题研究"，《金融研究》2007 年第 7 期，第 61～77 页。

可见，农业保险的普遍缺失、龙头企业数量和规模的限制以及合作社的组建困难和运转不规范等问题，都成为农户因为各种不可抗力而发生贷款违约行为的重要原因。

2. 克服农户联保贷款风险难题的举措①

结合上文分析，从联保贷款制度本身看，要有效规避农户联保贷款风险，宜努力做好以下几点工作。

第一，通过帮助农民特别是欠发达地区农民组建合作社的方式，加大农民彼此间的经济来往和利益相关度，从而培育社会资本，拓展信用外延程度。

第二，通过加大金融知识普及和金融服务宣传力度，以及构建信用村、信用镇并强化相关法律法规的制定和执行等方式，从外向内改善农村信用环境。

第三，通过产业规划先行的方式，大力发展基于本地特色产业的农业产业化龙头企业，一方面发挥龙头企业带动农民抵抗市场风险的作用，另一方面发挥龙头企业的产业资本与社会资本结合的作用，从而有效带动农民增收和降低农民违约风险。

第四，通过组建政策性保险公司以及县域风险补偿基金的方式，将农业产业的自然风险降至最低。这里，对于财政收入较低的欠发达县域，中央应该通过财政转移支付等方式给予倾斜性扶持。

第五，通过构建"农户贷款利率定价模型"的方式，对农户贷款利率给出科学指导，并切实做到对诚实守信的农户给予贷款优先、额度提升、利率优惠的激励。

第六，通过发展特色产业的方式引导农民成规模地从事具有比较优势的产业，并将产业链做深、做长，切实提高农民收入，稳定农民对未来收入增长的预期。

---

① 这一部分的政策建议，主要在于就农户联保贷款制度本身需要完善的地方尝试给出的一些应对措施。尽管目前农行正确地采取了"新老化断"的管理方式，原则上不再新增农户联保贷款，但农行发放的大部分农户贷款属于联保贷款，存量农户联保贷款的管理仍是农行亟须认真破解的难题。

第七，通过开展农户信用档案建设的方式，逐步在全国范围内建立农户信用评价体系，并使得各金融机构能够便捷地共享农户信用信息①。

■ 第四节 农行支持农业产业化龙头企业
——以四川峨眉金丰公司和甘肃定西清吉公司为例

本部分内容中，笔者根据实地调研获取的资料，对农业银行支持四川省峨眉山市金丰农产品种植营销有限公司和甘肃省定西市陇西县清吉洋芋开发有限责任公司两家农业产业化龙头企业发展的情况，结合相关理论，进行典型案例分析。

一、两家企业及所在县基本情况概览②

峨眉山市隶属于乐山市，地处四川盆地的西南边缘，属亚热带湿润性季风性气候，年平均气温在 16.8℃ ~ 17.9℃ 之间，年均降雨量 1555.3 毫米，气候宜人，土地肥沃，非常适合种植蔬菜。蔬菜种植在峨眉山市具有悠久历史，但长期以来系自产自销的"散种"，未形成集约化种植经营。20 世纪 90 年代后，随着政府"菜篮子"工程和地膜覆盖、大棚等新技术的推广，峨眉山市蔬菜种植产能得到提高，蔬菜种植面积由 1 万亩发展到6.8 万亩，种植面由城郊 3 个生产队扩展到全市 17 个乡镇。但是，由于产销脱节，市场供需矛盾突出，蔬菜"滥市"情况时有发生。如 2000 年黄瓜滞销，降至 0.03 元/斤，销毁 300 万公斤；2001 年茄子滞销，最低 0.05元/斤，销毁 50 万公斤，农民大多年份丰产不丰收，严重挫伤了农民的种植积极性。

---

① 据统计，截至 2010 年末，全国大部分县（市、区）开展了农户信用档案建设，建立了农户信用评价体系，共为 1.34 亿个农户建立了信用档案，评定了 8300 多万个信用农户，7400 多万个农户获得了信贷支持。

② 除特殊说明外，本部分内容所引用数据，均来源于峨眉山农行与陇西农行提供的相关材料。

表 14.5　　　两家农业产业化龙头企业及所在县域基本情况

四川省峨眉山金丰农产品种植营销有限公司	企业层面	类型	四川省农业产业化经营省级重点龙头企业
		主营业务	蔬菜种植、生产、储运、物流配送、经营销售
		注册资本/销售收入	2003 年成立，注册资本 1000 万，2011 年销售收入达 2 亿元
		其他	2003 年 9 月发起成立了峨眉山市金丰蔬菜专业合作社，通过"公司＋合作社＋社员＋基地"模式带动农民增收致富，产品销往西安、郑州、太原、北京、广州、上海、沈阳、长春、哈尔滨、乌鲁木齐等地
	所属县市层面	2010 年农民人均收入	5971 元
		2010 年农业人口数/农户数	农业人口 28.43 万，农户数 9.5 万
		气候特征与特色产业	亚热带湿润性季风性气候，特别适合种植蔬菜，蔬菜业是该市农业经济新的增长点和主导产业之一
		其他	截至 2011 年底，全市共有合作社 16 家，带动蔬菜产业快速发展。全市蔬菜种植基地达 11.4 万亩，基地内蔬菜种植户达 3.1 万户，蔬菜总产量达 25.5 万吨，产值 5.5 亿元
甘肃省陇西清吉洋芋开发有限责任公司	企业层面	类型	国家级农业产业化龙头企业
		主营业务	马铃薯运销及精淀粉深加工、运销
		注册资本/总资产	2001 年成立，注册资本 6415 万元，2010 年末总资产达 1.1 亿元
		其他	公司被评为甘肃省著名商标和名牌产品，所产产品内销广州、海口、深圳、武汉、郑州、上海、天津、重庆、延吉等 20 多个大中城市，部分产品远销日本、泰国、韩国等国家
	所属县市层面	2010 年农民人均收入	2804 元
		2010 年农业人口数/农户数	农业人口 43.7 万，农户数 10 万
		气候特征与特色产业	常年干旱少雨，土地含钾量高，是马铃薯种植的优良天然场所
		其他	马铃薯产业是陇西县支柱产业之一。截至 2010 年底，全县种植面积达到 50 万亩，总产值 25620 万元。鲜薯加工量达到 15 万吨，其中精淀粉加工能力达到 2.1 万吨，农户粗加工达到 5 万吨

资料来源：峨眉山农行与陇西农行相关材料。

2003 年后随着农业产业化龙头企业的发展壮大以及农村产业合作社不断建立，改变了农民自产自销的方式，提高了蔬菜种植应对市场变化的能力，峨眉山市蔬菜产业逐步由传统种植模式向现代农业过渡。目前，峨眉山市建立了 11.4 万亩蔬菜种植基地，占所有耕地面积 21.69 万亩的 52.5%，基地内蔬菜种植户 3.1 万户，占农村总户数 9.5 万户的 32.6%，蔬菜总产量达 25.5 万吨，产值 5.5 亿元，蔬菜种植户年户均增收 300 ~ 3300 元。蔬菜业成为峨眉山市农业经济新的增长点以及主导产业之一。

截至目前，峨眉山市共有 16 家各类农业合作社，如表 14.6 所示，其中，带动农民种植和增收效应最大的是峨眉山市金丰蔬菜专业合作社，它由四川省农业产业化经营省级重点龙头企业峨眉山金丰农产品种植营销有限公司（以下简称金丰公司）于 2003 年发起设立。经过多年发展，该合作社在龙头企业的带动下，探索出了实行"统一农资配供、统一技术培训、统一田间管理、统一商标品牌、统一基地标准"的"五统一"经营模式，并成为全省最大的蔬菜专合组织。

表 14.6　　　　　　　峨眉山市各专业合作社情况表

	名称	注册资金（万元）	基地面积（亩）	带动农户（万户）	户均增收（元）
1	金丰蔬菜专业合作社	5	47000	1.3	3000
2	绿色田园藤椒专业合作社	20	300	0.3	600
3	佛璐茗茶专业合作社	5.9	1000	0.22	350
4	万佛藤椒专业合作社	30	500	0.5	750
5	仙山中药材专业合作社	100	500	0.2	300
6	金山蘑菇专业合作社	2	120	0.1	480
7	昌昶农副畜牧产品专业合作社	10	–	0.022	760
8	竹馨茶叶专业合作社	3	700	0.09	450
9	源园仙枣专业合作社	2	50	0.005	300
10	惠中蔬菜专业合作社	10	2000	0.8	1000
11	欣源蔬菜专业合作社	20	3000	0.9	900
12	大荒山茶叶专业合作社	5.55	500	0.07	400
13	仙龙养鹿专业合作社	30	–	0.0011	3000
14	仙芝竹尖茶叶专业合作社	60	2000	0.4	580
15	宏月兔专业合作社	10	–	0.005	1000
16	名山禽业专业合作社	30	–	0.002	600

资料来源：峨眉山农行相关材料。

金丰公司在全国 20 多个大中城市建立办事处，年鲜购鲜销蔬菜 10 万吨，销售收入 1.5 亿元，走出了一条"公司＋合作社＋基地＋农户"的产业化经营运作模式。目前，有订单种植基地 47000 亩，订单种植户 13000户，主要分布在峨眉山市、攀枝花市、阿坝州、云南景洪、云南大理等地，同时辐射和带动了全市其余镇乡及周边 10 多个区市县蔬菜产业的发展。

从峨眉山市蔬菜产业的发展沿革看，制约产业发展的主要瓶颈为资金短缺。囿于资金限制，农户无法有效扩大种植规模和提高种植水平，这导致基地规模化程度不高、基础设施建设滞后、蔬菜产业链条不完整。以龙头企业为重点，基于全产业链视角进行金融支持，是做大、做强该市蔬菜产业的重要助推器。

陇西县隶属甘肃定西市，地处青藏高原下延区与黄土高原抬高延伸区交汇地带，是个欠发达的农业县，常年干旱少雨，土地含钾量高，是马铃薯种植的优良天然场所。近年来，陇西县委、县政府确立"科技支撑、市场拉动、龙头牵动、中介带动、政府推动"的马铃薯产业发展思路，生产与销售齐抓，品质与规模并举，在财政资金十分紧张的情况下，每年拿出 60 万元用于良种的调运和种植大户的化肥补贴，不断加大马铃薯产业开发力度，促进农业增效和农民增收。截至目前，全县种植面积达到 50 万亩，总产值 25620 万元；鲜薯加工量达到 15 万吨，其中精淀粉加工能力达到 2.1 万吨，农户粗加工达到 5 万吨；提高农民人均纯收入 480 元，占全县农民人均纯收入的 26%①。马铃薯产业已成为全县实施"产业富民"战略的支柱产业之一。

陇西县清吉洋芋开发有限责任公司（以下简称清吉公司）成立于 2001年 7 月 27 日，是一家集马铃薯运销及马铃薯精淀粉深加工、运销为一体的民营企业，也是陇西县唯一一家国家级农业产业化龙头企业。清吉公司引进荷兰尼沃巴淀粉（机械）公司制造的中控 2 万吨马铃薯精淀粉生产线和 3 万吨马铃薯糊化淀粉生产线，该生产线设备先进，技术一流。公司主导

① 相关数据转引自陇西县人民政府网站，http：//www. longxi. gansu. gov. cn/showxw. asp？id=1329。

产品有"清吉"牌商品马铃薯和"清吉"牌马铃薯精淀粉，产品技术含量高，品质优良，被评为甘肃省著名商标和名牌产品。产品内销广州、海口、深圳、武汉、郑州、上海、天津、重庆、延吉等20多个大中城市，在全国设有15个销售总代理，部分产品外销到日本、泰国、韩国等国家，初步建立了国内市场营销网络和东南亚国家边贸交易的通道。

随着规模的不断扩大，当地马铃薯产业产前、产中、产后的金融需求越来越旺盛，迫切需要资金支持以形成完整的产、加、贮、销的产业链条。对于优质项目少、农业产业化龙头企业缺乏的陇西县而言，积极支持龙头企业带动的马铃薯产业发展，是拓展业务空间、培植持续的利润增长点的良好机遇。

二、农业银行的典型做法

第一，紧扣当地产业规划，对龙头企业发展提供渐次丰富的金融服务。

西部欠发达地区县域经济发展必须依靠产业带动，而支持农业产业化成为商业银行信贷服务的重点，也是银行实现商业运作的切入点（中国农业银行总行课题组，2009）。在调研中发现，峨眉山市政府和陇西县政府均高度重视本地具有比较优势的特色产业的发展规划的制定[1]，这有利于改变长期以来由于缺乏规划而导致的盲目生产却难以增收的问题。

产业规划为银行的金融服务介入提供了方向，例如，峨眉山农行和陇西农行均重点支持了本地产业规划中优先扶持的农业产业化龙头企业，并提供渐次丰富的金融服务。以清吉公司为例，该公司成立以来，陇西农行就一直对其进行信贷支持，并见证了公司的发展历程。随着公司的成长，陇西农行的信贷支持力度不断加大，体现了信贷规模与企业规模匹配的放贷原则，截至2010年底，已累计向公司投放贷款6500万元。考虑到清吉

---

① 例如，峨眉山市政府在2010年制定了《峨眉山市优势主导产业发展规划》。《规划》从未来发展目标、区域布局、建设重点三个层面，对未来两年峨眉山市蔬菜等十个主导产业的发展制定了翔实的规划。陇西县近年来几乎每年都制定《马铃薯种植工作实施方案》，从面积落实、良种推广、示范点建设、贮藏设施建设和中介服务组织建设等方面提出具体要求，并从典型经验推广和加大扶持力度等方面给予政策支持。

公司的销售终端有时以银行承兑汇票结算货款，陇西农行又及时为公司办理了票据贴现业务，累计贴现 23 笔，金额达到 2150 万元，其中最大的 1 笔金额达 285 万元，为企业提供了高效便捷的金融服务。金丰公司的成长过程同样伴随着农业银行金融服务的跟进与丰富，截至 2010 年底，峨眉山农行共为金丰公司发放贷款 1500 万元，并提供了票据结算等现代金融服务。

第二，创新抵押担保方式，解决企业流动资金瓶颈。

缺乏必要的抵押担保品往往是制约农业产业化龙头企业融资的重要瓶颈，特别是在公司生产原料收购旺季期间，这种资金瓶颈对公司发展的制约作用更大。以清吉公司为例，陇西农行主要通过两种方式对其发放流动资金贷款：对于短期流动资金需求，主要利用存货抵押的方式对其放贷；对于较长期限的流动资金需求，主要通过担保公司担保的方式对其放贷。在存货抵押贷款中，陇西农行主要根据清吉公司库存商品淀粉市场价的 50% 核定授信额度，累计发放贷款 2200 万元，并对贷款资金进行封闭管理。在担保公司担保贷款中，陇西农行与企业和担保公司签订三方合作协议，共向清吉公司发放贷款 8 笔 4300 万元，贷款到期后均按期归还。无论是存货抵押贷款还是担保公司担保贷款，均很好地解决了清吉公司贷款"时间急、次数频、金额大"的问题。

第三，树立全产业链服务视角，提供综合化金融服务。

除了直接向龙头企业提供渐次丰富的金融服务以外，农业银行还对产业链上下游的其他相关主体或领域提供了信贷支持，覆盖了"生产—收购—储藏—加工—流通"的各个环节的相关主体。例如，在生产环节，为了稳定公司的原料来源，陇西农行对与清吉公司存在合作关系的农户积极发放农户小额贷款。具体做法包括两种：第一种做法是由公司推荐部分有合作关系的农户（925 户）给农业银行，农业银行从中筛选了 685 户，以"惠农卡"为载体，以公司担保为保证，发放农户小额贷款，累计达到 7200 万元。第二种做法是由熟悉当地基本情况的马铃薯行业协会推荐贷款农户，吉清公司给予担保，协会则对公司进行反担保。通过这种方式，已累计向马铃薯种植、贩运户发放农户贷款 410 笔共计 4580 万元。在流通环节，则积极探索支持陇西县建立马铃薯综合交易市场。具体见图 14.3。

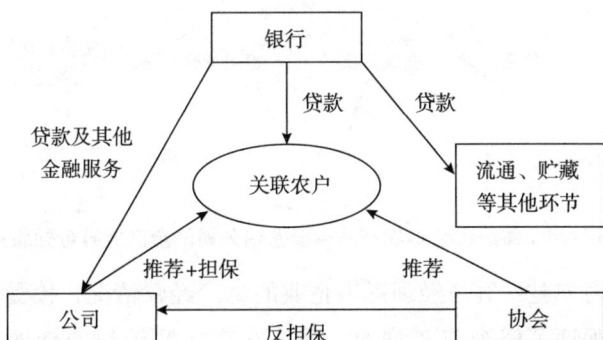

图 14.3 清吉洋芋开发有限责任公司的全产业链金融服务

同样，峨眉山农行对与金丰公司相关联的生产环节和流通环节等进行了积极支持。例如，在公司推荐的基础上，峨眉山农行主要通过两种方式发放关联农户的小额贷款：第一种方式是基地农户通过联保方式申请贷款，这其中，又实行小组成员土地经营权反担保①；第二种方式是由公司对农户进行担保获取贷款，在农户发生违约时，由公司代为还款。两种方式具体见图 14.4。同样，峨眉山农行还在储藏环节和流动环节对该公司加大了信贷支持力度，例如，分别在 2009 年和 2011 年积极支持公司兴建果蔬气调库和峨眉山蔬菜水果产地批发市场，并结合公司 2014～2016 年的发展规划，继续探索支持公司在乐山、成都、绵阳、重庆等中大型城市建立蔬菜终端销售连锁店的可行方式。

第四，加强贷款过程的监督与控制，争取利益相关者支持，最大限度降低风险。

陇西农行与清吉公司签订了《收购资金贷款封闭运行管理协议》，按照购贷销还、库贷挂钩的方式，对贷款发放、收回的全过程进行监督和控制。银行派出驻厂客户经理对该公司的原料收购、加工生产、产成品、销售等渠道进行全面监控。收购资金的支付，必须经驻厂客户经理签字确

---

① 即联保小组成员间签订《农户联保土地流转协议》，以贷款农户在专业合作社入股的40%承包土地经营权益提供贷款的反担保，一旦发生违约，小组其他成员代为偿还后，将获得用来反担保的这部分承包土地的经营权，并在流转土地收益达到贷款本息后，自动解除反担保关系。

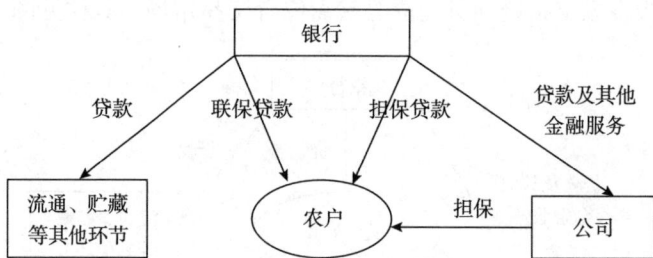

图 14.4　峨眉山金丰农产品种植营销公司的全产业链金融服务

认。企业及时向驻厂客户经理提供企业的生产经营情况，接受驻厂客户经理的检查，保证了资金与实物的一致，在存货和销售的管理上，不论入库、出库，驻厂客户经理亲自参与，成品库由双方管理。发生销售时企业通知驻厂客户经理对交易合同中金额、数量、结算方式等进行勘验，经驻厂客户经理签字确认后进行交易。在企业销货款回笼后，及时归还贷款，封闭运行取得了良好效果。另外，陇西农行还积极争取地方政府的支持，利用政府科层权威的作用，通过建设信用村镇的方式，营造良好的金融生态环境，以最大限度规避农户的道德风险问题。

峨眉山农行在对与金丰公司签约农户发放小额贷款时，则在发挥利益相关者支持作用方面进行了有益探索。例如，建立了村（社）干部协管制度，包括由村（社）干部向农业银行提供客户生产经营信息、家庭重大事故变化、到期贷款清收等，农业银行则对其支付必要的劳务报酬。在农业银行的积极争取和努力下，峨眉山市政府还牵头建立了风险补偿基金，以5年为周期，每年由市财政安排40万元、金丰公司出资60万元，5年共筹集500万元扶助金作为风险补偿金，用于清偿采取一些必要法律手段实施清收后，仍旧不能按期偿还的农户小额贷款的损失。

三、支持效果分析

效果主要体现在实现了产业链相关主体的多方共赢。

从陇西县的案例来看，通过"公司＋农户＋农业银行"以及"公司＋协会＋农户＋农业银行"的方式，使得贷款农户在马铃薯产业经营上户均增收达到639元，这对农民人均纯收入仅有2804元的西部欠发达县域而言，无疑是个巨大的数字。同时，吉清公司则因为保证了正常原料购储而实现每年增加利润几百万元。陇西农行在开展产业链金融服务过程中，既带来一定贷款利息收入和近5000万元低成本存款，还大大增加了惠农卡发卡量和手续费收入等中间业务收入，使得银行的资产结构得到明显优化。清吉公司在成长壮大的同时也带动了本地经济发展和农民增收，这种多方共赢效应得到甘肃省政府的认可和支持，并被命名为"清吉模式"。

从峨眉山市的案例来看，通过"公司＋合作社＋基地＋农户"产业链模式，直接带动峨眉山市金丰蔬菜专业合作社13000户农户每年平均每亩实现收入8000～12000元，户均创收3300余元，间接带动周边10万菜农每年增收300元。金丰公司的企业销售收入和利润也得到快速增加，到2009年末，分别达到1.7亿元和702万元，在2007年和2009年连续被评为四川省农业产业化重点龙头企业，并在朝着建设国家级重点龙头企业的目标继续迈进。峨眉山农行在信贷支持以金丰公司为龙头的蔬菜产业发展中，综合效益显著提升。以位于蔬菜种植基地的符溪镇营业所为例，据统计，从2007年到2010年，该营业所存款净增达到17571万元，代理保险为2877万元，新增个人网银客户722户，个人电话银行和短信通客户545户，而且该网点人均效益工资达到64524元，比峨眉山支行人均效益工资多1241元。值得一提的是，峨眉山农行通过卓有成效的金融服务扩大了社会影响力，品牌形象获得进一步认可，地方政府和农口相关部门均给予高度评价。

四、存在的问题

第一，对龙头企业的"前瞻性"金融支持有待完善。

在调研中发现，农业银行在为龙头企业提供金融服务时，尽管在贴近客户需求、丰富服务手段等方面做了大量工作，较好体现了"及时跟进"的特点，但在"前瞻引导"方面仍有待加强，并没有切实通过发挥农业银行网点众多和品牌认可度高的优势，将其他地区相关企业的先进经验吸收过来，以前瞻性地指导本地企业的发展，并培养企业家精神。

第二，对以龙头企业带动的农业产业链的金融服务尚有待进一步精细化。

目前，农业银行对农业产业链的支持更多的是侧重于为龙头企业及其带动的关联农户等单个结点提供金融服务，缺乏真正从服务好全产业链的高度开展农村金融服务的有效手段。例如，研究和实践均证实的对稳定农业产业链起到重要作用的农业生产合作社，目前农业银行尚缺乏一个明确而行之有效的支持办法。波特的价值链理论启发我们，龙头企业价值链上的关键活动包括基地建设、产品质量提高、技术创新、营销能力提高和社会资源开发等五个方面，农业银行在坚持商业可持续性原则的前提下，利用金融服务引领龙头企业逐渐占领价值链的高端部分，还有很多工作要做。另外，由于产业链上同时包括对公客户与个人客户，对公客户又同时包含信贷服务需求和理财等现代金融服务需求，个人客户则既包括生产性信贷需求和消费性信贷需求，还包括存款、取款、汇款等基础金融服务需求，如何实现服务联动，需要付诸进一步的探索和努力。

第三，与银行支持龙头企业发展相配套的担保、抵押、保险机制并不健全，证券和期货市场在支持龙头企业发展方面的改革还有待进一步推进。

担保和抵押品不足一直是制约龙头企业发展的瓶颈。如上文案例分析表明的，农业银行通过创新性探索，在破解这一问题方面取得了很多成绩。但是，在实地调研中我们发现，由于财力薄弱等因素的制约，地方政府在组建为龙头企业融资服务的担保公司方面，要么积极性不足，要么组建的担保公司手续过于繁琐，因此龙头企业发展担保不足的问题并未根本改善。在抵押机制完善层面，目前尚缺乏创新性思路，对仓单融资等国外用来破解企业抵押品不足问题的有效方式的学习和推行，地方政府、保险机构和银行还未形成合力。由于农业保险的缺失、对银行间接融资的过度依赖、农产品期货市场建设滞后等原因，对由于农业自然风险和市场风险这两大风险所导致的龙头企业及关联农户的违约风险，仍过渡集中于银行层面，缺乏必要的分担渠道。

第四，涉农金融机构之间的合作机制远未建立，不利于农业银行可持续地开展"三农"金融服务工作。

这里的合作机制包括两个层面：一是银行机构之间的合作；二是银行

与县域其他金融机构之间的合作。在县域市场，虽然存在政策性银行、商业性银行和合作银行"三足鼎立"的组织机构和邮政储蓄银行，但从调研情况来看，各银行之间的竞争远大于合作，并没有形成有序服务"三农"的合力。例如，在基础设施建设和公共品供给等方面，很多欠发达县域地方政府并没有理顺商业金融与政策性金融之间的合理边界，而是进行强制干预；在对县域优质客户，比如农业产业化龙头企业以及农户中的规模养殖户、种植户等"草尖客户"的营销方面，则竞争激烈，对小微企业、规模较小的龙头企业、贫困农户的信贷支持方面又存在严重不足。另外，银行特别是大型商业银行与微型金融机构、保险机构、担保机构、资本市场、合作社和地方政府的合作机制方面，还远没有理顺，以防范风险为主题的服务"三农"的金融合力尚未形成。

第五，受制于龙头企业规模、数量、能力等制约，通过龙头企业带动的获得贷款的农户数量相对有限。

表14.7　　　两家农业产业化龙头企业带动农户获得贷款情况

公司	带动农户数	获得小额贷款农户	全市农户数及种植马铃薯或蔬菜农户数
清吉公司	数千户	1000多户（均为清吉公司担保贷款类型）	陇西县共有农户约10万户，其中，铃薯种植面积在10亩以上的农户户约有1万户
金丰公司	1.3万户（属于合作社社员的核心基地农户有7650户）	1700多户（含金丰公司担保贷款和农户联保贷款两种类型）	峨眉山市共有农户9.5万户，其中，全市蔬菜种植基地农户约为3.1万户

资料来源：陇西农行、峨眉山农行相关材料，以及陇西县和峨眉山市政府网站。

农业产业化龙头企业在我国地区分布与发展严重不均衡，总体而言，西部欠发达地区的龙头企业数量少、规模小，可持续发展能力相对较差[①]。即使存在龙头企业且发展势头良好，如上文提到的吉清公司和金丰公司，

---

① 例如，笔者在甘肃省部分县域调研时发现，虽然当地葡萄种植面积有十万多亩且品质优良，具有酿造葡萄酒的天然优势，但由于资金、技术等方面因素的制约，本地缺乏具有品牌知名度且具备一定规模的葡萄酒加工厂，这既制约了当地葡萄种植户增收，也不利于商业银行"三农"金融服务的开展。

它们在带动本地经济发展与农民增收方面，起到重要作用。但即便如此，受制于企业规模和担保能力等方面的约束，与龙头企业关联的农户特别是能享受龙头企业担保的农户，相对于当地农户总数而言，仍旧有限。例如，与吉清公司存在订单关系的农户有数千户，享受到公司担保贷款的农户数为 1000 多户①，这相对于该县 10 万户农户数量而言②，显然规模较小。同样，金丰公司通过金丰蔬菜专业合作社大约带动了 1.3 万农户种植蔬菜③，这其中，得到金丰公司担保贷款的农户数与通过联保小组取得贷款的农户数总共有 1700 多户，这个数目在峨眉山市 9.5 万农户中的占比也是有限的④。

五、政策思考

第一，银行要加强对龙头企业的前瞻性指导。

银行要更善于利用专业知识和其他地区既有的成功经验，对本地的龙头企业发展给予前瞻性指导，引导企业推动技术创新、培育专业人才、树立品牌。另外，银行既需要开发具有全国普适性的涉农金融产品，并在贷款期限、利率、偿还方式、抵押担保方式等方面进行不断创新，更需要通过适当放权的方式，允许和支持经营行因地制宜地进行创新，做到"顶层设计与基层创新兼容"，以期提高市场反应速度，最终利用金融手段更有效地助推龙头企业做大做强。

第二，在对龙头企业关联农户进行信贷支持时，要坚持商业可持续原则，积极探索完善多种贷款形式，有效扩大农户服务范围，实现规模经济效应。

实践证实，重点支持龙头企业带动型农户，是农业银行开展农户金融服务的有效方式。但是要克服农业银行服务"三农"的社会责任与龙头企业带动型农户数量有限的矛盾，需要农业银行进一步探索新的担保方式。

---

① 其中，属于公司直接推荐的有 685 户，属于协会推荐但由公司担保的有 410 户。
② 其中，全县马铃薯种植面积在 10 亩以上的农户约有 1 万户。
③ 其中，属于合作社社员的核心基地农户有 7650 户。
④ 其中，全市蔬菜种植基地农户约为 3.1 万户。

为此：一是宜进一步完善自然人担保、担保公司担保等担保形式，以分担龙头企业担保压力；二是宜探索其他有效的抵押担保方式，如发展仓单银行等；三是宜有针对性地推行农户小额信用贷款；四是宜通过与其他涉农金融机构合作，特别是与微型金融机构间建立批发贷款机制的方式，间接扩大农户金融服务覆盖范围。

第三，进一步树立全产业链服务理念，除却农户金融服务外，还要重点加大对农业生产合作社以及上下游关联企业等结点的支持力度，并注重建立对公业务与个人业务的"协同营销"机制。

为此，既宜尽快出台《农业合作社金融支持办法》，并争取地方政府支持，在土地抵押、农机具抵押方面有进一步突破，又要加大对生产基地和批发市场等环节的支持力度，还需要加强不同类型客户的"协同营销"，丰富和加快产品研发速度，提高"三农"金融服务效率。

第四，加快推动各类型涉农金融机构合作机制建设。

一方面，国家宜出台政策引导不同类型的涉农金融机构建立合理的服务定位，并要着重防范新型农村金融机构出现"脱农"服务倾向，以有效发挥其在服务农户和小微企业等小客户方面的比较优势。如有必要，可以考虑设立相应的协调机构，指导金融机构有序地合作并形成服务合力，而非过渡甚至是恶性竞争。另一方面，要加大银保合作和银期合作等机制建设，从"大金融"视角做好农村金融服务工作。

第五，拓展龙头企业融资渠道。

一方面，要积极引导龙头企业通过上市的方式拓宽资金来源渠道，并采取有效措施防止上市后的企业出现脱农倾向；另一方面，则可以积极探索龙头企业发债的有效形式，并注重相关风险的防控[①]。

第六，中央和地方政府宜进一步加大配套政策支持力度。

对中央政府而言：宜根据"普惠、公平"的原则建立全国范围适用的优惠政策，如给予涉农金融机构风险补偿、税收减免等优惠待遇。对地方政府而言：一是宜及时公布并大力推行体现本地资源禀赋特点的产业规

---

① 证监会 2012 年 4 月 5 日公布消息称，目前中小企业私募债制度框架已基本成型，未来将实行备案制。

划，出台配套政策支持本地发展农业产业化龙头企业，为金融下乡提供有效对接平台；二是地方政府宜从基础设施建设、市场流通体系完善、社会信用环境改善、担保公司组建、风险基金建立、优惠措施落实等多角度，为龙头企业发展创造利好环境；三是在龙头企业具有一定规模和数量的地区，地方政府宜及时通过产业集群或园区经营的方式，促进龙头企业共同发展。对西部欠发达县域面临的财政资金紧张问题，中央政府要通过财政转移等方式予以倾斜式支持。

第五节　农行支持农民专业合作社——以甘肃张掖前进奶牛合作社和四川资阳养猪合作社为例

本节内容既结合农业银行支持甘肃省张掖市甘州区前进奶牛专业合作社的成功案例，总结经验并探讨该模式可复制性需要具备的条件，又结合农业银行支持四川省资阳市养猪专业合作社发展的失败案例，吸取教训并希望未来能尽量规避类似的风险。无论是总结经验还是吸取教训，均意在为农业银行进一步做好农民专业合作社金融服务工作，提出一些可操作的政策建议。

一、农业银行支持前进奶牛专业合作社基本模式

1. 前进奶牛专业合作社及所在地区基本情况

得益于发达的绿洲种植业以及得天独厚的地理和气候条件，甘州区城郊乡镇素有奶牛养殖的传统优势和基础条件，但长期以来，专业化水平差，抵御市场风险能力弱，一直成为困扰养牛群众增收致富的难题。

在张掖市实施百万头肉牛基地建设工程的指引下，前进奶牛专业合作社于 2008 年 3 月成立。根据合作社章程规定，合作社依法为社员提供农业生产资料的购买，农产品的销售、加工、运输、贮藏以及与农业生产经营

有关的技术、信息等服务，具体业务范围涵盖了，组织成员户的种畜繁育和奶牛饲养，组织收购和销售成员户及同类养殖户的犊牛、奶牛，引进和推广先进养殖技术等。

表14.8　　　　前进奶牛专业合作社及所在地区基本情况

前进合作社情况	成立时间与类型	2008年6月正式成立，村能人领办型
	资金、人员情况	合作社注册资金达6500万元，资产总额达16692万元，其中固定资产12382万元，流动资金3721万元，现有入社会员586人，从业人员186人，其中管理人员32人，技术人员45人
	合作社规范程度	有较规范的合作社章程、理事会和监事会、各职能部门、规章制度，农户具有财产权和自由退出权，在缔约过程中享有平等权
	规模	目前有三个奶牛养殖基地，分别占地100亩、15亩和330亩，存栏奶牛规模达到4000头，年产鲜奶1.5万吨
	合作社服务内容	依法为社员提供农业生产资料的购买，农产品的销售、加工、运输、贮藏以及与农业生产经营有关的技术、信息等服务，具体业务范围涵盖了组织成员户的种畜繁育和奶牛饲养，组织收购和销售成员户及同类养殖户的犊牛、奶牛，引进和推广先进养殖技术等
	具有合作关系银行和保险公司	农信社、农业银行、建设银行；中国人民保险集团
	具有合作关系的企业和团体	与伊利实业集团股份有限公司签订长期鲜奶供销合同，保证了合作社生产的鲜奶价格和销路稳定；与高校和畜牧局等建立合作关系，不断提高技术水平
所属地区情况	畜牧业产值占农业总产值比例	约为30%
	牧业收入占农民人均纯收入比例	约为17%
	地理位置优势	地球上唯一的天然生物疫病隔离区，光热资源丰富，属典型大陆性气候，这些均有利于奶牛和肉牛生长发育
	饲草资源优势	作为全国最大的玉米制种基地，每年张掖市产秸秆约300万吨，按每头牛消耗3吨秸秆计算，能满足100万头牛的饲草。这在全国也是唯一集中的草资源
	地方政府因素	将"实施百万头肉牛基地建设"列为张掖市十大工程之一

资料来源：作者根据实地调研资料编制。

　　截至目前，合作社注册资金达 6500 万元，资产总额达 16692 万元，其中固定资产 12382 万元，流动资金 3721 万元，现有入社会员 586 人，从业人员 186 人，其中管理人员 32 人，技术人员 45 人。合作社现有三个奶牛养殖基地，占地分别为 100 亩、15 亩和 330 亩，存栏奶牛规模达到 4000 头，年产鲜奶 1.5 万吨。2011 年合作社年销售收入达到 6000 万元，净利润 1800 万元。合作社在成立之初，便以每斤 4 元，高出当地现售鲜奶 35% 的价格，与伊利实业集团股份有限公司签订长期鲜奶供销合同，由于鲜奶价格销路稳定，合作社经济效益十分显著。合作社还与畜牧局、畜牧学校和农业院校建立合作关系，通过请进来和走出去的方式，学习养殖新技术。

　　入社社员可以采用现金入股和奶牛入股两种方式入股合作社（见图 14.5），每股金额 500 元，每股年终分红约 150 元。由于合作社采用现代化设备和管理方式进行标准化养殖，与伊利公司签订了稳定的销售合同，并且伊利公司派专门人员常驻合作社对其进行技术指导，还对每头牛办理了保险，使得奶牛养殖成本大为降低，奶牛质量和收益安全有保障，加之国家每年给予数额以百万计的各种补贴[1]，各种利好条件综合作用，使得参加合作社奶牛养殖户收益明显提升。2010 年前进村农民（据了解，前进合作社已经实现全村覆盖）人均纯收入达到 6680 元，比张掖市平均水平高 1105 元。个别能人的收入更是可观，例如，合作社社长张云兰以 35 头牛入股合作社，每头牛每年分红约 2000 元，合计共收入 7 万元，加之每月在合作社上班的工资收入 3000 多元，年收入高达 10 多万元[2]。

　　2. 前进奶牛专业合作社资金来源以及农行支持情况

　　如图 14.5 所示，前进奶牛合作社资金来源主要分为三部分[3]：一是社员入股时缴纳的股金；二是从所得利润中提取的公积金和公益金；三是银行信贷资金。

---

　　① 调研中得知，近年来，在张掖市和甘州区政府及相关业务部门大力支持下，合作社共争取到国家、省市奶牛标准化小区以及秸秆、能源沼气等项目资金 890 多万元。

　　② 参见《金融时报》2011 年 9 月 6 日第 12 版以《前进村的前进之路——来自甘肃张掖甘州区前进村妇女小额担保贷款的报道》为题的相关内容。

　　③ 调研中获知，政府对合作社的各种补贴费用，合作社基本返还给社员。

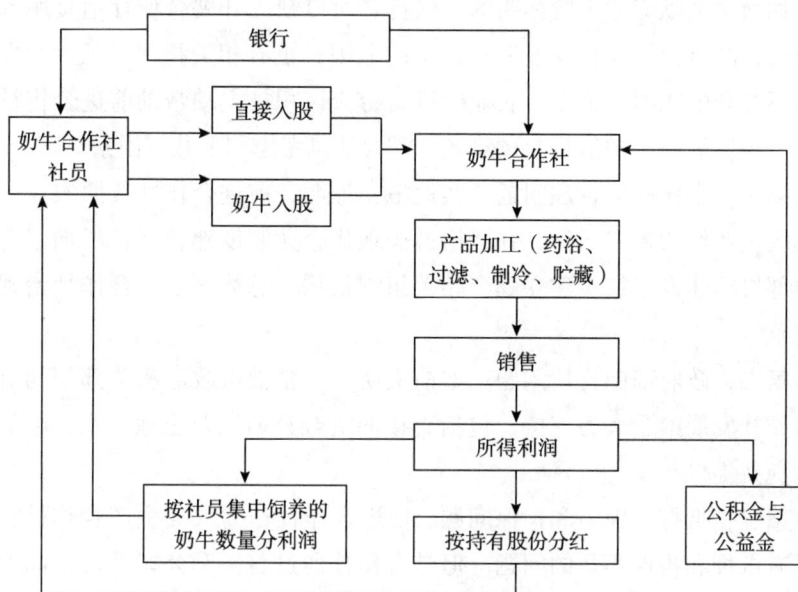

图 14.5　张掖市甘州区奶牛专业合作社运转基本流程

在调研中发现，目前与前进合作社有合作关系的银行包括：农信社、农业银行和建设银行。其中：农信社在合作社成立之初提供了 500 万元的法人贷款，由甘州区政府进行贴息；甘州农行于 2010 年 9 月，结合国家出台的妇女小额担保贷款新政策，向入股合作社的 208 名妇女每人发放 5 万元共计 1040 万元农户小额贷款，全部采用五户联保的担保方式并由妇联给予贴息；建设银行则通过提供 2000 万贷款的形式支持合作社第三个奶牛养殖基地的建设。

可见，农业银行对前进合作社的支持以农户小额贷款的方式实现，每户贷款 5 万元，贷款全部采用联保方式，并且出于风险防范的考虑，并没有开展合作社法人贷款。但在与合作社负责人座谈时，我们获取以下信息：一是农户普遍认为 5 万元贷款额度偏小[①]；二是合作社自身进一步发展需要更多的资金支持。

---

　　① 在座谈中，合作社法定代表人马志超给我们简单地算了一笔账。如果农民以买进口牛入股计算，每头牛 2 万多元，5 万元农户贷款只能买两头牛，合大约 80 多股，按每股年终分红 150 元计算，每户农民每年收入约 1.2 万元，如果再剔除利息等各种成本，收入还要减少一些。

如前文文献综述中所标明的，银行之所以缺乏开展合作社信贷服务的积极性，既有合作社自身发展不健全的原因，也有相关担保、抵押、保险机制不配套的原因。那么，农业银行是否应该积极主动帮助前进合作社突破进一步发展面临的信贷瓶颈难题，需要认真考虑如下几点因素。

第一，合作社的管理问题。实地考察证明，前进合作社按照农业产业化龙头企业经营模式运营，并严格遵循现代企业制度建社管社，加强合作社内部机构建设，初步建立健全相关组织机构，总体而言，合作社治理较为规范。

第二，政府部门支持问题。如前文所言，张掖市政府相关部门均对前进合作社发展给予大力支持，包括直接的资金补贴以及土地、水、电等资源的免费提供①。

第三，抵押、保险和担保问题。前进合作社作为农业生产合作社，同样具有抵押和担保不足的问题。但是合作社通过与伊利公司签订合同的形式所获取的年收入6000万的现金流极其稳定，完全具备订单抵押的创新条件。各级政府近年来对合作社的补贴累计达到890多万元，基于"政府对合作社的支持方式宜由单纯的直接补贴转向建立融资支持机制这种市场方式"的认识②，我们认为政府完全有能力也有必要牵头组建担保中心和公司。至于农业保险的跟进，在前进合作社中已经较好实现。

第四，高端客户筛选问题。县域特别是西部欠发达地区县域，优质的高端客户较少，并成为各家金融机构争相营销的重点。像前进合作社这种有扎实实业、一定规模、稳定现金流和盈利水平的法人单位，成为各家金融机构争夺的主要目标便不难理解。为了在县域地区同业竞争中保持领先地位，农业银行需要通过产品创新来进一步改进和完善对合作社的金融服务。

基于上述几点考虑，可以认为，协同各利益相关者共同努力，通过构

---

① 例如，合作社第三个奶牛养殖基地，共占地330亩，这些土地即由甘州区政府于2011年按照建设甘肃一流现代农业实验示范园区的相关要求，通过无偿划拨荒地的形式提供的，并免费配套了相关水电设施。

② 具体参见王曙光：《农民合作社如何突破融资瓶颈》，载《乡土重建——农村金融与农民合作》，中国发展出版社2009年版，第134~135页。

建一种行之有效的信贷供给模式来破解前进合作社发展的融资瓶颈难题，是农业银行的理性选择。

3. 农业银行拓展前进合作社金融服务的可能模式

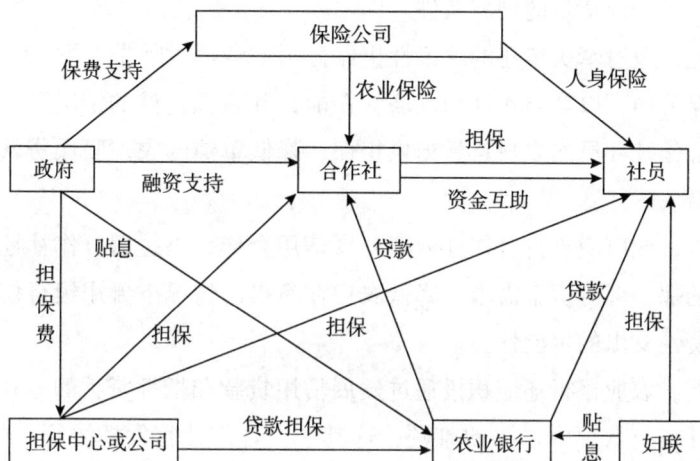

图14.6 农业银行拓展前进合作社金融服务的可能模式

未来，农业银行进一步拓展前进合作社金融服务水平的可能模式是：

第一，政府变对合作社的直接补贴为对农业银行开展的合作社法人贷款的贴息，并利用各种补贴资金牵头组建担保公司或担保中心，为合作社法人贷款提供担保。政府也可以采取代替合作社向商业性担保公司缴纳较高担保费的方式，提高商业性担保公司的参与积极性。这样一来，合作社的担保问题得以破解，并且由于政府的权威作用，合作社的道德风险较低。随着担保问题的破解，合作社法人贷款难题得到一定缓解。

第二，政府通过税收减免、土地流转、用水用电、金融生态环境建设和组织培训等方式，促进合作社做大做强并实现管理的规范化，为银行与合作社的对接，提供良好的平台。

第三，政府通过对保险公司提供保费支持等方式，提高保险公司参与合作社融资机制中的积极性。除了奶牛牲畜保险外，政府部门还应出台措施鼓励农户参加人身保险，来进一步降低由于农民发生人身意外而造成的违约风险。概言之，要通过政府部门的协调作用实现农业保险机制的进一步健全和农业银行信贷风险的进一步下降。

第四，农业银行应创新服务产品，以订单抵押贷款的方式为合作社提供法人贷款，不宜过于倚重担保贷款这种单一形式。前进合作社与伊利公司签订的收购合同和长期技术指导合同，意味着稳定和可观的现金流，具备进行订单抵押贷款的创新条件。

第五，政府牵头组建的政策性担保公司或者通过保费补贴而支持的商业性担保公司，以及合作社和妇联，在能力和条件允许的情况下，还应该积极为合作社社员的农户贷款提供担保，降低单纯的农户联保贷款可能积累的风险。

第六，政府应支持合作社内部开展信用合作，以缓解合作社社员中额度较小的那一部分资金需求，降低农户在不得已情况下挪用银行信贷资金用于消费性支出的可能性。

第七，农业银行还应积极通过发展信用贷款和抵押贷款的方式，破解合作社社员贷款规模过小的难题，这其中，合作社宜发挥协管员的作用，以最大限度降低银行信贷风险。

第八，农业银行在提供合作社法人贷款和社员农户贷款的同时，要注重金融知识的传播、企业家精神的培育、农民合作意识的培养等，以期促进合作社以更好更快的速度发展壮大。

上述举措的配合使用，可以在破解合作社法人及社员贷款约束难题的同时，实现"银、政、社、农"四方共赢。

特别值得强调的是，农业银行、合作社、地方政府、担保机构、保险公司之间要建立类似"联席会议制度"这种沟通机制，或者由地方政府搭建信息平台，以便各主体之间沟通信息、取得互信，形成服务合作社的合力，并在不断的边际调整中逐步完善合作社金融服务模式。

二、农业银行支持资阳养猪专业合作社的基本经验教训

四川以"川猪"闻名。川内生猪以其特色肉质享誉于全国，远销俄罗斯、新加坡等地。生猪是资阳的重要产业，有国家生猪基地2个，常年存栏生猪280万头，年出栏710万头，产量居全省第三，年产值达到50.4亿元。全市农户中，养猪农户达到70%，生猪养殖已成为大多数农民增收致

富最主要的方式之一。

像所有的养殖业一样，一家一户的小规模生猪养殖带动农民增收的空间越来越小。为了加大服务"三农"工作力度，带动农民更快增收致富，资阳农行通过调研推出了"农民专业合作社贷款""三农"业务新品种，并重点支持具有比较优势的生猪养殖业发展。

资阳市委、市政府以"六方合作＋保险"机制（金融机构、担保公司、饲料企业、肉食品企业、种畜企业（专合社）、协会农户、保险公司）为基础，出台了《关于加快农民专业合作社发展的意见》和《关于规范和发展生猪养殖合作社的通知》两个政策性文件及贷款财政贴息、生猪圈舍财政补贴、沼气财政补贴等一系列支持鼓励政策措施，加之金融助推，专合社如雨后春笋，迅速发展，全市专合社数量很快突破3000家。

起初，资阳农行开展的合作社贷款（含法人贷款和社员农户贷款）取得了显著的社会效益和一定的经济效益。但是，由于各种原因，截至2011年6月末，资阳共有129家合作社贷款形成不良（绝大多数是生猪专业合作社），不良余额高达35320万元，占四川省专业合作社不良贷款的98.86%。

根据调研获取的相关信息，资阳生猪合作社贷款投放情况如下。

第一，大多数形成信贷关系的合作社信用水平较低。其中，"良好级"合作社仅有零星几个，80%以上的合作社属于"违约级"。

第二，98%的合作社贷款属于由政府组建的担保公司提供的担保贷款，抵押贷款微乎其微。

第三，大多数合作社规模较小，且盈利的不多。据统计，资阳各类合作社户均只有三四十人，平均注册资本不足百万元，且很多处于亏损状态。

据四川农行分析，资阳生猪合作社贷款大面积形成不良的原因如下。

第一，内部管理不到位的原因。表现在规模扩张过快、管理办法不健全、产品授信额度和期限不合理等方面。

第二，合作社自身的原因。表现在注册资金不到位、抗风险能力差、挪用信贷资金现象普遍等方面。

第三，市场风险的原因。由于 2007～2009 年猪肉价格波动较大以及金融危机等因素的影响，养猪合作社因为盲目投资而普遍出现亏损。

第四，地方政府的原因。政府主导的担保和保险等风险补偿机制，在大面积发生违约现象时，未能有效发挥作用。

综上所述，我们有如下几点启发。

第一，做好合作社金融服务的方向不能因为个别失败案例而因噎废食，因为合作社的发展是引领小农向大农转型的关键组织。

第二，对基于本地特色产业组建的合作组织进行信贷支持，是低成本带动农民增收致富的必要条件，但并非充分条件。银行应该在合作社客户准入方面严格把关，并加强精细化管理，坚持"宜社则社、宜户则户"，严禁一刀切。

第三，合作社自身的健康发展是银行信贷支持跟进的根本保证，这本质上体现的是"经济决定金融"的基本道理。因此，地方政府应在引领合作社发展壮大上打政策组合拳，而非仅强调如何加大合作社的信贷支持问题。

第四，地方政府的积极参与是做好合作社信贷服务的关键，但金融机构必须对部分地方政府的政策风险保持警惕，坚持有所为有所不为。

第五，合作社法人贷款宜采取多种方式，不能过于拘泥于担保机构的担保一种形式，对担保机构的担保能力和可能存在的风险要做到心中有数，并积极探索有效资产抵押贷款等新的金融品种。

第六，在缺乏借鉴的情况下，创新一种新的"三农"信贷产品时要采取先试点再逐次推广的方式，而不能政治运动式的进行推动。

第七，养殖业合作社的自然风险和市场风险并存，为了规避风险，既要有保险公司的跟进，又要积极开辟避险的新途径。

第八，中国农业银行总行宜尽早研究制定《合作社贷款管理办法》，一方面使得全行开展合作社贷款时有章可循，另一方面使得农业银行在抢占县域高端客户方面占据有利位置。

第九，加强农村信用环境建设任重而道远，需要政府、监管机构、金融机构、企业、合作社、农户等各利益相关者共同努力。

第六节 农业银行支持特色农业产业发展模式创新——以生猪产业为例

生猪产业是农村经济的支柱产业，主要包括饲料、养殖、屠宰、加工、销售等环节。生猪生产与市场供应既关乎物价稳定，又与农民增收和社会稳定息息相关，所以，支持生猪产业发展历来是各级政府十分重视的工作。

目前的生猪产业可持续发展，面临着很多瓶颈需要突破，其中最为要紧的是如何获得金融的有效服务。这种金融服务的有效性既体现在为金融资本下乡提供具有规模经济效应的对接平台，又体现在具备必要的担保机制，还体现在具有全产业链的支持视角。实际上，在实践中，广大农村地区已经形成了部分运转良好的金融支持生猪产业发展的模式。本节拟对既有的三种典型模式进行深度分析，并结合现有模式所普遍存在的问题，提出完善生猪产业发展金融支持机制的几点政策建议。

一、生猪产业发展的三种金融服务模式

模式一：基于合作社的金融服务模式

随着生猪养殖业逐步由散户单打独斗向组织化、规模化、精细化转变，农民合作社成为小农户面对大市场的重要平台。通过合作社将分散的养殖户组织起来，采用现代化的设施和技术为养殖中的各环节统一提供服务，可以实现生猪养殖的规模经济效应。这不仅提高了养殖户的经济收益，还能够克服原来单个养殖户贷款规模小、风险大、成本高的劣势。更进一步讲，合作社为生猪产业获得金融服务创造了更大的空间，通过合作社与金融机构对接，将农户的资金需求化零为整，可以跨越金融机构的服务门槛。当金融资本与规模生产相结合后，又大大增强了合作社的市场竞

争力，并创造出更多的金融服务需求，从而形成了金融服务与生猪养殖业发展的良性互动。四川省崇州市的鑫桥养殖专业合作社就是这一模式的践行者。

鑫桥合作社的成员包括龙头企业、村民组和养殖大户，这些合作社社员共同筹集 61 万元启动资金，用于购买种猪和仔猪，合作社拥有的 3000平方米现代化猪舍由龙头企业租赁而来。这是实现规模化养殖的必要条件。合作社还与屠宰企业、加工企业、饲料企业签订购销协议，以确保生猪流通渠道的畅通。

近年来，随着养殖规模的不断扩大，合作社在种猪引进方面的资金缺口逐渐显现，流动资金也日趋紧张。为了缓解这一问题，在地方政府的支持下，当地农业银行尝试对合作社开展了基于"政府＋合作社＋银行"模式的创新性信贷服务。具体措施包括：①农业银行与合作社签订合作协议，使资金运行呈现封闭性特征。一方面，合作社在购买原材料、销售产品等环节中接受农业银行的监督核查，确保资金投向以及使用效率；生猪出栏后，销售款项全部转入合作社在农业银行的结算账户，以保证资金安全。另一方面，农业银行所发放的贷款采用"一次审批、循环使用"的方式，使合作社在运用资金时有更大的自主权和灵活性，有效降低了其还款压力。②构建风险保障机制。一是由政府牵头成立农业担保公司，对合作社贷款进行担保，形成政府、合作社、金融机构风险共担的机制。二是以地方财政为主导，种猪场和饲料公司、屠宰企业共同建立专项风险补偿基金，防止由市场和系统风险对合作社信贷资金可能带来的损失。③优化地区金融环境。加强与地方政府、法院等单位的联系，对合作社社员进行法律知识、诚信意识宣传教育，最大限度地防范道德风险。

综上所述，鑫桥合作社的融资模式通过合作社这个载体，将农户、政府、金融机构联接起来，既利用熟人网络、互联性交易机制对贷款主体的行为形成约束，又利用规模效应和农民组织化收益，提高生猪养殖的利益空间，形成了多方利益共享机制；而政府、金融机构、合作社之间的风险共担机制，则是金融机构对合作社融资成功运行的关键。在这一过程中，合作社是核心，政府穿针引线，金融机构则充分利用自身在资源、信息、管理方面的优势，使服务生猪养殖的效果达到最大化。

模式二：基于行业合作担保组织的金融服务模式

扩大生猪养殖规模面临的首要难题是担保难。一般而言，养殖户大部分资金在建成现代化猪舍后便所剩无几，并且猪舍用地多为集体所有或为租赁地，不能在银行作为抵押。即使用养殖农户自有的房产作为抵押，但银行贷款手续繁琐，抵押率低，批贷时间长，影响了养殖户的借贷意愿。虽然信用社贷款门槛较低，但可贷额度往往较少，并且利息偏高。为解资金紧张的燃眉之急，部分养猪户不得不求助利率很高的民间借贷，这无疑使得生猪养殖产业蕴藏着巨大风险。破解这一难题的有效方式是组建担保公司，既可以是政府牵头也可以是借助其他平台，如行业协会等。

沙县兴农担保有限公司便是一家以沙县养猪协会为牵头人、以农业银行信贷为依托的全省第一家直接服务农户的担保公司。公司于2007年11月21日成立，成立之初有25位股东，注册资金1000万元，目前股东人数扩大至33人，资本金为2235万元。公司不对外担保，完全为股东的生猪养殖、饲料兽药采购活动提供融资担保服务。

沙县养猪协会是公司的牵头人，该协会是亲密型行业自律组织，主要负责生猪生产协作和经验技术交流并开拓外销市场，对"沙县猪"品牌的打造发挥了重要作用。担保公司的董事长及董事会成员均是养猪协会成员，他们准确掌握着市场动态和股东经营情况。担保公司实行封闭式运作，银行可以制定对公司担保的核定额度，对股东及会员提供其入股资金3~5倍的贷款。

在对借贷对象的审核方面，银行制定了比较严格的要求，比如借款人必须从事养猪行业满一年以上，经营的生猪养殖规模和母猪存栏必须达到一定标准，并且养殖户需要掌握良好的生猪养殖及防疫技术，经营能够达到环保要求。对于符合条件的农户，银行给予一定的信用额度，同时开通循环使用功能，便于农户在授信期限内，在核定的授信额度内循环办理贷款，而无须每笔贷款都要通过前台部门调查、信贷部门审查、贷审会审批等复杂程序，彻底解决养殖农户贷款难、贷款慢的问题。担保公司担保项下的客户首次核定授信额度，原则上不超过其在担保公司中认缴的担保基金总额的 3 倍，对综合效益良好，风险可控的客户可以扩大到 5 倍。另外，借款人应愿意接受银行的信贷、结算监督，并以银行作为主要资金结算渠道。

担保公司股东向银行申请贷款时由担保公司提供担保，为控制担保公司的经营风险，担保公司内部成立了反担保小组。反担保小组的成员由养猪协会在银行贷款的成员组成，每个小组 5 个农户，互助互保，互相监督。银行定期对借款人、反担保人生产经营情况及家庭情况进行调查，实时监测，防范风险。银行在具体操作中重点关注第一还款来源的重要性，重点考察养殖农户生产经营情况、技术水平、营销经验、销售收入、个人诚信度等，判定养殖农户能否足额偿还贷款本息，同时还应该发挥第二还款来源的补偿作用。

总之，通过组建担保公司的方式为生猪养殖户打造了畅通的融资渠道，有力促进了沙县养猪业稳定健康的发展。同时，担保公司的设立增强了农业银行的风险防范能力，为可持续服务"三农"提供了有力保障。

模式三：基于全产业链的金融服务模式

针对整个产业链而不是单个产业环节提供金融服务是目前金融机构支持生猪产业发展的又一种创新尝试。在农产品市场不断由区域化向全国化的发展过程中，农产品竞争越来越表现为产业链条和运作体系的整体竞争。就金融机构来说，从全产业链视角开展信贷服务既能够降低交易成本，又可以有效规避风险，实现金融机构、产业链上各主体间的共赢。目前来看，支持生猪产业链发展是很多金融机构开展产业链融资的选择。

以四川省射洪县为例，在地方政府推行"年出栏 200 万头生猪"工程并出台一系列生猪养殖扶持政策的背景下，农业银行围绕生猪产业链条上的饲料、养殖、收购、屠宰、冷藏、销售等诸多环节开展了产业链融资尝试，实现了生猪产业链外部融资和内部融资的双向互动效果，促进了射洪县生猪产业的发展。如图 14.8 所示，生猪产业链融资模式主要包括以下内容。

一是对饲料生产环节的金融支持。农业银行首先为县区内经营饲料原料、浓缩饲料、预混料的公司提供贷款支持，在掌握其经营情况后，为企

```
                发起人            牵头人

        商业银行          养猪协会

         成    成    成    成    成      ……………
         员    员    员    员    员


                                  自   自   自
                                  然   然   然
                                  人   人   人
                                  担   担   担
                                  保   保   保      ……

        接受审核         入股

        担  银  担  银  担  银  担  银             封  担
        保  行  保  行  保  行  保  行             闭  保
        公  信  公  信  公  信  公  信      ……     运  公
        司  贷  司  贷  司  贷  司  贷             行  司
        股  对  股  对  股  对  股  对             的
        东  象  东  象  东  象  东  象             专
        、     、     、     、                   业


        联保小组、               联保小组、          ……………
        反担保小组               反担保小组
```

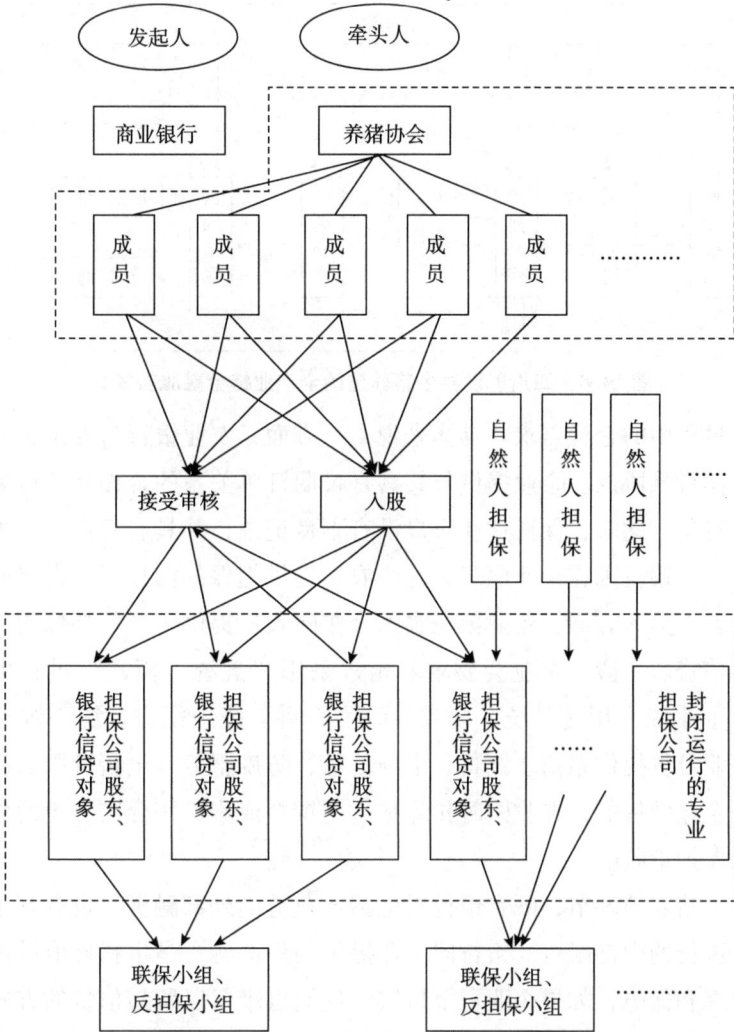

图 14.7　沙县兴农担保有限公司运作模式

业牵线搭桥，促成饲料公司与当地面业公司合作。由于面业公司的副产品麦麸是饲料加工原料，因此，两家公司的合作达到了互惠共赢的目的。同时，面业公司也成为农业银行的服务对象，形成农业银行对生猪养殖行业上游企业的综合服务体系。

二是对生猪养殖环节的支持。农业银行以企业与合作组织为重点，基于订单养殖方式或者促进企业为农户提供贸易信贷的方式，解决农户在生

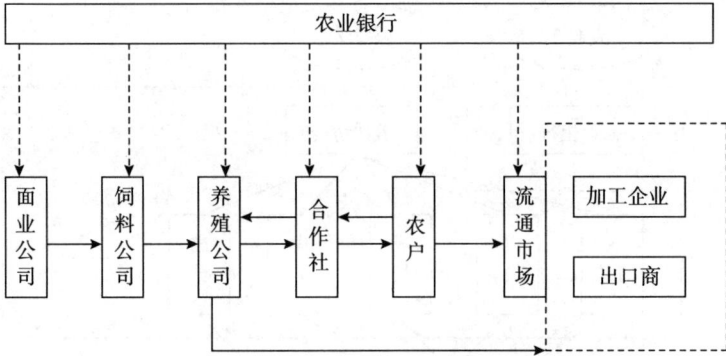

图14.8 四川射洪县生猪养殖的全产业链金融服务模式

猪养殖过程中的金融需求。具体来说，一方面，农业银行与养殖企业签订银企合作贷款协议。企业提供与其具有长期订单关系的合作社社员名单作为贷款对象，同时，保证这些农户没有不良记录，并具有稳定收入来源与还款能力。银行则在企业愿意为这些农户提供担保的前提下，直接向农户发放贷款。另一方面，企业依托农民合作向农户提供生产资料赊销等方式的贸易信贷。一般，企业会要求养殖户采用"五统一模式"进行生猪养殖，由企业统一用药、统一防疫、统一育种、统一配方、统一饲养与包销。企业负责提供猪苗、饲料、市场信息、防疫服务、生猪育肥后，农户愿意交企业销售的，在收购时扣除垫付的饲料成本，按合同交售的生猪实行最低保护价收购。

在生猪养殖环节，既有银行对生猪产业链的外部融资，也有基于订单养殖所进行的内部融资。银行向企业提供的外部融资是生猪价值链内部融资的前提和保障，如果企业资金短缺，他们也难以以贸易信贷的方式向农户提供融资支持；而没有稳定的养殖合同关系和生猪价值链，企业的经营风险也会增加，导致其难以获得银行贷款。

三是对流通环节的支持。农业银行在射洪县政府部门的配合下，对县区生猪流通市场的建设提供了支持，促进了生猪贸易、物流、加工环节的快速发展，生猪产业的附加价值也得到极大的提高。

实际上，农业银行对当地生猪产业链的服务不仅仅局限在信贷领域，在与企业的合作过程中，还相应提供市场分析、成本核算、内部管理等支持。采取"一企一策"的模式，制定差异化方案，实现了与多家企业的联合合作。

二、完善现有模式需克服的问题

上文所述的三种模式都在一定程度上实现了养猪户与银行的共赢，有利于生猪产业的健康发展以及商业资本的下乡。但是，要使金融服务生猪产业发展具有可持续性，仍需努力克服以下几方面问题。

一是部分地方政府在成立担保公司等方面动力不足。我国的生猪产业壁垒不高，进入和退出的成本都很低，这是导致生猪供给变化较大因此诱致猪肉价格波动较大的根本原因。支持生猪产业走规模化经营是破解这一难题的重要举措，因为规模经济效应的存在提高了生猪产业的进入和退出壁垒，进而保证了生猪供给数量与价格的稳定。但是，无论是走合作社道路还是走全产业链道路的规模化经营，担保机制的配套建设均不可或缺，并且，仅仅依靠行业自发的组建担保公司进行小范围担保，惠农范围和分散银行信贷风险的程度还远远不够，故而需要地方政府的积极支持。遗憾的是，实地调研中我们发现，部分地方政府在成立担保公司时动力不足，即使成立了担保公司也大多存在担保额度偏小和担保流程冗长等弊端。

二是金融支持生猪产业规模化经营的同时，在带动散户增收方面有待进一步创新。规模化、集约化经营是生猪产业发展的大趋势，但是，在当前小农经济生产仍为主体形态的情况下，金融支持生猪产业发展的过程中，宜努力关注零散养猪户的增收问题。我们在调研中发现，受制于知识和资金的约束，零散养猪的农户大多采用沿袭自祖辈的简单养殖技术，根本没有规范管理和科学养殖的概念，且防疫能力差，抗风险能力弱，一旦面临突发疫情等自然风险发生的情况，自救能力几乎为零。并且，较之于规模化养殖，散户养殖在生猪定价上没有议价能力。金融特别是商业资本具有逐利性，支持规模化生猪养殖发展是理性行为。但是，设法结合小额农户贷款等产品，引导生猪合作社以吸引农户入股等方式分享规模化养殖的经济剩余，从而增加其收入，应该是金融机构和合作社共同关注的问题。

三是规模化养殖的价格优势难以体现并导致银行贷款面临潜在风险。

在进行规模化养殖后，生猪生产的固定资产投资和养殖成本都大大提高。但现实的情况是，较之于散户养殖，规模化养殖的生猪价格普遍仅高出几角钱，并无太大优势。虽然极个别品牌通过进行差异化营销，为高端市场提供高质、高价生猪，但供应量有限，难以满足高档客户的需求，并且达不到获得超额收益的预期。如果规模化养殖不能表现出明显的优质优价，那么，一旦市场价格大幅下跌，养殖户的收益将难以有效覆盖成本，加之没有保险担保甚至是期货等金融工具的配套使用，银行的信贷资金便可能成为坏账。

四是生猪产业发展的金融支持往往囿于信贷，保险、期货等金融服务手段相对匮乏。

长期以来，农村金融问题被简化为农户信贷问题，但是信贷并非金融手段的唯一。对于生猪产业而言，银行的信贷资金支持是做大产业的催化剂，但却离不开保险的跟进和期货等现代金融工具的运用。

即便是在信贷资金支持上，仍旧存在着政策性银行和商业银行的分工问题。实际上，生猪养殖业这种对气候和疫病等不可控因素高度敏感的产业，政策性金融介入有其自身优势，尤其是在现代化猪舍和交通道路等方面的基础设施建设方面，政策性金融应该发挥主要作用。而商业银行在良种繁育、生猪养殖、饲料、畜类屠宰、加工销售、猪肉冷链物流体系建设等方面，宜通过创新服务方式，发挥更积极的作用。

我们在调研中还发现，由于猪舍大多统一建在离居民集中生活区十多公里甚至更远的郊区，保险公司在受理能繁母猪保险时成本较高，所以大多缺乏积极性。虽然在现代化养殖农场中，对疫情的控制较为科学有效，大规模疾病暴发的可能性不大，但是农业保险这种分散风险的有效方式，未来仍应该加强而非削弱，这需要地方政府财税政策的支持。生猪养殖除了应设法规避自然风险以外，平滑价格波动的市场风险同样十分关键，积极学习国外商品交易所生猪期货交易的经验，探索期货猪交易品种，是未来的努力方向。

五是生猪养殖业产业链集中度低，不利于金融服务的均衡提供。

我国大多数生猪养殖产业链仍以生猪养殖、生猪生产、生猪经销等环节为主要方式，还没有形成区域性大规模的生猪产业链一体化模式，订单服务体系也有待完善。在产业链中，加工、流通等环节的集中度很低，银行在向养殖产业链提供金融服务时，很难满足产业链中所有主体的需求，产生了金融服务的不充分和不平衡现象。

三、政策建议

针对上述问题，提出如下政策建议。

第一，宜建设政府主导的生猪产业担保长效机制，鼓励农业保险的发展，积极探索期货猪品种。为此，需要政府牵头组建行业担保公司，并对行业自发组建的担保公司予以财税政策支持。同时，政府还应联合相关机构加快农村金融生态环境建设，并引导保险机构积极开展农业保险。另外，宜积极探索期货猪品种，在标的物标准化和现货交易中风险防控等方面有针对性的创新，为养殖户利用现代金融工具规避市场风险创造条件。

第二，金融支持生猪产业规模化发展的同时，要更注重通过金融机制将小农户嵌入大农场中，带动其增收，并注重对农业品牌的培育和支持。为此，金融机构应积极支持"公司＋协会＋基地＋农户"的发展模式，通过为散户提供小额农户贷款或生产经营贷款等方式支持其参与订单养殖，或者支持其直接以资金入股的方式参与生猪产业的规模化经营，最终分享现代农业的高利润。对规模化养殖的农场，金融机构应对其育种和销售等高利润环节重点予以支持，帮助企业创造独特的竞争优势和品牌价值。

第三，金融支持生猪产业发展要有全产业链的视角。一方面，要重点对拥有自主知识产权和产品风味独特、市场占有率稳定的生猪生产企业的育种和技术改造进行有力支持；另一方面，要积极利用金融机构的系统资源帮助企业进行产销衔接，降低生产和物流成本，促进生猪生产和流通的良性发展。

答客问五篇

▨ 之一：打造优秀上市银行
——答《中国城乡金融报》

1. 在刚刚登陆资本市场之时，中国农业银行就旗帜鲜明地提出了打造优秀大型上市银行的未来目标。您以为，提出这一目标，对于中国农业银行实现其国家满意、股东满意、客户满意、社会满意和员工满意的具体目标有何重大意义？

王曙光：中国农业银行上市是我国银行业改革历程中一个标志性的里程碑事件，之所以这么说，出于几个理由：第一，中国农业银行的成功上市意味着中国国有商业银行股份制改革的彻底完成，被称为中国国有银行股份制改革的"收官之作"，这是中国金融改革的一个重大事件；第二，中国农业银行的上市意味着中国国有银行的法人治理结构和股权结构发生根本性变化，意味着所有国有独资商业银行已经彻底转型为公众银行，其性质发生了根本性的变化；第三，从中国农业银行自身的发展战略来说，中国农业银行的成功上市标志着中国农业银行的发展与转型迈上了崭新的台阶，中国农业银行将在国际化战略和打造世界一流上市银行中迈出新的步伐，其经营管理模式和企业文化建设也将出现新的变化；第四，中国农业银行的成功上市必将对中国农业的发展与转型提供新的契机，对县域经济的发展提供新的契机，因此必将为中国"三农"问题的解决提供巨大的推动力。

项俊波董事长在中国农业银行 2010 年 7 月 15 日 A 股上市仪式上表示，

中国农业银行上市标志着中国农业银行全新时代的开始，中国农业银行将以此为新的起点，继续深化改革，全面完善公司治理，加快业务经营和综合化的发展步伐，开拓城市和县域经营服务，提升价值创造能力，努力把中国农业银行打造成具有高成长性和独特竞争力的优秀的上市银行，为社会各界提供更加优质的金融服务，为投资者和广大客户创造丰富的回报。这番讲话高度概括了中国农业银行未来的发展蓝图和战略，所提目标既高屋建瓴，又务实清晰，具有很强的可操作性和指导意义。其中有三个要点必须注意：第一，中国农业银行上市后应"深化改革，完善公司治理"，这是上市的宗旨与初衷所在。只有完善中国农业银行的法人治理结构，才能建立起激励和约束机制，才能实现中国农业银行的长远发展，上市的目的不是圈钱，而是实现更好的法人治理，实现中国农业银行的经营转型。第二，要"开拓城市和县域经营服务"，这是中国农业银行未来的竞争优势所在，是中国农业银行既定的"蓝海战略"。中国农业银行未来的比较优势在县域，中国农业银行在县域有丰富完备的网点建设，有充分的人力资源储备，有良好的稳定的客户资源，有历史悠久的县域金融企业文化基础，因此具有竞争实力。第三，中国农业银行应具有"高成长性和独特竞争力"，要为股东"创造高回报"，这是中国农业银行的最终目标。伴随着中国经济尤其是县域经济的高速成长，伴随着中国农业的快速转型和农村迅猛发展，中国农业银行必将具有稳健的成长潜力，它的独特竞争力来自于它的战略定位和市场比较优势。

2. 打造优秀大型上市银行，中国农业银行面临诸如更加激烈的市场竞争、更加挑剔的评判标准、更加严格的监管要求、更大的社会形象与企业社会责任压力。这些挑战与压力，中国农业银行必须勇敢面对而且应该交出满意答案。请问，中国农业银行提出这一目标，对于迎接挑战并且交出满意答案有何助益？

王曙光：在中国农业银行成功上市之后，旗帜鲜明地提出"打造优秀大型上市银行"的目标，对中国农业银行而言是必然选择，同时也是一个具有历史眼光的战略口号。虽然"打造优秀大型上市银行"这个目标的深刻丰富内涵还需要进一步挖掘、提炼与思考，但是这个口号本身对于员工、管理者与社会相关利益者的激励作用是显而易见的。对于一个上市公司而言，它必然面临更严格的信息披露标准，社会公众包括股东必然对它的业绩有更密切的关注和更高的期许，其市场定位、经营管理效率、内部治理有效性、企业社会责任履行状况等，也会受到更大的社会关注。"打造优秀大型上市银行"，意味着中国农业银行作为上市的公众公司要接受公众（尤其是投资者）的检验，不仅仅为国家服务，为政府的目标服务，而要更多地考虑到股东利益，考虑公众利益，考虑社会相关利益者的感受。这个目标的提出，使得中国农业银行的员工和管理层都深刻认识到，中国农业银行上市绝非意味着中国农业银行可以轻易地到资本市场"圈钱"，得到"免费的午餐"，而恰恰意味着中国农业银行因其上市成为公众公司而面临更大的社会压力和挑战，其作为公众公司的社会责任也将更加凸显。

3. 根据您对国内外现有评价体系成熟经验的了解，您认为怎样才能算是一家优秀大型上市银行？优秀大型上市银行的具体标准是什么？

王曙光："优秀大型上市银行"在我看来有这样几个标准：第一，必须有比较好的资产质量，其不良贷款率应该控制在相当低的水平。比如国际上的一些优秀银行，如花旗银行、汇丰银行等，其不良贷款率都比较低，可见资产质量是优秀大型上市银行的核心标准之一。第二，优秀大型上市银行应该有比较完善的风险管理体系和较强的风险抵御能力，能够切实防范各种类型的金融风险，从而切实保障银行自身的运行安全与资产质量，保障银行有比较好的安全性、流动性与收益性。第三，优秀大型上市银行应该有比较规范完善的公司治理结构，在银行的法人治理中，董事会、监事会、股东大会、管理层等各司其职，能够形成较好的激励和约束机制，为银行的运行提供制度保障。第四，优秀大型上市银行必须有自己独特的企业文化，可以在社会公众与股东中建立独特的、富有吸引力与感召力的社会形象，从而形成银行自身的文化软实力。第五，优秀大型上市银行应该具备独特的竞争优势，应该有较好的金融创新能力，应该有自己独特的运营模式和盈利模式，从而可以保障银行的可持续发展，使银行具有其他银行不具备的比较优势。第六，优秀大型上市银行还必须有很强的国际竞争力，有较强的文化适应性和国际市场渗透力，能够在国际银行市场中占据一定的竞争优势，促进银行业务的国际化。第七，优秀大型上市银行还应具备优秀的富于创新能力的员工、富有社会责任感且有国际眼光的卓越基层管理者，以及富有感召力和凝聚力的高瞻远瞩的银行领袖与金融家。中国农业银行要成为优秀大型上市银行，必须在以上七个方面切实努力。

之二：优秀上市银行与经营机制变革
——答《中国城乡金融报》

1. 优秀大型上市银行这一理念，如何由总部精神传导至基层单位，如何由战略目标具体化为行动指南与业务发展方向，请您提出宝贵建议。

王曙光：打造"优秀大型上市银行"是中国农业银行高层提出的高屋建瓴的新目标、新战略，这一目标清晰有力，必将成为未来中国农业银行企业文化构建的核心坐标。但是任何企业战略的提出和企业文化的塑造都不仅仅是企业领袖的事情，而更是企业员工与所有管理者的共同使命，必须由所有员工和所有管理者的共同参与介入才能最终成为企业的"共识"，成为真正发挥作用的企业指针，才能最终转化为企业竞争力。在最近几个月乃至于一两年内，中国农业银行企业发展和企业文化构建的核心内容是在所有员工和管理者中灌输、渗透和融入"优秀大型上市银行"这一文化理念，并使得每一个员工和管理者都从自己的业务实践中体悟这一理念、实践这一理念。要达到这一目标，我认为必须做到以下两点。

第一，这一理念的深刻内涵必须由每个员工和管理者参与讨论，而不是仅仅由专家和中国农业银行高层给出"权威诠释"。不管专家和中国农业银行高层领袖给出的"权威诠释"多么全面、多么深刻、多么动听，如果没有每个员工和管理者参与其中进行讨论，如果不能使这一理念经由员工和管理者的充分讨论而融入他们的心灵深处，则那些所谓"权威诠释"对于提升中国农业银行的企业文化、对于中国农业银行未来打造优秀大型上市银行都是没有意义的。不妨组织员工和管理层参加"沟通营"，就这一主题进行充分的争论、探讨和沟通，这也是我在《农村金融机构管理》一书中一再提倡的农村金融企业文化构建中的"参与式文化构建法"。所谓"参与式文化构建法"，就是在企业文化建设的各个阶段，都要鼓励和组织员工亲自参与到文化建设和设计的各个程序、环节和步骤之中，任何战略构想、制度设计都要经过员工的充分讨论和沟通。这种参与式的企业文化构建法的优点在于，它使员工认为农村金融机构形成的一系列文化符号、价值理念和制度体系都是经过他们自己的设计和讨论而产生出来的，是他们自己的价值观的体现，出于他们自己对农村金融机构发展的理解，因此其认同感、感召力、凝聚力、向心力自不待言。中国农业银行要推行"优秀大型上市银行"这一理念，也应该运用"参与式文化构建法"，用"沟通营"的方式来向基层贯彻和传导。关于"参与式文化构建法"的具体实施方式，我在这里就不再详细说了，大家可以参考我写的《农村金融机构管理》一书（中国金融出版社，2009）。

第二，我认为要切实地向基层传导和贯彻"优秀大型上市银行"的理念，还必须使所有员工和管理者将这一理念的深刻内涵与自身的业务工作结合起来，把这一理念融入自己的具体业务流程和经营工作之中。比如，对于风险管理部门，就要组织他们讨论"优秀大型上市银行"在风险管理方面的基本要求，使他们理解和认识国内外优秀的大型上市银行究竟是如何做风险管理的，从而在业务流程的设计、风险评估手段的运用与创新等方面自觉修正以往的错误做法，向那些优秀的上市银行看齐。切忌把这一理念架空，大家放空炮，对于实际经营管理工作无所助益。

2. 行动出发点常常是从找差距开始。您以为，中国农业银行离优秀大型上市银行的差距表现在哪些方面？基层员工该如何从差距中寻找动力？

王曙光：客观来说，在严酷的市场竞争、多元的企业目标约束以及沉重的历史包袱下，中国农业银行能够与时俱进，已经是一个比较优秀的商业银行，其履行的社会责任也举世公认。但是，中国农业银行距离优秀上市银行还有一定差距，主要表现在以下几个方面。

第一，中国农业银行在很多产业领域还没有形成自己的核心竞争力，其竞争优势还不明显，在严酷的市场竞争面前还缺乏足够的竞争实力。因此，未来中国农业银行应该在若干重点产业领域锻造自己的核心竞争力，凸显自己的比较优势。

第二，中国农业银行在风险控制能力方面还有待提高，资产质量还有待进一步提升。为此，中国农业银行有必要进一步加大在风险管理体系建设、风险管理队伍建设、风险管理技术建设等方面加大投入。

第三，中国农业银行的企业文化建设还处在初创阶段，中国农业银行的核心价值理念、企业长远愿景、企业哲学、企业形象等，还没有得到系统的设计和挖掘，中国农业银行作为一个商业银行的社会感召力还不强。未来中国农业银行应加大对于企业文化建设的关注，深刻挖掘中国农业银行企业文化的内涵，使中国农业银行的企业形象深入人心，使中国农业银行的价值观和哲学能够在员工中产生深远的影响，从而提升中国农业银行的社会美誉度、内部凝聚力和企业形象。

第四，中国农业银行的员工整体素质还有待提高，相比较其他商业银行，中国农业银行的员工素质偏低，这与中国农业银行打造"优秀大型上市银行"的战略目标很不相称。未来中国农业银行应该在提升员工素质方面下大气力，在员工招聘、员工培训与教育等方面加以大力改进。

第五，中国农业银行在经营管理过程中的合规性建设还有待加强，要在每一个员工和管理层之中强调合规文化，要建立明确的岗位责任制、建立严格的问责制、完善绩效考核机制，使每一个员工都明白合规管理、合规经营、合规操作的重要性，避免不合规现象和各种案件的发生，切实提高资产质量，降低操作风险。

3. 中国农业银行机构网点横跨城乡两个领域，各县域机构面对的市场环境也完全不一样。请问，中国农业银行各地分支机构如何因地制宜，寻求切实可行的实现这一共同目标的方法？

王曙光：中国农业银行的业务在城乡都有分布，它的大量网点分布在县域和县域以下，而中国的县域经济状况千差万别，中国农业银行要在如此多元的市场上保持竞争优势，必须找准自己的比较优势。中国农业银行各县域机构应该首先对本地区的经济状况、产业发展状况、人力资源和自然资源状况有一个深入的了解，然后因地制宜设计出适应当地情况的业务流程和金融产品。比如对于那些县域中小企业比较发达的江浙一带，中国农业银行就应该更多地在中小企业担保、中小企业信用评估、中小企业风险测定等方面多做创新；对于那些种植业和养殖业比较发达的传统农业区域，就要多开发适应大规模种植业和养殖业发展的金融产品，使银行业务与农业保险、林权抵押等相结合，重点支持规模化的农民专业合作组织；对于那些小农经济占重要地位的不发达地区，就要重点研究无抵押无担保的信用放款方式，在农户联保方面有所创新。中国农业银行要在县域经济中发挥主导性作用并占据竞争优势，必须鼓励各个地区尝试自己的经营管理模式，鼓励各地分支机构的创新，其中的关键点在于各地中国农业银行对本地优势产业以及产业形态的判断是否准确。

之三：中国农业银行改制、盈利模式与去行政化——答《中国城乡金融报》

1. 追求可持续的价值增长和股东利益最大化，是上市银行一切经营活动的宗旨。为实现这一目标，中国农业银行必须改变传统上重速度轻质量、重规模轻效益的粗放式经营模式，来一场发展方式的大转变。您以为中国农业银行发展方式的转变该从哪些方面入手？

王曙光：中国农业银行上市意味着中国农业银行不再是一个以自我意志和政府意志为核心的银行，而成为一个首要以股东意志和股东利益为核心的银行，上市意味着股东利益最大化，这是上市公司的题中应有之义。上市银行当然要关注社会责任和所有利益相关者，但是所有这些关注都要最终为股东创造价值，其落脚点仍在于持续提升上市银行的股东回报，以使得上市银行可以在资本市场上表现出持续增长的业绩并获得投资者的认可。要达到这个目标，中国农业银行确实需要在发展战略上来一个彻底的转型。首先，在理念上，要在全体管理层和员工中树立"一切行为都要为公司创造正价值"的核心理念。所谓"正价值"，就是要求上市银行的所有经营行为都要有利于创造新的价值增长点，都要有利于降低上市银行的风险成本和运营成本，都要有利于为上市银行提升社会美誉度和公众认可度。其次，在运行机制设计和绩效考核上，中国农业银行要更关注运行的是质量而不是规模和数量的简单扩张，要在考核指标上更关注效益指标和风险指标，而不仅仅看员工完成多少量化的工作。举例来说，中国农业银行近年来为了回归县域"三农"市场，以极快的速度推行"惠农卡"，这对于中国农业银行"三农"战略的实施和成功上市是非常必要的，但是在实施过程中也存在着为了快速发放"惠农卡"而盲目追求速度忽视发卡质量的问题。基层中国农业银行为了在短时间内完成总行下达的发卡任务，势必不可能对农户的信用情况进行比较彻底、比较从容和比较全面的考察，这种做法一方面使很多经过授信的"惠农卡"成为无效卡或者休眠卡，另一方面也容易使基于"惠农卡"的农户信贷风险增加。将来有必要对这些"惠农卡"的授信情况、农户资产情况和经营情况进行详细的复查，要重视发卡的质量，对那些过度发放的无效卡进行清理。最后，为了实现中国农业银行在上市后的发展模式转型，中国农业银行要彻底改革内部决策机制，要使得各种决策更科学更合理，更加注重公司价值的提升和股东利益的关注度，杜绝那些仅仅为了扩张规模而有损中国农业银行整体效益或对中国农业银行的未来发展造成潜在威胁的经营决策行为。发展模式的转变关键在于决策者的行为方式的转变，决策者行为模式变化了，整个公司的理念也就发生了变化，其运行机制和考核机制也就随之转变。

2. 一家上市银行是否优秀，是由投资者、社会公众和权威评价机构等多方认可的，信息披露是否透明及时至关重要。请问，中国农业银行如何加强投资者关系管理，认真履行信息披露的义务？

王曙光：世界各国对上市公司都有强制性的信息披露要求，在很多国家甚至在上市公司法律中详尽规定了投资者、社会公众、中介机构、媒体以及政府相关部门对上市公司的信息索求权利。一家银行一旦上市，就成为公众公司，就要承担信息披露义务，它就有必要将影响投资者和社会公众利益的所有信息公之于众。我国的上市公司信息披露制度日益完善，对上市公司的压力也越来越大。中国农业银行要认清这个趋势，以主动的姿态做好信息披露工作，在社会公众和投资者中展示一个负责任的上市公司的形象。中国农业银行的信息披露，除了必须完成银监会和证监会所要求的信息披露义务之外，还应通过其他方式做好信息披露工作，使公众和投资者了解中国农业银行的经营业绩、创新和所尽的社会责任。定期召开由媒体、业界专家和社会中介机构参与的信息公布会议是非常必要的，这样不仅可以满足社会公众的信息索求，也可以从积极的方面主动在社会公众和投资者中建立良好的社会声誉和社会认同，有利于中国农业银行处理好与所有相关利益者的关系。中国农业银行要定期发布自己的《企业社会责任报告》，把自己服务"三农"、服务县域经济、配合国家战略的举措加以公布。把被动的消极的信息披露义务变成主动的积极的信息发布与对外宣传，这是一个高明的上市公司的行为方式。

3. 可持续的业绩增长是银行价值的核心驱动因素，也是投资者关注的焦点。中国农业银行如何才能建立富有吸引力的盈利模式，切实增强可持续的价值创造能力？

王曙光：建立有效的盈利模式的核心在于找准自己的比较优势，并按照自己的比较优势确定自己的发展战略，设计自己的金融产品。中国农业银行在城乡均有比较完善的网络，在大中城市和县域与同业比起来均有较强的竞争力。但是相对而言，中国农业银行与其他大型商业银行比较起来，其比较优势在县域。这是中国农业银行最近以来强调蓝海战略的重要背景和依据。我认为这个定位是很清楚的，也是很有远见的。而切实实施蓝海战略，首先要清楚自己能够做什么，要对自己的客户和产品进行精准定位。我认为，中国农业银行在县域蓝海市场的客户群体定位应集中于那些有较高盈利能力、财务状况良好、有规模效应的大中型企业和成长潜力较大的微型企业，在扶持农业方面，也要集中于那些农业龙头企业、农业大型基础设施以及大型农民合作组织。中国农业银行与这些具有一定规模效应的企业有比较良好的长期业务关系，信息比较对称，风险相对较小，能够成为中国农业银行增强可持续的价值创造力的可靠抓手。同时，中国农业银行在拓展业务的过程中，要注重专业性，要以自己的专业化服务确定自己在某些行业的绝对优势地位，根据当地的产业形态、产业发展特征和客户需求来灵活设计金融产品，如此才能创造自己独特的、别人不能超越的竞争优势。盈利模式的创造没有什么秘诀，关键是对当地的产业格局和产业发展有足够深刻的认识，对客户的产品需求有足够细致的了解与把握。基于对客户需求的深刻把握，中国农业银行应该着力在客户服务链条的拓展与深化上下功夫，把一些优质客户永久性地牢牢抓在自己手中，为他们提供全方位的无微不至的服务。客观说来，中国农业银行的很多经营管理活动以往做得还不够细致，对客户的服务还不够到位，这是导致客户流失的重要原因之一。创造有吸引力的盈利模式，说到底，是要创造有吸引力的服务。服务不好，盈利何来？

4. 在风险管理与内部控制体系建立方面，在既有的基础上，中国农业银行该如何进一步将工作做细做实？

王曙光：风险管理和内控是银行的生命线。在银行经营管理流程的各个环节，都有可能产生风险。具体到中国农业银行，我认为重要的风险有三个，即政策风险、决策风险、信用风险和操作风险。中国农业银行面临的政策性风险主要由中央监管部门的政策所引致，中国农业银行高层要密切关注来自监管部门和中央决策部门的政策走向，尽量避免这些政策的变动给中国农业银行运营带来的不确定性。决策风险来自于中国农业银行的高层决策者，每一个战略性的决策都要慎之又慎，尤其是在中国农业银行转制的初期，内部治理和约束机制尚未完善的情况下，高层决策的科学化、决策程序的合理化和公开化对于中国农业银行规避决策风险非常重要。信用风险的防范主要依赖于中国农业银行信用评估、信用甄别、信用记录更新、授信等方面的工作能力的提升，以及完善相应的抵押、质押、担保和保险机制的完善。操作风险的降低，其核心在于在员工中渗入"合规"理念，使管理者和员工的每一个操作和管理活动都符合中国农业银行的合规性要求，并在员工中植入"合规创造价值"的企业哲学。中国农业银行的基层管理者和员工，由于大多工作在县域，其管理素质和操作能力还有待提高，不合规行为发生的概率较高，因此在员工中倡导合规文化是非常必要的，也是加强内控降低风险的重要一环。强调合规，还要保持对大案要案的高压态势，绝对控制严重不合规的情况发生，避免巨大的操作风险的发生。应采取重点案例研讨的形式，对员工和管理层进行合规文化教育。

5. 由于从国有独资商业银行转型而来，中国农业银行总体管理架构、运营流程与经营机制仍然留有比较浓厚的行政色彩。上市之后，中国农业银行必须彻底地"去行政化"。您以为，中国农业银行该如何完善运营管理体系，国内外先进上市银行的哪些成功实践可被中国农业银行借鉴？

王曙光：作为一个主要以国家作为核心投资主体的上市银行，要做到彻底的"去行政化"是很难的。像其他的大型国有商业银行一样，中国农业银行在运行过程中带有一定的行政色彩，在现有的产权结构、政治制度体系和法律环境下是不可避免的，属于正常现象。但是过度的行政化对中国农业银行是不利的。上市之后，中国农业银行已经成为一个公众公司，它主要为股东负责，为股东利益最大化服务，这是毫无疑义的，因此在一定程度上强调"去行政化"也是题中应有之义。要实现"去行政化"，首先要完善内部治理结构，尤其是要加强董事会的作用和董事会活动的规范化，以促进重大决策的科学化，而不是仅仅听从政府的行政指令。股东大会的重要性应该被强调，股东要有对重大决策的话语权，要有对管理层决策的有效制约，避免出现"内部人控制"局面。要特别重视独立董事的作用，发挥经济学家、审计专家和媒体公众人物的作用，对中国农业银行的大政方针的决策进行监督和指导。在部门职能设计和员工岗位设计以及企业科层划分上，要尽可能去掉政府的色彩，避免管理者把自己当成一个"某一级别的官员"，而是把自己看成一个"企业人"。

6. 中国农业银行有44万员工，其中一半在县域市场。员工队伍的素质总体状况与大型优秀上市银行的要求还有不小差距。中国农业银行的人才队伍建设该从哪些方面入手打造？

王曙光：提升员工素质是中国农业银行打造核心竞争力的长远之策。

人才队伍建设无外乎从人员招聘、人员培训和人才升迁激励这三个方面入手。从人员招聘方面来说，中国农业银行要提供具有吸引力的发展环境、发展平台和薪酬激励，吸引优秀的金融人才。在人才聘用中要避免任人唯亲，要注重人才聘用中的透明性、公平性和公开性，这在县域及以下分支机构的招聘工作中尤其值得强调。从人员培训这方面来说，中国农业银行应该下大气力对基层员工和管理者进行岗位培训，应有步骤、有组织和有计划地对全部员工和管理者进行现代金融知识培训、合规操作培训、风险管理能力培训、企业文化培训，使员工在持续不断的培训中获得较高的工作素质。要打造学习型组织和团队，运用部门内部讨论、专家授课、员工职位轮转培训等多种模式，不断提升国内员工的业务素质和工作能力。在人才升迁激励方面，要制定合理的人力资源升迁标准和绩效考核方案，应给员工创造一个公平的竞争氛围，打造一个有吸引力的竞争舞台，使每一个人才都能得到正的激励，在竞争中潜移默化地提升员工素质。应有秩序地组织基层员工到更高一级分行或总行参加更高层次的业务培训和实习，使其对最新的金融业务与理念有所了解。应有秩序地组织高一级分行或总行的管理者到基层分支机构挂职锻炼，使其对基层的经营管理模式有更深入的了解，有利于高层决策和管理的进一步科学化，也有利于不同层级之间的分支机构之间的人才流动与信息沟通。

之四：解析中国农业银行"三农金融事业部制改革"——答《中国城乡金融报》

1. 中国农业银行正在推行的三农金融事业部制改革，打破业务条线和地域限制，这一做法，在国内是没有前例可循的创新之举。对此，您如何看待和分析？

王曙光：事业部制在国外很多银行都有成功的实践，这种管理模式的核心在于按业务分类设立独立的事业部，对事业部采用垂直管理形式，事业部独立经营、独立管理、独立核算、自负盈亏。商业银行总部保留人事决策、预算控制和监督大权，并通过利润等指标对事业部进行控制。中国农业银行大胆采用事业部制进行"三农"金融服务，目的在于给予"三农"业务部门更独立的运营权和管理权，三农金融事业部对全国县域农村金融服务进行统筹纵向管理，对于防范风险、提高效率，都有重要的创新意义。

2. 和建设银行、民生银行、招商银行实行的事业部制改革相比，中国农业银行实行三农金融事业部制改革的背景更复杂、困难更多面。请问，中国农业银行在推进这一改革时将面临哪些挑战？

王曙光： 中国农业银行的三农金融事业部制面临的最大挑战有以下几个：第一，"三农"金融服务本身具有较高的风险性，自然风险和市场风险都较大，在我国农业保险非常滞后的情况下，如何控制好系统风险是一个关系到三农金融事业部制成败的大问题；第二，中国农村地区的经济发展水平极不均衡，三农金融事业部如何把握好各地农村金融服务的差异性，如何运用创新性的思维开发适合当地的金融产品，是三农事业部面临的一个大问题；第三，三农金融事业部在很多方面具有独立性，但是又要注意搞好与总部的各种资源的整合，如何在独立性和整合之间取得一个平衡，也是三农事业部制面临的一大挑战。

3. 从国内外事业部的管理模式看，大概有两种模式：其一是总分行管理为主、事业部管理为辅，其二是条线管理为主，总分行管理为辅。您以为中国农业银行的三农金融事业部制目前的管理模式有哪些优缺点？

王曙光： 中国农业银行的三农事业部制是以条线管理为主、总分行管理为辅的运行体制和管理模式。事业部的组织体系建设，是把总分支行各级的"三农"业务部门予以条线化，形成"三农金融总部＋省级分部＋地市分部＋2048个县域经营单元"的组织架构。在这样的模式中，强调三农金融事业部在运营中的相对独立性，总行将具体的管理权力大部分下放，赋予三农金融事业部很大的决策权和管理权，总行的地位显得比较超脱，可以在一些宏观的战略导向、风险的掌控、人力资源的配置方面给予更多的关注，而把具体的经营权力充分地授予三农事业部。三农金融事业部将实行单独配置经营资源，单独下达综合经营计划、单独统计、单独核算、单独考核，构成一个完整的"三农"专业化经营管理体系。三农金融事业部与总行之间，既有独立性，又有整合性。独立性和整合性都要强调，既充分地尊重三农事业部的独立性，赋予其独立运营权，又要强调与总行优势资源的整合。

4. 从国外银行业实践看，在遵循事业部制精髓的前提下，商业银行基本都根据自身业务发展的特点、客户特征、管理水平、技术条件以及当地监管要求等设计具体模式，主要以业务或服务、客户、产品、经营区域等为维度单独设立事业部，或以业务、客户、产品和区域为维度混合设立事业部。您认为中国农业银行三农金融事业部以县域为维度来设立事业部，是不是现实的唯一选择？这个选择是不是最优选择？

王曙光：中国农业银行的三农金融事业部以县域为维度来设立事业部，我认为是一个比较理性的选择。这可以从两个方面来说明。第一，县域金融以农村金融为主，以县域为维度设立事业部，可以充分辐射县域内的各类农村经济主体（包括微型企业、经济合作组织和农户），符合设立三农金融事业部的初衷。第二，中国农业银行在县域的网点比较完善，在县域金融服务领域拥有相对的比较优势，与其他银行比，中国农业银行在县域金融服务领域的人力资源、网点建设、客户资源、历史积淀都好一些，能够获得竞争优势，所以以县域为维度设立事业部，不失为一个明智的选择。

5. 单独核算是事业部改革核心中的核心。面对面广、点散、信息不对称、数据统计不完善等县域金融生态环境，中国农业银行三农金融事业部制怎样才能最大程度地保证核算的精度和准度？

王曙光：单独核算是事业部改革核心中的核心，也是一个非常复杂的问题。事业部核算，不仅要能够真实反映事业部整体经营绩效，还要能够准确反映不同发展水平的地域之间的差异性，反映不同行业、产品、客户的成本收益状况。单独核算体制要求三农金融部各个县域经营单元作为独立的会计核算主体而存在，因此完善县域三农金融事业部的信息处理系统、提升数据统计和核算人员的信息处理能力、增强县以下基层农村金融服务网点的统计核算功能，是提高三农事业部独立核算精度和准度的前提。

6. 事实说明，县域信贷政策的制定需要充分考虑城乡差异、区域差异、行情差异、客户差异，需要多维度考量之后再确定政策标准。您以为在县域信贷政策的制定与执行上，农总行管理部门和基层行之间该建立什么样的协调互动机制？

王曙光：县域信贷政策的制定要充分考虑各地的经济发展水平差异、农业生产形态差异以及客户群体结构差异。总行对基层行（尤其是县域及县域以下分支机构）的信贷政策应该给予更大的自由空间，允许基层行根据本地情况选择适合于本地的金融产品，确定适合于本地经济发展水平的信贷规模，探索适合于本地情况的风险控制方法和信贷模式。鼓励基层行的创新，充分尊重差异性，县域农村金融服务才能活起来。

7. 三农金融事业部制改革试点中，中国农业银行各试点行根据"三农"和县域客户特点，探索了许多有效的风险控制手段和方式，但随着全面推开服务"三农"工作，大规模开展"三农"和县域业务，如何控制风险，是中国农业银行必须找到有效解决办法的重大命题。请问，中国农业银行应从哪些方面入手，构建三农金融事业部的风险防护墙？

王曙光：在风险管理方面，中国农业银行的基层网点应该把自己视为一个主要为当地社区服务的"社区银行"，与社区内的中小企业形成一种良性的、紧密的、基于各种"软信息"的互动关系。"软信息"的利用，意味着中国农业银行在评价社区内的中小企业的信用风险和业绩的时候，主要不是依靠企业报送的各种硬性的财务指标，不是以各种冷冰冰的数据为导向，而是以客户为导向来评价企业，通过各种紧密型的信息搜集手段来印证客户的财务指标。这样，在客户的信用评估和风险评价方面，就会减少信息失真的概率。

中国农业银行基层网点的风险管理的有效性还有赖于制定比较合理有效的员工激励和约束机制。要建立一整套公开、透明、直接量化考核到个人的薪酬激励方法。比如在中国农业银行的一个客户经理的收入中，绩效薪酬应占主要部分，绩效薪酬要与贷款质量、清收不良贷款的规模等直接挂钩，上不封顶，按月考核。还应该在中国农业银行内部形成"资产质量风险一票否决"的传统，营造一种"自觉维护信贷资产质量安全"的氛围。这样，作为一个客户经理，他就会时刻把信贷质量控制作为自己的核心职责，注意搜集各种与企业运营和贷款回收相关的"软信息"，并对这些信息进行动态管理，时刻关注中小企业出现的新问题、新动向，从而最大限度地控制信贷风险。

中国农业银行基层网点的信贷风险控制中还要注重对客户的激励和约束机制的设计。对于优秀的客户，尤其是那些在农业产业化和农业现代化中起到积极作用、未来发展前景看好、当前绩效优良的中小企业，应该着意加以激励和扶持。这些激励措施主要有利率优惠、信贷额度适当增长、担保条件适当放宽、提供其他延伸金融服务等，总之，要为中小企业创造最好的信贷服务的环境，甚至为企业提供一些与信贷没有直接关系的延伸性的其他服务，这对于吸引优秀客户是非常重要的。

8. 您认为，中国农业银行实行三农金融事业部制的未来方向是什么？

王曙光： 中国农业银行未来搞"三农"金融服务，既要强调服务"三农"的重要性，在资金、人力资源、机构设置等方面对"三农"业务有一定的倾斜，又要强调"三农"业务与其他领域业务的平衡发展。现在中国农业银行已经在全国推广三农事业部制，这种独立的三农事业部制在世界其他国家已有成功之先例，其优势在于保持"三农"业务在组织架构、人力资源和财务上的独立性，使其能够按照自身的产业特点来运作，不受其他领域的影响。但其缺陷在于容易将三农事业部的运作与中国农业银行其他部门的运作割裂开来，不注意其中的有机联系，不注意其中的优势互补，不注意其中的战略合作和信息共享。因此，应把握好三农事业部与其他部门的平衡关系，在保持三农事业部独立性的前提下，充分关注部门之间的信息共享和战略合作，这样既保证了中国农业银行运作的整体性，又有可能极大地降低运作成本，提高运作效率。

▊ 之五：中国农业银行回归"三农"战略与制度创新——答《中国城乡金融报》

1. 我们采访的定西和资阳都是中国农业银行较早进行"三农"试点的二级分支行，而且已经取得了一定成效。您怎么看待中国农业银行近来为重新进入"三农"及县域而做的一系列准备行动？有媒体把中国农业银行围绕"三农"进行的改革称为"中国农业银行的回归农业之路"，怎样理解它的意义？

王曙光：我个人认为中国农业银行预将"三农"业务发展成为中国农业银行的支柱业务，占据农村金融市场领先地位，这个战略定位是非常准确的，也是中国农业银行改制后必须面临的最大问题。关于中国农业银行是否应该将服务"三农"作为自己的重点业务，此前有两方面不同的意见。一方面，有人认为，中国农业银行既然是商业银行，那么它就应该坚持走商业化道路，因为它要为股东负责，服务"三农"不应成为中国农业银行的"负担"。另一方面，也有人认为，虽然中国农业银行是商业银行，但是它的传统服务领域在农村，服务"三农"也是社会赋予它的使命，如果中国农业银行也要脱离农村，这对于我国农村金融改革大局来说是个消极信号。我认为，对此问题应该从概念上予以澄清。首先，我们应当承认它商业银行的地位，是需要对股东负责的。其次，服务"三农"可能会导致短期利益的降低，这与商业化原则不可避免要有矛盾冲突。但是，权衡两方面的关系也不是不可能的。关键就在于，中国农业银行在服务"三农"时必须明确自己的定位，它不是政策性银行，对于"三农"它不能沿袭原来的大包大揽的做法，而是必须坚持商业化原则，只有实现自身的可持续发展，才可能做到服务"三农"的可持续性。

十年前，国有商业银行之所以纷纷从县域以下农村地区撤出，根本原因在于这些金融机构在农村金融市场绩效欠佳。包括中国农业银行在内的商业银行，在农村都累积了大量的不良贷款。为降低不良贷款率，提高银行的资产质量和核心竞争力，银行不得不撤离农村。然而，今非昔比，我国农村经济已得到极大的发展，农村金融生态有了很大改善，在城市金融市场竞争日趋激烈的情况下，农村金融市场成为一块待开辟的领域。重新回归农村，这体现了银行高层领导的战略眼光。首先，这符合中央对中国农业银行上市的要求；其次，在城市，中国农业银行面临与其他商业银行的激烈竞争，必须找到自己独特的定位，打开市场。所以，不能把服务"三农"简单地理解为政治任务，这是中国农业银行在把被动的接受变为主动的出击，具有很高的战略眼光。

但是，目前商业银行回归农村还不是一个普遍现象，还多为城市商业银行或农村商业银行，在资金规模上大多属于中小金融机构，这也与中小金融机构机制灵活、没有历史包袱等因素有关。对于大型商业银行而言，回归农村之路并不是那么简单。机构回归容易，但是资金的实质性回归难。已经通过发起村镇银行、小额贷款公司等新型农村金融机构进入农村金融市场的商业银行，要充分认识到农村金融市场的特殊性和复杂性，要不断调整自己的经营理念和运行机制，使之适应于农村金融市场的特殊情况。农村金融市场有自己独特的乡土文化，其客户群与城市有极大不同，这也要求进入农村金融市场的商业银行要改造自己的工作流程，调整经营机制，在客户信息档案的设计、贷款风险的甄别体系、客户经营的追踪方式、抵押担保品的设计等方面，要切实做好"转型"工作。

2. 今日的农村已非昔日的农村，无论是经济发展还是农村金融环境都有了很大的变化。此一时彼一时，在新型农村金融机构遍地开花、农信社一统天下的农村，中国农业银行此时回归，拿什么去竞争？将从哪些方面着手才能后来居上？

王曙光：这里涉及银行的客户分层问题。对服务"三农"的理解应该更宽泛些，中国农业银行应该抓住农业的产业化、规模化中的机遇，对客户进行分层，要符合成本收益原则。与其他农村金融机构相比，中国农业银行具有很大的资金规模优势。但是，我不认为中国农业银行应该通过到县域以下大量铺设网点来进行服务，这不符合经济原则。如果一定要这样做，会造成很大的人力、物力方面的负担。中国农业银行可以与其他新型农村金融机构发展委托代理关系，通过批发贷款和委托贷款等向它们注入资金，则可实现双赢。中国农业银行要参与到农村金融市场的竞争还要进一步提高敏锐的市场把握能力。以到农村设立村镇银行为例，中国农业银行发起设立村镇银行的步伐稍显迟缓，数量也很少，村镇银行虽小，但是摊子铺开后对于银行的社会形象等意义很大。

3. 涉农风险是一直存在的事实，从来没有消失，现在回归是因为风险变小了吗？如果风险仍然很大，中国农业银行如何调控才不会重蹈历史覆辙？

王曙光：风险从来都在，并不会减少。涉农风险完全是可控制的，操作风险可以通过培训等方面的加强得以降低。但有些问题属于机制缺失方面的问题，如农业保险的问题。这需要国家层面上的政策支持。目前我们面临的现状是政策性农业保险、商业性农业保险都很缺乏。当前重点应发展政策性保险，这方面国际上一些发达国家是很好的例子。另一方面很关键的是，中国农业银行必须调整再造服务"三农"的操作流程，消除风险隐患。

在风险管理方面，中国农业银行的基层网点应该把自己视为一个主要为社区服务的"社区银行"，与社区内中小企业形成一种良性的、紧密的、基于各种"软信息"的互动关系，在评价中小企业的信用风险和业绩的时候，主要不是依靠企业报送的各类硬性财务指标，而是以客户为导向来评价企业，通过各种紧密型的信息收集手段来印证客户的财务指标，减少信息失真的概率。

基层网点风险管理的有效性还有赖于制定比较合理有效的员工激励和约束机制，以及对客户的激励约束机制的建设。对于优秀的客户，尤其是那些在农业产业化和农业现代化中起到积极作用、未来发展前景看好、绩效优良的中小企业，应当加以激励与扶持，给予利率优惠、信贷额度适当增长、担保条件适当放宽、提供其他延伸金融服务等。同时，严格约束客户的不良信贷行为。

在明确了自己的定位之后，对于如何服务"三农"，中国农业银行必须澄清一些认识上的误区，这样才不会重蹈历史覆辙。

第一个认识误区就是对农民的理解还存在很多偏差，脑中浮现的还是"面向黄土背朝天"的传统农民形象。由此认为，为农民服务纯粹是一种道义上的责任，谈不上任何回报和真正的内在动力。实际上，随着经济的发展、时代的进步和社会结构的变化，很多农民已经不再是传统意义上的小农，而是演化为更复杂的社会群体。也就是说，农村的微观经济主体已经由原来单一的小农演化为各类更高层次的农村经济组织，如农村中小企业、农民专业合作组织等。而中国农业银行所面对的就是这些"组织化"了的农民。对此，要从思想上予以明确，这样我们的服务对象的定位才会更准确。

第二个认识误区就是对农业的理解还很不全面，还停留在传统的种养业的认识上。但是，现代农业的产业结构已经发生了巨大的变迁，产业化、规模化、现代化与集约化已经成为现代农业发展的主方向。中国农业银行要支持农业发展，其着力点也不再是传统分散的种养业，而是大力支持现代农业，促进农业的产业升级与产业链的延伸，推动农业的转型。在这方面，中国农业银行与其他农村金融机构相比，完全具备资金规模优势，有能力在农业产业化与现代化中扮演重要角色。

中国农业银行在业务对象的选择方面应该具备充分理性，要实事求是地、冷静地分析自己的比较优势，对中国农业、农村、农民的发展现状和未来趋势有一个清晰、准确全面的把握，这样才不会走弯路。

第三个认识误区是中国农业银行既然定位服务"三农"，就应当对所有农村客户提供全方位的金融服务。但是，像中国农业银行这样的超大银行，在服务于小农户和微小企业等方面并不具备比较优势。因此，硬性规定中国农业银行必须向小农户发放小额贷款是不符合最基本的金融原则的，因而是不具备可持续性的。我国农村金融体系应该形成一个多元化的系统，在这个系统中形成自然的合理的业务封层，这是建立在每个金融机构自身成本收益计算和比较优势基础上自然形成的一种竞争结构。在这个层级结构中，农村大型客户可以由诸如中国农业银行这样的大型银行提供金融服务，中型客户可以由农村信用社等中等规模的金融机构来负责，而小客户则可由村镇银行、农民资金互助合作组织等来提供资金支持。这个分层是自然形成的，不是哪一个人规定的。同时，这个分层结构也并没有严格的不可逾越的界限，究竟怎样分层，要看一个区域的具体的金融竞争结构来确定。

4. 相对于城市金融业竞争的日益激烈，农村金融市场已然成为一块待开发的巨大市场。在华外资银行出于长期发展考虑也开始了在中国的"下乡运动"。我们是不是可以这样理解，中国农业银行的行动与决心既是服务"三农"、承担大型银行该有的社会责任，也是追求可持续发展的明智选择？

王曙光： 社会责任的认识，与其服务"三农"并无直接关系，每一个商业银行对社会、公众都是有责任的。从某种意义上来说，中国农业银行为"三农"提供的金融服务是一种公共产品，对于农民的增收、农业的发展、农村的建设都发挥着积极作用。服务"三农"从中国农业银行自身来说，有助于提升企业形象，对长远发展有很大的好处。

5. 为追求利润最大化，大型银行在市场化改革的同时从利润率低、风险高的农村领域逐渐撤出，这也是可以理解的。在中国农业银行紧锣密鼓的上市进程中，重新进入风险仍然相对高的县域、农村市场，二者有无矛盾？

王曙光： 对于中国农业银行来说，县域是蓝海市场，比较优势在规模上，但在县以下可能不如其他小型农村金融机构的灵活性高。首先占据县域蓝海市场对于中国农业银行的上市是有好处的。对于中国农业银行来说，这在实质上是文化的转型，也是一个艰苦的过程。对于农村文化信息需要花费很长的时间来熟悉。很可惜中国农业银行在几年前把一些优良的资源给断掉了。如今的管理层需要重新获得这方面的信息，或许需要付出很大的时间成本，短期内对业务的开展可能有一定影响。

我把这种文化上的转型理解为"道"和"术"的关系，需要中国农业银行决策层给以特别深刻的理解和把握。中国农业银行转型之"道"就是要使中国农业银行实现文化上的彻底转型，也就是要使中国农业银行建立新的文化模式和行为模式，重塑中国农业银行的价值观和认同体系。要鼓励员工的创新意识，勇于接受挑战。要靠自己的产品竞争力和创新性的金融服务来获取生存空间。支持"三农"不是意味着必须以牺牲效益为代价，而是应在自我担当、自负盈亏的前提下支持"三农"。要从重视规模扩张的粗放型经营文化向重视效益与质量的集约型文化转变。要以人为本，重视人力资源的管理与开发，设立相应的激励与约束机制、薪酬与岗位责任机制、员工综合素质提升机制。在新的高度重塑中国农业银行的价值理念，重新树立在公众中的形象。只有"道"的问题解决了，其他"术"的层面的业务流程设计和内部管理机制设计就会迎刃而解。"道"明则"术"自生，在明确了自己的价值观和文化行为模式，并在审慎全面地权衡之后确立自己的比较优势与战略目标，中国农业银行就一定可以实现成功转型。

参考文献

[1] Ghatak Maitreesh, 1999, Grouplending, local information and peer selection, Journal of Development Economics, 1999 (60), 27 – 50.

[2] JohnC. H. Fei, Gustav Ranis, Shirley W. Y. Kuo. Growth and the Family Distribution of Income by Factor omponents. Quarterly Journal of Economics, 1978, 92: 21 – 60.

[3] KelleeS. Tsai, Imperfect Substitutes: The Local Political Economy of Informal Finance and Micro finance in Rural China and India, World development, 2004, 32: 1487 – 1507.

[4] King. Finance and Growth: Schumpeter Might be Right. Quarterly Journal of Economics, 1993, 108: 717 – 738.

[5] Krahnen, J. P. andR. H. Schmidt, Developing finance as institution building boulder, San Francisco and Oxford Westview, 1994.

[6] Lewis, W. A. Economic Development With Unlimited Supply of Labor. The Manchester School of Economic and Social Studies, 1954.

[7] Manfred Zeller and Richard L. Meyer, The triangle of micro finance: financial sustainability, outreach, and impact, The Johns Hopkins University Press, 2002.

[8] N. S. Chiteji, promiskept: enforcement and the role of rotating savings and credit associations in an economy, Journal of international development, 2002 (12), 393 – 411.

[9] PaulB. McGuire, JohnD. Conroy and Ganesh B. Thapa, Getting the frame work right: policy and regulation for micro finance in Asia, Foundation for Development Corporation, 1998.

[10] Santonu Basu, Why institutional credit agencies are reluctant tolend to the rural poor: a theoretical analysis of the India rural credit market, Working Paper, 1997.

[11] Serageldin, I. and C. Grootaert, Defining social capital: an integrating view, in P. Dasgupta and I. Serageldin (eds.) Social Capital: A Multifaceted Perspective, WashingtonDC: World Bank, 2000, 47.

[12] Stigilitz, Peer monitoring and credit markets, World Bank Economics Review, 1990 (3), 351 – 366.

[13] Stiglitz and Weiss, Credit rationing in markets with imperfect information, American Economics Review, 1981, 71 (3), 393 – 410.

［14］The World Bank，Expanding the measure of wealth：indicators of environmentally sustainable devel-opment，1997，77.

［15］Yaron，Making the transition from stateagri cultural credit institution to rural financial intermediary：roleof the state and reform options，working paper，1999.

［16］盖尔·约翰逊. 经济发展中的农业、农村、农民问题. 林毅夫，赵耀辉编译. 北京：商务印书馆，2005

［17］爱德华·肖. 经济发展中的金融深化. 上海：上海三联书店，1988

［18］郭红东，陈敏，韩树春. 农民专业合作社正规信贷可得性及其影响因素分析——基于浙江省农民专业合作社的调查. 中国农村经济，2011（7）

［19］郭晓鸣，廖祖君，付娆. 龙头企业带动型、中介组织联动型和合作社一体化三种农业产业化模式的比较. 中国农村经济，2007（4）

［20］郭晓鸣，曾旭晖. 农民合作组织发展与地方政府的角色. 中国农村经济，2005（6）

［21］郭新明. 探索满足西北边疆地区农村金融需求的有效途径. 金融时报，2008 - 10 - 27

［22］国家农业委员会办公厅编. 农业集体化重要文献汇编（1958 - 1981）. 北京：中共中央党校出版社，1981

［23］国务院发展研究中心课题组. 传统农区农民增收问题研究——湖北襄阳、河南鄢陵、江西泰和三县调查. 改革，2003（3）

［24］何广文，李莉莉. 贵州铜仁地区农户金融需求研究——万山、松桃、沿河、德江、思南、印江调研分析. 亚洲开发银行技术援助专家报告（项目号码：35412），2005

［25］何广文. 完善金融制度安排、突破农业产业化发展资金瓶颈. 中国农村信用合作，2002（8）

［26］何嗣江，汤钟尧. 订单农业发展与金融工具创新. 金融研究，2005（4）

［27］贺学会，王一鸣. 发展仓单系统：农村金融制度创新的新思路. 财经理论与实践，2007（2）

［28］胡必亮，刘强，李晖. 农村金融与村庄发展——基本理论、国际经验与实证分析. 北京：商务印书馆，2006

［29］胡新智，张海峰. 国际农村金融发展的新趋势. 国际经济评论，2009（7）

［30］黄明. 完善与发展农产品期货市场，变革农业生产方式，促进新农村建设. 上海证券报，2007 - 2 - 14

［31］黄宗智. 长江三角洲小农家庭与乡村发展. 北京：中华书局，2000

［32］黄祖辉，刘西川，程恩江. 贫困地区农户正规信贷市场低参与程度的经验解释. 经济研究，2009（4）

［33］霍学喜，屈小博. 西部传统农业区域农户资金借贷需求与供给分析——对陕西渭北地区农户资金借贷的调查与思考. 中国农村经济，2005（8）

［34］姜长云. 农业产业化的金融支持. 经济理论与经济管理，2002（5）

［35］焦瑾璞，杨骏. 小额信贷和农村金融. 北京：中国金融出版社，2006

[36] 孔祥智．金融支持与农民专业合作社发展．中国农村信用合作，2007（3）

[37] 李季刚．经济欠发达地区农村中小企业金融支持实证分析——以新疆乡镇企业为例．商业研究，2009（1）

[38] 李磊．标准仓单融资为何进展迟缓．期货日报，2011-6-16

[39] 李树生．论农业银行商业化改革与农业产业化发展．金融研究，1998（6）

[40] 李似鸿．金融需求、金融供给与乡村自治——基于贫困地区农户金融行为的考察与分析．管理世界，2010（1）

[41] 李燕琼，张学睿．基于价值链的农业产业化龙头企业竞争力培育研究．农业经济问题，2009（1）

[42] 李扬等．新中国金融60年．北京：中国财政经济出版社，2009

[43] 李振江，张海峰．微型金融业务的四种模式．农村金融研究，2008（12）

[44] 联合国开发计划署．建设普惠金融体系．焦瑾璞，白澄宇等译．内部资料

[45] 梁荣．农业产业化投入机制研究．中共中央党校学报，1999（4）

[46] 林万龙，张莉琴．农业产业化龙头企业政府财税补贴政策效率：基于农业上市公司的案例研究．中国农村经济，2004（10）

[47] 林毅夫，蔡昉，李周．中国的奇迹：发展战略与经济改革．上海：上海三联书店、上海人民出版社，1999

[48] 刘芳．从金融资源配置角度看经济欠发达地区的资金外流．金融研究，2002（9）

[49] 刘峰，许永辉，何田．农户联保贷款的制度缺陷与行为扭曲：黑龙江个案．金融研究，2006（9）

[50] 刘民权等．中国农村金融市场研究．北京：中国人民大学出版社，2006

[51] 刘西川，黄祖辉，程恩江．贫困地区农户的正规信贷需求：直接识别与经验分析．金融研究，2009（4）

[52] 刘营军，褚保金，徐虹．政策性金融破解农户融资难研究——一个微观视角．农业经济问题，2011（11）

[53] 卢汉川．中国农村金融历史资料（1949-1985）．长沙：湖南出版事业管理局，1986

[54] 马丁丑，刘发跃，杨林娟，王文略．欠发达地区农民专业合作社信贷融资与成长发育的实证分析——基于对甘肃省示范性农民专业合作社的调查．中国农村经济，2011（7）

[55] 麦金农．麦金农经济学文集．北京：中国金融出版社，2006

[56] 毛海峰，武勇．西北农村：金融"贫血"愈来愈重．新华每日电讯，2004-12-15

[57] 毛泽东．毛泽东选集（第四卷），北京：人民出版社，1991

[58] 彭熠，黄祖辉，邵桂荣．非农化经营与农业上市公司经营绩效——理论分析与实证检验．财经研究，2007（10）

[59] 钱水土，姚耀军．中国农村金融服务体系创新研究．北京：中国经济出版社，2011

[60] 戎承法，李舜．美国、西班牙农业合作社融资的经验对中国农民专业合作社融资的启示．世界农业，2011（4）

[61] 杜润生．杜润生改革论集．北京：中国发展出版社，2008

[62] 山东省农业委员会．实现农业大省向农业强省跨越的必由之路．农业经济问题，1994（11）

[63] 陕西省经济学学会农业产业化课题组．企业组织和资金投入——农业产业化经营的关键．人文杂志，1997（4）

[64] 史敬棠等．中国农业合作化运动史料（下册）．北京：生活·读书·新知三联书店，1959

[65] 谭英，王德海，谢咏才．贫困地区农户信息获取渠道与倾向性研究——中西部地区不同类型农户媒介接触行为调查报告．农业技术经济，2004（2）

[66] 田径，谢海．老、少、边、穷地区开展农村金融创新的思考——以四川省为例．农村经济，2005（10）

[67] 汪小亚．农村金融体制改革研究．北京：中国金融出版社，2009

[68] 王爱群，郭庆海．中国各地区农业产业化龙头企业竞争力比较分析．中国农村经济，2008（4）

[69] 王定祥，田庆刚，李伶俐，王小华．贫困型农户信贷需求与信贷行为实证研究．金融研究，2011（5）

[70] 王东胜，张月兰，马岩．政策性农牧业保险与欠发达地区有效对接问题研究——以新疆昌吉州为例．金融发展评论，2011（3）

[71] 王曙光，高连水．大型商业银行服务"三农"中的五大合作机制构想．农村金融研究，2011（5）

[72] 王曙光，乔郁等．农村金融机构管理．北京：中国金融出版社，2006

[73] 王曙光，王丹莉．边际改革、制度创新与现代农村金融制度构建．财贸经济，2008（12）

[74] 王曙光，王东宾．双重二元金融结构、农户信贷需求与农村金融改革——基于11省14县市的田野调查．财贸经济，2011（5）

[75] 王曙光，王东宾．在欠发达农村建立大型金融机构和微型机构对接机制——以西北民族地区为例．农村金融研究，2010（12）

[76] 王曙光．农村金融与新农村建设．北京：华夏出版社，2006

[77] 王曙光．农民合作社如何突破融资瓶颈．乡土重建——农村金融与农民合作．北京：中国发展出版社，2009

[78] 王曙光．守望田野——农村金融调研手记．北京：中国发展出版社，2010

[79] 王曙光．乡土重建——农村金融与农民合作．北京：中国发展出版社，2009

[80] 王曙光．在欠发达地区构建多层次的农村金融体系——黔西南州调研．银行家，2010（2）

[81] 魏安义．农业产业化面临的困难与资金问题及其金融对策．经济社会体制比较，1998（2）

[82] 温铁军．县域金融市场发展与中国农业银行服务"三农"战略研究．中国人民大学农村经济

与金融研究所、中国农业银行农村经济与金融研究中心重点课题报告，2011

[83] 温铁军．中国新农村建设报告．福州：福建人民出版社，2010

[84] 伍成基．中国农业银行史．北京：经济科学出版社，2000

[85] 项俊波．国际大型涉农金融机构成功之路．北京：中国金融出版社，2010

[86] 谢平，徐忠．中国农村信用合作社体制改革的争论．金融研究，2001（1）

[87] 谢永强．经济欠发达地区农村金融创新难点及对策．金融时报，2011－9－22

[88] 徐珺．从凉山农户小额信贷看国家对西部民族地区农村的金融支持．金融研究，2003（6）

[89] 徐璋勇，王红莉．基于农户金融需求视角的金融抑制问题研究——来自陕西 2098 户农户调研的实证研究．西北大学学报（哲学社会科学版），2009（5）

[90] 徐忠，张雪春，沈明高，程恩江．中国贫困地区农村金融发展研究——构造政府与市场之间的平衡．北京：中国金融出版社，2009

[91] 薛昭胜．期权理论对订单农业的指导和应用．中国农村经济，2001（2）

[92] 雅荣，本杰明，皮普雷克．农村金融：问题、设计和最佳做法．2002 年 9 月"中国农村金融研讨会"材料

[93] 叶静怡，刘逸．欠发达地区农户借贷行为及其福利效果分析——来自云南省彝良县的调查数据．中央财经大学学报，2011（2）

[94] 伊莎贝尔·撒考克．农村金融与公共物品和服务：什么对小农户最重要．王康译．经济理论与经济管理，2010（12）

[95] 余丽燕，郑少锋，罗良标，徐贵兰．中美农民专业合作社债务融资比较及借鉴．亚太经济，2010（6）

[96] 张杰．解读中国农贷制度．金融研究，2004（2）

[97] 张杰．中国农村金融制度调整的绩效：金融需求视角．北京：中国人民大学出版社，2007

[98] 张曙光．农村金融改革：在回顾中重新评价．银行家，2003（8）

[99] 张照新，陈洁，徐雪高．农业产业化龙头企业发展与社会责任．北京：经济管理出版社，2010

[100] 张志峰．从需求的角度看西部欠发达地区农村金融改革．中国金融，2007（3）

[101] 赵岩青，何广文．农户联保贷款有效性问题研究．金融研究，2007（7）

[102] 郑丹，大岛一二．农民专业合作社资金匮乏现状、原因及对策．农村经济，2011（4）

[103] 郑有贵．目标与路径——中国共产党"三农"理论与实践 60 年．长沙：湖南人民出版社，2009

[104] 中国农业银行．金融服务农业产业化龙头企业报告，2010，2011。

[105] 中国农业银行农村金融服务创新课题组．农民专业合作社发展与信贷支持．中国金融，2008（24）

[106] 中国农业银行总行课题组．大型商业银行支持欠发达地区农业产业化分析——甘肃定西、

临夏中国农业银行的典型调查. 中国延安干部学院学报, 2009 (6)

[107] 中国人民银行成都分行课题组. 西南民族地区农村金融生态运行特征及行为绩效. 财经科学, 2006 (8)

[108] 中国人民银行齐齐哈尔市中心支行课题组. 农业产业化与金融理性的若干典型案例: 富裕个例. 金融研究, 2004 (7)

[109] 中国人民银行西宁中心支行课题组. 青藏地区小额信贷实证研究. 金融研究, 2006 (2)

[110] 中国人民银行总行. 三年来农贷发放情况 (1953 年 9 月 29 日). 中国人民银行总行档案, 农村金融管理局, 1953

[111] 中国银行业监督管理委员会焦作监管分局课题组. 农民专业合作社发展与金融支持问题研究. 金融理论与实践, 2009 (9)

[112] 周立. 中国农村金融: 市场体系与实践调查. 北京: 中国农业科学技术出版社, 2010

[113] 周立群, 曹利群. 商品契约优于要素契约——以农业产业化经营中的契约选择为例. 经济研究, 2002 (1)

[114] 周书灵, 孟民. 欠发达地区农村经济结构调整与金融发展分析——宿州个案研究. 财经问题研究, 2010 (5)

[115] 周小川. 关于农村金融改革的几点思考. 经济学动态, 2004 (8)

[116] 周小川. 中国银行体系的不良资产. 资本市场, 1998 (12)

[117] 朱守银, 张照新, 张海阳, 汪承先. 中国农村金融市场供给和需求——以传统农区为例. 管理世界, 2003 (3)

[118] 朱喜, 马晓青, 史清华. 信誉、财富与农村信贷配给——欠发达地区不同农村金融机构的供给行为研究. 财经研究, 2009 (8)

后记

　　近年来，中国农业银行在股权结构、法人治理、运作机制和服务理念等方面发生了深刻的变化。作为我国大型商业银行服务"三农"的典型代表，农行在几年的改革发展中通过艰苦的摸索和试验，获得了服务"三农"的诸多有益经验。本书广泛涉及农行改革过程中的战略定位、风险控制、经营理念转变、法人治理结构变革、三农事业部改革、企业文化转型、服务三农的机制建设和创新等重大问题，对农行的实践模式进行了系统的梳理和总结，同时也对大型商业银行在服务"三农"的过程中所面临的挑战与困惑进行了客观的分析。这几年作者出于自己的学术兴趣，对农行服务"三农"的机制创新进行了理论上的思考，并常应《中国城乡金融报》和《农村金融研究》杂志之约，就农行发展问题提出自己的看法。但是所有的理论思考都应建立在对真实世界的深刻了解的基础上。几年以来，我们在农行各级相关领导的支持和协助下，对农行的东中西部有代表性的分支机构进行了多次田野调查，获得了大量第一手资料和数据，这些田野调查加深了我们对于农行服务"三农"所面临的机遇和挑战的理解，并目睹了农行各基层分支机构在很多方面的行之有效的金融创新。

　　本书四易其稿，调研和写作持续了三年左右的时间。2010年7月，本书作者之一王曙光与清华大学公共管理学院王东宾博士（现就职于张家口市金融办）、北京大学经济学院硕士研究生胡维金赴西北地区调查。我们考察了甘肃定西农业银行、伊兰纯牛业公司以及定西安定区香泉回族自治乡的史家庄、香泉村农户，看到当地的整体搬迁与异地安置给农民带来的巨大变化。在定西，我们考察了定西民富鑫荣小额信贷服务中心、广升中小企业信用担保公司；在天水和兰州，我们与当地的农业银行负责人交谈，受益匪浅。2010年在甘肃的调查得到了中国农业银行定西分行行长负建华先生、中国农业银行定西分行办公室主任冯建平先生、定西民富鑫荣小额信贷服务中心杨发荣总经理、定西伊兰纯牛业有限公司肖斌先生、定西市广升中小企业信用担保公司杨西慧董事长、农业银行甘肃省天水支行魏云峰行长、农业银行甘肃分行三农金融分部管理委员会办公室农户金融部周占斌先生和丁晓鹤女士的大力协助，谨致谢意。

　　2011 年 8 月，在中国农业银行领导的精心安排和协助下，本书两位作者和李冰冰博士、曾江博士等四人进行了"丝绸之路"农村金融考察。此次考察跨甘肃与新疆两个省区，行程近万里，广泛考察了兰州、张掖、肃南裕固族自治县、临泽县、酒泉、敦煌，新疆乌鲁木齐、吐鲁番、鄯善县、石河子等地的农业银行、农业龙头企业、农民专业合作社、地方政府，收获甚大。此次丝绸之旅，是在原中国农业银行副行长朱洪波先生、战略规划部原总经理胡新智先生、副总经理田学思先生的精心安排和大力支持下完成的，谨对他们致以特别的感谢之忱。在丝绸之旅的考察过程中，中国农业银行甘肃分行韩国强副行长、甘肃分行农村产业金融部陈甲生总经理、甘肃分行农村产业金融部张国杰科长、甘肃张掖分行徐杨春行长、王增智副行长、侯生玺经理、张掖分行农村产业金融部李薇经理、徐建伟先生、张掖甘州支行范学强副行长、肃南裕固族自治县支行李玉民行长、客户经理于长秀、营业柜员王小丽、张掖临泽县支行李建锋行长、客户经理杨主岗先生、临泽银先葡萄专业合作社张林忠先生、酒泉分行农户金融部于斌经理、敦煌支行闫福麟行长、新疆吐鲁番分行张玉良行长、魏斌副行长、新疆分行农村产业金融部任茂谷副总经理、新疆吐鲁番艾丁湖乡乡长巴拉提先生、杨孟先生、新疆鄯善县支行居来提·司马义副行长、办公室主任优努斯·阿布提先生等都对我们的行程提供了周到的照顾，并提供了大量的珍贵资料，衷心感谢他们的帮助，同时他们在农村金融方面的实践也给我们很大启发。甘肃新疆之行期间，甘肃全程由张国杰先生陪同，张掖全程由侯生玺和徐建伟先生陪同，敦煌全程由于斌先生陪同，新疆全程由任茂谷先生陪同，吐鲁番全程由魏斌先生陪同，我们要对他们致以特别的谢意。

　　本书另一位作者高连水特别感谢中国农业银行监事长车迎新先生，他作为作者博士后合作导师，给予了作者师者的教诲和长者的关心，他提出的做研究要"既有理论深度，又能解决农行改革发展中遇到的实际问题"的理念，一直指引着作者前进。同时，感谢中国农业银行原办公室主任湛东升先生、副主任曾学文先生，他们对作者的研究和工作始终给予悉心指导和热情帮助。感谢中国农业银行办公室其他领导和同事，特别是荣九勇先生、滕斌先生、沈启浪先生、方海波先生、朱前林先生和秦亮杰先生，与他们朝夕相处和热烈讨论的日子，让作者享受到了每天都在进步的愉悦。感谢中国农业银行战略规划部李莉博士和满明俊博士，他们对本书的写作贡献了大量智慧。到农行山东分行、福建分行、陕西分行、四川分行、黑龙江分行、河南分行、浙江分行调研学习时，受到了当地农行人极为热情的接待和照顾，限于篇幅，在此不能一一列出，谨致谢忱。感谢山东中澳集团董事长张洪波先生、山东荣达公司总经理路乃为先生、山东鼎力集团董事长刘玉林先生、福建沙县担保公司董事长吴金铎先生和总经理黄运华先生、福建沙县西郊村村委书记王仁贵先生、四川峨眉山金丰农产品种植营销公司董事长许泽晴先生、四川成都丰丰食品有限公司董事长张忠伟先生，他们对作者的调研提供了鼎力帮助和支持。

本书部分内容曾公开发表过，在此感谢《农村金融研究》韩娟老师、《中国城乡金融报》何晓林先生、白鹏先生、李彦赤先生、岑婷婷女士、王宇新先生、夏明辉先生，以及《中国农村金融》石义斌主编、刘洁主任、王汉先生、文晖老师等，正是由于他们的支持，这些文字才得以与读者见面。

感谢中国发展出版社尚元经先生、李莉老师、吴倩老师，因为有了他们的不懈努力与精益求精的专业精神以及对于作者的鼓励，才使得这个《中国农村金融调查与研究系列》不但坚持了下来，而且逐渐扩大影响力，逐渐获得了学术界的关注和认可。

王曙光　高连水

2014 年 3 月